Gregor Gysi
Einspruch!

Gregor Gysi

Einspruch!

Gespräche, Briefe, Reden

Herausgegeben
von Hanno Harnisch und
Hannelore Heider

Alexander Verlag Berlin

Zweite, erweiterte Auflage 1992
© by Gregor Gysi 1992
© für diese Ausgabe by Alexander Verlag GmbH, Berlin 1992
Alle Rechte vorbehalten
Satz, Druck und Bindung Fuldaer Verlagsanstalt
ISBN 3-923854-65-x
Printed in Germany 1992

INHALT

ANSTELLE EINES VORWORTS
Aus einer Diskussion am 19. Januar 1992
in der Berliner Akademie der Künste (West)

Ich glaube, die Ideen des Christentums haben noch jede Untat der Kirchen überstanden. Und ich denke mir, daß der Traum von einer sozial gerechten Gesellschaft, einer Gesellschaft, in der die Emanzipation des Menschen tatsächlich verwirklicht ist, einfach nicht abgeschafft werden kann. Dieser Traum wird auch noch künftige Generationen bewegen und im Handeln mitbestimmen. Die Beurteilung des real existierenden Sozialismus ist ohne historischen Abstand ungeheuer schwierig. Er ist meines Erachtens zu Recht untergegangen, weil er ineffektiv, undemokratisch und antiökologisch war. Dennoch würde ich sagen, sind mit ihm auch drei historische Leistungen verbunden, nämlich die Abschaffung des Kolonialsystems, die Niederschlagung des deutschen Faschismus und eine bis dahin in der Geschichte einmalige Reduzierung sozialer Unterschiede, bei allen Problemen, die auch das wieder nach sich gezogen hat. Für solche unterentwickelten Länder wie China und Rußland war das erste Mal die Abschaffung des Hungers oder, besser gesagt, des Verhungerns zu verzeichnen. Vielleicht ist am real existierenden Sozialismus bisher auch nur seine absolutistische Variante gescheitert. Wahrscheinlich die schlimmste seiner Varianten. Es hat keinen Sinn, sich da etwas vorzumachen und zu sagen, das war ja alles gar kein Sozialismus und damit kann ich als Sozialist oder als Sozialistin ganz befreit nach meinen Vorstellungen zu leben versuchen. Das wäre zu einfach. Und dennoch, behaupte ich, liegt in diesem Untergang auch eine Chance. Eine Chance, über vieles ganz neu nachzudenken und gleichzeitig auch die bestehende kapitalistische Gesellschaftsordnung neu zu analysieren und zu beurteilen. Am Kapitalismus finde ich nicht seine Niederlagen gefährlich, sondern seine Triumphe, seine Triumphe über die Dritte Welt, seine Triumphe über die Ökologie, seine Triumphe über zumindest ein Geschlecht. Und ich glaube, daß uns das in eine Katastrophe führen kann. Hier ist einiges angedeutet worden zu dem Stichwort Dritte Welt, Völkerwanderung. Das Problem des real existierenden Kapitalismus besteht darin, daß er die globalen Probleme der Menschheit nicht nur nicht beseitigt, sondern täglich zuspitzt. Und wenn dagegen kein Mittel gefunden wird, dann wird die Zivilisation untergehen. Wie man diese neuen gesellschaftlichen Strukturen nennt, die ich eben »demokratischer Sozialismus« nenne, ist ziemlich gleichgültig. Wichtig ist, daß sie kommen. Und wichtig ist, daß wir verhindern, daß so weiterproduziert, so weitergelebt wird wie bisher, weil es bedeutet, den Untergang in Kauf zu nehmen. Deshalb lohnt der Versuch, zumindest wenn man Menschen und sich selbst mag, etwas dagegen zu tun. Ob es gelingt, weiß ich nicht. Deshalb kann man auch das Ganze für illusorisch halten. Aber ich fände es noch schlimmer, wenn man es nicht einmal versucht hätte. Und insofern glaube ich, daß der Kapitalismus nicht die letzte Antwort der Geschichte ist und daß ein wirklich demokratischer Sozialismus eine Chance für die Zivilisation darstellt.

IN DER STRAFSACHE RUDOLF BAHRO
Aus der Begründung der Berufung vom 13. Juli 1978 gegen das
Urteil des Stadtgerichts Berlin vom 30. Juni 1978

(...) 1. Das Urteil wird hinsichtlich der Feststellungen zum Sachverhalt, im Schuld- und Strafausspruch sowie hinsichtlich der Auslagenentscheidung gerügt.

2. Der Tenor des Urteils des Stadtgerichts ist bereits deshalb unrichtig, weil er den Angeklagten global wegen Verbrechen gem. Paragraph 98[1], Abs. 1 und 2, 245 Abs. 1, 63, 64 StGB verurteilt. Der Geheimnisverrat gem. Paragraph 245 Abs. 1 StGB kann aber stets nur ein Vergehen sein, weil die im Gesetz angedrohte Höchststrafe bei 2 Jahren Freiheitsentzug liegt (Paragraph 1 Abs. 2 StGB). Die korrekte Unterscheidung im Tenor ist deshalb generell wichtig, weil z. B. im Unterschied zu einem Verbrechen gegen die DDR ein Verbrechen gegen die staatliche Ordnung bei erneuter Straffälligkeit gem. Paragraph 44, Abs. 2 StGB Konsequenzen haben kann. Deshalb ist es wichtig, festzustellen, daß der Angeklagte nur ein Vergehen gegen die staatliche Ordnung begangen hat.

3. Folgende Feststellungen im Urteil zum Sachverhalt werden gerügt:

a) Auf Seite 5 des Urteils heißt es: Er wollte alles, was sich an Mängeln und nicht gelösten Problemen – tatsächlichen und behaupteten – feststellen ließ, sammeln, zusammentragen und in seinem Sinne in einer geschlossenen Schrift verarbeiten.

Abgesehen davon, daß nach Einlassungen des Angeklagten er sich nicht ausschließlich auf Mängel und ungelöste Probleme konzentrierte, wird durch die Formulierung, daß er solche Pro-

---

1 Aus dem Strafgesetzbuch der DDR, § 98 *Sammlung von Nachrichten*
(1)Wer Nachrichten, die geeignet sind, die gegen die Deutsche Demokratische Republik oder andere friedliebende Völker gerichtete Tätigkeit von Organisationen, Einrichtungen, Gruppen oder Personen zu unterstützen, für sie sammelt oder ihnen übermittelt, wird mit Freiheitsstrafe von zwei bis zu zwölf Jahren bestraft.

bleme behauptete, indirekt zum Ausdruck gebracht, daß er wußte, daß es sich nicht um tatsächliche Probleme handelte. Dem
Angeklagten konnte aber nicht widerlegt werden, daß er bei
sämtlichen Feststellungen subjektiv davon ausging, daß sie auch
zutreffen würden.

b) Auf Seite 6 des Urteils wird festgestellt, daß der Angeklagte
seit Ende der 60er Jahre eine Fülle von Informationen zusammengetragen hat.

Mit Ausnahme der mit Wirtschaftsfunktionären geführten
Gespräche, die vornehmlich für die Dissertationsschrift gedacht
waren, hat der Angeklagte unwiderlegt ausgesagt, daß sich seine
Informationserfassung nach 1968 nicht geändert habe. Es hatte
keines intensiven Zusammentragens bedurft, weil er ohnehin
ausreichende Kenntnisse erlangt habe.

c) Auf Seite 7 des Urteils wird festgestellt, daß der Angeklagte
die Ergebnisse der Gespräche mit Wirtschaftsfunktionären teils
verzerrt, teils in ihr Gegenteil verkehrt habe. Dies sei insbeson-
re in unterschiedlichem Umfang bei den Gesprächen mit den
Zeugen (...) der Fall gewesen. Weiter wird festgestellt, daß der
Angeklagte Weglassungen, einseitige Hervorhebungen, Hinzufü-
gungen und Manipulationen vorgenommen habe.

Diese Feststellungen sind nicht Ergebnis der Beweisaufnahme.
Mit Ausnahme des vom Stadtgericht insoweit nicht genannten
Zeugen (...), hat kein Zeuge behauptet, daß der Angeklagte bewußt gelogen hätte. Der Zeuge (...) hat ausgesagt, daß der Stil
der Gesprächswiedergabe zwar nicht seiner sei, die Einordnung
der inhaltlichen Probleme damals aber bestanden hätten. Der
Zeuge (...) hat ebenfalls dargelegt, daß einiges richtig im Protokoll wiedergegeben ist. Soweit es Entstellungen gibt, konnte er
nicht behaupten, daß sie vom Angeklagten bewußt herbeigeführt worden seien. Der Zeuge (...) mußte zugeben, daß es
möglich sei, daß er sich zeitweise während des Gespräches nicht
im Zimmer befunden hat. Die von ihm bestrittenen Aussagen
können also von dem anderen Kollegen gemacht worden sein,
der sich dann allein mit dem Angeklagten unterhielt.

Hinsichtlich des Zeugen (...) sei noch einmal darauf hingewiesen, daß er aus heutiger Sicht ein damaliges Gespräch für un-

zulässig gehalten hätte. Insofern kann das Bestreiten des Gesprächs durch ihn nicht als Widerlegung der Einlassungen des Angeklagten gewertet werden. Dies hat das Stadtgericht auch nicht getan.

Der Angeklagte hat stets ausgesagt, daß er davon ausgegangen wäre, sämtliche Gespräche inhaltlich richtig wiedergegeben zu haben. Soweit Änderungen vorgekommen sind, können sie nur auf Irrtümern oder Mißverständnissen beruhen. Dies war dem Angeklagten nicht zu widerlegen, so daß sämtliche Feststellungen des Gerichtes auf Änderungen der Gesprächsinhalte in Protokollen das subjektive Wollen des Angeklagten hätten ausschließen müssen. Durch Formulierungen wie »Manipulationen« geschieht dies nicht.

d) Ebenfalls auf Seite 7 stellt das Gericht fest: »Für drei Protokolle … fehlt überhaupt jede Authentizität, weil die dort genannten Wirtschaftsfunktionäre als Person vom Angeklagten erfunden wurden.«

Diese Feststellung ist so nicht Ergebnis der Beweisaufnahme. Nach Einlassungen des Angeklagten hatte er sich Gespräche notiert, aber nicht die Namen und Personalien der Verfasser. Deshalb hat er entsprechende Personalien erfunden, ohne aber die Gesprächsinhalte verändert zu haben. Dies konnte dem Angeklagten nicht widerlegt werden. Mithin hätte nur festgestellt werden dürfen, daß die angegebenen Personalien erfunden sind, nicht aber, daß hinsichtlich des Inhalts der wiedergegebenen Gespräche jede Authentizität fehlt.

e) Auf Seite 8 stellt das Gericht wörtlich fest: »Nach Einsicht in die hierüber gefertigte Niederschrift im Verlauf des Ermittlungsverfahrens mußten sie erkennen, daß nicht nur Angaben zur persönlichen Haltung verfälscht, sondern vor allem auch Einschätzungen und Wertungen über Leitung, Planung und Produktionsabläufe durch Wortwahl und Interpretation verzerrt und zum Teil in ihr Gegenteil verkehrt worden waren.«

Diese Feststellung stützt sich nicht auf die mündliche Beweisaufnahme, sondern, wie sich aus ihr selbst ergibt, lediglich auf die Aussagen der Zeugen im Ermittlungsverfahren. Da diese Aussagen nicht Gegenstand der mündlichen Hauptverhandlung waren, hätten sie auch keinen Einzug in die Urteilsfeststellungen finden dürfen. In dieser Form haben die Zeugen ihre Einlassungen im Ermittlungsverfahren in der Hauptverhandlung nicht bestätigt. (...)

i) Auf Seite 10 des Urteils hebt das Gericht hervor: »Soweit das Kräfte waren, die sich gegen die politischen und ökonomischen Verhältnisse, gegen die konkrete Machtausübung der Arbeiterklasse und ihrer Partei und gegen die Partei- und Staatsführung richteten, fühlte sich der Angeklagte mit diesen Kräften bereits aus der Zielstellung heraus verbunden.«

Damit wird als subjektives Bewußtseinselement beim Angeklagten festgestellt, daß er sich mit allen Kräften verbunden fühlte, die gegen die DDR kämpfen. Dies ist keinesfalls gerechtfertigt. Hier geht es nicht darum, ob und inwieweit er objektiv mit ihnen verbunden war. Ein subjektives Gefühl der Verbundenheit mit sämtlichen solchen Kräften konnte dem Angeklagten nicht bewiesen werden. Die Absolutheit der Feststellung würde den Angeklagten auch subjektiv gefühlsmäßig mit Faschisten und ähnlichen reaktionären Kräften verbinden, mit denen er sich ganz sicher nicht verbunden fühlte.

j) Auf Seite 12 legt das Gericht dar, daß entsprechend westlichen Pressemeldungen die Schrift *Die Alternative* inzwischen eine Auflagenhöhe von 80 000 erreicht haben »soll«. Das Gericht selbst geht also davon aus, daß diese Pressemitteilungen richtig, aber auch falsch sein können. Sie können z. B. Werbezwecken oder der Schädigung des Ansehens der DDR dienen. Eine solche zweifelhafte Pressemeldung kann daher nicht als Feststellung Einzug ins Urteil finden. Dies erkennt auch das Gericht, indem es nur darlegt, daß die Auflage in dieser Höhe bestehen »soll«. Wenn aber das Gericht selbst davon ausgeht, daß ein zweifelsfreier Nachweis nicht gegeben ist, so gehört eine Vermutung nicht in Urteilsfeststellungen. (...)

4) Wenn bereits darauf hingewiesen wurde, daß das Stadtgericht die Nachrichten nur sehr global in seinem Urteil zusammenfaßte, teilweise bestimmte Informationen gar keinen Nachrichtencharakter trugen, so spielte im Verfahren weiterhin eine bedeu-

tende Rolle, welchen Wahrheitsgehalt bestimmte Informationen besaßen. Das Stadtgericht geht in seiner Würdigung – nicht in den Feststellungen zum Sachverhalt – davon aus, daß der Angeklagte teilweise bewußt falsche Informationen sammelte und übermittelte. Zunächst einmal fehlt es im Urteil jeder beweisrechtlichen Widerlegung des Inhalts der Nachrichten, die der Angeklagte in den Schriften verarbeitete. Selbst wenn feststehen würde, daß der Angeklagte bewußt die Protokolle über einzelne Gespräche mit Wirtschaftsfunktionären verfälschte, ergebe sich daraus nicht zwingend, daß seine Wiedergabe den objektiven Realitäten widersprechen muß. Zu dieser Frage hat es weder gutachterliche noch sonstige Feststellungen gegeben. Dabei geht es an dieser Stelle nur um die in den Schriften enthaltenen Nachrichten. Die theoretischen und politischen Auffassungen des Angeklagten bedürfen keiner Widerlegung, da sie nicht Gegenstand des Verfahrens waren. An einer Stelle im Urteil wird besonders geschildert, wie der Angeklagte aus relativ geringen Informationen sehr allgemeine Schlußfolgerungen in seiner Schrift *Die Alternative* gezogen hat. Mit diesen Hinweisen kann aber nur eine unwissenschaftliche Methode, nicht die Unwahrheit der Feststellung des Angeklagten bewiesen werden.

Die Feststellung und Würdigung von Informationen als Falschmeldungen setzen voraus, daß der objektive Unwahrheitsgehalt zwingend nachgewiesen wird. So fragwürdig einzelne Methoden des Angeklagten auch immer gewesen sein mögen, rechtfertigen sie nicht, ihm die Beweislast hinsichtlich des Wahrheitsgehaltes der Informationen aufzuerlegen.

Andererseits kann aber auch die Würdigung des Stadtgerichts nicht überzeugen, wonach der Angeklagte *bewußt* Fehlinformationen in seine Schriften einarbeitete. Selbst wenn der Beweis der objektiven Falschmeldungen erbracht worden wäre, ließe sich daraus nicht zwingend das subjektive Wissen des Angeklagten hinsichtlich des Unwahrheitsgehaltes seiner Informationen schließen. Bei den kritischen Bemerkungen zu einzelnen Sachverhaltsfeststellungen, wurde im Zusammenhang mit den Zeugenaussagen bereits darauf hingewiesen, daß diese keinen Beweis für subjektiv gewolltes Lügen des Angeklagten darstellen.

Andere Beweismittel zu dieser Frage lagen nicht vor. Die Einlassungen des Angeklagten selbst stehen dagegen.

5) Unabhängig vom Wahrheitsgehalt der Nachrichten kann die rechtliche Würdigung des Stadtgerichts gem. Paragraph 98 Abs. 1 StGB in der Alternative des Sammelns für Einrichtungen, die einen Kampf gegen die DDR führen, nicht überzeugen. Auf Seite 24 des Urteils wird die diesbezügliche Problematik bereits deutlich, wenn das Gericht zusammenfaßt, daß der Angeklagte von Mitte 1976 bis Januar 1977 zur Veröffentlichung bestimmte Informationen sammelte und sie später durch Veröffentlichung Organisationen, Einrichtungen und Personen zur Unterstützung des Kampfes gegen die DDR übermittelte. Hier werden die beiden Tatbestandsalternativen zusammengefaßt, ohne daß deutlich wird, daß das Gericht davon ausgeht, daß diese Informationen bereits vorher für entsprechende Einrichtungen gesammelt wurden. Das Urteil weicht insofern erheblich von der Anklage ab, als es ein strafrechtlich relevantes Sammeln nicht in der Zeit von 1968 an, sondern erst ab Mitte 1976 als gegeben betrachtet. Aber auch für den wesentlich kürzeren Zeitraum liegt ein strafrechtlich relevantes Sammeln nicht vor.

Zur Unterscheidung muß noch einmal darauf hingewiesen werden, daß zutreffend für die Dissertationsschrift und die Korrespondenz über die Dissertationsschrift überhaupt nicht von einem strafrechtlich relevanten Sammeln im Urteil – im Unterschied zur Anklage – ausgegangen wurde, weil bis zur Fertigstellung der Dissertation und bei Erhaltung der Korrespondenz kein Tatentschluß zur Veröffentlichung in der BRD vorlag. Bis Mitte 1976 waren aber auch der 1. und 2. Teil der Schrift *Die Alternative* inhaltlich völlig fertiggestellt, so daß auch insoweit ein strafrechtlich relevantes Sammeln von vornherein ausscheidet. Lediglich bestimmte Informationen im 3. Teil der Schrift *Die Alternative* könnten nach Mitte 1976 erfaßt worden sein. Aber auch für den 3. Teil der Schrift *Die Alternative* dürfte feststehen, daß alle wesentlichen Informationen zur Verarbeitung bereits Mitte 1976 vorlagen.

Soweit noch neue Informationen hinzugekommen sind, ermangelt es dennoch der Tatbestandsmäßigkeit des Sammelns für Einrichtungen, die einen Kampf gegen die DDR führen, weil sich in einem solchen Falle der Vorsatz des Täters auf eine ganz bestimmte Einrichtung, Organisation oder Person richten muß. Allein mit der globalen Zielstellung, die Schrift in der BRD zu veröffentlichen, ist eine solche Zielstellung im Vorsatz nicht zweifelsfrei verbunden.

Noch entscheidender für die Unmöglichkeit der Würdigung des Verhaltens als Sammeln für Einrichtungen, die einen Kampf gegen die DDR führen im Sinne des Paragraphen 98 Abs. 1 StGB, ist jedoch die Tatsache, daß es das Gericht im Urteil nicht vermochte, irgendwie zu beziffern, welcher Teil der in der Schrift *Die Alternative* enthaltenen Nachrichten nach 1976 gesammelt worden ist. Dies wäre aber die Mindestvoraussetzung für eine entsprechende Verurteilung. Es ist unmöglich, Nachrichten global zusammenzufassen und zu erklären, daß sie zu einem geringeren Teil strafrechtlich relevant gesammelt, sämtlichst aber strafrechtlich relevant übermittelt worden sind. Wenn das Gericht nicht mehr in der Lage ist, festzustellen, welche Nachrichten ab Vorliegen eines Vorsatzes gesammelt wurden, so kann insoweit auch keine Verurteilung stattfinden. Aus dem bisherigen Urteil wird auf jeden Fall nicht ersichtlich, welche Nachrichten, die in der Schrift *Die Alternative* enthalten sind, der Angeklagte nur übermittelt und welche er strafrechtlich relevant gesammelt und übermittelt hat. Eine solche Unterscheidung ist auch praktisch nicht möglich, weil sich die verschiedenen Informationen im 3. Teil der Schrift danach nicht unterscheiden lassen. Wenn jedoch nicht zweifelsfrei festgestellt werden kann, daß diese oder jene Nachricht erst nach Mitte 1976 durch den Angeklagten aufgenommen und verarbeitet worden ist, so ist im Zweifel zu seinen Gunsten davon auszugehen, daß er die entsprechende Information bereits vor Mitte 1976 besaß.

Das Urteil des Stadtgerichts wird daher dahingehend zu berichtigen sein, daß die Alternative des vorsätzlichen Sammelns von Nachrichten für Einrichtungen, die einen Kampf gegen die DDR führen, des Paragraphen 98, Abs. 1 StGB für das Verhalten des Angeklagten nicht nachgewiesen ist.

6) Das Gericht geht weiter davon aus, daß der Angeklagte den Tatbestand des Paragraphen 98 Abs. 1 StGB dadurch vollendet erfüllte, daß die Schrift *Die Alternative* veröffentlicht wurde und somit die darin teilweise enthaltenen Nachrichten auch Einrichtungen, Organisationen und Personen zugänglich wurden, die einen Kampf gegen die DDR führen. Diese Tatsache steht zunächst fest. Das Problem besteht aber darin, ob der Angeklagte die Zugänglichmachung an Einrichtungen, die einen direkten Kampf gegen die DDR führen, unbedingt erstrebte oder ob er sich mit dieser Tatsache lediglich bewußt abfand. Im letzteren Falle würde nur der bedingte Vorsatz gem. Paragraph 6 Abs. 2 StGB vorliegen. Mit der Frage, welche Art des Vorsatzes beim Angeklagten gegeben ist, hat sich das Stadtgericht nicht auseinandergesetzt. Nach den Einlassungen des Angeklagten hat er die Zugänglichmachung an solche Einrichtungen, wie z. B. den Bundesnachrichtendienst, den Springer-Verlag u. a. nicht erstrebt, wohl aber in Kauf genommen, so daß bedingter Vorsatz vorliegt.

Eine wesentlich bedeutendere Frage ist die, ob der Tatbestand des Paragraphen 98, Abs. 1 StGB nur die direkte Übermittlung an entsprechende Einrichtungen, Organisationen und Personen, die einen Kampf gegen die DDR führen, erfaßt oder auch ein Zugänglichmachen, wie es hier praktisch geschehen ist. Es geht also um die Frage, ob der Tatbestand nur die direkte oder auch die indirekte Übermittlung erfaßt. Die Europäische Verlagsanstalt selbst, der der Angeklagte die Schrift *Die Alternative* übermittelte, ist nicht eine Einrichtung im Sinne des Paragraphen 98 Abs. 1 StGB. Dies ist unstrittig. Das Stadtgericht weist die Auffassung der Verteidigung zur Nichterfassung der indirekten Übermittlung durch Paragraphen 98 Abs. 1 StGB mit der Begründung zurück, daß bei dieser Interpretation eine wesentliche Variante verbrecherischen Verhaltens gegen die DDR von der Strafbarkeit ausgeschlossen werden würde. Diese Begründung ist nicht ausreichend, weil Zweckmäßigkeitsüberlegungen ausdehnende Auslegungen einer Strafrechtsnorm zuungunsten eines Angeklagten nicht rechtfertigen. Vielmehr ist der wörtlichen Auslegung stets der Vorrang zu geben. So gibt es die Tatbestände, in denen der Gesetzgeber neben der Variante der Übermittlung auch die Variante der Zugänglichmachung erfaßte (z. B. im Paragraphen 245 Abs. 1 StGB). Beim Paragraphen 98 Abs. 1 StGB handelt es sich um ein sehr schweres Verbrechen gegen die DDR. Es ist durchaus möglich, daß der Gesetzgeber hier nur die Fälle erfaßt wissen wollte, in denen sich der Täter bewußt zu einer direkten Übermittlung an Einrichtungen, Organisationen oder Personen, die einen Kampf gegen die DDR führen, entscheidet. »Übermitteln« ist zweifellos mehr als durch Veröffentlichung zugänglich machen.

Eine gewisse Rolle für die Frage der Übermittlung spielt auch, ob eine direkte Übermittlung an eine im Paragraphen 98 Abs. 1 StGB charakterisierte Einrichtung dadurch vorliegt, daß der Angeklagte die Korrekturfahnen für die Schrift *Die Alternative* einem in der DDR akkreditierten *SPIEGEL*-Korrespondenten übergab. Zwar informierte ihn dieser *SPIEGEL*-Korrespondent auch dahingehend, daß die Schrift bereits im Verlag des *SPIEGEL* bekannt sei, wobei dies bereits ohne vorheriges Wissen des Angeklagten geschehen war und schon deshalb strafrechtlich nicht relevant sein kann. Der Angeklagte mußte bei dem *SPIEGEL*-Korrespondenten nicht zwingend davon ausgehen, daß es sich um jemanden handelt, der einen Kampf gegen die DDR führt. Die damalige Akkreditierung des Korrespondenten in der DDR sprach dagegen, weil der Angeklagte davon ausgehen konnte, daß dann, wenn dieser Korrespondent einen Kampf gegen die DDR führt, ihm die Akkreditierung entzogen wird. Dies geschah dann auch, aber zu einem Zeitpunkt, als sich der Angeklagte bereits in Haft befand. (...)

7) Selbst dann, wenn das Oberste Gericht den vorstehenden Ausführungen nicht im vollen Umfange folgt, müßten sich Änderungen im Schuldspruch in der einen oder anderen Hinsicht unvermeidlich auf die Strafzumessung auswirken. Sollte z. B. nur das strafrechtlich relevante Sammeln in Wegfall geraten, würde dies den Umfang des strafbaren Verhaltens des Angeklagten einschränken und hätte für die Strafzumessung Konsequenzen. Das gleiche gilt, wenn ein Teil der Übermittlung (z. B. hinsichtlich der Korrespondenz zur Dissertationsschrift) in Wegfall geraten würde. Im übrigen ist im Falle der Verurteilung wegen Nachrich-

tensammlung oder Nachrichtenübermittlung hinsichtlich der objektiven und subjektiven Tatschwere auf einige Gesichtspunkte hinzuweisen, die das bisherige Strafmaß, unabhängig von der sachlichen und rechtlichen Würdigung, als überhöht erscheinen lassen.

Für die Strafzumessung ist bedeutungsvoll, daß der Angeklagte zumindest überwiegend, wenn nicht überhaupt die Nachrichten nicht strafrechtlich relevant sammelte, sondern sie nur bei anderer als hier vorgenommener Interpretation strafrechtlich relevant übermittelte. Weiterhin ist bedeutungsvoll, daß ein großer Teil seiner Schriften keinen Nachrichtencharakter trägt, also sich strafrechtlich relevantes Verhalten insoweit nur auf einen Teil der Schriften bezieht. Die von den Gutachtern hervorgehobene und vom Gericht wiedergegebene planmäßig durchgeführte Hetzkampagne der Massenmedien der BRD im Zusammenhang mit dem Auftreten des Angeklagten und der Veröffentlichung seiner Schrift *Die Alternative* ging in erster Linie von den Teilen der Schrift des Angeklagten aus, die strafrechtlich nicht erfaßt worden sind. Die Massenmedien nutzten vorwiegend politisch-ideologische, theoretische und polemische Ausführungen des Angeklagten für ihre Hetzkampagne und nicht die im Urteil angegebenen Nachrichten. Für eine hohe objektive Tatschwere wäre aber erforderlich, daß gerade die strafrechtlich relevanten Nachrichten die Tätigkeit entsprechender Einrichtungen gegen die DDR unterstützen. Soweit sich also die Hetzkampagne in der BRD überwiegend auf andere Teile der Schrift bezieht, kann dies für die Strafzumessung keine nachteiligen Auswirkungen für den Angeklagten haben.

Letztlich entscheidend für die objektive Tatschwere ist, welche negativen Folgen durch das Verhalten des Angeklagten in der DDR entstanden sind. Der Angeklagte ist Bürger der DDR, und ihm wird ein Verbrechen gegen die DDR vorgeworfen, so daß eben die Auswirkungen auf die DDR in erster Linie zu prüfen sind. Weder die veröffentlichte Schrift *Die Alternative* noch die in der BRD planmäßig durchgeführte Hetzkampagne, auch soweit sie sich auf Nachrichten bezieht, haben für die DDR irgendwelche ernsthaften Auswirkungen gehabt. (...)

9) Zusammenfassend wird beantragt, wie hier dargelegt, das Urteil des Stadtgerichts Berlin hinsichtlich der Sachverhaltsfeststellungen zu ändern bzw. zu ergänzen, im Schuldausspruch, in der Strafzumessung und hinsichtlich der Auslagenentscheidung zu ändern. Wegen der Begründetheit des Rechtsmittels werden die Auslagen des Verfahrens II. Instanz dem Staatshaushalt aufzuerlegen sein.

gez. Dr. Gysi
Rechtsanwalt

DIE BESTE STAATSSICHERHEIT IST IMMER NOCH DIE RECHTSSICHERHEIT
Rede am 4. November 1989 auf dem Berliner Alexanderplatz vor 500.000 Menschen

Liebe Freunde, ich spreche eigentlich frei, ich habe mir diesmal etwas aufgeschrieben, damit ich auch danach noch weiß, was ich gesagt habe.

Ich möchte Sie zunächst begrüßen und beglückwünschen und nicht nur Sie, sondern auch das Präsidium der Volkspolizei Berlin zu dieser größten Demonstration in der Geschichte der DDR, die – Sie nehmen mir ja meine kurze Redezeit! – als erste nicht von oben, sondern von unten organisiert, aber auf dem Rechtsweg beantragt und genehmigt worden ist.

Ich hoffe sehr, daß diese Demonstration gewaltfrei bleibt und dadurch ein Stück gewonnene Kultur wird.

Vor wenigen Wochen im Deutschen Theater sagte ich, unser Ziel muß sein, daß die Polizei friedliche Demonstranten schützt und damit den Namen Volkspolizei rechtfertigt. Heute zeigte sich, in welch kurzer Zeit hier ein erheblicher Fortschritt möglich war. Die ungenehmigten Demonstrationen der letzten Wochen haben ganz sicherlich ihren Beitrag zur Wende in unserem Land geleistet.

Und wir werden uns hoffentlich an rechtlich genehmigte und geschützte Demonstrationen als Ausdruck politischer Kultur gewöhnen müssen. Aber wir wissen, daß jetzt andere Formen noch wichtiger werden; neue, auch politische Strukturen, wirksame Parlamentsarbeit, neues ökonomisches Denken und vor allem der Ausbau der Rechtsordnung.

Sie haben gerade zwei Artikel der Verfassung und einige Paragraphen des Strafgesetzbuches gehört. Alles Paragraphen aus dem Kapitel Staatsverbrechen und Straftaten gegen die staatliche Sicherheit. Vielleicht verstehen jetzt einige besser, weshalb die Rechtsanwälte in ihrer leider vom ADN nicht vollständig, aber doch in wesentlichen Teilen veröffentlichten Erklärung ein neues Strafrecht und vor allem Überarbeitung dieser beiden Kapitel gefordert haben.

Diese Strafbestimmungen sind geprägt von einem übertriebenen und falsch verstandenen Sicherheitsbedürfnis, obwohl doch klar ist, daß die beste Staatssicherheit immer noch die Rechtssicherheit ist.

Die Verfassung selbst ist gut, obwohl auch sie entwickelt werden kann. Vor allem gilt es aber, Grundrechte der Bürger nach der Verfassung auszubauen und zu sichern. Kein Gemeinwesen kommt gegenwärtig ohne Staat aus. Auch wir brauchen den Staat und Staatsautorität. Und niemand kann ein Interesse daran haben, daß die glücklicherweise geringe Kriminalität in der DDR steigt. Aber wir brauchen eine Kontrolle des Volkes durch demokratisch gewählte Kontrollgremien über den Staat, auch über seine Sicherheitsbereiche.

Jeder Machtmißbrauch muß ausgeschlossen oder doch zumindest streng geahndet werden.

Wir brauchen ein neues Wahlrecht und das nun auch offiziell vorgeschlagene Verfassungsgericht.

Und wir brauchen mehr Rechtsanwälte. Meine Bitte an den Magistrat von Berlin, gebt uns endlich Räume, damit wir Rechtsanwälte aufnehmen können, nicht für uns, sondern zur Erhöhung der Rechtssicherheit der Bürger.

Wenn ich versuchen würde, Forderungen nach Dienstleistungen und Rechtsstaatlichkeit in einem Satz zusammenzufassen, dann würde ich sagen, jeder Haushalt soll über ein Telephon verfügen und die Bemerkung: »Das möchte ich dir lieber nicht am

Telephon sagen«, sollte für immer der Geschichte angehören. Ohne es jetzt näher ausführen zu können, möchte ich sagen, wir brauchen ein neues Verhältnis von Politik und Recht und ein gänzlich neues Verhältnis zur Wahrheit. Und die Frage der Zulassung des Neuen Forum sollte zügig und rechtsstaatlich entschieden werden.

Wenn die Rechtsanwälte heute im Unterschied zu anderen nach wie vor das Vertrauen der Bürger genießen, wie ich hoffe, dann deshalb, weil wir uns nicht haben beirren lassen und – wenn auch ohne Erfolg – konsequent zum Beispiel den Freispruch für Walter Janka beantragten. Wir haben einfach die Rechte und Interessen unserer Mandanten sehr ernstgenommen; vielleicht hätten wir noch mehr tun müssen, aber dazu hätte fast ein Übermaß an Zivilcourage gehört. Deshalb muß ein Ziel darin bestehen, Bedingungen für ein Höchstmaß an Zivilcourage zu schaffen.

Da ich weiß, daß es viele Diskussionen zur Person von Egon Krenz gibt, will ich zu ihm etwas sagen. Viele haben vor einigen Monaten im ZDF gehört, was Egon Krenz zu den Ereignissen in China gesagt hat, und vielen wird dies nicht gefallen haben. Mir auch nicht. Aber ich weiß von meinen Leipziger Kollegen, und Sie wissen, Anwälte wissen immer etwas mehr, als sie sollen und dürfen, daß Egon Krenz am 9. Oktober 1989 in Leipzig die Hauptverantwortung für die Entscheidung trug: chinesische Lösung oder demokratische Wende. Und er entschied sich für die zweite Alternative, obwohl er noch nicht wußte, ob dies die Billigung der Führung am nächsten Tag finden würde.

Damit hat er einen Beitrag zur Rettung dieses Landes geleistet. Diese Tat wiegt für mich schwerer als die früheren Worte, und deshalb finde ich, verdient er doch eine Chance und das Maß an Vertrauen, das zur Ausübung seiner Funktion nötig wird. Allerdings, und das sage ich genauso deutlich, keinen ersten Mann der Partei und des Staates mehr ohne demokratische Kontrolle oder mit absolutistischen Herrschaftsformen und nie wieder mit Zügen von Personenkult. Und zeitliche Befristungen, wie vorgeschlagen, dieser Funktionen brauchen wir ebenso wie umgekehrt den Richter auf Lebenszeit. Ich bin – und ich weiß, da bin ich mit vielen nicht einig – für die führende Rolle der Partei, aber ganz und gar gegen ihre Alleinherrschaft. Sie ist meines Erachtens ökonomisch durch das Volkseigentum bedingt, aber eine verfassungsrechtliche Verankerung, wenn sie denn überhaupt sein muß, ist viel weniger als die halbe Miete. Entscheidend ist, daß sie täglich politisch und ethisch gerechtfertigt wird. Die Partei selbst muß sich erneuern. Wir haben keine ordentlichen Zeiten und können deshalb auch nicht auf den ordentlichen Parteitag warten.

Die außerordentliche Zeit verlangt außerordentliche Maßnahmen. Noch einen Satz zu unserer Sprache. Wir haben inzwischen viele Anglizismen aufgenommen. Ich finde, es ist Zeit, zwei weitere Worte zu übernehmen: nämlich Perestroika und Glasnost. Und nur wenn wir dies auch inhaltlich vollziehen, wird es uns gelingen, die Begriffe DDR, Sozialismus, Humanismus, Demokratie und Rechtsstaatlichkeit zu einer untrennbaren Einheit zu verschmelzen. Vielen Dank.

REDE AUF DEM AUSSERORDENTLICHEN PARTEITAG DER SED
Gehalten am 8./9. Dezember 1989

Liebe Genossinnen und Genossen!

Der Arbeitsausschuß hat mich beauftragt, zu euch zu sprechen. Ich bitte um euer Verständnis, daß ich hier kein umfassendes Referat halten kann. Wann auch hätte ich es ausarbeiten sollen? Wir alle im Arbeitsausschuß haben am vergangenen Sonntag Verantwortung übernommen, die uns bis an die Grenze des psychisch und physisch Möglichen beansprucht hat.

Die früher üblichen »Warenhausreferate« mochte ich sowieso nie und bitte deshalb schon jetzt um Entschuldigung, daß ich mich weder zu allen anstehenden Fragen noch zu allen Bereichen äußern kann.

Die Lage im Lande und in der Partei erforderte diesen außerordentlichen Parteitag und seine Vorverlegung. Die Partei muß wieder geleitet werden, um den Auflösungserscheinungen entgegenzuwirken und Handlungsfähigkeit zu gewinnen. Die Wahl einer Leitung ist heute das Wichtigste. Sie ist aber nicht möglich ohne eine Selbstdarstellung und Selbstbestimmung.

Aus dem vom Ausschuß erarbeiteten Positionspapier, das euch zugegangen ist und das auch in den Zeitungen veröffentlicht war – und das selbstverständlich nicht vollständig und ausgereift ist –, wird jedoch eines ganz deutlich: Wir brauchen einen vollständigen Bruch mit dem gescheiterten stalinistischen, das heißt administrativ-zentralistischen Sozialismus in unserem Lande.

Dieser administrativ-zentralistische Sozialismus hat zu politischer und ökonomischer und wirtschaftlicher Krise, zu Korruption und Amtsmißbrauch geführt. Er hat sich bei uns und in anderen sozialistischen Ländern als unfähig erwiesen, einen wirksamen Beitrag zur Lösung der Menschheitsprobleme zu leisten.

Das Volk der DDR, alle seine Parteien, politischen und sozialen Bewegungen stehen heute vor der Entscheidungssituation: Welchen Weg soll die DDR gehen?

Die ökonomische und politische Krise hat die Möglichkeiten der Selbstbestimmung dieses Weges auf das äußerste eingeengt. Für das Leben der Bürgerinnen und Bürger und der zukünftigen Generationen ist es von entscheidender Bedeutung, welche historische Richtung gewählt wird. In den nächsten Wochen und Monaten werden Weichen gestellt, die die Lebensbedingungen jedes einzelnen grundlegend verändern werden. Nicht wenige Bürger der DDR orientieren sich – jetzt auch aufgrund ihrer eigenen Erlebnisse – an der Gesellschaft der Bundesrepublik Deutschland.

Kann die einfache Übernahme dortiger Strukturen unsere Probleme hier lösen? – Die westeuropäischen Gesellschaften, insbesondere die der BRD, sind keine rein kapitalistischen Systeme im Sinne eines Schulbeispiels, von dem man nichts lernen könnte. Wir wissen die modernen Errungenschaften dieser Gesellschaft, die sich die Werktätigen der BRD erkämpft haben, zu schätzen. Wir achten die freien Formen des wirtschaftlichen, politischen und kulturellen Wettbewerbs, die versuchen, der Ausbildung von Monopolstellungen in der Ökonomie, Politik und

Kultur entgegenzustehen. Wir können insbesondere lernen von der Praxis der Mitbestimmung auf Betriebs- und Zweigebene, von der dreifachen demokratischen Gewaltenteilung zwischen der Gesetzgebung, der Regierung und der Rechtsprechung, von der wachsenden Rolle der Öffentlichkeit und den neuen sozialen sowie kulturellen Bewegungen, von dem hohen Stand der Wissenschafts- und Technikentwicklung, von dem höheren Stellenwert kommunaler Mitbestimmung, von dem föderativen und gemeinnützigen Charakter vieler Arten der Kulturförderung.

Aber zugleich dürfen wir nicht übersehen, wie begrenzt diese Errungenschaften sind, worauf jeder konsequente Demokrat in diesen Ländern auch selbst aufmerksam macht. Die genannten Errungenschaften finden ihre Grenze an den strategischen Machtinteressen kapitalistischer Monopole, insbesondere der transnationalen Konzerne, der internationalen militärisch-industriellen Komplexe. An dieser Grenze hört auch die Souveränität der BRD gegenüber den USA und der NATO auf.

Der kapitalistische expandierende Weltmarkt mag vielen, die eine planungsbürokratische Mangelwirtschaft gewöhnt sind, auf den ersten Blick als Attraktion erscheinen. Aber er verschärft in seiner monopolistischen Gestalt die bestehenden globalen Probleme des Umweltschutzes, der Friedenssicherung und des sozialökonomischen Entwicklungsgefälles. Er führt tatsächlich zur Massenarbeitslosigkeit, zur Existenzangst, zur sozial ungerechten Zweidrittelgesellschaft schon in den reichen Ländern, erst recht aber zur weiteren Verelendung der armen Länder.

Wir dürfen den demokratischen Aufbruch und das Selbstbestimmungsrecht der DDR-Bevölkerung nicht verspielen. Das würden wir aber, ließen wir der alten Herrschaft von Politbürokraten nun eine neue Herrschaft von Kapitalmagnaten folgen.

Die Krise des administrativ-zentralistischen Sozialismus in unserem Lande kann nur dadurch gelöst werden, daß die DDR einen dritten Weg jenseits von stalinistischem Sozialismus und der Herrschaft transnationaler Monopole geht.

Dabei fühlen wir uns besonders den sozialen Interessen der Menschen unseres Landes verpflichtet: auf individuelle Freiheiten und Grundrechte gegründete Solidarität der Entwicklung aller, gleiche Bedingungen zur individuellen Selbstverwirklichung und Bewahrung des natürlichen und kulturellen Erbes der Menschheit. Dies sind unsere Grundwerte. Mit ihnen sollten wir uns mit neuem Programm und demokratischem Statut in einen neuen Entwicklungsweg der DDR einbringen. Mit allen Kräften werden wir uns für den freien Wettbewerb, für den höchsten Beitrag zur Entwicklung des gesellschaftlichen Reichtums einsetzen. Gerechte Anerkennung individueller und kollektiver Leistungen muß darin ihr Maß finden.

Unser Kampf wird sich gegen alle monopolistischen Herrschaftsstrukturen in Wirtschaft, Politik und geistigem Leben richten. Dieser von uns angestrebte dritte Weg sozialistischer Prägung ist gekennzeichnet durch radikale Demokratie und Rechtsstaatlichkeit, Humanismus, soziale Gerechtigkeit, Umweltschutz, Durchsetzung einer wirklichen Gleichberechtigung und Gleichstellung der Frau.

Diese Orientierung auf einen dritten Weg legt die demokratischen und humanistischen Quellen und Inhalte unserer Tradition in der deutschen und internationalen Arbeiterbewegung frei und nimmt sie auf.

Dazu gehören insbesondere sozialdemokratische, sozialistische, nichtstalinistisch-kommunistische, antifaschistische und pazifistische Traditionen. Es geht nicht um neue Tapeten. Wir wollen eine neue Partei. Eine Partei, die beispielgebend ist für ein modernes Parteienverständnis in einer modernen Gesellschaft.

Die Partei soll ihre Einheit aus dem Wettstreit der Ideen all ihrer Mitglieder, Plattformen und innerparteilichen Strömungen gewinnen. Sie versteht Einheit nicht als innere Geschlossenheit, sondern als Offenheit gegenüber allen demokratischen Bewegungen und allen Menschen. Das Gebot der Reinheit soll sich nur auf ethische Integrität und Abgrenzung von solchen Ideen konzentrieren, die mit den oben genannten Grundwerten unvereinbar sind. Diese moderne sozialistische Partei macht die fortlaufende Arbeit an ihrer Programmatik und an ihren strategischen Vorstellungen zum Hauptinhalt ihrer politischen Tätigkeit anstelle der Durchsetzung von oben verordneter Generallinien. Sie soll basisdemokratische Strukturen bilden, die sichern, daß sie eine Partei ihrer Mitglieder ist, das heißt, daß die Parteipolitik von diesen ihren demokratisch gewählten Leitungen und nicht vom Apparat ausgehen wird. Der Apparat muß vorwiegend organisatorische Aufgaben haben, und zwar zur Vorbereitung und Durchsetzung politischer Forderungen.

Der Apparat kann deshalb stark reduziert werden, aber bitte geordnet und mit geklärter beruflicher Eingliederung der Mitarbeiter. Denn darauf komme ich noch einmal zurück, wenn ich versuche, über die Ergebnisse der Untersuchungskommission zu berichten.

Die große Mehrzahl dieser Mitarbeiter war wirklich ohne jedes Privileg und hat immer ehrlich und anständig gearbeitet. Man darf da nicht alles über einen Kamm scheren. Es gibt da gewaltige Unterschiede. Ich werde dazu noch etwas sagen. Aber die Strukturen stimmten eben nicht, die müssen verändert werden. Dafür tragen nicht die Mitarbeiter die Verantwortung; oder höchstens in dem Maße, wie wir sie alle dafür tragen.

Basisdemokratie erfordert ein Statut, das schöpferische und kritische Aktivitäten jedes Genossen fördert und die innerparteiliche Diskussion effektiv organisiert und nicht Grundlage von Parteidisziplinierung ist.

Diese moderne sozialistische Partei ist die praktische Heimat engagierter demokratischer Sozialisten, keine Klassen- und auch keine Massenpartei.

Diese moderne sozialistische Partei bekennt sich zu den Traditionen der deutschen und internationalen Arbeiterbewegung, zur politischen Vertretung der sozialen Interessen der Arbeiter. Sie bekennt sich auch zur progressiven Tradition der kommunistischen, sozialdemokratischen, sozialistischen und antifaschistischen Bewegung, und sie bekennt sich zu marxistischen und leninistischen Traditionen. Sie nimmt all diese Traditionen kritisch in sich auf, wendet sich aber konsequent den veränderten Problemlagen der Gegenwart und Zukunft zu.

Es gibt keine Linie, die in ihrer Entwicklung fehlerlos gewesen wäre, und es gibt auch keine einzige dieser hervorragenden, im Positionspapier genannten Persönlichkeiten, die in jeder Frage recht gehabt oder für heute eine Antwort ausgewiesen hätten. Das kann es auch gar nicht geben.

Diese moderne sozialistische Partei bildet praktische Strategien auf der Grundlage theoretischer Konzeptionen, aber sie verzichtet auf jegliche Beschränkung theoretischer Quellen, auf bestimmte Richtungen und auf jede Bewertung von Wissenschaft. Das heißt, sie läßt sich von wissenschaftlichen Erkenntnissen leiten und nicht länger durch die Wissenschaft bestätigen, was bekanntlich zu großen und in kurzer Zeit auch nicht wiedergutzumachenden Verlusten gerade in der Gesellschaftswissenschaft geführt hat. Nicht die Gesellschaftswissenschaft bereitete Plenen vor, sondern die Plenen entschieden, was anschließend die Gesellschaftswissenschaftler zu erklären hatten, und das geht einfach nicht!

Liebe Genossinnen und Genossen! Ich möchte jetzt etwas sagen zu den Ergebnissen der Untersuchungskommission. Ich stehe da vor gewissen Schwierigkeiten, ich muß das zugeben. Zunächst einmal hatten wir bisher fünf Tage. Ich bitte also nichts zu erwarten, was diesen Zeitraum unberücksichtigt läßt. Dann war eine solche Tätigkeit für mich völlig neu und ungewohnt; denn ich bin eigentlich Verteidiger, nicht Ermittler. Ich kannte dieses Haus und seine Strukturen nicht. Ich habe bis heute Schwierigkeiten, ein einziges Zimmer zu finden. Und wir bekamen in dieser Zeit Tausende von Hinweisen. Irgend jemand in der *Aktuellen Kamera* hat sich auch noch einfallen lassen, die Telephonnummer 2020 zu benennen. Ich weiß nicht, wer darauf gekommen ist. Und damit brach das Telephonnetz im ZK zusammen. Immerhin spricht es für ein bestimmtes Maß an Vertrauen, das dieser Untersuchungskommission entgegengebracht wurde.

Ich habe zu Mitgliedern Rechtsanwälte, Notare, Kriminalisten der Humboldt-Universität berufen, soweit man das sagen kann. Auf welcher Grundlage, weiß ich auch nicht richtig. Ich habe sie namentlich nicht bekanntgegeben, während alle anderen Arbeitsgruppen bekannt gegeben worden sind. Ich glaube, ich muß das nicht weiter erklären, ihr werdet dafür Verständnis haben. Ich werde es auch zukünftig nicht tun. Es reicht, wenn einer bekannt ist.

Die nächste Schwierigkeit bestand darin, daß sich natürlich viele Hinweise einfach auch als völlig unbegründet erweisen. Das weiß man aber vorher nicht. Es kostet wahnsinnig viel Kraft, einem solchen Hinweis nachzugehen. Und dann hatte diese Untersuchungskommission bitte auch keine Kompetenzen. Von wem denn? Es gab ja zum Zeitpunkt ihrer Entstehung keine Leitung dieser Partei. Übrigens: Auch deshalb brauchen wir unbedingt eine Leitung, denn sie muß entscheiden, was diese Untersuchungskommission darf und was nicht. Wir haben zunächst einmal wichtige Sicherungsmaßnahmen vorgenommen, und wenn die überall so vorgenommen worden wären, hätten wir uns vielleicht woanders vieles erspart.

Aus diesem Hause ist seit Sonntagabend nichts mehr rausgegangen, was nicht unbedingt rausgehen mußte, was auch meine Zustimmung gefunden hat.

Noch etwas muß ich sagen. Viele haben sich angeboten, in diesem Untersuchungsausschuß mitzuwirken. Das muß ich wirklich sagen. Man hätte ihn beachtlich ausweiten können. Aber ich stand vor einer großen Schwierigkeit. Ich mußte noch, ich will es so offen sagen, ein bißchen darauf aufpassen, daß man mir niemanden einschleust. Ich sage es mal so. Also konnte ich nur jemanden nehmen, den ich kenne oder den derjenige, den ich kenne, so gut kennt, daß er mir versichern kann, daß na und so weiter.

Es gab ja keine andere Möglichkeit. Die Zahl ist also nach wie vor begrenzt. Wir haben uns große Mühe gegeben, und das Bild, das sich uns nun bisher bot, war einerseits erschreckend, erschreckender als angenommen, und andererseits aber auch beruhigender, so daß wirklich kein Grund zur Selbstzerfleischung besteht. Das muß ich hier deutlich sagen.

Das Erschreckende war der Umfang an ungerechtfertigten Privilegien der früheren Parteiführung, der katastrophale Zustand des Belegwesens in diesem Haus in bestimmten Bereichen, das völlige Fehlen notwendiger Kontrollen in bestimmten Bereichen.

Für uns alle unmerklich sind nämlich die Befugnisse der Zentralen Revisionskommission im Laufe der Jahre immer weiter zurückgegangen und letztmalig auf dem IX. Parteitag weiter eingeschränkt worden. Wir haben es alle irgendwie nicht richtig gemerkt. Es waren immer so Umstellungen von Sätzen, die dann plötzlich dazu führten, daß Ausgaben von der Zentralen Revisionskommission nicht mehr geprüft werden durften, sondern nur noch die Einnahmen, was natürlich ein merkwürdiger Vorgang ist und zu Schwierigkeiten auch für diese Genossen führte.

Dennoch muß ich sagen, kann ich ihnen den Vorwurf nicht ersparen, sie haben das ja gewußt, welche Mängel es hat, worin auch die Befugnismängel bestehen, und hätten sich schon an uns deshalb wenden müssen, finde ich, wobei es sich nachher leichter sagen läßt, als es vorher zu tun. Das gebe ich gern zu. Aber wer in hohe Funktionen gewählt wird, hat eben auch besonders hohe Verantwortung.

Eine nächste Schwierigkeit besteht in einer Verflechtung staatlicher Bereiche mit Parteibereichen, die meines Erachtens unbedingt aufzulösen ist bzw. rechtlich geklärt werden muß, weil ansonsten Ordnung in diesen ganzen Bereich nicht hineinzubekommen ist.

Besonders negativ wirkten sich die fast unbegrenzten Vollmachten von Erich Honecker und vor allem auch des früheren Leiters der Abteilung Finanzen aus, der praktisch allein über Konten und viele andere Bereiche mit alleiniger Unterschrift verfügungsbefugt war und für den es auch noch eine Weisung gab, Belege in bestimmten Bereichen sofort anschließend zu vernichten, zumindest beruft er sich darauf, ich muß das mal so sagen, weil der, auf den er sich beruft, gegenwärtig nicht befragt werden kann.

Also ich nenne keine Zahlen, weil ich sie erstens gar nicht kenne. Ich war ja nicht die Finanzrevision. Das muß in der Rechenschaftslegung natürlich die Aufgabe der Zentralen Revisionskommission sein. Ich bin nicht bereit, diesen Rechenschaftsbericht hier sozusagen zu übernehmen. Ich wüßte auch wirklich nicht, weshalb.

Und da wir ja diese Rechenschaftsberichte auf dem außerordentlichen Parteitag noch bekommen werden, denn ich gehe davon aus, daß wir es so beschließen, daß wir das fortsetzen, daraus werden wir ja niemanden entlassen, will ich mich dazu jetzt nicht weiter äußern. Ich will aber noch sagen, daß es natürlich auch historisch gerechtfertigte Leistungen unserer Partei gibt, Leistungen der Solidarität, die wir selber zwischen 1933 und 1945 erfahren haben und über die ich hier wegen der damit verbundenen Gefährdung von Parteien in anderen Ländern, in ganz weit entfernten Ländern zum Teil, kein Wort sagen werde. Dafür bitte ich einfach um Verständnis. Oder es wird unmöglich, und das fände ich nicht gerecht; denn uns geht es nun im Augenblick nicht gut, aber immer noch besser als anderen Parteien auf dieser Welt.

Wir haben uns in erster Linie natürlich mit der Frage der Verletzung des Parteistatuts beschäftigt. Es gibt aber noch die Zentrale Parteikontrollkommission. Sie ist auch nicht zurückgetreten und nicht abberufen worden, obwohl der Vorsitzende das im ZK beantragt hat. Ich habe die Genossen gebeten, die Fragen der Rehabilitierung usw. weiter zu prüfen. Die Arbeit mußte ja fortgesetzt werden, und die Unterkommission kann natürlich kein Parteiverfahren einleiten oder gar durchführen, das ist völlig unmöglich.

Ich habe festgestellt, daß die Ausschlüsse der führenden Genossen aus der Partei durch das Zentralkomitee meines Erachtens mit dem Statut nicht übereinstimmten. Ich will sie nicht verteidigen, aber ich bin immer für Rechtsstaatlichkeit, und sie hatten teilweise nicht einmal das Recht zur Stellungnahme. Und ich hatte das Gefühl, daß da welche Genossen aus der Partei ausschließen, damit sie nicht mehr zu antworten brauchen, weil sie ja dann nicht mehr Mitglieder der Partei sind.

Ich habe das offizielle Protokoll dazu gelesen. Es gibt wohl auch eine Tonbandaufzeichnung. Dazu bin ich nicht gekommen. Es hieß nur: Wegen Forderungen an der Basis werden die Genossen soundso ausgeschlossen. – Und ich muß sagen: Gibt es denn so etwas, daß wegen der Forderung an der Basis ein Genosse ausgeschlossen wird? Entweder er hat das Statut verletzt, und das rechtfertigt diese Maßnahme – eine andere Begründung kann es gar nicht geben.

Da gab es auch Beschwerden von einigen. Ob sie begründet sind, kann ich gegenwärtig nicht prüfen. Wir brauchen auch dort eine Leitung, damit das in geordnete Bahnen kommt. Diese chaotischen Zustände müssen einmal aufhören.

Ich bin mir allerdings in einem sicher: Alle Genossen des Politbüros, die bis zum 17. Oktober 1989 dem Politbüro angehört haben, haben meines Erachtens Pflichten verletzt – das sage ich ganz deutlich –, Pflichten auch nach dem Statut verletzt. Ich möchte dazu einmal aus dem Statut zitieren, um deutlich zu machen, was ich meine:

»Das Parteimitglied ist verpflichtet, furchtlos Mängel in der Arbeit aufzudecken und sich für ihre Beseitigung einzusetzen; gegen Subjektivismus, Mißachtung des Kollektivs, Egoismus und Schönfärberei aufzutreten und gegen die Neigung, sich an Erfolgen zu berauschen ...«

Und da kannte ich doch einige mit solchen Neigungen, und ich weiß nicht, wer dagegen dort aufgetreten ist – wenn, dann haben wir es nicht gemerkt.

»... gegen jeden Versuch anzukämpfen, die Kritik zu unterdrücken und sie durch Beschönigung und Lobhudelei zu ersetzen, sowie die Kritik und Selbstkritik von unten in jeder Weise zu fördern.«

Ich finde, gegen diese Pflichten haben eigentlich alle verstoßen. Das ergibt sich übrigens auch aus ihren Stellungnahmen, wenn sie nämlich schreiben, wie der erste Mann in der Partei regiert hat, daß die Kollektivität verletzt wurde, und sie sagen alle gleich: Ich räume ein, daß ich dagegen nicht genügend getan habe. Das kann man sehr unterschiedlich für den einzelnen bewerten. Es gibt natürlich auch andere Verletzungen, aber das – meine ich – gilt im Prinzip für alle.

Wir mußten uns auch damit beschäftigen, daß es Gesetzesverstöße gab. Aber wir sind keine Staatsanwaltschaft, und sobald wir so etwas feststellen, sichern wir die entsprechenden Beweismittel und Informationen und übergeben sie den zuständigen staatlichen Organen; denn wir wollen ja die Trennung von Partei und Staat. Immerhin hat das dazu geführt, daß zwei ehemalige Abteilungsleiter inhaftiert bzw. vorläufig festgenommen sind und gegen einen ein Anzeigeprüfungsverfahren läuft.

Der Stand bei den Politbüromitgliedern ist bekannt. Ich sage hier ganz deutlich, ich würde mich, und ich kann meine Rolle als Anwalt nicht verlieren, immer für die Einhaltung der Strafprozeßordnung in diesem Land einsetzen, für jeden und jedermann, sonst ist Gerechtigkeit und Rechtsstaatlichkeit nicht herstellbar.

Das heißt zum Beispiel, daß ich dafür bin, daß, wenn Voraussetzungen für einen Haftbefehl vorliegen, er auch erlassen wird, aber nicht ein ungesetzlicher Hausarrest, der überhaupt nicht geregelt ist.

Man kommt natürlich auch mit humanistischen Gesichtspunkten in Schwierigkeiten, das muß ich einfach sagen, bei Menschen von weit über 70 und auch über 80 Jahren. Was allerdings auch damit zusammenhängt, daß wir Menschen in dieser Breite in diesem Alter in die Führungsgremien der Partei gewählt haben. Und das bitte ich nicht mißzuverstehen. Wir brauchen den Rat der alten Genossen ganz dringend, aber wir können natürlich nicht ein Politbüro haben, das im Durchschnitt dieses Alter hat wie das letzte.

Ich meinte das letzte bis vor dem 17. Oktober. – Sonst habe ich das nicht mehr durchgerechnet.

Ich will noch etwas sagen zu den Feststellungen zu den Privilegien, oder sagen wir: zu dem System. Weil ich dazu sagen muß, daß sich auch dort Mitglieder unterschiedlich und differenziert verhalten haben. Das muß ich betonen. Es ist auch nicht gerecht, sie diesbezüglich etwa alle über einen Kamm zu scheren. Es gab immer solche, die – sagen wir einmal – das Übliche genutzt haben, was alle genutzt haben, aber nie darüber hinausgegangen sind. Und es gab offensichtlich auch solche, die immer noch weit darüber hinausgegangen sind. Das Ganze war natürlich eine Art Gewöhnung. Ich habe einmal ein bißchen versucht, zurückzugehen. Es fing sozusagen klein an und wurde eigentlich immer mehr. Das hing mit einer bestimmten Theorie zusammen.

Zunächst ging es um Sicherheitsfragen. So wurde Wandlitz geschaffen. Wie ich meine, einer der schlimmsten und fehlerhaftesten Beschlüsse in der Geschichte dieser Partei; denn dieser Beschluß hat zur Isolierung der Parteiführung vom Leben geführt.

Und vor allem, wenn das 1956 möglicherweise tatsächlich erforderlich gewesen wäre – ich kann das ja gar nicht beurteilen –, hätte dieser Beschluß aber nach 1961 schnellstens wieder aufgehoben werden müssen.

Und da entwickelte sich offensichtlich ein völlig eigenständiges Leben. Ich habe auch vor, mir das selbst genau und gründlich anzusehen; aber jetzt hatte ich dazu einfach keine Kompetenz. Aber die Feststellungen reichen dafür aus, das zu sagen.

Ich will zu den Versorgungsleistungen nichts weiter sagen, aber die Art und Weise, wie dort Waren verkauft worden sind, ausschließlich aus dem westlichen Ausland, wirklich ausschließlich, bis auf vielleicht einige, ganz wenige Produkte, zum Teil Produkte, die es nicht einmal bei uns im Intershop gibt, sondern noch weit darüber hinausgehen, und mit einer solchen Selbstverständlichkeit, daß schon das eine Isolierung vom Leben bedeutet.

Natürlich gewöhnt man sich daran, und mir ist auch klar, daß man sich das nicht jeden Tag wieder fragt.

Aber nun komme ich auf die Unterschiede. Da gibt es zum Beispiel solche, von denen man sagen muß: die Familienangehörigen haben das im wesentlichen nie mitgenutzt. Und dann gibt es solche, wo die Kinder und Ehepartner, natürlich, das ist auch einleuchtend, und die inzwischen erwachsenen Kinder und inzwischen auch die Enkelkinder voll miteinbezogen waren. Das ist ja klar, das ist alles Nachwuchs. Ich frage mich zum Beispiel: Wenn es nun schon ein Gästehaus gibt, das nicht für alle Parteimitglieder offensteht, sondern nur für die Führung, worüber man schon streiten kann, wieso können dann aber Kinder ohne die eigentlichen Mitglieder dort allein ihren Urlaub verbringen zu den entsprechend extrem günstigen materiellen Bedingungen? Ich halte das nicht für gerechtfertigt. Sie haben wir ja nicht gewählt.

Eine andere Frage ist die: Natürlich, wenn Eltern ihre Kinder mitnehmen, ist das klar, ich will hier nicht über Selbstverständlichkeiten sprechen.

Weitere Feststellungen, die wir treffen konnten, waren zum Beispiel der Einsatz der Regierungsstaffel für die Politbüromitglieder auch bei Privaturlaub. Wir konnten auch feststellen, daß das völlig üblich war, daß mit diesen Flugzeugen und entsprechend hohen Aufwendungen auch der Urlaub im Ausland bestritten wurde. Wir konnten feststellen, daß es – ich will einmal sagen – eine Art von Hofdienerei gab in dieser Beziehung, die man sich schlecht vorstellen kann. Das hing auch mit den Zuständigkeiten zusammen, zum Beispiel damit, daß eben das Ministerium für Staatssicherheit für den gesamten Bereich zuständig war und den Auftrag hatte, die Lebensbedingungen so angenehm wie möglich zu gestalten, damit man frei ist für politische Arbeit. Und das wurde dann eben immer mehr ausgebaut zu dem, was jetzt im Ergebnis festzustellen war.

Ich möchte dann noch etwas dazu sagen: Es hängt auch mit den falschen Strukturen zusammen; denn Alleinherrschaft einer Partei wird zur Alleinherrschaft einer Führung und Alleinherrschaft des ersten Mannes dieser Führung und seiner Berater. Und wenn das dann noch die falschen sind, dann hat das entsprechende Wirkung.

Was wir noch feststellen, kann ich wie folgt zusammenfassen, worum es geht, was man alles noch prüfen muß: Da geht es um die Verwendung von Zahlungsmitteln; da geht es um den Kauf, die Finanzierung, die Nutzung und die Verteilung von Grundstücken, die im Eigentum bzw. in Rechtsträgerschaft oder Nutzung der Parteien stehen; da geht es um den Verkauf von Dienstfahrzeugen; da geht es um die Durchführung von PKW-Reparaturen und Bauleistungen; da geht es um die Verwendung zweckgebundener Mittel, Prämien und anderes; da geht es um die Nutzung sonstigen Parteieigentums, und da geht es um die Verwaltung und Verwendung der Finanzen insgesamt.

Ich sage das jetzt deshalb nicht konkreter, weil, wenn ich es konkreter sagen würde, ich die Untersuchung erheblich erschweren würde, und die muß weitergehen. Es geht auch um solche Fragen, daß die Partei – sagen wir mal – ein Haus sehr teuer baut, und dann zieht dort ein hoher Funktionär ein für hundert Mark Miete monatlich. Das alles hat es gegeben. Das alles ist auch noch nicht endgültig zusammengetragen. Ich wollte es im wesentlichen bei diesem Bericht belassen und allerdings noch auf folgendes hinweisen, um auch Gerüchten vorzubeugen: Im ZK gab es auch eine Isolierung, nämlich die Isolierung der Führung von allen anderen Mitarbeitern. Und es gab auch Privilegien für die ZK-Abteilungsleiter, die von ihnen auch wieder sehr unterschiedlich genutzt worden sind.

Letzlich möchte ich noch darauf hinweisen, daß es aber in diesem ZK-Gebäude für die dort überwiegend arbeitenden Mitarbeiter überhaupt keine besonderen Privilegien gab, wirklich nicht. Die Läden sind völlig normal. Es wurde dort nichts Besonderes verkauft. Sie haben auch ganz normale Gehälter bekommen. Sie haben einfach eine ehrlich Arbeit geleistet. Ich muß das hier so deutlich betonen.

Das war alles noch ein bißchen durcheinander. Genossen, ich muß euch das auch erklären: Das ist erst heute so ein bißchen zusammengestellt worden, und bei jeder Aussage muß man prüfen – kann man das schon sagen, oder gefährdet man damit die weitere Untersuchung. Und ich bin dafür, daß wir alles zu größter Genauigkeit aufklären. Alle, die zur Verantwortung zu ziehen sind, sind auch schonungslos zur Verantwortung zu ziehen, alle Fälle von Machtmißbrauch und Korruption sind aufzuklären, ohne – das muß ich noch einmal betonen – daß wir in einen Selbstzerfleischungsprozeß übergehen und ohne daß wir Gerüchten und ungerechtfertigten Beschuldigungen nachgeben.

So, und nun möchte ich mich noch zu einigen nach unserer Meinung wichtigen Fragen äußern, die in letzter Zeit auch durch euch an uns herangetragen worden sind und wo wir irgendwo einen Standpunkt bilden mußten.

Erstens: Was verstehen wir unter dem Begriff »Sozialismus«? Zu einer ausgereiften wissenschaftlichen Definition des Begriffs »Sozialismus« bin ich heute natürlich nicht in der Lage. Ich bin mir aber sicher, daß es sich um eine Gesellschaftsordnung handelt, in der jede Form von politischer und ökonomischer Allein- oder Monopolmacht ausgeschaltet sein muß, damit wirtschaftliche Effektivität ständig mit den ökologischen, sozialen und kulturellen Interessen der Menschen verbunden bleibt. Die politischen und ökonomischen Strukturen sind so anzulegen, daß das Interesse an Frieden, Abrüstung und Humanismus zu keinem Zeitpunkt unbeachtet bleibt.

Zweitens: Brauchen wir einen neuen Namen oder nicht? Sollen wir uns auflösen und neu gründen? Genossinnen und Genossen, gerade zu dieser Frage wurden an uns viele unterschiedliche Positionen herangetragen. Niemand wäre wohl wirklich gegen einen neuen Namen, aber viele befürchten den Vorwurf des Etikettenschwindels oder des Versuchs, sich aus der Verantwortung, der Geschichte unserer Partei zu stehlen. Die andere Position ist klar: Zu einem wirklichen Neuanfang gehört auch ein neuer Name, obwohl man sich zur Verantwortung, Schuld, Geschichte dieser Partei bekennt.

Ich bin der Meinung, diese Frage müssen wir entscheiden. Sicherlich können wir mit beidem leben, aber es ist eine wichtige Frage. Uns gingen insbesondere folgende Namensvorschläge zu: Partei für oder Partei des demokratischen Sozialismus, Deutsche Sozialistische Partei, Sozialistische Volkspartei, wobei ich sagen muß, mit dem zuletzt genannten Namen könnte ich mich am wenigsten anfreunden, es ist ein zu verschwommener, meine ich.

Die Auflösung der Partei und ihre Neugründung wäre meines Erachtens eine Katastrophe für die Partei. All jene, die sich in den letzten Wochen im ganzen Land so engagiert haben für die Erneuerung ihrer Partei, würden wir enttäuschen. Sie wollen doch unsere und nicht irgendeine Partei retten. Mit welchem Recht sollten wir uns alle einer politischen Heimat berauben?

Außerdem entstünde in unserem Lande ein politisches Vakuum, das niemand ausfüllen kann und das die Krise mit unübersehbaren Folgen verschärfen würde. Darüber hinaus muß ich einfach auf rechtliche Folgen hinweisen. Mit einer Auflösungsentscheidung sind sämtliche Mitarbeiter des Apparates arbeitslos und die soziale Existenz der Mitarbeiter der parteieigenen Betriebe und Einrichtungen wäre erheblich gefährdet. Das Eigentum der Partei wäre zunächst herrenlos. Anschließend würden sich sicherlich mehrere Parteien gründen, die in einen juristischen Streit um die Rechtsnachfolge träten. Das muß man einfach wissen, bevor man darüber entscheidet, finde ich.

Kurzum, ich verstehe sehr gut, wie es zu solch einer Idee kommen kann, aber bei Abwägung aller Folgen wäre eine solche Entscheidung in hohem Maße verantwortungslos. Auflösung und Spaltung der Partei sollten deshalb für uns nicht in Frage kommen.

Drittens wurden wir von vielen Arbeitern gefragt: Wie stehen wir zum Leistungsprinzip? Ganz kurz der Standpunkt: Die ökonomischen Gegebenheiten zwingen dazu, das Leistungsprinzip konsequent durchzuführen. Damit muß schon heute begonnen werden. Gerade unsere Partei muß sich aber dafür stark machen, daß dabei die soziale Sicherheit, die Sicherheit des Arbeitsplatzes garantiert bleibt und die Kranken, Leistungsunfähigen und Lebensuntüchtigen in einer Solidargemeinschaft nicht untergehen.

Die Besonderheiten in der für uns alle lebenswichtigen landwirtschaftlichen Produktion dürfen zu keinem Zeitpunkt unbeachtet bleiben.

Wie stehen wir zu den Kampfgruppen der Arbeiterklasse? Entgegen vielfach erhobener Behauptungen unterstehen sie nicht der Partei, sondern dem Minister des Innern. Wir können deshalb nur einen Vorschlag unterbreiten. Wir anerkennen den Beitrag der Mitglieder, die jahrelang ihre Freizeit für die Ausbildung geopfert haben, um den Auftrag zum Schutz der Betriebe zu erfüllen. Wenn man jedoch an die Gründungsmotive denkt, wird deutlich, daß sie nicht mehr zeitgemäß sind. Wir sind deshalb für ihre Auflösung und bitten die Mitglieder, sich in unbewaffnete Formationen zum Schutz unserer Menschen und des sich entwickelnden demokratischen Staates einzugliedern. (...)

Fünftens: Wie stehen wir zum Amt für Nationale Sicherheit? Es gilt, festzustellen, daß es neben berechtigten und notwendigen Aufgabenstellungen des Ministeriums für Staatssicherheit, z. B. zur Aufklärung von Kriegsverbrechen und zur Abwehr wirklicher Staatsverbrechen, zum Schutz der Volkswirtschaft und anderer Einrichtungen, zur Aufklärung auch Aufgabenstellungen gab, die unvertretbar sind und die erklären, wie es zur gegenwärtigen demonstrativen Ablehnung dieser Einrichtung kommt. Diese Aufgabenstellung umfaßte die Abwehr der ideologischen Diversion. Da diese nach den vorgegebenen Maßstäben über Funk und Fernsehen faktisch in jedem Haushalt stattfindet, mußte dies zu einer flächendeckenden Tätigkeit führen, die die Menschen als Bespitzelung empfanden. Die große Macht dieser Einrichtung führte bei einem Teil ihrer Mitarbeiter auch zu einem entsprechenden Auftreten. Ferner übernahm das Ministerium auch die persönliche und materielle Fürsorge für die Parteiführung, wofür es meines Erachtens keine staatliche Tätigkeit hätte geben dürfen. Beachtet werden muß jedoch, daß diese Aufgabenstellung keine Idee der Mitarbeiter war, sondern eine Entscheidung der Parteiführung, die deshalb auch die Verantwortung für die dort entstandene Lage trägt.

Im Ministerium für Staatssicherheit gab es ebenfalls Fälle von Amtsmißbrauch und andere Ungesetzlichkeiten – zumindest besteht der Verdacht, der gegenwärtig von der Militärstaatsanwaltschaft ermittelt wird. Wir wissen aber, daß viele Genossen dieses Ministeriums stets pflichtbewußt und ehrlich die ihnen erteilten Aufträge, die sie sich nicht aussuchen konnten, erfüllt haben.

Wir wenden uns deshalb entschieden gegen pauschale Abqualifizierungen und vor allem gegen Repressalien, die jetzt um sich zu greifen beginnen.

Und ich wiederhole es noch einmal: Rechtsstaatlichkeit ist unteilbar und muß für jeden gelten. Wir erwarten, daß die Regierung alle Bürger dieses Landes vor Übergriffen schützt, auch Genossen und auch Mitarbeiter des Amtes und auch ihre Angehörigen.

Selbstjustiz, Vergeltung und Rache sind bar jeder Kultur und eines jeden Volkes unwürdig.

Durch die starke Diskreditierung des Amtes ist nach meiner Meinung allerdings seine Auflösung erforderlich, wobei die berufliche Eingliederung der Mitarbeiter unbedingt zu sichern ist. Bezüglich der notwendigen Aufgabenstellungen ist deren Erfüllung auf neue Art und Weise zu gewährleisten. Die Verantwortung liegt bei der Regierung, und ich will und kann diesbezüglich keine Empfehlungen geben.

Wie stehen wir zu Streiks oder zu drohenden Streiks und zum Streikrecht? – In der gegenwärtigen angespannten Wirtschaftslage wären Streiks verantwortungslos. Sie nutzen und bewirken wenig, aber schaden allen und wirken destabilisierend.

Wir rufen deshalb alle Werktätigen auf, im ureigensten Interesse verantwortungsbewußt zu arbeiten und dadurch die materiellen Voraussetzungen für die Versorgung der Bevölkerung und die demokratische Erneuerung zu sichern. Demokratie ohne materielle Absicherung ist sinnlos und überflüssig.

Mit dem Aufkommen neuer Eigentumsformen in unserem Lande werden sich jedoch die Arbeitsbedingungen verändern. Die Gewerkschaften werden von Tag zu Tag selbstbewußter, und es ist deshalb nicht ausgeschlossen, in einem neuen Betriebsverfassungsgesetz breite Mitbestimmung der Werktätigen in den Betrieben so zu garantieren und zu regeln, daß als allerletztes Mittel der Auseinandersetzung gegebenenfalls auch der Streik entsprechend beschlossen werden kann. Aber das hat nichts mit heute und hier zu tun. Das ist eine Zukunft, wenn wir hier Joint-ventures und alles Mögliche bekommen und sich dadurch eben auch die Bedingungen verändern. Darauf möchte ich hinweisen, aber dazu muß es erst ein Gesetz geben, über das wir alle zusammen in diesem Lande gründlich nachdenken müssen.

Wir sollten aber vor allem sichern, daß wir solche Bedingungen schaffen, daß unsere Arbeiter im Betrieb sich als Miteigentümer fühlen und so handeln.

Zur deutschen Frage hatte ich mich schon geäußert und unser Ministerpräsident auch. Auch dazu kamen viele Fragen. Ich möchte nur noch eins hinzufügen: In einer Zeit, in der ein europäisches Haus gebaut werden soll, in der es um den Abbau von Staatlichkeit in Europa geht, ist schon die Idee zur Schaffung eines neuen Einheitsstaates widersinnig. Es geht um Kooperation und Begegnungen auf allen Ebenen, aber gleichzeitig um Bewahrung unserer Eigenständigkeit als Deutsche Demokratische Republik. (...)

Achtens und letztens: zur Frage der Grundorganisationen unserer Partei in Betrieben – auch eine vielfach an uns herangetragene Frage, und es hat ja keinen Sinn, das auszulassen, wir müssen uns ja darüber irgendwie verständigen.

Genossen! Die neue Lage stellt uns die Aufgabe, einen Wahlkampf zu führen, der schwer sein wird und den wir bisher nicht kennen. Deshalb müssen wir uns meines Erachtens in den Territorien organisieren.

Für Parteibüros und hauptberufliche Parteifunktionäre in den Betrieben sind die Voraussetzungen meines Erachtens nicht mehr gegeben. In den Betrieben sollten aber die Genossen gemeinsam über politische und ökonomische Fragen beraten und die Interessen der Werktätigen vertreten. Das kann in Aktivs oder in anderen Formen geschehen, worüber wir uns noch Gedanken machen müssen. Wie allen anderen Parteien und Bewegungen kann uns nicht untersagt werden, in den Betrieben wirksam zu werden.

Wir lassen uns von der Arbeiterklasse nicht trennen, wenngleich wir über neue Strukturen nachdenken!

Genossen! Ich möchte damit zum Schluß kommen. Ich bitte den Mittelteil, weil er so provisorischen Charakter trug, zu entschuldigen. Aber das machte eben einfach die Zeit aus, und ihr wißt, ich war gestern noch im Gespräch am Runden Tisch, und heute eben das, und das ist alles einfach ein bißchen viel.

Gestattet mir zum Schluß, eines zu sagen. Ich finde, wir sollten hier aus diesem Beginn des Parteitages bereits als beginnende erneuerte Partei herausgehen. Wir sollten uns zu uns bekennen. Wir sollten mit einer neuen Partei anfangen ohne jede Auflösungserscheinung. Wir sollten uns nicht demoralisieren lassen. Viele von uns haben vieles in ihrem Leben und während ihrer Zugehörigkeit zur Partei geschaffen, und nicht nur für sie, sondern auch für solche, die der Partei nicht angehören.

Wir würden uns freuen, wenn die Genossen, die unsere Partei aus Enttäuschung verlassen haben, wieder zu uns zurückfinden, wenn wir uns erneuern. Jene, die uns verlassen haben, weil sie glauben, daß es jetzt nicht mehr so opportun sei, in dieser Partei zu sein, während man früher in der führenden Partei war – sie mögen wegbleiben. (...)

Laßt uns alle gemeinsam an diese neue demokratische sozialistische Partei gehen, die sich endgültig und ein für allemal vom Stalinismus befreit hat, mit diesem heutigen Tag befreit hat, laßt uns alle für diese neue Partei streiten. Und dann wird sie auch stark bleiben, ihre politische Verantwortung wahrnehmen können, zum Wohle unseres Volkes und zum Wohle unseres Landes, der Deutschen Demokratischen Republik.

Dankeschön.

VORSTELLUNG UND BEFRAGUNG
DES KANDIDATEN FÜR DEN PARTEIVORSITZ
Aus dem Stenogramm der geschlossenen Sitzung des Außerordentlichen Parteitages der SED vom 9./10. Dezember 1989

Herbert Kroker:
Liebe Genossinnen und Genossen! Im Auftrage des Arbeitspräsi-
diums des außerordentlichen Parteitages unterbreite ich den Vorschlag, Genossen Dr. Gregor Gysi als Kandidat für die Wahl zum
Parteivorsitzenden zu nominieren. Genosse Gysi wurde am 16.
Januar 1948 in Berlin geboren. Er erlernte den Beruf eines Rin-
derzüchters und studierte danach an der Humboldt-Universität
Berlin Rechtswissenschaften. Während des Studiums wurde er
1947 Mitglied der Partei. Seit seinem Eintritt hat er stets in verschiedenen Funktionen eine aktive Parteiarbeit geleistet.

Durch seine Arbeit im Kollegium der Rechtsanwälte erwarb er
sich bei vielen Menschen in unserem Land Anerkennung und Auto-
rität. Von vielen Mitgliedern der Partei und breiten Schichten der
Bevölkerung wird sein aktives Wirken für die radikale Erneuerung
der Partei und der sozialistischen Gesellschaft hoch geschätzt.

Ausstrahlungskraft, engagiertes Handeln und Leidenschaft gehören mit zu den Eigenschaften, die seine Persönlichkeit kenn-
zeichnen. Genosse Gysi verfügt damit insgesamt über die Fähigkeiten und Voraussetzungen für diese hohe Verantwortung an
der Spitze unserer Partei.

Ich möchte hier hinzufügen, daß ich Genossen Gysi in der
letzten Woche als Menschen und Genossen hoch schätzen gelernt habe. Er hat in diesen ernsten Tagen und Stunden immer
eine sehr parteiliche Position bezogen, und ich glaube auch, er
wird diese Entwicklung zu einer demokratischen sozialistischen
Partei und zu einer sozialistischen Gesellschaft an der Spitze unserer Partei fördern und unserem Vertrauen gerecht werden.

Genossen! Gibt es eurerseits zu diesem Vorschlag Anfragen
oder Bemerkungen?

*(Zuruf: Ich möchte eine Sache noch korrigieren: Gregor ist seit dem
11. November 1967 Mitglied der Partei.)*

Frage:

Ich stimme in vielem mit dem, was Genosse Gregor Gysi gesagt hat, überein. Ich erwarte aber noch eine Erklärung, welches sozialökonomische System der Genosse Gysi vertritt. Das ist in seinen Ausführungen nicht klar zum Ausdruck gekommen.

Es geht mir um folgendes: Genosse Modrow hat erklärt, er wird morgen mit den Generaldirektoren darüber sprechen, daß sie in Eigenverantwortung darüber entscheiden können, wie die Zusammenarbeit mit kapitalistischen Unternehmen gestaltet wird.

Es ist eine Grundfrage. Ich sage: Genosse Modrow, dazu hast du das Recht nicht. Du hast das Recht aus dem Grunde nicht, weil es einen Volksentscheid in der DDR gegeben hat, der unsere Grundmittel zum Volkseigentum gemacht hat. Auch der Umweg einer Beteiligung und damit eines Teilverkaufs ist nicht statthaft und erfordert einen Volksentscheid.

Genossen Gregor Gysi möchte ich bitten, ebenfalls zu erklären, ob er diesen Weg gehen will. Das endet in Sozialdemokratie!

Frage:

Legitim ist es, Anfragen zu stellen an den Kandidaten. Meine Fragen gehen in folgende Richtung.

Frage 1: Genosse Gysi, was verstehst du in den Darlegungen deines Referats unter einem dritten Weg?

Frage 2: Ungenügend wurde von deiner Seite in dem für mich – ich sage es von meinem persönlichen Standpunkt aus – nicht befriedigenden Referat über die Entwicklung einer modernen sozialistischen Partei in ihren theoretischen Grundkonzeptionen gesprochen. Ich möchte das gern von dir präzisiert haben, denn ich kann keinen Parteivorsitzenden wählen, der sich hier nicht deutlich positioniert zu diesen Fragen.

(Zuruf: Acht Tage!)

Es geht nicht um die Frage acht Tage. Es geht um die Zukunft unserer Partei, und wir unterstützen den Genossen Modrow ganz ernsthaft.

Wolfgang Pohl (Versammlungsleiter):
Gibt es weitere Anfragen, Genossen?

Frage:
Ich habe eine Anfrage. Ich bitte, daß sich Genosse Gregor Gysi
zu dem Problem der Landwirtschaft ganz kurz positioniert. Diese Frage ist unterrepräsentiert im Entwurf. Wir haben nicht einen Satz gehört. Ich lege auf keine großen Erklärungen Wert.
Wir haben gehört, er ist Rinderzüchter, es wird ihm nicht
schwerfallen.

Frage:
Ich habe zwei Fragen. Die erste ist: Genosse Gysi, bist du noch
der Rechtsanwalt von Bärbel Bohley?
Zweite Frage: Positioniere dich bitte zur Frauenpolitik in unserer Partei.
Ich sage das nicht ohne Grund. 19 Prozent weibliche Mitglieder ist eine komische Zahl für eine Partei.

Frage:
Erstens zu dem vorgetragenen Programmentwurf: Wenn das
Amt für Nationale Sicherheit aufgelöst werden soll, es aber in
kapitalistischen Ländern nach wie vor solche Sicherheitsapparate gibt, wie soll das in der DDR dann aussehen?
Zweitens, welche Legitimation hat der Genosse Gregor Gysi
sich erarbeitet in Kollektiven des produktiven Bereichs, im Handelsbereich und in anderen Parteikollektiven?
Und drittens, welche Privilegien hat der Genosse Gysi in der
Zeit vor der Wende durch seinen Vater genießen können?

Frage:
Genossen, ich bin hier, ehrlich gesagt, enttäuscht. Ich muß mich
jetzt mal dazu äußern. Ich komme aus der Arbeiterklasse, bin
zwar Abteilungsleiter der Schlosserei, aber ich habe hier den Laden dicke. Der Genosse Modrow hat hier gesagt, worauf es ankommt: Wir brauchen einen Parteivorsitzenden! – Verdammich
nochmal!

(Zuruf: Ich habe zwar studiert, ich bin Diplom-Ingenieur, aber so ein intellektueller Quatschverein wie das Neue Forum sind wir bald auch, wenn wir so weitermachen! Das ist meine Meinung. Wir wählen jetzt den Parteivorsitzenden, damit hat es sich, und gehen dann raus, nichts anderes! Das erwarten die Genossen von uns! Danke.)

Siegmund Hawlitzky:
Ich fasse diese Meinung, die hier geäußert worden ist, als Vorschlag auf, über den wir abstimmen. Wer dafür ist, daß die Anfragen an den Kandidaten für den Vorsitzenden beendet werden, den bitte ich jetzt um Erheben der Delegiertenkarte. – Dankeschön. Die Gegenprobe. – Gibt es Stimmenthaltungen? – Damit ist eindeutig beschlossen worden, die Fragestellung wird beendet. Genosse Gysi hat das Wort.

Gregor Gysi:
Liebe Genossinnen und Genossen! Ich bin durchaus dafür, daß auch andere noch ihre Anfragen an mich richten. Dazu ist die Frage einfach zu wichtig, über die hier entschieden werden muß. Ich sage aber auch, daß bei Fragen unterhalb der Gürtellinie die Sache für mich beendet ist.

Ich glaube, daß sich in dieser Situation in dieses Amt niemand wirklich mit Freude bewerben kann.

Es ist die schwierigste Situation in der Geschichte unserer Partei, und deshalb ist es allerdings auch wichtig, daß das konsensfähig ist.

Ich will versuchen, die Fragen, die hier gestellt worden sind, zu beantworten oder mich dazu zu äußern.

Einige der Fragen scheinen mir aber dafür zu sprechen, daß wir Basisdemokratie und die Erneuerung der Partei von unten noch nicht wirklich verstanden haben; denn wenn ich das alles vorgeben würde, würde genau das nicht passieren!

Wieso soll ich das eigentlich sagen – das gilt natürlich nicht für alle Fragen.

Fangen wir an mit der sozialökonomischen Gesellschaftsordnung. So war die Frage. Wenn ich jetzt sage, ich bin für die sozialistische sozialökonomische Gesellschaftsordnung, dann ist diese Antwort natürlich nicht befriedigend, weil das ja auch mit weiteren konkreten Fragen verbunden worden ist.

Das Volkseigentum – ich habe mich übrigens in meinem, wie gesagt, heute erarbeiteten Referat, ich möchte es noch einmal dazu sagen, und selbsterarbeiteten Referat, ohne Redenschreiber und das alles dazu geäußert, daß ich auf der Grundlage dieses Positionspapiers natürlich mitstehe und nicht die Absicht habe, das alles zu wiederholen.

Und dort ist gesagt worden, daß wir für das Volkseigentum an den wichtigsten Produktionsmitteln, an Grund und Boden sind und daß wir dort keine Abstriche zulassen dürfen, weil ansonsten die soziale Sicherheit in unserem Lande gefährdet ist.

Wir können uns aber einer modernen Wirtschaft, so wie die Zusammenarbeit in Europa nun einmal läuft, nicht verschließen. Wenn wir Kapitaltransfer, Joint-ventures und ähnliches nicht zulassen, werden wir ökonomisch jeden Wettbewerb so verlieren, daß wir überhaupt nicht mehr zu diskutieren brauchen.

Daß man ein solches Gesetz gut vorbereiten muß, daß man gründlich darüber nachdenken muß, daß man die Gefahren sehen muß, daß man versuchen muß, die Grenzen zu ziehen, daß man auch jetzt schon versuchen muß, aus den Erfahrungen Ungarns und anderer Länder zu lernen, ist für mich ebenso selbstverständlich. Das Schlimme für die Regierung ist nur, daß sie keine Zeit hat, und in die Lage hat unsere vergangene Parteiführung sie gebracht. Wenn wir nämlich die Erneuerung, so wie die KPdSU, von uns aus herbeigeführt hätten, dann hätten wir auch für all diese Fragen Zeit. So haben wir keine Zeit. Deshalb ist auch vorprogrammiert, bei der Regierung ebenso wie bei der neuen Parteiführung, daß sie Fehler macht. Wer glaubt, daß das zu vermeiden ist, gibt sich Illusionen hin. Aber ernsthaft, ehrlich und anständig arbeiten, das können wir.

Der dritte Weg: Diesen dritten Weg – das sage ich so deutlich – konnten wir im Positionspapier und auch im Referat nur skizzieren. Wir müssen ihn nämlich gemeinsam finden. Das ist das Schwierige an der Angelegenheit. Wir wissen, was wir nicht wol-

len: Herrschaft von Monopolkapital, Herrschaft der Politbüro-
kratie, Stalinismus, Kapitalismus. Wir wollen einen eigenen, demokratischen, sozialistischen Weg, den es noch nirgendwo auf
der Welt gibt, der in einigen sozialistischen Ländern versucht
wird und ab heute auch bei uns versucht wird.

Und angesichts dieser Situation hat auch jeder Größenwahn
seine Grenzen. Ich stelle mich doch nicht hierhin und definiere
den, wer bin ich denn!

Das wäre meines Erachtens wieder genau der falsche Weg.
Nein, den müssen wir wirklich gemeinsam finden, und da ist
niemand aus der Verantwortung entlassen, und nicht nur in unserer Partei.

Landwirtschaft: Was soll ich dir jetzt ehrlich dazu sagen? Daß
sie wichtig ist, daß wir sie für unsere Versorgung brauchen, ist
selbstverständlich. Es tut mir auch ein bißchen leid, daß im Positionspapier dazu nichts steht. Das hängt wahrscheinlich damit
zusammen, daß wir keine Fachkraft auf diesem Gebiet im Arbeitsausschuß hatten. Wie gesagt, es mußte alles sehr schnell gehen. Wir müssen uns darüber Gedanken machen; denn da stehen
natürlich auch die Fragen der Wirtschaftlichkeit ganz oben an,
die Fragen der technischen Versorgung, das ist mir schon bekannt. Und als Rinderzüchter kann man ja beides: mit der Hand
melken und auch mit der Maschine. Man kennt auch den Unterschied und weiß, was dabei herauskommt.

Aber eines muß ich auch sagen: Die Bauern in diesem Lande
haben bisher wirklich immer gearbeitet.

Daraus muß man auch einiges für andere Bereiche lernen. Sie
haben nämlich eine andere Beziehung sowohl zu Feldern als
auch zu Tieren. Eine Kuh kann man nicht einfach am Nachmittag stehenlassen, die muß gemolken werden, und das führt zu einem ganz bestimmten Pflichtgefühl.

Also ich finde, um die Landwirtschaft muß man sich wirklich
grundlegende Gedanken machen. Aber die sind bei mir nicht so
abgeschlossen, daß ich mich definitiv dazu äußern möchte. Aber
daß sie wichtig ist, das – glaube ich – weiß jeder von uns, und
daß man viel auch von der Arbeitsmoral der Bauern lernen
kann, das steht für mich fest.

Wer meine Mandanten sind, dazu äußere ich mich nicht, weil das der anwaltlichen Schweigepflicht unterliegt.

Und wenn ich im übrigen einen Mandanten in der Vergangenheit abgelehnt hätte, weil mir seine Gesinnung nicht gefällt, dann wäre ich kein Anwalt gewesen. Ich habe – um das gleich zu sagen – auch Mörder und Sittlichkeitsverbrecher verteidigt und schäme mich dessen keineswegs; denn auch sie haben einen Anspruch auf Verteidigung und auf Rechtsstaatlichkeit.

Aber wenn mit der Frage verbunden ist, ob ich meine anwaltliche Tätigkeit fortsetze, falls ich zum Parteivorsitzenden gewählt werden sollte, dann sage ich, daß ich vorschlagen werde, meine anwaltliche Tätigkeit für diese Zeit ruhen zu lassen. Aufgeben möchte ich diesen Beruf nicht, ausüben kann ich ihn in der Zeit selbstverständlich auch nicht. Denn wenn ich jemand in der Scheidung vertrete, und er bekommt das Erziehungsrecht, dann kommt das natürlich nur, weil er von mir vertreten wurde. Bekommt er es nicht, ist es auch blöde.

Frauenpolitik: Wir haben ja nicht nur von Gleichberechtigung, sondern auch von Gleichstellung gesprochen, und ich bin mir übrigens auch darüber im klaren – ich habe das neulich in einem Interview, glaube ich, für die *Für Dich* gesagt –, daß wir in den vergangenen Jahren wesentlich mehr von Gleichberechtigung geredet als für sie getan haben. Eines der Grundprobleme in unserer Gesellschaft, ich möchte das so deutlich sagen. Die Bedingungen für die Frauen sind nach wie vor härter, und die Tarifpolitik ist hier nach wie vor sehr einseitig. Da gibt es vieles gera dezurücken. Darüber bin ich mir im klaren. Und ich möchte auch sehr gern, daß Frauen in Verantwortung gehen. Aber bitte schön als Frauen. Ich möchte nicht, daß sie den Wettbewerb antreten, die besseren Männer zu werden.

Und dann können wir von ihnen wirklich viel lernen, das stimmt. Aber ich sage auch eins, wir haben uns natürlich auch ein paar Gedanken gemacht. Es ist so wahnsinnig schwer, das mit einem Mal zu ändern. Es gibt einfach zuwenig Frauen, die sich darauf vorbereitet fühlen. Die meisten sagen leider nein, wenn man sie fragt. Aber daran sind wir Männer schuld, das muß ich auch so deutlich sagen.

Wir müssen da etwas ändern. Aber wie wir das so schnell machen wollen, das weiß ich nicht. Wir müssen uns da auf einen Prozeß einstellen, und wir müssen das Bewußtsein ändern.

Amt für Nationale Sicherheit auflösen: Das ist völlig richtig. Ich habe meinen Standpunkt gesagt: daß ich glaube, daß durch die falschen Entscheidungen hinsichtlich falscher Aufgabenstellung dieses Amt so diskreditiert ist, daß wir es besser auflösen sollten. Und ich habe gleichzeitig gesagt, daß es natürlich Aufgabenbereiche gibt, die gewährleistet werden müssen. Und nun: Wer bin ich denn, daß ich als einfacher Delegierter, als der ich hier stand, jetzt der Regierung sage, wie sie das zu machen hat. Dafür haben wir doch eine Regierung. Da kann man einen zivilen Dienst machen, man kann es einordnen beim MdI (Ministerium des Inneren). Aber ich weiß, daß das MdI das nicht gern möchte. Es gibt die verschiedensten Varianten. Darüber muß die Regierung nachdenken, und wir werden sicherlich auch in unseren Reihen einen Vorschlag dazu erarbeiten, aber den schüttle ich doch hier nicht aus dem Handgelenk.

Aber die andere Frage, die steht einfach auf der Tagesordnung, und zwar in jeder Straße. Wir sind kaum noch in der Lage, diese Genossen zu schützen. Ich muß es mal so deutlich sagen. Und sie sind auch nicht mehr in der Lage, sich selbst zu verteidigen. Da wird ja auch nicht gespielt, da wird es immer ernster von Tag zu Tag.

Ich bin allerdings auch dagegen, das muß ich auch sagen, daß wir, wenn die Sachen sich weiter zuspitzen, etwa immer weiter zurückweichen. Das geht auch nicht.

Und wir müssen auch die Schwelle finden, und das haben wir ja im Positionspapier gesagt, bei deren Überschreitung etwas geschehen muß. Aber das bitte mit Bedacht; denn wir können dadurch Schlimmes und Schlimmstes auslösen. Das ist einfach mit Emotionen nicht gemacht.

Und ich muß dazusagen: Dieses Amt spielte eben durch seine falsche Aufgabe in der Vergangenheit eine besondere Rolle, und von bestimmten Dingen muß man sich einfach so trennen, daß man weiß: Das wird es nie wieder. Die Sache mit den guten Aufgabenstellungen, mit den ehrlichen Genossen, das müssen wir neu ordnen. Dazu sollte man sich so deutlich bekennen. Und ich habe, glaube ich, gegen kein einziges Mitglied dieses Amtes – bis auf die, gegen die jetzt wirklich Korruptionsverfahren laufen – etwas gesagt. Und dazu stehe ich auch, daß wir auch diese Genossen schützen und verteidigen müssen. Aber mit der klaren Zielstellung: Wir müssen uns von dieser Institution in dieser Form – so meine ich zumindest – verabschieden.

Privilegien durch Vater: Die Frage ist völlig berechtigt. Wenn es so gewesen wäre, hätte ich hier nicht gestanden. Ich mußte das übrigens schon auf der Kreisdelegiertenkonferenz beantworten, als ich hier nur Delegierter werden wollte.

Also erstens hatte ich ein Privileg, und das habe ich damals gesagt, und das sage ich wieder. Das fällt leider jetzt am 31. Dezember weg: Ich hatte nämlich eine Parkkarte.

Die haben wir Anwälte in Berlin uns erstritten, weil vor allen Justizgebäuden Parkverbot war. Das war aber ein echtes Privileg, denn ich konnte überall parken, wo ihr Geld bezahlen mußtet, wenn ihr da geparkt habt. Das räume ich ein.

Mit meinem Vater ist das ziemlich unproblematisch. Der wurde Kulturminister, als ich das 18. Lebensjahr bereits vollendet hatte. Damit stand die Frage zu keinem Zeitpunkt. Also, ich habe weder einen einzigen Tag meines Lebens im Regierungskrankenhaus verbracht, höchstens wenn ich ihn mal besucht habe; ich habe niemals in einem Gästehaus der Partei oder des Ministerrates Urlaub gemacht. Was könnte es noch sein? Ja, mehr fällt mir jetzt nicht ein. Aber ich sage auch mal: Ich bin ganz froh darüber, daß ich schon achtzehn war, als er Kulturminister wurde, weil ich nicht genau weiß, was ich sonst hier hätte antworten müssen. Denn heilig bin ich natürlich auch nicht, und wenn einem so etwas als 15-, 16jähriger angeboten wird, weiß ich nicht, ob man das nicht doch in Anspruch nimmt. Das ist dann nämlich mehr eine Verantwortung der Eltern als der Kinder. Das habe ich versucht, hier vorhin auch zum Ausdruck zu bringen, wie sehr ich meine Kinder vom Leben isoliere oder nicht.

So, mehr Fragen habe ich mir zumindest nicht aufgeschrieben. Oder habe ich jetzt eine vergessen? Aber Rechenschaft will ich auch noch nicht legen. Also das muß ich euch ehrlich sagen.

AUS DER REDE AUF DEM 2. TEIL DES AUSSERORDENTLICHEN PARTEITAGES DER SED
Vom 15./16. Dezember 1989

(...) Viele haben ihre Beitragszahlung eingestellt oder fordern Beiträge zurück, weil sie ihre Veruntreuung befürchten. Wie ihr gestern erfahren habt, gehörten sämtliche Baulichkeiten in der Waldsiedlung Wandlitz dem Ministerrat, sind also Volkseigentum. Sie werden in Kürze der Rehabilitation von Bürgern zugeführt werden, also wirklich als Volkseigentum genutzt werden. Auch viele andere ungerechtfertigte Luxusbauten der ehemaligen Führung sind Volkseigentum und können deshalb einer entsprechenden Nutzung zugeführt werden. Auch die »Volvos« und die Regierungsstaffel sind Eigentum des Ministerrates. All dies hängt mit der fast vollständigen Einheit von Partei- und Staatsführung zusammen.

Insoweit wurden also Parteigelder nicht mißbraucht. Soweit dies jedoch im Einzelfall geschah, werden wir Schadensersatz gegen die Betreffenden geltend machen.

Die Schiedskommission wird nunmehr Parteiverfahren gegen die ehemals führenden Funktionäre und ihre Angehörigen einzuleiten haben.

Die Untersuchungskommission – einen weiteren Zwischenbericht habt ihr gestern gehört – wird ihre Arbeit fortsetzen und dann einen Abschlußbericht vorlegen.

Gegenwärtig wird eine staatliche Finanzkontrolle mit einer Tiefenprüfung durchgeführt, um eine Abrechnung und einen Neuanfang zu ermöglichen.

Zum Parteieigentum und zu Parteibetrieben ist zu sagen, daß wir auch dies überprüfen. Gehört uns etwas nicht, geben wir es zurück. Ist es aber unser Eigentum, dann gehört es allen Mitgliedern der Partei, und wir haben kein Recht, das Eigentum daran aufzugeben, wohl aber die Pflicht, eine sinnvolle Nutzung zu sichern.

Eine Partei, die so viele Jahre besteht, hat natürlich mehr Eigentum als eine Partei, die gerade erst gegründet wurde.

Für die Parteibetriebe muß eine neue Konzeption erarbeitet

werden. In den wenigsten Fällen – wie zum Beispiel beim Dietz Verlag – geht es um die Bestimmung des politischen Profils. In den meisten Fällen geht es um die Sicherung der Arbeit oder um wirtschaftliche Tätigkeit. Die meisten Parteien in der Welt verfügen zum Beispiel über Druckereien. Soweit wie möglich und zweckmäßig, werden wir uns von Parteibetrieben trennen, aber ordnungsgemäß, finanziell und rechtlich geklärt.

Gästehäuser sollen nach unserer Auffassung künftig nicht mehr einer gehobenen Schicht in der Partei, sondern allen Mitgliedern und gegebenenfalls auch anderen Bürgern zur Verfügung gestellt werden. Dabei wird es auch ökonomische Gesichtspunkte geben; denn die finanzielle Situation der Partei könnte kompliziert werden, zumal wir uns moralisch verpflichtet fühlen, auch weiterhin internationalistische Solidarität zu leisten.

Wir werden unsere Kapazitäten, soweit möglich und notwendig, auch neuen politischen Bewegungen zur Verfügung stellen, um zu zeigen, daß wir an ihrer demokratischen Mitwirkung aufrichtig interessiert sind. So könnte zum Beispiel als erster Schritt die Kreisleitung Mitte[1] in den Räumen der Bezirksleitung untergebracht werden, und da dieses Gebäude eindeutig unser Eigentum ist, würden wir es dann möglicherweise anderen Parteien und Bewegungen über Nutzungsverträge zur Verfügung stellen.

Das Haus des Parteivorstandes soll funktionell neu bestimmt werden. Dies wird jedoch längere Zeit dauern. Es soll eine Stätte der Begegnung werden, mit Bibliothek, Kino, Gästezimmern. Es soll ein offenes Haus werden.

Das Informations- und Beratungszentrum, das installiert wurde, bleibt bestehen. Podiumsgespräche wird es auch in Zukunft geben.

Daß wir es überhaupt damit zu tun haben, daß Parteimitglieder ihre Beiträge zurückfordern, was meines Erachtens natürlich nicht geht, oder daß sie ihre Zahlung einstellen, das alles verdanken wir dem Amtsmißbrauch und der Korruption durch die ehemalige Führung. Ich verstehe die Genossen sehr gut, die das fordern. Diejenigen, die das zu verantworten haben, haben wirk

---

1 Jetziges Haus der Demokratie, Friedrichstr. 165

lich viel Schlimmeres angerichtet, als sie jemals wahrscheinlich selbst geglaubt haben. (...)

Wir brauchen eine Politik zum Anfassen. Die in unserem Land sich entfaltende Demokratie ist die Klammer, die uns mit anderen demokratischen Kräften vor Ort zusammenführt. Sie ist der Schlüssel, der uns die Tür zur breiten Zusammenarbeit öffnet. Wir werden den Runden Tisch als eine wesentliche Dialogform zur Herstellung eines breiten Konsens in Lebensfragen für unser Land in patriotischer Verantwortung mitgestalten. (...)

Wir sehen in der Dialogform des Runden Tisches die Möglichkeit, bestehende und sich neu entwickelnde Organisationen und Bewegungen in die Diskussion um die Erneuerung unseres Landes zu integrieren. Der Runde Tisch sichert den demokratischen Dialog, Überwindung von Mißtrauen und schafft Chancen für kooperatives Handeln.

Die Erneuerung der Gesellschaft in der DDR ist ohne das Engagement der Millionen Gläubigen, ohne die aktive Mitwirkung von Kirchen und Religionsgemeinschaften undenkbar. Wir unterstützen die Haltung maßgeblicher Kirchenvertreter, daß die Kirche weder politische Partei noch Teil der politischen Organisation dieser Gesellschaft sein sollte. Das ergibt sich aus dem kirchlichen Auftrag.

Andererseits sind die Kirchen und Religionsgemeinschaften ohne jeden Zweifel ein bedeutender Faktor im Interessen- und Meinungspluralismus der Gesellschaft. Nicht erst in letzter Zeit hat sich ihre Fähigkeit erwiesen, verantwortungsbewußt und sehr sensibel auf gesellschaftliche Prozesse zu reagieren und auf sie einzuwirken.

Die Kirchen und ihre Repräsentanten haben in einer Zeit der Emotionen, berechtigter Empörung, der Verbitterung und des Zorns immer wieder, auch öffentlich, zu Augenmaß und Gewaltlosigkeit gemahnt. Wir danken der Evangelischen und Katholischen Kirche für dieses Engagement und für ihre vermittelnde Funktion als Gastgeber des ersten Runden Tisches.

Die Kirchen bringen einerseits selbst Meinungen und Positionen zu Grundfragen der gesellschaftlichen Entwicklung am Runden Tisch ein, andererseits gewinnen ihre Erfahrungen im

Umgang mit den verschiedensten gedanklichen Richtungen zunehmend für alle an Bedeutung. Ich denke an die von ihr seit langem praktizierte Kultur des Streits, die geistige, gewaltfreie Auseinandersetzung. In Respekt für den spezifischen Auftrag der Kirchen wollen wir über die grundsätzlichen weltanschaulichen Fundamente und Interessen hinweg eine Verantwortungsgemeinschaft aller für einen wahrhaft demokratischen Sozialismus in der DDR schaffen.

Die aus dem christlichen Glauben erwachsenden moralisch-ethischen Werte gehören zum geistigen Reichtum vieler Völker, auch unseres Volkes. Wie im gemeinsamen Kampf gegen Faschismus und Krieg gilt auch heute, die unterschiedlichen weltanschaulichen Positionen sollten hinter die dringenden Fragen des Lebens zurücktreten.

Wir sind zu einem breiten, alle Themen und Fragen umfassenden Dialog bereit und bekennen uns zur Toleranz gegenüber Andersdenkenden. Wir bedauern, daß in der Vergangenheit Gläubige und Leitungen von Kirchen teilweise von diesem Dialog ausgeschlossen worden sind.

Gläubige und Kirchen leisten mit ihrer diakonischen, karitativen, kulturell-erzieherischen und internationalen Tätigkeit einen wichtigen Beitrag zur gesamtgesellschaftlichen Entwicklung. Nicht zuletzt auf dem Gebiet der Außenpolitik, der Beförderung und Bewahrung der Identität der DDR wie auch in der Solidaritätsarbeit könnte in Kooperation weitaus mehr als bisher erreicht werden.

Die evangelischen Kirchen in der DDR und der BRD wirken bereits über längere Zeit bei Anerkennung ihrer jeweiligen Eigenständigkeit und Souveränität eng zusammen. Hier liegen Erfahrungen vor, die auch von anderen genutzt werden können. (...)

Genossinnen und Genossen: Wenn wir heute auseinandergehen und den Blick auf das neue Jahr richten, sind unsere politischen und zeitlichen Orientierungspunkte der ordentliche Parteitag und die Wahlen am 6. Mai 1990.

Ob wir das wollen oder nicht, der Wahlkampf hat bereits begonnen. Der historische Tag im Mai des kommenden Jahres bestimmt das Handeln aller Parteien und Bewegungen. Deshalb steht vor unserer sich erneuernden Partei die dringende Aufgabe, sich mit der innerparteilichen Verständigung in den Grundorganisationen über Programm und Statut zu konsolidieren, sich zur Wahlkampfpartei zu formieren. Wahlkampf in dieser für unseren Staat so schicksalhaften Stunde sollte den Konsens aller gesellschaftlichen Kräfte einschließen, der Koalitionsregierung Modrow jede Unterstützung zu gewähren und ihr volle Handlungsfähigkeit in jeder Situation im Interesse der Eigenständigkeit und Eigenstaatlichkeit der DDR zu garantieren.

Wir sehen in ihr in dieser Phase die einzige Kraft, die den Weg der Gesellschaft in die Demokratie bis zu den Wahlen gewährleisten kann. Es ist unsere politische Pflicht, in den kommenden Monaten als sich erneuernde Partei einen wesentlichen Beitrag in der aktuellen Auseinandersetzung um die Zukunft der DDR zu leisten. Wir wollen in vielstimmiger Weise unsere Position in die öffentliche Debatte einbringen, daß die zwei deutschen Staaten in eine Vertragsgemeinschaft hineinwachsen könnten, ohne durch voreilige und unüberlegte Handlungen die europäische Stabilität zu gefährden und Anlaß für Ängste unter den Völkern des Kontinents zu geben.

Eine Vereinigung beider deutscher Staaten, das wäre die von keinem Politiker zu verantwortende Entscheidung, die DDR in ein unterentwickeltes Bundesland mit ungewisser sozialer Zukunft für seine Bürger zu verwandeln, das heißt, sie zum Armenhaus der BRD zu machen. Es wäre die unwürdige Verabschiedung von einem Land, das trotz alledem den geachteten Namen Deutsche Demokratische Republik trägt.

Die Bürger der DDR haben nicht umsonst gelebt. Sie haben immer mit Fleiß gearbeitet, mit Zorn, aber, vergessen wir das nicht, auch mit Stolz gelebt. Sie haben aus eigener Kraft ihre Selbstbestimmung errungen, und wir dürfen sie nicht aufs Spiel setzen. Sie haben sich mit ihrer friedlichen, demokratischen Volksbewegung selbst die einmalige Möglichkeit eröffnet, nunmehr tatsächlich eine humanistische soziale Alternative zur Bundesrepublik Deutschland zu schaffen und so den demokratischen Wettbewerb zwischen beiden deutschen Staaten zu stimulieren. Diese historische Chance sollte niemand aus Parteiegoismus aufs

Spiel setzen. Wir bekennen uns zur Deutschen Demokratischen Republik.

Im Ergebnis des Zweiten Weltkrieges und der Nachkriegsentwicklung lebt die deutsche Nation in zwei Staaten und Berlin (West). Die Zweistaatlichkeit der Deutschen ist zu einem unverzichtbaren Garanten für Frieden, Sicherheit und Stabilität in Europa geworden.

Nur im europäischen Rahmen ist die notwendige weitere Ausgestaltung der Beziehungen zwischen beiden souveränen deutschen Staaten vorstellbar.

Wir gehen von der Existenz einer deutschen Frage als ein europäisches Problem und dem Vorhandensein tief verwurzelter nationaler Gemeinsamkeiten der Deutschen beider Staaten aus. Ihre Annäherung zu einer qualifizierten Vertragsgemeinschaft muß daher auf die Annäherung und das Zusammenwachsen der europäischen Staaten in einem gemeinsamen Haus gerichtet sein. (...)

Vertragsgemeinschaft muß sich auf politische, ökonomische, wissenschaftliche, kulturelle, juristische und touristische Fragen beziehen. Es geht neben Wirtschaftsvereinbarungen gerade auch um die Fragen eines Rechtshilfeabkommens.

Es kann doch wohl nicht sein, daß Bürger der beiden deutschen Staaten ihrer strafrechtlichen, zivilrechtlichen oder familienrechtlichen Verantwortung entgehen, nur weil sie das Land wechseln. Über Herrn Schalck-Golodkowski soll hier verhandelt und entschieden werden!

Natürlich rechtsstaatlich und fair. Insofern verstehe ich die Erklärung seines Anwalts gut.

Die Erfassungsstelle Salzgitter gehört als Relikt des kalten Krieges abgeschafft!

Wir können selbst Ordnung schaffen in unserem Land. Nicht länger dürfen Nation und Nationalität einerseits und Staat und Staatsbürgerschaft andererseits verwechselt werden, wobei wir zugeben müssen, daß da auch von uns viel Unklarheit in diese Fragen hineingetragen worden ist.

Und selbst wenn diese Frage noch zu klären ist und dies andauern sollte, so brauchen wir pragmatische Lösungen der Rechts- und Amtshilfe sofort.

Die Hauptstadt der DDR, Berlin, und Berlin-West sollten mit Blick auf Europa eine solche auch kommunale Zusammenarbeit entwickeln, die sie zu einer Drehscheibe des wirtschaftlichen und geistig-kulturellen Lebens auf dem Kontinent macht. Die Einbeziehung von Berlin-West in Verträge mit der BRD hat stets auf der Grundlage des Viermächteabkommens zu erfolgen. Diejenigen, die jetzt einen deutschen Sonderweg der Vereinigung fordern, der nicht einmünden soll in eine europäische Einigung, spielen bewußt oder unbewußt mit dem Feuer. Großdeutschland, das wäre ein Sieg der Rechten in Deutschland und würde die Linken an den Rand der Gesellschaft drängen, einschließlich der Sozialdemokraten, auch wenn sie es nicht glauben und auch wenn einige ihrer Führer jetzt uns demokratischen Erneuerern des Sozialismus das Mißtrauen aussprechen, während sie mit der früheren Führung unter Erich Honecker eng verkehrten.

Wir sind nicht mehr so stark, und deshalb wird es auch zu einer ethischen Frage. Aber, Genossen, wir sind nicht so schwach, wie manche glauben, wir richten uns wieder auf!

Wir sind zur Partnerschaft mit den Sozialdemokraten bereit, und ich habe von diesem Großdeutschland gesprochen: Vielleicht brauchen wir sogar irgendwann einmal ein Bündnis. Wir dürfen da nichts kaputtmachen.

Großdeutschland als Sieg der Rechten zöge eine nationalistische Welle nach sich, die für die europäischen Völker unerträglich wäre. Nach einer Vereinigung würden die Rechten sofort die ehemaligen deutschen Gebiete in Polen und anderen Ländern, das heißt Großdeutschland in den Grenzen von 1937 fordern, wie es partiell schon gegenwärtig geschieht.

Fällt die Grenze zwischen beiden deutschen Staaten vor einer europäischen Einigung, dann beginnen in ganz Europa Diskussionen zur Grenzrevision. Der Frieden wäre ernsthaft bedroht. Und wieder wären es die Deutschen gewesen, die die Ursachen eines neuen europäischen Konflikts gesetzt hätten! Nach zwei Weltkriegen haben wir Deutschen aber die Pflicht, alles für den Frieden zu tun und keine Destabilisierung zuzulassen.

In dieser Frage muß sich gerade unsere Partei klar positionieren, auch und gerade, wenn andere beginnen, schwach zu werden.

Und noch eins. Unsere Werktätigen haben nur dieses Land, nur diese Betriebe. Wir müssen darum kämpfen, sie ihnen zu erhalten.

Wir brauchen die linke deutsche Alternative im Interesse aller deutschen Demokraten, der europäischen Völker, des Friedens und der Stabilität in der Welt. Wir sind für die breite, oben beschriebene Zusammenarbeit mit der BRD und Berlin-West, aber wir kämpfen um die Eigenständigkeit und Eigenstaatlichkeit der Deutschen Demokratischen Republik. (...)

BRIEF VON CHRISTOPH HEIN

Berlin, am 10. Dezember 1989

Lieber Gregor,
ich gratuliere Ihnen zur Wahl.

Mit Ihnen und Modrow sehe ich langsam für Ihre Partei und für unser Land einen deutlichen Silberstreif am – noch fernen – Horizont.

Und das Wahlergebnis ist – nach der proklamierten und erfolgten Abkehr vom 99,9 Prozent Ritus – geradezu sensationell.

Ich glaube, ich kann nun langsam meine Redner-Karriere beenden. Der einzige wehmütige Wermutstropfen: bislang war ich ein halbes Menschenleben jünger als die gesamte Parteiführung, das ließ mich für mich hoffen. Nun bin ich 4 Jahre älter als der Vorsitzende. Das gemahnt mich hart an mein Alter. (...)

Ein kleiner Hinweis: die TV- und Funk-Medien berichteten vom SED-Parteitag sehr viel. Falls die Medien von allen Parteitagen aller Parteien so viel berichten, wird das Publikum demnächst wieder zu den Westmedien umschalten. Berichten sie nur mit (vernünftigen) Zusammenfassungen, wird man von einem Medienmonopol der SED sprechen.

Die Medien lernen derzeit viel und machen derzeit viele Fehler. Diesen Fehler der Medien würde man jedoch Ihrer Partei anlasten.

Ich wünsche Ihnen Kraft und Erfolg, weil ich für unseren Weg auf einen Erfolg hoffe, für eine sozialistische Alternative in unserem Land.

Ich hoffe, daß Sie Ihr Mut nicht verläßt. Die Lage ist aussichtslos, natürlich, aber wir alle haben keine Alternative zu dieser jetzigen Arbeit. Insofern haben Sie und wir bereits heute den Engel der Geschichte auf unserer Seite. Wenn wir scheitern, wird alles viel langweiliger auf Erden.

Sehr herzlich

Ihr Christoph H.

PS: Humboldt (Alexander) kam mit vier Stunden Schlaf aus. Es ist nur eine Frage des Trainings.
2. PS: Ich bedauere sehr Ihr Wort zu Krenz am 4. 10. Denn vermutlich kommt in der nächsten Zeit anderes zum Vorschein.

BRIEF AN CHRISTOPH HEIN

Berlin, 15. Januar 1990

Lieber Christoph Hein!
Mit großer Aufmerksamkeit habe ich Ihren Brief gelesen. Sie wünschen mir Kraft und Erfolg. Dafür vielen Dank.

Leider komme ich erst jetzt dazu, Ihnen auf die von Ihnen angesprochenen Probleme zu antworten. Ihre richtigen Bemerkungen zur Medienpolitik finden inzwischen durch das Leben Bestätigung. Ich glaube auch, daß wir konstruktive Angebote an die neuen Parteien und Gruppierungen unterbreitet haben. Wir versuchen uns im fairen Wahlkampf. Ich glaube aber, daß nicht immer Gleiches von anderen getan wird.

Im Augenblick trainiere ich wirklich die Gewohnheiten von Alexander Humboldt, mit vier Stunden Schlaf, wenn überhaupt, auszukommen.

Aber ich sehe keine Alternative zu der jetzigen Arbeit.

Meine Worte zu Krenz haben auch einen Vorteil, niemand kann mir nachsagen, ich wäre gegen ihn angetreten. Er hat alle Ursachen selbst gesetzt.

Es geht mir gegenwärtig nicht gut, aber ich fühle mich wenigstens nicht allein.

Ich möchte jetzt aber die Gelegenheit nutzen, um Ihnen meine Anerkennung für Ihr engagiertes Wirken in diesen Tagen auszusprechen.

Mit herzlichen Grüßen

Gregor Gysi

ZUR PERSON
Aus dem Gespräch mit Günter Gaus am 27. Januar 1990 im
1. Programm des DFF

Günter Gaus: Sie haben eine Vision, eine Utopie formuliert, und jene, die sagen, ohne Vision, ohne Utopie ist der Mensch ein Krüppel, werden Ihnen zustimmen, vielleicht nicht inhaltlich, aber darin, daß der Mensch das braucht. Ist die Realität nicht, daß die Mehrheit der Menschen das keineswegs braucht, sondern sich davon belästigt fühlt? Ich habe das schon einmal in dieser Interview-Reihe den Pfarrer Schorlemmer gefragt: Ist es nicht auch ein Menschenrecht, unter Selbstbestimmung, unter Freiheit zuallererst die Freiheit des Konsums, des Gut-Lebens zu verstehen und – weil man auch nicht ausgebildet und gebildet worden ist von den bisherigen Gesellschaften dafür, weil man dafür nicht geartet ist – sich nicht zu kümmern um die Probleme der Dritten Welt. Die Mehrheit der Westdeutschen ist karitativ ganz auf der Höhe. Ich teile dennoch nicht die Hoffnung der Politiker in der Bundesrepublik, daß die Mehrheit der Westdeutschen wirklich problembewußt wäre gegenüber dem Nord-Süd-Gefälle. Ist nicht das, was Sie formulieren, schon wieder an den Menschen, am alten Adam, der alten Eva vorbeiformuliert?

Gregor Gysi: Also zunächst einmal machen wir ja doch nicht mehr als die Angebote. Wenn sie nicht angenommen werden, müssen wir damit lernen zu leben. Aber uns kann ja niemand das Recht absprechen, Angebote zu unterbreiten, auch Politikangebote, auch Visionsangebote. Inwiefern sie und von welchen Mehrheiten sie geteilt werden oder nicht geteilt werden, das ist die Entscheidung anderer, und das hängt vielleicht auch von unserer Fähigkeit ab, die Dinge hinüberzubringen. Ich will aber nicht glauben, daß der Mensch an sich schlecht ist. Ich will nur glauben, daß der Mensch unter sehr verschiedenen Bedingungen aufwächst und daß er dadurch auch sehr unterschiedliche Gefühle und sehr unterschiedliche Gedanken mit hineinbringt in die Welt. Und jeder, der zumindest eine Vision hat, an die er glaubt, bekommt natürlich auch ein Stückchen Sendungsbewußtsein und versucht darum zu ringen, und wenn er das auf eine demokratische Art und Weise tut, dann ist er für mich ein starker, ein sehr akzeptabler Mensch. Und die materialistischen Dinge, das widerspricht ja unserer Theorie nicht. Ich meine, Brecht hat das sehr gut formuliert und ...

Es hat nur nicht funktioniert ...

Das ist eine andere Frage. Es hat nicht funktioniert, weil es so, glaube ich, auch nicht versucht worden ist.

Ich habe den Menschen, so wie ich ihn beschrieben habe, nicht als schlecht bezeichnet, sondern als den Menschen, wie er ist, wertfrei. Und Sie werten. Was man vielleicht tun muß, wenn man Sendungsbewußtsein hat und Politiker ist. Aber gefällt Ihnen das, daß dieses sein muß, damit Sie das tun können, was Sie übernommen haben, oder sind Sie eigentlich jemand, der es eigentlich lieber auch ein bißchen aus Distanz sehen würde, nur hat er die Distanz eingebüßt, weil er sich verpflichtet gefühlt hat, den Parteivorsitz zu übernehmen.

Sicher, ich wollte übrigens auch gar nicht bewerten. Dann habe ich einfach Ihre Frage vielleicht falsch verstanden. Denn ich wehre mich gegen solche Bewertungen. Ich hatte ja immer viel mit dem Individuum zu tun.

Das ist wahr.

Und das ist es eigentlich auch, was mich interessiert hat. Die Bedingungen, unter denen Menschen so werden, wie sie geworden sind. Daraus entwickeln sich natürlich dann auch Vorstellungen, auch Visionen. Aber das war eigentlich nie mein Haupttätigkeitsfeld, das stimmt.

Gut, aber jetzt sind Sie, was Sie sind.

Ja, das ist wahr.

Sie haben eine Funktion übernommen, als Sie Ende vergangenen Jahres Vorsitzender der damaligen SED, jetzt PDS wurden, eine Funktion, die nach meinem Eindruck ans Selbstzerstörerische grenzt. Spielte dabei neben den politischen Gründen, auf die wir sicher noch kommen, auch persönlicher Ehrgeiz, die Lust an der öffentlichen Rolle mit, als Gregor Gysi dieses Amt übernahm?

Also das müßte dann so tief in mir stecken, daß ich es selber nicht gemerkt habe. Aber ich kann es natürlich nicht ausschließen. Eines spielt aber ganz sicherlich psychologisch auch eine Rolle: Wenn man über Jahre einen Beruf ausgeübt hat, der darauf gerichtet war, dem Schwachen gegen ein relativ starkes System zu helfen, dann kriegt man auch sofort wieder ein Solidaritätsgefühl, wenn eine solche ganze Bewegung schwach wird. Das ist völlig anders als zu der Zeit, als sie stark war.

Sie sind ein Deutscher mit teilweise jüdischer Herkunft. Haben Sie, seitdem Sie Parteivorsitzender geworden sind, gelegentlich zu spüren gemeint, daß unterschwellig auch antisemitische Stimmungen gegen Sie gerichtet sind, sozusagen eine »rote Ratte«, und die auch noch jüdisch versippt?

Aus der Bundesrepublik ja. Von den Medien, den Drahtziehern, z. B. dem *Spiegel*, ziemlich eindeutig. So etwas gab es auch in anderen Medien. Aus der DDR ist mir persönlich nichts bekannt bisher.

Zwei Fragen in einem: Was bedeutet Ihnen, ein Deutscher zu sein, und ist das, was es Ihnen bedeutet, ein Nationalgefühl?

Das ist eine sehr schwere Frage. Das hängt mit der Entwicklung dieses Landes zusammen, mit diesem Land DDR. Man hatte so eine Art Negativ-DDR-Bewußtsein. Aber es war eine Art DDR-Bewußtsein. Und das ist auch noch da. Natürlich bin ich Deutscher. Der Begriff ist historisch so unterschiedlich belastet, ich finde, es machen sich viele sehr einfach, indem sie sich die Rosinen aus der Geschichte herauspicken. Das kann ich natürlich auch – von Goethe über Schiller – und sagen, in dem Sinne bin ich Deutscher und bin es gern. Seine Nationalität kann man sich nicht aussuchen. Und ich finde, man muß versuchen, dazu ein Gefühl, ein Verhalten und ein Verständnis zu finden. Aber man sollte es nie überbewerten. Mich interessiert zum Beispiel an einem anderen Menschen die Nationalität – ich will nicht sagen als letztes –, aber vielleicht als Vorletztes.

Ist Ihnen das Nationalgefühl, das seit Wochen in Leipzig und anderswo in der DDR demonstriert wird, unbehaglich, unbegreiflich?

Unbegreiflich würde ich nicht sagen. Ich begreife davon, wenn man ein Volk 28 Jahre lang einsperrt, dann die Grenzen öffnet und die wirtschaftlichen und finanziellen Bedingungen sind so, daß diese Menschen keine Möglichkeit haben, sich Europa zu erschließen, sondern nur die Bundesrepublik, daß sie dann erstmal sehr deutsch werden, ein Teil von ihnen. Das begreife und verstehe ich auch. Aber ich sehe darin natürlich auch Gefahren, weil zwischen national und nationalistisch hier ein ganz schmaler Grat liegt. Und ich habe das Gefühl, er ist bei einigen überschritten.

Verstehen Sie die Wut der Leute auf die SED? Was ist in dieser Wut alles drin?

Das verstehe ich. Und ich glaube, ich bin manchmal wütender als andere. Ich habe etwas mehr darunter zu leiden. Außerdem bin ich auch unmittelbarer mit den Folgen konfrontiert. Da ist natürlich vieles drin. Auch etwas, was hineingetragen wurde, was so nicht gerechtfertigt ist. Das ist nämlich dieser Satz: Ihr seid 40 Jahre lang belogen und betrogen worden, was ja für die Menschen übersetzbar ist, nämlich in: Ihr habt Euch 40 Jahre lang belügen und betrügen lassen. Ein Unfähigkeitszeugnis wird ihnen ausgestellt, ein Feigheitszeugnis. Damit kann man das Selbstbewußtsein von Menschen zerstören. Und wenn man das zerstört, dann greift der Mensch nach Strohhalmen. Und dazu gehört auch, daß man einen anderen hat, der daran schuldig ist. Und wenn es eben gar keinen anderen gibt, dann kann man auch den Gysi nehmen. Besser ist natürlich, man hat noch geeignetere Subjekte dafür und vor allen Dingen auch Objekte. Aber es machen sich viele zu leicht. Und es stimmt ja auch so nicht. Die 40jährige Geschichte ist sehr differenziert zu betrachten. Sie läßt sich weder insgesamt verurteilen, geschweige denn bejubeln, das nun also auch nicht, keinesfalls. Aber es bedarf offensichtlich noch eines historischen Abstands, um das differenziert zu beurteilen. Und ich wende mich mit aller Entschiedenheit, aber ziemlich erfolglos dagegen, daß immer wieder das Selbstbewußtsein dieser Bevölkerung völlig zerstört wird. Und wenn so ein Pflänzchen irgendwo entsteht, finden sich Medien – auch in der Bundesrepublik – und treten drauf, machen es wieder kaputt. Das ist eigentlich schade.

Ihre Eltern waren in der Emigration, Ihr Vater kam noch vor Kriegsende nach Deutschland zurück, um als Kommunist Widerstand gegen das NS-Regime zu leisten. Sie sind 1948 in Berlin geboren. Ihre Eltern sind hochgebildete Kommunisten, Ihr Vater war u.a. Verlagsleiter, Kulturminister, Botschafter. Um welches Ideal von denen, unter welchen Sie mit einem solchen Elternhaus aufgewachsen sind, trauern Sie am meisten, weil es in der Realität keinen Bestand hat?

Zwei Dinge. Das ist zunächst, daß sie sich ja als Befreier der Menschen gefühlt haben und doch vielleicht gehofft hatten, im Alter dafür auch Ehre, Anerkennung zu finden, auf ein Werk zurückblicken zu können, auf das sie stolz sein können. Das ist ihnen doch zu beachtlichen Teilen genommen worden. Und zum zweiten, daß diese Entwicklung in den letzten Jahren – die Strukturen sind ja schlimmer geworden – dazu geführt hat, daß die Führer dieser alten SED einen ganz wesentlichen Beitrag zum Antikommunismus geleistet haben, was sie sicherlich subjektiv nicht gewollt haben. Aber das ist dabei herausgekommen. Und das tut auch weh.

Wenn Sie mit Ihrem Vater oder Ihrer Mutter sprechen, mit überzeugten Alt-Kommunisten, gibt es dann Verlegenheit untereinander, weil die Gesprächspartner wissen, daß man da mal und dort mal sich damit getröstet hat, daß man das hinnehmen müsse wegen des großen Ganzen? Gibt es solche Verlegenheit? Müßte es nicht, um jetzt von der persönlichen Situation wegzuführen, müßte es nicht in Deutschland, und zwar in beiden deutschen Staaten, jetzt sehr viel Verlegenheit geben?

Sie gibt es vielleicht auch. Es ist nur die Frage, wie man sich dazu stellt. Ich habe doch meine Eltern immer gemocht. Ich bin auch gar nicht bereit, sie in irgendeiner Form zu verleugnen. Aber wir haben uns natürlich auch sehr viel gestritten, in meiner Studentenzeit und danach. Ich glaube, das hat auch das Verhältnis geprägt, hat auch bei ihnen, auch bei meinem Vater, zu einer bestimmten Besonnenheit geführt. Er paßte nie ganz in das Klischee hinein, in das er hineingepaßt werden sollte. Das hat auch zu den vielen Wechseln geführt. Und trotzdem hat er vieles auch mitgemacht. Und es gilt ja auch vielleicht für mich, in wesentlich eingeschränkterer Form. Das ist eben dann die große Frage. Ich will versuchen, Ihnen das an mir zu erklären: Da gab es Momente, wo ich mir gedacht habe, gehst du jetzt als Anwalt an die Öffentlichkeit und machst irgendwas Großes, in den 80er Jahren, nach 1985, vorher nicht. Und damit erreichst du auch eine bestimmte Wirkung. Aber dann bist du nicht mehr Anwalt. Und derjenige und diejenige haben nicht mal mehr dich in ihrem kommenden Prozeß als Schutz, als Hilfe. Natürlich hätte es irgend jemanden anderes gegeben.

Sie haben Dissidenten wie Bahro 1978 verteidigt, Sie haben Oppositionsgruppen wie das Neue Forum vertreten. Das, was Sie jetzt sagen, kann man auch so formulieren, daß viele immer wieder einmal im Laufe der Geschichte – nicht nur in Deutschland, aber wir reden jetzt unter Deutschen – immer wieder einmal mitgemacht haben, um Schlimmeres zu verhüten.

Mitgemacht ist für den Anwaltsberuf nicht ganz richtig. Aber im Prinzip ist die Frage schon berechtigt. Für den Anwaltsberuf stimmt das nicht ganz, der macht ja in dem Sinne nicht mit. Aber natürlich hatte das ja auch eine Öffentlichkeitswirksamkeit. Ein bißchen habe ich mich auch darauf verlassen. Heute sage ich mir, es wäre vielleicht zu einem bestimmten Zeitpunkt richtiger gewesen, es anders zu machen. Aber ich bin nicht sicher, weil es immer schwer ist, auch für das eigene Leben Fragen rückwirkend so zu beantworten, weil man auch nicht weiß, wie es gelaufen wäre. Ich weiß nur eines, daß noch etwas Wichtiges ab 1985 hinzukam, auch bei vielen Mitgliedern dieser Partei, daß sie nämlich gesagt haben, jetzt muß die Veränderung kommen. Laßt uns noch sechs Monate warten. Der Kurs von Gorbatschow ist so überzeugend, so wahr, so ehrlich, das brauchen wir auch in der DDR, dagegen kann man sich nicht lange sträuben. Daß es dann immerhin noch vier Jahre gedauert hat, damit hat am Anfang niemand gerechnet.

Niemand kann, ich jedenfalls kann nicht in eines Menschen Herz sehen – ich kann nur fragen: War auch Opportunismus, Bequemlichkeit mit im Spiel, wenn Sie durchgehalten haben, mitgemacht, weitergemacht haben?

Sicher. Das gesteht man sich nur nicht so gern ein, man findet natürlich noch andere schöne Gründe. Aber sicherlich wird das auch eine Rolle gespielt haben.

Von diesen Gründen, die Sie einräumen, abgesehen, was bewirkt
– von diesen auf der Hand liegenden Gründen Opportunismus,
Feigheit, wenn es sehr schlimme Zustände sind, abgesehen –, daß
Menschen, Mitglieder kommunistischer Parteien schwere Fehler,
grundlegende Mängel, radikale Fehlentwicklungen erkennen und
dennoch treu an der Partei, sogar an der Verkörperung der Partei
durch Stalin festhalten? Was, und jetzt reden wir nicht von den op-
portunistischen Gründen, sondern von der Überzeugung, was
setzt Menschen in den Stand, das zu tun?

Das sind, glaube ich, zwei Dinge. Das eine ist die Überzeugung
von sozialistischen Idealen, die sie einfach nicht aufgeben, bei allen Deformationen nicht aufgeben. Und das zweite ist, daß die
Betrachtung mit der übrigen politischen Parteienlandschaft sie
immer wieder zu der Erkenntnis führt, daß sie sagen, das kann
alles die Lösung nicht sein. Es hat keinen Sinn, wir müssen weiter
an den sozialistischen Idealen arbeiten, wir dürfen uns davon
nicht abbringen lassen. Das ist tatsächlich etwas für diese Bewegung sehr Stimmendes, was keine andere Bewegung so für sich
verzeichnen kann.

Aber ist es nicht auch, vielleicht wie beim Nationalisten, eine De-
formierung des Menschen, wenn er sich so bedingungslos einer
Überzeugung hingibt. Ich räume ein: Überzeugung.

Ich glaube das nicht. Das ist meines Erachtens keine Deformierung, eine Überzeugung zu haben und auch an ihr festzuhalten
– bedingungslos, das war es nie. Sehen Sie, diese Partei wird ja
viel zu einheitlich dargestellt. Ich versuche, das immer an folgendem Beispiel klarzumachen: Die Partei gibt es sowieso nicht. Das
sind ja immer Menschen. Und es waren Mitglieder dieser Partei,
die die Filme verboten haben. Aber es waren auch Mitglieder dieser Partei, die diese Filme gedreht haben. Das wird dabei immer
unterschlagen. Und so spielte sich sehr vieles in diesem Land ab.
Es waren eben Mitglieder dieser Partei, die angeklagt und verurteilt haben. Und es waren Mitglieder dieser Partei, die am konsequentesten verteidigt haben. Das gilt wirklich in sehr vielen Be-

reichen. Und jetzt haben die, die damals mit unterschiedlichem Mut, mit unterschiedlichem Standvermögen, aber doch für eine Reform im Interesse des sozialistischen Ideals, nicht zu seiner Beseitigung, gekämpft haben, die Oberhand gewonnen. Das ist kein schlechtes Gefühl.

Führt einen aber in eine Minderheit, Herr Gysi. Der Politiker jeder Coleur sagt: Freiheit und Gerechtigkeit – sie können nur zusammen auftreten. Wenn Gerechtigkeit herrscht ohne Freiheit, dann ist es nicht gerecht. Und wenn Freiheit herrscht ohne Gerechtigkeit, dann ist es nicht Freiheit. Lassen Sie uns mal diesen Teil Ihrer Antwort überspringen. Was ist Ihnen innerlich, Ihrem Sendungsbewußtsein nach, von dem Sie gesprochen haben, Ihrem Herzen nach, was ist Ihnen vorrangig: daß es sozial und nicht nur sozial, aber betont sozial, an schwache Menschen denkend, gerecht zugehen möge oder daß die individuellen Freiheitsrechte die absolute Priorität haben? Sie haben verzichtet, dankenswerter Weise, auf den Vorspruch, den alle Politiker aller Parteien bei einer solchen Frage machen.

Ich muß die Frage unterschiedlich beantworten. Wenn ich an die Mehrheit der Menschen auf dieser Welt denke, dann ist die soziale Absicherung das Entscheidende, das Vorrang haben muß, weil vor politischen und individuellen Rechten und Freiheiten zunächst einmal die Chance zum Überleben steht. Wenn ich an mich denke, der sozial noch nie ungesichert gelebt hat, spielt für mich natürlich die individuelle Freiheit eine viel größere Rolle. Aber das ist egoistisch betrachtet.

Wo beginnt das Recht des Politikers, wegen globaler Probleme, wegen des Hungers in Afrika Freiheitsrechte unter den wohlhabenderen Menschen zu beschneiden?

Ich bin im Augenblick nicht sicher, ob eine Beschneidung von Freiheitsrechten erforderlich ist, um mehr gegen den Hunger und die Armut in der Welt zu tun. Wenn Sie nicht unter Freiheit verstehen, daß es zum Beispiel keine Eingriffe in Vermögensverhältnisse oder Ähnliches geben darf. Das würde ich aber so nicht unbedingt sehen. Außerdem: Die Lösung dieses Problems oder wenigstens der Beginn der Lösung dieses Problems liegt doch auch im Interesse derjenigen, denen es gut geht. Denn wenn dieser Nord-Süd-Konflikt sich weiter zuspitzt, dann werden wir die Rechnung eines Tages sehr teuer zu bezahlen haben.

Nach uns die Sintflut.

Ja, das ist natürlich nicht mein Lebensstil, und ich finde, das steht auch einem Politiker nicht zu, so zu denken.

Worin haben Sie sich bisher als Parteivorsitzender überschätzt? Und was war Ihr bis heute schwerster Fehler als Parteivorsitzender?

Ach Gott, das waren so viele. Wenn ich versuchen sollte, den schwersten herauszusuchen: Ich glaube, der bestand darin, daß ich die Aufgabe unterschätzt habe – restlos unterschätzt habe.

Sie kamen da in dieses ZK-Gebäude, da war ein Apparat, da kam der Rechtsanwalt Gysi – was war dann?

Und ich kannte niemanden. Und mich kannten nun inzwischen alle. Und ihre Meinung zu mir war sehr differenziert. Und ich habe überhaupt nicht daran gedacht, selbst an das, was ich gewußt habe, was es da alles noch so gibt – Akademie, Parteihochschule, Institut. Da kam noch vieles hinzu, wovon ich nichts gewußt habe. Und dann begann ein Prozeß der restlosen Überforderung. Wo ich auch nicht mehr wußte, wem kann ich trauen, wer versucht, dir hier ein Bein zu stellen, wer meint es ehrlich. Meine psychologischen Kenntnisse diesbezüglich begannen zu versagen. Und da hatte ich eigentlich auch immer nur die Wahl zwischen zwei Fehlern. Und ich wußte immer nicht genau, welcher ist der schlimmere. Und da stellte ich fest, daß ich zum Beispiel viel mehr Berater brauche, daß man das Ganze anders aufbauen muß, daß ich viel mehr an die Basis muß, die Stimmung dort kennenlernen muß, um von unten nach oben etwas zu verändern und nicht umgekehrt. Umgekehrt funktioniert das auch gar nicht. Und diese Erkenntnisse reiften. Ich meine, ich hatte wenig Zeit. Sie reiften immer so innerhalb von 48 Stunden. Da haben mir dann die Initiativgruppen sehr geholfen, die vieles bewegt haben und die auch dieser Partei eine völlig neue Atmosphäre verliehen haben und ein neues Bild geprägt haben.

Sie haben die Schwere der Aufgaben unterschätzt. Worin haben Sie sich überschätzt?

Sicherlich in der Fähigkeit, diese Aufgabe relativ schnell zu lösen. Ich habe mich zum Beispiel überschätzt in der Fähigkeit, so einen Apparat zu leiten, in seinen Strukturen zu verändern. Das hat sich als wesentlich schwieriger herausgestellt, als ich es mir vorstellte, da habe ich mich überschätzt.

Ich kenne eine Äußerung von Ihnen, nicht öffentlich, aber gut belegt, wonach Sie Anfang Februar sich doch mal gefragt haben, warum Sie das alles sich aufbürden und ob Sie nicht den Krempel hinschmeißen sollten. Was könnte Sie zur Resignation veranlassen?

Das müßte sich eigentlich mehr so auf Mitte Januar beziehen.

Die, die ich kenne, bezieht sich auf die Schwierigkeiten, die es machte, alle SED-Genossen, die im Ministerrat waren, davon zu überzeugen, daß sie möglicherweise ihre Ministerämter abgeben müßten, um Ministern, die vom Runden Tisch entsandt werden, Platz zu machen. Das ist dann nicht nötig gewesen, die Minister vom Runden Tisch sind ohne Amt in den Ministerrat gekommen. Dann haben wir jetzt also schon zwei Äußerungen. Gibt es noch mehr?

Diese Partei war ja in einem in der deutschen Parteiengeschichte einmaligen Zustand. Sie war, nachdem auch Wolfgang Berghofer gegangen war, in einem wirklichen Auflösungszustand. Und die Menschen in dieser Partei hatten eine wahnsinnige Angst, eine richtige Angst, zum Teil sogar physische Angst. Und sie wollten da raus. Die große Bitte, lösen wir uns auf, damit ich nicht selbst gegangen bin. Es ist über mich gekommen, die Auflösung. Psychologisch sehr verständlich. Aber natürlich auch bei anderen wieder der große Wunsch, nicht unterzugehen. Das war eine Situation, das war eine wirkliche Überforderungssituation, weil es einfach um menschliche Schicksale ging. Da ging es nicht mehr um Politik. Da hatte ich das Gefühl: Es wäre besser, du hättest diese Verantwortung nicht übernommen. Aber ich habe mich ihr gestellt und bereue das auch nicht. In dieser Phase.

REDE AUF EINER WAHLVERANSTALTUNG
DER PDS IN ERFURT
9. März 1990

(...) Das sozialistische Ideal, das hat selbst der Stalinismus nicht kaputtgekriegt, das hat gelebt und lebt in Hunderttausenden von Menschen dieses Landes, das ist viel, viel älter als die Zeit des Stalinismus und das wird viel, viel länger lebendig bleiben als so manche antisozialistische Partei.

Denn es ist ja nichts anderes als die unvergängliche Sehnsucht der Menschen nach einer gewaltfreien, gerechteren, menschenwürdigen Welt. Diese Sehnsucht wird bleiben, solange es auf dieser Erde Bettelarme und Superreiche gibt, Unterdrückte und Ausgegrenzte, Benachteiligte und Verachtete. Und solange es das gibt, wird eine Partei des Demokratischen Sozialismus *gebraucht*. Und solange wird sie auch existieren. Mag man uns das vorwerfen, aber wir haben noch den Mut zum Träumen, und zwar nicht nur von der D-Mark. Aber es ist nicht nur ein Traum, sondern zugleich längst ein dringliches Erfordernis menschlicher Gesellschaftsentwicklung.

In einer Zeit, da Wissenschaft, Technik und moderne Volkswirtschaft längst alle Voraussetzungen geschaffen haben, damit jeder Mensch sozial gesichert und kulturell reich leben kann, ist jedes Gesellschaftskonzept, jede Gesellschaftsrealität, die den sozialen und solidarischen Gedanken und die Entwicklung des einzelnen Menschen nicht konsequent in ihren Mittelpunkt stellt, moralisch unerträglich und reaktionär. (...)

WARUM NUN SOLLTE MAN DIE PDS WÄHLEN?
März 1990

1. Für Wahltaktik besteht kein Raum. Es gibt keine Sperrklausel im Wahlgesetz. Die unbemerkt eingebaute ist durch die Wahlordnung wieder beseitigt worden.

Jeder kann die Partei wählen, die seiner Vorstellung am nächsten kommt, ohne befürchten zu müssen, daß seine Stimme unberücksichtigt bleibt oder einer anderen Partei dient.

2. Die Stimme für unsere Partei hat nationale und internationale Bedeutung. Gerade von unserer Fraktionsstärke hängt ab, welchen Stellenwert der Wunsch nach einer eigenständigen DDR im Einigungsprozeß haben wird und wie dies im Ausland gesehen wird.

3. Von unserer Stärke hängt ab, in welchem Maße juristische, politische und vor allem soziale Interessen der Bürger der DDR wenigstens öffentlich zur Sprache gebracht werden.

4. Die SPD – das beweist die Geschichte – ist immer nur so links und so sozial, wie sie politisch von links unter Druck steht, d. h. in der DDR auch unter besonderem Druck. Unsere diesbezüglichen Möglichkeiten hängen aber von der Stärke unserer Fraktion ab, und Sorge macht mir, daß die SPD eine Koalition mit der Allianz für Deutschland (*Wahlbündnis der CDU, DSU und des Demokratischen Aufbruchs, d. Hrsg.*) noch nicht klar und eindeutig ausgeschlossen hat.

5. Es sollte unbedingt verhindert werden, daß diese Allianz und die SPD zusammen über eine Zwei-Drittel-Mehrheit der Sitze in der Volkskammer verfügen, die jede Verfassungsänderung ermöglichen würde, auch gegen andere Parteien. Und durch die engen Bindungen und Verbindungen und Abhängigkeiten zu den Mutterparteien in der BRD könnte dann eine Situation ein-

treten, in der Kohl und Vogel über uns im wesentlichen entscheiden und dieser Kompromiß für uns verbindlich wird, und das wäre uns zuwenig, zumal sie in erster Linie die Wähler in der BRD vor Augen haben.

6. Die Stimmen für die PDS sind Stimmen für das Neue, für Demokratie, für den Erhalt und den Ausbau sozialer Sicherheit, soziale Verschwiegenheit und Rechtsstaatlichkeit, für einen Staat der Kinder und der Jugend, für eine eigenständige und eigenstaatliche DDR, die stark genug ist, wirksam und souverän im deutschen und europäischen Einigungsprozeß die Interessen der DDR-Bürger zu vertreten.

7. Stimmen für die PDS sind Stimmen für Vertrauen, Stabilität und vor allem auch Kompetenz. Natürlich gehört zur Objektivität, auch die Argumente zu nennen, die gegen eine Wahl der PDS sprechen. Ich habe Tage und Nächte darüber nachgedacht, es tut mir ja leid, aber es ist mir kein Grund eingefallen.

EXKLUSIV-INTERVIEW FÜR DIE SCHÜLERZEITUNG
ANSPITZER

Am Sonntagmorgen des 22. April 1990 kam der charmante Rhetoriker und erste Mann der einst führenden Partei auf den Halberstädter Fischmarkt, um seine Parteigenossen im Kommunalwahlkampf zu unterstützen. Daß die PDS eine so frühe Zeit (8.00 Uhr) an jenem Tag wählte, läßt wohl vermuten, daß sie selbiger nie wieder hinterherhinken will. Frische und Originalität jenes Mannes, der in diesen Tagen nach maximal 4 Stunden Schlaf herumreiste, um Bäume zu pflanzen, notgedrungen ein ihm zu Ehren geschlachtetes Schwein zu kosten, weinende Mütter zu trösten, Briefe und Geschenke entgegenzunehmen, verknallten Teenies Autogramme zu geben und vor allem zu reisen und zu agitieren, waren schon überraschend. Noch überraschender war jedoch die Gelegenheit, vorbei am vergeblich sich mühenden Volksstimme(Un-)Pfiffikus mit dem PDS-Vorsitzenden zu einem längeren Gespräch ins Auto zu steigen.

Christian Dorn: Herr Gysi, was assoziierten Sie mit dem Namen Halberstadt, bevor Sie hier eintrafen?

Gregor Gysi: Es ist nicht schön, aber wahr: in erster Linie die Würstchen! Ich wußte, daß Halberstadt früher mal eine sehr schöne Stadt war, die in den letzten Jahren und Jahrzehnten leider architektonisch nicht sehr schön gestaltet und zum Teil stark vernachlässigt worden ist. Ein Grund sicher auch dafür, daß z.B. frühere führende Persönlichkeiten – wie hieß das immer? Repräsentanten der Partei- und Staatsführung oder so – sich in dieser Stadt nie haben sehen lassen. Und das ist etwas, das nicht so weitergeht. Wir brauchen eine viel höhere Eigenverantwortung der Kommunen, auch ausgestattet mit den entsprechenden finanziellen Mitteln, damit sie sich selbst erneuern, Straßen rekonstruieren und somit selbst entscheiden können, wie schön ihre Stadt ist.

Herr Gysi, statt politischer würden wir Sie gern private Dinge fragen. Rauchen Sie dieselbe Zigarettenmarke wie Ministerpräsident de Maizière?

Nein, Herr de Maizière raucht *Club*, ich rauche *Cabinet*. Er kann sich teure Zigaretten leisten.

Welches Buch besitzt für Sie eine größere Bedeutung, das Kapital oder die Thora?

Ha, das sind vielleicht Fragen. Also für mein Leben besitzt natürlich das Kapital eine größere Bedeutung. Wenn ich es aber weltgeschichtlich einordnen soll, kulturgeschichtlich, dann hat sicherlich die Thora eine größere Bedeutung – wenn man das überhaupt miteinander vergleichen kann.

Können Sie uns Ihre Lieblingsmusik verraten?

In der Klassik ist es Bach, den ich besonders schätze. Aber ich will das nicht so beschränken. Allerdings höre ich auch ganz gern eure Musik – ich weiß zwar nicht ganz genau, wie die heißt, und kenne auch immer nicht die Namen derjenigen Gruppen. Durch meinen Sohn jedoch, der jetzt neunzehn ist, bin ich ja nun seit Jahren gezwungen worden, dort mitzuhören. Das hat mich, das gebe ich zu, ab und zu genervt, aber es sind auch immer Titel dabei, die ich ganz gerne höre. Zum Beispiel hat jetzt bei uns im Parteivorstand Rio Reiser gesungen – das hat mir eigentlich sehr gefallen. Ich glaube, von ihm ist auch das Lied *Wenn ich Deutschland von König*, ach nein, *Wenn ich König von Deutschland wär.* Das hat mir damals schon gut gefallen. Also wenn die Idee gut ist oder wenn Witz dabei ist, dann gefällt mir das besonders gut.

Können Sie Aussagen über Ihre Lieblingsbeschäftigung in der Freizeit machen?

Da kann ich höchstens mal darüber nachdenken, was das war. Und dann weiß ich auch gar nicht, wenn ich das ehrlich beantworten soll, ob das für die Zeitung seriös genug ist … Ich lese natürlich gerne, höre gerne Musik; aber die Zeit ist im Moment leider äußerst knapp dafür geworden, was mir ein bißchen leid tut.

Herr Gysi, könnten Sie sich kurz selbst beschreiben?

So etwas ist gemein, das mach' ich nicht gerne. Ich glaube, daß ich über zwei angenehme Eigenschaften verfüge, nämlich tolerant und zuverlässig zu sein. Dann besitze ich aber auch eine unangenehme, nämlich wiederum auch unzuverlässig zu sein, und zwar in terminlichen und Zeitfragen, aber nicht im charakterlichen oder politischen Sinn.

Möchten Sie den Schülern der EOS »b.b.« vielleicht eine Botschaft mit auf den Weg geben?

Ich würde mich freuen, wenn ihr alle Möglichkeiten nutzen würdet, um die humanistische Bildung so breit wie möglich zu erschließen. Später werden im Leben ungeheuer viele Fähigkeiten davon abhängen – so die Fähigkeit, eine Partnerbeziehung bzw. Familie zu gründen und stabil zu gestalten. Dazu gehört auch die Möglichkeit, die Welt immer besser zu verstehen und im weiteren, in einem positiven Sinne zu verändern. Das würde mich schon freuen. Wenn ihr dabei noch lustig und fröhlich sein sowie euch angenehm unterhalten könntet, möglichst unkonventionell mit euch und mit uns umgeht, dann wäre das bereits das Nonplusultra. Natürlich muß man sehen, daß uns in Zukunft wahrscheinlich ganz andere Fragen bewegen werden als heute, weil die globalen Menschheitsfragen, die Fragen der Dritten Welt, ungeheuer an Bedeutung zunehmen werden. Sie werden viele Probleme vom Gewicht her verdrängen, von denen manche heute meinen, sie seien die wichtigsten.

REDE AUF EINER KLAUSURTAGUNG DER PDS
(12./13. Mai 1990)

(...) Wir sind eine Partei in der DDR, müssen jetzt aber auch darüber nachdenken, wie die Linke in einem künftigen Deutschland wirkt.

Wir haben keinen Grund zur Ratlosigkeit oder gar zu einer Stunde-Null-Mentalität. Die sozialistische Idee hat eine lange Geschichte, und die müssen wir neu befragen. Das heißt, die gesamte Geschichte der Linken ausloten. Wir haben im Programm der Partei Namen angeführt, Persönlichkeiten der deutschen und internationalen Arbeiterbewegung, deren Denktraditionen wir uns verpflichtet fühlen. Doch wenn wir ehrlich sind, ist damit noch nicht viel getan. Nehmen wir Eduard Bernstein oder Karl Kautsky. Sie sollen hier für die sozialdemokratische Traditionslinie stehen. Fast niemand hierzulande hat Schriften von Bernstein oder Kautsky im Original lesen können. Wie auch? Von Bernstein erschien nach 1945 auf unserem Territorium nichts, von Kautsky nur *Thomas Morus und seine Utopie* 1947, *Vorläufer des neueren Sozialismus* ebenfalls 1947, und 1965 das *Erfurter Programm*.

Das Bild über diese Persönlichkeiten ist von der Betrachtungsweise der SED geprägt, die sie seinerzeit von der KPdSU und der KPD übernommen hat. So war Bernstein eben der Stammvater des Revisionismus und Kautsky der Renegat und Feind der Oktoberrevolution, bestens bekannt durch Lenins Schrift *Die proletarische Revolution und der Renegat Kautsky.*

Wer übrigens weiß schon, daß die Partei der Bolschewiki ausgerechnet Karl Kautsky 1924 bat, einen Nachruf auf Lenin zu verfassen, was dieser auch tat.

Noch in diesem Jahr werden Schriften von Bernstein und Kautsky veröffentlicht, wobei die letzten Veröffentlichungen schon beachtlich mit alten Tabus brachen. Ich erinnere hier nur an die Rede Chruschtschows vor dem XX. Parteitag der KPdSU, an die erschienene Stalin-Biographie, an die umfassende Herausgabe der Schriften von Rosa Luxemburg.

Als neue Partei stehen wir zukünftig unter neuen gesellschaftlichen Bedingungen vor der Aufgabe, uns auch ein neues, natürlich in spezifischen Traditionen stehendes Selbstverständnis zu erarbeiten. Das heißt, wir müssen uns verständigen über Ziele, Aufgaben und Wirken einer neuen sozialistischen Partei unter den Bedingungen,

a) daß ein als Sozialismus deklariertes Gesellschaftsmodell gescheitert ist und der Sozialismus als gesellschaftliche Zielvorstellung in breiten Teilen der Bevölkerung deshalb diskreditiert wurde und

b) daß eine Rekapitalisierung auf dem jetzigen Boden der DDR stattfindet, die auch bei zunehmenden sozialen Konflikten mit einem konservativen Wertewandel in breiten Teilen der Bevölkerung verbunden ist und sein wird.

Das heißt aktuell: Die noch zunächst gegebene Möglichkeit und unsere politische Zielstellung, in der DDR den Sozialismus zu reformieren, was übrigens voraussetzt, daß es bereits eine Form gab – dazu komme ich noch –, muß durch eine neue Strategie ersetzt werden. Zunächst kann es uns nur darum gehen, in die Rekapitalisierung unserer Gesellschaft möglichst viele solcher sozialen und demokratischen Elemente einzubringen, die fortschrittliche Ansätze für die Interessenvertretung der Bevölkerung auch unter kapitalistischen Bedingungen einschließen. Das heißt mit anderen Worten: Wie, in welchem Maße human, sozial gerecht und demokratisch der Kapitalismus im kommenden Deutschland gestaltet werden kann, das heißt, Bedingungen mitzubestimmen, unter denen zukünftig der Kampf um die Einforderung der sozialen und politischen Rechte der Werktätigen geführt werden kann.

Auch wir werden uns für die Reformierung des Kapitalismus und für einen demokratischen Sozialismus einsetzen. Insofern stellt sich die Frage nach der Profilierung der linkssozialistischen Partei neben der Sozialdemokratie. Wir sind gezwungen, uns den neuen Bedingungen und gesellschaftlichen Perspektiven illusionsfrei und realitätsbezogen zu stellen und unsere Aufgabe als sozialistische Partei in diesem Prozeß zu bestimmen. Das kann sich nicht beschränken auf eine Kritikerrolle, ob parlamentarisch oder außerparlamentarisch, sondern muß mit einem strategischen und zugleich politikfähigen Konzept verbunden werden. Wir müssen schnellstens unser noch vorhandenes und viel zuwenig einbezogenes wissenschaftliches Potential von Genossinnen und Genossen gemeinsam mit Freunden aus der BRD zusammenführen und diese zentralen Probleme analysieren und diskutieren.

Bevor ich auf theoretische Fragen noch einmal zurückkomme, möchte ich etwas zur Bewältigung und Aufarbeitung der Geschichte der SED und der 40 Jahre DDR sagen. Pfarrer Schorlemmer hat in einem Interview mit dem *ND* am 8. Mai den schönen Satz geprägt: Wer sich seiner Geschichte nicht erinnert, ist verdammt, sie zu wiederholen. Da ist viel dran. Die Verdrängung der eigenen Vergangenheit ist eine große politische Gefahr, die wir nicht übersehen dürfen. Sie erzeugt Aggressionen, die gegen einen Sündenbock gelenkt werden. Dazu eignen sich natürlich am besten die SED und diejenigen, die allein als deren Nachfolger betrachtet werden, also die PDS. Zum anderen ist Verdrängung deswegen gefährlich, weil damit eigenes Fehlverhalten der Kritik entzogen, also die Wiederholung der gleichen Fehler – siehe Schorlemmer – nicht ausgeschlossen, sondern, wenn auch unter anderen Vorzeichen, begünstigt wird. Zum Beispiel Obrigkeitshörigkeit, blinde Unterordnung oder gar Unterwerfung unter den Willen führender Politiker, Intoleranz gegenüber Andersdenkenden und Andersseienden, Mitleidlosigkeit gegen sozial Benachteiligte, Gleichgültigkeit gegenüber dem Schicksal der Menschen in den Entwicklungsländern und vieles mehr.

Wir sollten uns um eine differenzierte und damit gerechte Bilanz dieser Jahrzehnte bemühen. Jene, die uns jetzt ständig vorwerfen, wir würden nicht ausreichend Trauer-Arbeit leisten, haben nicht völlig unrecht, verkennen jedoch, daß die starken Angriffe von außen Schutzbedürfnisse erzeugen und diesen Prozeß erschweren. Die Vergangenheitsbewältigung muß philosophisch, historisch und individuell erfolgen und eine neue Qualität erreichen, damit wir die Aufgaben der Zukunft bestehen können. Einige Fragen, die dringend der Beantwortung bedürfen:

1. War die Gesellschaft der letzten Jahrzehnte eine sozialistische oder nicht?

2. Hatten wir eine höhere Form der Vergesellschaftung der Produktionsmittel als der Kapitalismus? Und wenn ja: Weshalb trat kein ausreichender sozialer, kultureller und ökologischer Fortschritt ein?

3. Worin bestanden die strukturellen Mängel des politischen Überbaus, und weshalb hat es so lange bis zu einer demokratischen Erhebung gedauert?

4. Was war an unserem Stalinismus sowjetisch und was DDR-deutsch?

5. Weshalb konnten aufrechte Antifaschisten zu kleinbürgerlichen Despoten werden?

6. Welche Philosophie stand hinter dem Irrglauben, mittels eines Sicherheitsapparates Entwicklungen zu garantieren, die als Fortschritt angesehen wurden?

Diese und viele andere Fragen stellen sich. Zu den hier aufgeworfenen Fragen meine persönliche Meinung:

Die Gesellschaft der letzten Jahrzehnte in der DDR war eine nichtkapitalistische, hatte aber zu keinem Zeitpunkt die Qualität einer sozialistischen. Das gilt für die ökonomische Basis ebenso wie für den politischen Überbau. Der Fortschritt, den es zum Teil gab, resultierte aus dem nichtkapitalistischen Weg. Und er war ungenügend, weil der sozialistische nicht wirklich beschritten wurde. Die Produktionsmittel waren letztlich nicht höher vergesellschaftet; denn das als Volkseigentum bezeichnete Staatseigentum wurde von einem zentralistisch organisierten Staat verwaltet, das heißt, daß letztlich der Mann an der Spitze von Partei und Staat sich vielleicht als einziger wie ein Eigentümer fühlen konnte.

Deshalb haben die Arbeiterinnen und Arbeiter kein wirkliches Eigentumsbewußtsein hinsichtlich der volkseigenen Betriebe entwickelt. Und deshalb ist jetzt auch das Bedürfnis zum Schutz dieses Eigentums unterentwickelt.

Die monarchistischen Züge der Staatsgewalt spiegelten sich auch in der Form wider – Huldigungen, Bilder usw. Personenkult an sich ist ja nur lächerlich. Gefährlich ist die fast absolutistische Macht, die lediglich ihren Ausdruck in solchem Kult findet.

Dennoch führten die Produktionsprozesse mit Staatseigentum zu einer anderen Verteilung des Mehrprodukts. Und damit im Vergleich zum Kapitalismus zu höherer, wenn auch nicht ausreichender sozialer Gerechtigkeit. Der Unterschied zwischen arm und reich war wesentlich geringer. Kultur und Kunst konnte sich jeder aneignen. Bildung war nicht von der eigenen Finanzkraft oder der der Eltern abhängig. Der Arbeitsplatz war sicher. Und selbst verdeckte Arbeitslosigkeit, was auch immer das sein mag, ist besser als offene. Und es gab kein privatwirtschaftliches Interesse an Rüstung und Krieg, so daß die Bereitschaft zur Abrüstung in der DDR immer höher war als in der BRD. Trotz, vielleicht auch wegen des Sicherheitsapparates gab es in der DDR mehr Solidarität und keine Ellenbogengesellschaft, wie sie jetzt üblich wird, auch in den Betrieben.

Eine erfolgreiche demokratische Erhebung war meines Erachtens nicht möglich, wie die Ereignisse in den Jahren 1953, 1956 und 1968 zeigten. Aber 1985 stand die Demokratisierung auf der Tagesordnung nach der Einleitung der Perestroika in der UdSSR. Und die Dauer bis 1989 kann auch mit den zuvor genannten sozialen Leistungen, mit Gewöhnung und natürlich auch mit Angst zusammenhängen. Aber ab 1985 hätte die Gesellschaft der

DDR demokratisch erneuert und damit dem demokratischen Sozialismus eine Chance eingeräumt werden können. Statt dessen wurde sie verspielt, zum Teil in deutscher Arroganz. Hier trägt die damalige Führung die Hauptverantwortung. Wir alle aber tragen Mitverantwortung. Dies scheint mir die größte politische Erblast zu sein.

Die Frage des Stalinismus sowjetischer oder deutscher Prägung ist schwer zu beantworten. Im wesentlichen wurde nach 1945 das sowjetische Modell übernommen, aber gemildert.

Aber begünstigt wurde der Stalinismus schon durch die vorhergehende Ordnung in Deutschland, durch deutschen Untertanengeist und ähnliches.

Zu beachten sind auch psychologische Momente. Die Antifaschisten der Jahre 1933 bis 1945 hatten Moral und Recht auf ihrer Seite, waren aber eine kleine Minderheit in der deutschen Bevölkerung. Nachdem nun wiederum eine kleine Gruppe von diesen Antifaschisten in wichtige Machtfunktionen kam, fühlten sie sich als bester Teil des Volkes, der das Recht hatte, für die Mehrheit des Volkes mitzuentscheiden. Die anderen dagegen waren verunsichert und mit Schuldgefühlen belastet und beugten sich dem.

Die Bewältigung der Vergangenheit damals erfolgte schon deshalb ungenügend, weil die Mächtigen die Vertreter der Mehrheit sein wollten, das ging aber nur auf, wenn kein Widerspruch zwischen ihnen und dieser Mehrheit zugelassen wurde. Dazu gehörte, die eigene Identität der Mehrheit aufzustülpen, und so wurden wir rasch zu einem Volk von Antifaschisten erklärt.

Im Laufe der Zeit wurde die Macht einzelner immer absoluter. Daraus resultierte kleinbürgerliche und despotische Haltung. Die Mehrheit der Antifaschisten aber blieb ohne besondere Macht, lebte im Volk und verkörpert noch heute den wahren Antifaschismus. Viele von ihnen sind in unserer Partei. Sie erleben die Wiedergeburt der Ideale in der Partei, für die sie gelitten und gekämpft haben. Sie sind ein ethisch bedeutsamer Teil unserer Partei.

Das Ministerium für Staatssicherheit in der DDR entstand in den Jahren des Kalten Krieges, als von der BRD und Westberlin aus ein Kampf mit allen Mitteln gegen die DDR geführt wurde. Struktur und Einstellung wurden vom damaligen sowjetischen Geheimdienst übernommen.

Diese Geschichte des MfS muß bei seiner Beurteilung berücksichtigt werden. Stets gab es in diesem Ministerium verschiedene Abteilungen mit sehr unterschiedlichen Aufgaben. Deshalb darf auch hier keine undifferenzierte Einschätzung erfolgen. Die Abteilung zur Aufklärung von Kriegsverbrechen, zur Bekämpfung von Spionage und Sabotage in der Volkswirtschaft, die Morduntersuchungskommission, die Aufklärungsabteilung, Abteilung Personenschutz und Gebäudeschutz und anderes sind nicht zu vergleichen mit jener Abteilung, die sich gegen wirkliche oder vermeintlich Andersdenkende richtete, die sich in fast jede Kaderentscheidung einmischte, die immer mehr zum Staat im Staate wurde. Und die offensichtlich auch Recht mißachtete.

Auch wenn der einzelne glaubte, dem Sozialismus zu dienen, er tat es objektiv nicht. Diese Sicherheitsstruktur unterdrückte freie öffentliche Meinungsäußerung. Andererseits wollte die Führung aber wie jede Führung die Meinung der Bevölkerung wissen, um sie in der Politik berücksichtigen zu können. Dies verlangte wiederum, mit anderen Mitteln die unterdrückte Meinung doch zu erfahren, so daß die eine Aufgabe das Ergebnis der anderen war. Für all das trug die SED die politische Verantwortung.

Hier gibt es jedoch drei Besonderheiten zu beachten: Entweder hat das MfS insoweit versagt, als es die Stimmung in der Bevölkerung falsch einschätzte, oder die Führung hat die Einschätzung ignoriert. Die führende Rolle der SED verkehrte sich in bezug auf das MfS im Laufe der Zeit unmerklich. So konnten im ZK keine Mitarbeiter eingestellt werden ohne eine Art Unbedenklichkeitserklärung des MfS, während umgekehrt die Partei kaum Einfluß auf Kaderentwicklungen im MfS hatte. Und Mitglieder der SED wurden nicht weniger überwacht als andere. Eine logische Folge bei einer 2,3-Millionen-Mitglieder-Partei, die niemals homogen sein konnte.

Der eigentliche Irrsinn bestand jedoch in der Vorstellung, über einen ausgebauten Sicherheitsapparat Stabilität zu garantieren, obwohl dies nur über breite politische Akzeptanz möglich ist.

Rechtssicherheit wäre die beste Staatssicherheit gewesen. Diese und andere Fragen gehören zur Geschichtsbewältigung.

Natürlich hat in der DDR jeder eine Geschichte. Auch andere Parteien, die ohne Hemmung weiterregieren. Die zwar eine Wende, aber keine Erneuerung auf ihre Fahnen geschrieben haben. Es war bisher nur dem Premierminister vorbehalten, auf die Geschichte auch der CDU in seiner Regierungserklärung zu verweisen. Das hat mir Achtung abgenötigt, weil leise, nachdenkliche Töne Sachverhalte genauer ausdrücken als lautes Geschrei.

Trotzdem ist für uns in erster Linie die Rolle der SED zu beurteilen. Und wir müssen heute feststellen, sie war entgegen ihren Zielen und auch der Politik nach 1946 seit mehreren Jahren keine linke Partei mehr; und trotz entgegenstehendem Willen vieler Mitglieder seit längerer Zeit reaktionär, weil sie Sozialismus verhindert und nicht ermöglicht hat.

Deshalb so viele Ähnlichkeiten mit rechtskonservativen Parteien, z. B. der Hang zu »Law and Order«, zur Uniformität, die Ablehnung Andersseiender und Andersaussehender, geschweige die Ablehnung Andersdenkender, die Intelligenzfeindlichkeit, die Intoleranz.

Wir sollten, und ich komme zu Pfarrer Schorlemmer zurück, die Jahre der DDR nicht zum weißen Fleck in der Geschichte werden lassen und es auch anderen nicht zubilligen. Das ist keine akademische Frage. Für alle DDR-Bürger und insbesondere für unsere Genossinnen und Genossen ist das auch sehr persönlich. Jeder hat hier gelebt und sich engagiert, seine Freuden und Schwierigkeiten gehabt. Das war sehr unterschiedlich verteilt.

All das kann man nicht wegwischen. Wir brauchen auch hier aufrechten Gang, Mut zur Wahrheit, Aufrichtigkeit, Sensibilität, gegenseitige Achtung, vor allem aber Klarheit. Wir werden selbstverständlich nichts verteidigen, was falsch und schädlich war. Aber die Darstellung mancher unserer politischen Gegner, als sei die Geschichte der DDR ein einziger Niedergang, ist natürlich auch Geschichtsfälschung. Der Zweck ist durchsichtig. Einerseits die Kriminalisierung der SED insgesamt und andererseits die Untergrabung des Selbstbewußtseins der DDR-Bürger, damit sie widerstandslos vereinnahmt werden können.

Da sind die Äußerungen von Männern der Kirche wohltuend. Sowohl Pfarrer Schorlemmer als auch Konsistorialpräsident Stolpe, letzterer im *ND* vom 5./6. Mai – das zeigt übrigens auch den Grad der Erneuerung des *ND* –, machen deutlich, daß wir nicht gesenkten Blickes im Büßerhemd und als Bettler in die deutsche Einheit gehen sollten, sondern etwas einzubringen haben.

Was also will die Linke? Es erscheint mir richtig, so zu sagen: Wir treten für radikale Reformen mit revolutionärem Anspruch zur Verwirklichung der sozialistischen Ideale ein. Wenn nun zwar reformierte, aber dennoch kapitalistische Verhältnisse auf uns zukommen, so wird es die Aufgabe der Linken sein, für die denkbar demokratischste, ökologischste, sozialste und humanistischste Lösung innerhalb dieser Verhältnisse zu streiten und gleichzeitig Kriterien künftiger Gesellschaftsstrukturen zu entwickeln. Denn die herrschenden Interessen der westlichen Industriestaaten stehen im Gegensatz zu globalen Menschheitsinteressen. Jeder Fortschritt in Fragen der Abrüstung, der Ökologie, der sozialen Gerechtigkeit und der gerechten Weltwirtschaftsordnung muß gegen herrschende Interessen erkämpft werden. Die Menschheit wird jedoch nicht überleben, wenn sie ihre Interessen nur im Kampf gegen herrschende Interessen durchsetzen kann. Damit steht als objektive Notwendigkeit die Frage nach solchen gesellschaftlichen Strukturen, die andere herrschende Interessen erzeugen, die den Menschheitsinteressen entsprechen oder zumindest nahekommen. Und da letztlich ökonomische Interessen die herrschenden Interessen maßgeblich bestimmen, ist dies zunächst eine Frage nach ökonomischen und Eigentumsverhältnissen.

Diese neuen, noch zu findenden gesellschaftlichen Strukturen sind für uns der dritte Weg, nicht nur der reformierte Kapitalismus. Von der Beantwortung dieser Fragen hängt das Profil der Partei und des demokratischen Sozialismus wesentlich ab, denn diese neu zu entwickelnden Strukturen werden den demokratischen Sozialismus ermöglichen und befördern.

Die Existenz der PDS als politische Partei ist auf die Dauer nur möglich, wenn sie ein spezifisches theoretisches Selbstverständnis entwickelt. Die damaligen ideologisch-theoretischen Grundlagen der SED sind verschlissen. Und neue hat die PDS noch nicht ausreichend aufgebaut. Hierbei geht es nicht nur um eine differenzierte und auch kritische Sicht der Positionen von Lenin, sondern auch von Marx, zum Beispiel in der politischen Theorie hinsichtlich der Menschenrechte.

Der bisherige, sich auf Marx berufende Ansatz des theoretischen Selbstverständnisses der PDS ist daher auf längere Sicht nicht ausreichend, auch wenn dies durch neue theoretische Quellen erweitert wird. Die Frage ist vielmehr, wie es gelingt, alle fortschrittlichen Ideen, die in der marxistischen, sozialistisch-sozialdemokratischen, liberalen, christlichen, aber auch konservativen Denktradition entstanden sind, schöpferisch aufzunehmen und zu verarbeiten. Die Partei muß ein neues theoretisches Verständnis von der Gesellschaft aufbauen. Die bisherigen marxistisch-leninistischen Theorieansätze von Sozialismus und vom Kapitalismus sind hierfür ebensowenig geeignet wie die einfache Übernahme liberaler oder ähnlicher Gesellschaftstheorien. Das bedeutet aber nicht, daß man den Kapitalismus der heutigen Zeit verstehen könnte, ohne Marx gelesen und studiert zu haben.

Hinsichtlich der Perspektiven der PDS sind neue strategische Überlegungen notwendig. Dabei sollte davon ausgegangen werden, daß die Wirkungsbedingungen für die PDS nicht nur ungünstiger werden, sondern daß auch neue Möglichkeiten für die Entwicklung eines modernen Verständnisses von linker Politik und vom demokratischen Sozialismus entstehen können. In diesem Sinne sollen folgende Hypothesen zum perspektivischen Profil der PDS unterbreitet werden.

Hinsichtlich des politischen Grundprofils sollte die PDS neu durchdenken, wie sie sich als Partei des Demokratischen Sozialismus links neben der SPD oder als Linkspartei oder als sozialistische Partei versteht. Das Links-Rechts-Schema ist mißdeutig. Nicht alles, was als links bezeichnet wurde, erwies sich als fortschrittlich. Und nicht alles, was aus dem Bereich des Konservatismus herrührt, erwies sich als fortschrittsbremsend. Wenn linke Politik eine Perspektive haben soll, muß sie von einem neuen, breiten und vielfältigen Fortschrittsverständnis bzw. Modernisierungsverständnis ausgehen.

Im künftigen Parteienspektrum Deutschlands könnte die PDS als linke und sozialistische Kraft einen geachteten Platz erringen, wenn es ihr gelingt, den demokratischen Sozialismus als Bewegungsrichtung des gesellschaftlichen Fortschritts zu begründen, als ökonomischen, sozialen, politischen, ökologischen, geistig-kulturellen, globalen und anderen Fortschritt. Der Realsozialismus scheiterte vor allem deshalb, weil es ihm nicht gelang, alles Fortschrittliche der bisherigen Menschheitsgeschichte zu verstehen, in sich aufzunehmen und weiterzuentwickeln, zum Beispiel Ware-Geld-Beziehungen, Individualität, Rechtsstaatlichkeit, Entfaltung und Ausgleich der Interessenvielfalt, Demokratie und anderes mehr.

Maßstab des Fortschritts ist letzten Endes die freie Entfaltung der menschlichen Persönlichkeit im kontext mit Gesellschaft, Menschheit und Natur. Die Vielfalt fortschrittlicher Ideen überall aufzuspüren und in realpolitische Schritte umzusetzen, das muß letztlich zum Inhalt linker und sozialistischer Politik werden.

In vielen Punkten – Individualität, Freiheit, Gerechtigkeit, Frieden, Naturbewahrung usw. – hat die PDS keine anderen Werte als andere politische Parteien, wohl aber andere Vorstellungen über deren Inhalt und über deren Realisierungswege. Weiterhin ist wichtig: Der Schlüssel zum Verständnis des demokratischen Sozialismus kann nur gefunden werden, wenn nicht nur nach der Überwindung der vor uns stehenden Gesellschaft Gesamtdeutschlands, sondern nach deren progressiver Weiterentwicklung für die Menschen gesucht wird. Demokratischer Sozialismus bedeutet nicht, den Gesamtentwurf einer neuen Gesellschaft zu zeichnen und für dieses Modell die politischen Kräfte zu mobilisieren. Demokratischer Sozialismus bedeutet heute vor allem politische Bewegung für den Fortschritt, konstruktiv-alternative Politikfähigkeit auf allen Gebieten unter Beweis zu stellen. Im Konkreten und einzelnen aus gesamtgesellschaftlicher und globaler Sicht etwas für die Menschen zu bewirken, für die Modernisierung gesellschaftlicher Bereiche, für die Realisierung der im Programm der PDS formulierten Grundwerte.

Die PDS sollte sich dabei nicht allein als Partei der sozial

Schwachen profilieren, obwohl das ein wichtiger Gesichtspunkt bleibt. Die PDS sollte sich nicht nur für die Verlierer des deutschen Einigungsprozesses einsetzen, sondern kann auch an die Hoffnungen und neuen Chancen, die mit der deutschen Einheit verbunden sind, anknüpfen. (...)

HABEN WIR DAS RECHT, HISTORISCHE CHANCEN UNGENUTZT ZU LASSEN?
Offener Brief des Vorsitzenden der PDS an die SPD
in der DDR und der BRD vom 29. Mai 1990

I.

Mit großer Sorge stelle ich fest, daß führende Politiker der SPD in der DDR und in der BRD eine Politik der Feindschaft gegenüber der PDS betreiben und die SPD in der DDR die CDU, die DSU immer deutlicher als natürliche Verbündete betrachtet. Nach eigener Formulierung: »Die PDS ist der Gegner, die anderen Parteien sind Konkurrenten.«

Bisher habe ich mich zum Verhältnis der SPD zur PDS wenig geäußert, weil ich glaubte, dies hat mit der Geschichte der SED zu tun, ist also eine Frage der Zeit und Glaubwürdigkeit des Erneuerungsprozesses in der PDS. Aber die historischen Zeitabschnitte verschieben sich. Die CDU und die FDP in der BRD legen ein Tempo bei der Vereinigung der beiden deutschen Staaten an den Tag, das die Menschen überfordert und das uns keine Zeit läßt, in geordneten Zeitabläufen vernünftig übereinander nachzudenken. Sollen linkes Gedankengut und die soziale Frage nicht für längere Zeit bedeutungslos werden, müssen auch wir schneller denken und handeln und historische Chancen nutzen.

Die verbalen Vorwürfe der SPD gegen die PDS lassen sich wie folgt zusammenfassen:

II.

Die SED hat eine Geschichte, die jegliche Zusammenarbeit ausschließt. Und das gilt auch für die PDS, weil sie die SED ist. Ein

Abgeordneter der SPD in der Volkskammer unter dem Jubel der Rechten wörtlich: »Die PDS oder wie sich die SED auch immer nennt ...«

Dieses Argument hält keiner genaueren Betrachtung stand. Direkte Anwürfe gegen Programm und Politik der PDS gibt es kaum.

Zum Erneuerungsprozeß in der PDS:

1. Die PDS hat ein völlig neues Programm und ein neues Statut, das wesentlich basisdemokratisch angelegt ist.

2. Die PDS hat in beträchtlichem Umfang Geschichtsbewältigung betrieben.

3. Die PDS hat durch Austritte, Ausschlüsse, Rehabilitierungen, Neu- und Wiederaufnahmen eine völlig veränderte Mitgliederstruktur. Hierzu gehört, daß drei Viertel der Wähler der PDS noch nie Mitglied der SED waren.

4. Die PDS hat den größten Teil des Eigentums der SED (finanziell und materiell) abgegeben, und zwar ohne Rechtspflicht durch eigene Beschlüsse.

5. Die Persönlichkeiten der neuen Leitung der PDS sind integere Linke, die für die Erneuerung der Partei stehen. Ihre Biographien sind sehr unterschiedlich, aber allein die Zusammensetzung und die Mehrheitsverhältnisse sagen viel aus.

All dies kann man als nicht ausreichend bezeichnen, aber als ungeschehen, als unbedeutend nicht. Dabei sind immer der Prozeßcharakter und die Kürze der Zeit zu berücksichtigen.

Aber die Geschichte der SED ist auch die Geschichte der ehemaligen Blockparteien. Oder haben diese nicht für das Strafgesetzbuch gestimmt oder die Aufenthaltsbeschränkungsverordnung (Zwangsumsiedlungsgrundlage) im Ministerrat mitbeschlossen? Justizministerium und Oberstes Gericht lagen seit Jahren in den Händen von ehemaligen Blockparteien. Sicherlich ist der Grad der Verantwortung unterschiedlich. Aber unbeteiligt waren sie nie. Und wie sieht es bei ihnen mit den Punkten 2, 3 und 4 aus? Gibt es in irgendwelchen Größenordnungen Ausschlüsse oder Rehabilitierungen, gibt es eine Geschichtskommission oder ähnliches? Und hat irgendeine dieser Parteien nur einen Moment lang gezögert, weiter zu regieren? Seit 1949 sind nun CDU und LDPD ohne Unterbrechung an Regierungskoalitionen beteiligt. Und stört die CDU oder F.D.P. in der BRD die Vergangenheit ihrer Schwesterparteien? Keinesfalls. Schnellste Fusionen sind geplant, vorher jegliche materielle und ideelle Unterstützung.

Die CDU in der BRD lehnte früher jegliche Kontakte zur CDU in der DDR ab, die F.D.P. hatte schon länger Kontakte zur LDPD, hat sie nur intensiviert. Heute ist jedoch der Stand der Beziehungen jeweils gleich. Gerade die Art, wie die früheren Blockparteien die PDS schneiden, zeigt, daß sie im Unterschied zur PDS nicht zu ihrer Geschichte stehen. Um Mißverständnissen vorzubeugen, es ist Sache dieser Parteien, die durch die Wahlen am 18. 3. demokratisch legitimiert sind, ob und wie sie sich erneuern oder nur wenden. Und es geht mir auch nicht um einzelne Persönlichkeiten in diesen Parteien, die ich gegebenenfalls sogar schätze, sondern es geht mir um die SPD.

Warum sucht sie breite Zusammenarbeit mit diesen Parteien, hat keinerlei Probleme mit deren Vergangenheit, lehnt aber jede Form der Zusammenarbeit mit der PDS ab?

Der Vorwurf der SPD in der DDR bezüglich der PDS wird noch unglaubwürdiger, wenn man einen Teil ihrer Berater kennt. Berater des Außenministers zum Beispiel waren an einem Berufsverbot eines Wissenschaftlers und an einer Maßregelung eines Mitgliedes des Präsidiums des Parteivorstandes der PDS beteiligt, nur weil er gegen das *Sputnik*-Verbot auftrat. Diese Beispiele könnten auch in bezug auf andere Parteien fortgesetzt werden. Nicht wenige ausgeschiedene oder ausgeschlossene Mitglieder der SED, die mehr Verantwortung trugen als die jetzigen Mitglieder der PDS, beraten und unterstützen heute andere Parteien. Deren Verantwortung tragen wir mit ab. Sie haben sich durch Austritt ihrer Verantwortung entzogen, das wird letztlich durch die SPD akzeptiert.

Nicht moralischer ist diesbezüglich das Verhalten von Persönlichkeiten der SPD in der BRD einzuschätzen. Jahrelang gab es engste Kontakte zwischen ihnen und den Führern der SED. Im Unterschied zu anderen finde ich dies auch heute noch richtig, denn diese Kontakte haben auch den Menschen in der DDR etwas gebracht. Die Beziehungen waren so eng, daß ein gemeinsames Dokument über den *Streit der Ideologien* verfaßt wurde. Dieses hatte sehr positive Wirkungen innerhalb der SED. Ich erinnere mich noch gut daran, wie wir darüber diskutierten und wieviel deutlicher Forderungen innerhalb der SED anschließend erhoben wurden. Das Dokument verdeutlichte den Widerspruch zwischen den Erklärungen der Führung der SED und ihrer Politik, z. B. beim *Sputnik*-Verbot. Es ist aber auch bekannt, daß es viele SPD-Politiker (übrigens auch Politiker anderer Parteien in der BRD) gab, die sich um Phototermine mit Erich Honecker rissen, um eigenes Geltungsbedürfnis zu befriedigen und medienwirksam in Erscheinung zu treten. Und diesen soll ich ethische Motive glauben, wenn sie jegliche Kontakte zur PDS ablehnen?

III.

Was also sind die wahren Gründe der völligen Ablehnung der PDS durch die SPD? Dabei muß man meines Erachtens sehen, daß die SPD eine Wahlkampfpartei ist, das heißt, daß sie in erster Linie dem Parlamentarismus wirkliche Bedeutung beimißt. Ihre Politik wird deshalb überwiegend von vermuteten Wahlchancen bestimmt, natürlich bei Wahrung einer politischen Grundrichtung. Offensichtlich gehen nun führende Vertreter der SPD davon aus, daß wesentliche Stimmengewinne bei konservativen Wählern nicht möglich sind. Gelänge es dagegen, die PDS extrem zu diskreditieren oder gar zu liquidieren, wen sollten dann deren fast 1,9 Millionen Wählerinnen und Wähler wählen? Würden Sie nicht zu den berühmten »Kleineres-Übel-Wählern« der SPD werden? Es geht also in erster Linie um unsere Wählerinnen und Wähler. Das macht das Vorgehen der SPD für mich sehr fragwürdig. Außerdem scheint es mir, kurz und ahistorisch gedacht zu sein. Zur deutschen und europäischen Linken werden Sozialdemokraten, demokratische Sozialisten, ökologische Linke und demokratische Kommunisten gehören. Gemeinsam können sie viel bewegen, gegeneinander wenig. Positive Erfahrungen gibt es nicht nur in Frankreich und Italien. Gerade da die SPD immer stärker die »Mitte« besetzen will, kann sie nicht zugleich die politische Heimat aller Linken sein.

IV.

Sicherlich müssen die führenden Persönlichkeiten der SPD in der DDR und in der BRD auf Stimmungen in der Mitglied- und der Anhängerschaft Rücksicht nehmen. Aber es kommt darauf an, ob Gefühle der Feindschaft geschürt oder eine kritische Beobachtung und Begleitung unseres Erneuerungsprozesses gefördert werden. Bei nicht wenigen Vertretern von Bündnis 90 und Grünen gibt es zur zweiten Alternative Ansätze, obwohl sie unter der Politik der SED mehr gelitten haben. Letzteres trifft für die Vertreter der SPD in der BRD sowieso nicht zu, so daß ihre Ausbrüche für mich wenig nachvollziehbar sind.

V.

Ich wies schon darauf hin, daß die eigenen Zeitvorstellungen für ein Nachdenken übereinander durch andere verkürzt werden. Niemand weiß, ob es im Gebiet der DDR in absehbarer Zeit noch einmal Kommunalwahlergebnisse geben wird, die in einer Vielzahl von Kommunen ein Zusammengehen oder zumindest ein gegenseitiges Tolerieren von SPD, Bündnis 90, Grünen und PDS ermöglichen. Wird hier nicht eine historische Chance für wirkliche bürgernahe Kommunalpolitik vertan? Und könnten nicht alle Bedenken in den eigenen Reihen durch eine solche Politik allmählich abgebaut werden? Niemand wird uns verzeihen, daß wir diese Chance ungenutzt lassen.

VI.

Wie wenig wirksam die SPD in Koalitionen mit der CDU wird, zeigt die Regierungskoalition in der DDR. Der deutsche Einigungsprozeß bietet die große historische Chance, ein neues Deutschland entstehen zu lassen, das die Lebensbedingungen für die Menschen in beiden deutschen Staaten wesentlich verbessert und den europäischen Einigungsprozeß befördert. Aber die SPD stimmt dem Beitritt der DDR zur BRD gemäß Artikel 23 des Grundgesetzes zu und reduziert dadurch die Chancen zur Erarbeitung einer neuen Verfassung, die die Grundrechte aus dem Grundgesetz übernehmen, aber den Parlamentarismus durch Basisdemokratie ergänzen, das Recht auf Arbeit und Umweltschutz aufnehmen, den Lohnabhängigen mehr Mitbestimmung und Mitentscheidung im Produktionsprozeß bei Investitions-, Rationalisierungs- und Stillegungsentscheidungen einräumen, das Aussperrungsverbot regeln, den Frauen das Recht zur selbstbestimmten Mutterschaft garantieren könnte u. a. m. Eine Mehrheit von Mitgliedern der Volkskammer lehnte jede Diskussion über den Verfassungsentwurf des Zentralen Runden Tisches für die DDR ab, gegen die Stimmen auch der Sozialdemokraten. Welchen Widerstand leistete die SPD? Beteiligt sie sich offiziell an den laufenden Unterschriftenaktionen? Stellt sie in einer solchen elementaren Angelegenheit die Koalitionsfrage? All dies geschah und geschieht nicht.

Und der Staatsvertrag, welche sozialdemokratischen Elemente enthält er? Seit Jahren bezeichnet der DGB das Betriebsverfassungsrecht der BRD als ungenügend. Dieses Recht wird jedoch ohne Verbesserung im Staatsvertrag übernommen. Das gleiche gilt für das Versicherungs-, Renten- und Steuerrecht der BRD, das weder gerecht noch verständlich ist. Ein wirksamer Schutz des Binnenmarktes der DDR und damit der Betriebe und der Landwirtschaft ist nicht geregelt. Die Beispiele ließen sich fortsetzen. Nicht die SPD der DDR, sondern Oskar Lafontaine bemängelte den unterzeichneten Staatsvertrag, weil ein wirksamer Schutz für die Betriebe der DDR fehlt und dadurch unnötige Massenarbeitslosigkeit in der DDR in Kauf genommen wird.

Hinsichtlich des europäischen Einigungsprozesses ist es offensichtlich, daß die NATO-Mitgliedschaft des geeinten Deutschlands eine völlige Verschiebung des Kräfteverhältnisses und eine politisch-militärische Neuordnung Europas zur Folge hätte. Burgerbewegungen, SPD und PDS gemeinsam könnten dies verhindern und einen Friedensvertrag anstreben, der den Zweiten Weltkrieg und den Kalten Krieg wirklich beendet. Statt dessen gibt es Zustimmung der SPD zur NATO-Mitgliedschaft Deutschlands, wenn auch mit unbestimmten Einschränkungen.

VII.

Die Hauptforderung der SPD in der DDR und in der BRD richtet sich jedoch gegenwärtig auf die Enteignung der PDS. Während die SPD in der BRD diese gleichzeitig für die früheren Blockparteien fordert, ist die SPD in der DDR durch ihre Koalitionen daran gehindert und beschränkt sich auf die PDS. Da dies letztlich eine innere Angelegenheit der DDR bleibt, wird es also nur um das Eigentum der PDS gehen. Das Ziel besteht in der Liquidierung der PDS, denn keine Partei kann ohne Geld existieren. Die PDS könnte keine Mitarbeiter, keine Miete, keine Energieabrechnung, keine Telephongebühr, keine eigene Zeitung, keinen Wahlkampf für Länder oder ein gesamtdeutsches Parlament, kurzum nichts mehr bezahlen. Staatliche Zuschüsse – wie in der BRD üblich – sind für die PDS ebensowenig zu erwarten wie Unterstützungen durch eine Schwesterpartei aus der BRD, wie sie CDU, Liberale und SPD auf Kosten der Steuerzahler in der BRD in großzügiger Weise erhalten. Beachtenswert an der Forderung ist auch, daß sie von der SPD erhoben und dann erst von der CDU in der BRD übernommen wurde. Eine Enteignung setzt nach Bundesrecht die Illegalisierung der PDS voraus. Und genau darauf ist die Forderung gerichtet. Ist die Ausschaltung einer linken, sozialistischen, sich demokratisch erneuernden Partei, nur um deren Wählerstimmen zu erobern, gerechtfertigt, vorausgesetzt, deren Wählerinnen und Wähler würden dies der SPD je verzeihen? Die historische Schuld würde groß sein, vergleichbar mit der Zustimmung zu den Kriegskrediten 1914 und dem Abwürgen der Revolution von 1918/19. Arbeiterparteien wurden erst dreimal in der deutschen Geschichte enteignet, durch das Sozialistengesetz, 1933 von den Nazis und die KPD in der BRD 1956. Sollen die junge Demokratie und der politische Pluralismus in der DDR sofort wieder so erheblich gestört werden durch Fortsetzung so unrühmlicher Traditionen?

VIII.

Obwohl ich die meines Erachtens gegebenen wahren Motive für die Enteignungsforderungen bereits genannt habe, will ich mich auch mit den vorgegebenen auseinandersetzen:

1. Das Vermögen der PDS stamme von der SED, die es sich unrechtmäßig angeeignet habe. In Wahrheit gibt es zwei entscheidende Quellen für das Vermögen der Partei: die Mitgliedsbeiträge und die Gewinne aus den früheren Parteibetrieben. Die Betriebe erhielt die Partei durch SMAD-Befehle im Ausgleich für die Enteignung von 1933 und die Leiden der Mitglieder in der Nazizeit. Gleiches geschah bei Gebäuden. Es geht also auch um alliierte Rechte und um Ergebnisse der Niederlage des deutschen Faschismus. Später wurden auch die Einnahmen der SED zu Käufen benutzt. Bei 2,3 Millionen Mitgliedern und einem hohen Mitgliedsbeitrag (zwischen 0,5 und 3 Prozent der Bruttoeinkommen, letzterer Prozentsatz ab 1200 Mark brutto) wurden durch die Mitglieder jährlich über 700 Millionen Mark eingezahlt.

2. Zum Teil gäbe es rechtlich ungeklärte Rechtsträgerschaften beziehungsweise rechtlich ungeklärtes Eigentum. Soweit es zutrifft, ist eine Abgabe erfolgt. Das gilt auch für sämtliche Gebäude, die zwar rechtmäßig, aber kostenlos in Rechtsträgerschaft übernommen worden waren, auch wenn anschließend hohe Investitionen durch die Partei gezahlt wurden. Sollte unserer Überprüfung etwas entgangen sein, sind weitere Abgabeentscheidungen im Sinne unserer Erneuerung selbstverständlich.

3. Die PDS wolle eine neue Partei sein, mit der SED nichts mehr zu tun haben, sich aber von deren Vermögen nicht trennen.
   Abgesehen davon, daß es merkwürdig anmutet, daß uns dieses Argument von denjenigen entgegengehalten wird, die bestreiten, daß wir eine neue Partei sind, ist es ethisch sehr gewichtig. Nach meiner Meinung ist hier folgendes zu beachten: Die PDS will insofern mit der SED etwas zu tun haben, als sie die ursprünglichen Ideale übernahm und sich zu ihrer gesamten Geschichte bekennt. Als Rechtsnachfolgerin hat sie sämtliche Verpflichtungen übernommen. Die SED hatte nicht nur hohe Einnahmen, sondern auch hohe Ausgaben. Sie werden nach wie vor allein von der PDS bestritten. Auch hier tragen wir eine Last ab. Von 44 000 hauptamtlichen Mitarbeitern der SED sind zwischenzeitlich mehr als 34000 ausgeschieden, denen nach geltendem Recht

Überbrückungsgeld und Vorruhestandsgeld gezahlt werden. An die verbleibenden 10 000 hauptamtlichen Mitarbeiter werden reduzierte Gehälter gezahlt, und bei einem weiteren Abbau der Beschäftigungszahl sind nach geltendem Recht wiederum Überbrückungs- und Vorruhestandsgeld zu zahlen. Gleiches gilt für ausscheidende Mitarbeiter aus Parteibetrieben. Im Falle der Enteignung müßte das der Staatshaushalt übernehmen. Die Unterhaltung der Gebäude ist teuer und wird teurer. Das gilt, obwohl viele Gebäude übergeben, getauscht oder in der Nutzung geteilt wurden.

Das Institut für Geschichte der deutschen Arbeiterbewegung ist vergleichbar mit der Friedrich-Ebert-Stiftung der SPD in der BRD, nur daß das Institut im Unterschied zur Stiftung keinerlei öffentliche Mittel erhält. Das Institut bewahrt ein wertvolles Archiv und eine wertvolle Bibliothek mit Originalschriften von Marx, Engels, Luxemburg, Liebknecht und anderen Persönlichkeiten der Arbeiterbewegung. Eine Überführung in Volkseigentum würde den Staatshaushalt belasten und letztlich zur Privatisierung dieser Dokumente und damit zu ihrer Verteilung über den Erdball führen. Auf diese Gefahr wiesen selbst Mitarbeiter der Friedrich-Ebert-Stiftung hin.

Die Unkosten der Partei stehen in keinem Verhältnis mehr zu den Einnahmen, da die Einnahmen sich auf die reduzierten Mitgliedsbeiträge bei wesentlich weniger Mitgliedern beschränken und es keine Abführung von Gewinnen durch die Parteibetriebe mehr gibt, weil diese Betriebe abgegeben wurden oder keinen Gewinn erwirtschafteten. Außerdem bringt das Argument nicht einmal die halbe Wahrheit zum Ausdruck. Verschwiegen wird, daß die PDS mit Ausnahme von drei Verlagen und drei Druckereien sämtliche Betriebe der Zentrag (Parteibetrieb des SED) und fast alle weiteren Betriebe unentgeltlich abgegeben hat. Das geschah, obwohl sie bis März zum größten Teil noch von uns gestützt wurden, um mit dem Medienmonopol zu brechen, um im Zuge der Erneuerung Wirtschaftstätigkeit zu beschränken und sie auf das Niveau zu reduzieren, das durch das Parteiengesetz vorgesehen ist.

Auch insofern erfolgte also eine Abkehr von der früheren

SED-Politik. Das gilt auch für die Abgabe der Mehrzahl von Gästehäusern und Erholungsheimen sowie anderer Gebäude.

4. Letztlich wird darauf hingewiesen, daß die Partei wegen der Politik der SED Wiedergutmachung leisten müsse.

Abgesehen von der alleinigen juristischen Verantwortung des Staates, ist dies indirekt geschehen, indem wir vollständig die finanziellen Reserven der Partei von mehr als drei Milliarden Mark an den Staatshaushalt abführten. Das ist wesentlich mehr, als wir in Übereinstimmung mit der offiziellen Bilanz behielten. Das Geld sollte für soziale und andere Zwecke verwendet werden. Über die Verwendung hat der Ministerrat entschieden. Soweit noch keine Entscheidung erfolgt ist, unterstützen wir die Bildung eines staatlichen Fonds für Opfer des Stalinismus.

Die verbleibenden Mittel der PDS nehmen ständig ab, eben weil die Ausgaben gegenwärtig und noch auf längere Zeit die Einnahmen wesentlich übersteigen.

Inzwischen muß ich mit dem Vorwurf leben, daß die Abgaben der finanziellen und materiellen Fonds durch die Partei das Verlangen anderer nach unserer Enteignung nur bestärkt haben, denn bis dahin gab es kaum solche Forderungen. Nach wie vor bin ich jedoch davon überzeugt, daß unsere Entscheidungen richtig und ethisch gerechtfertigt waren. Der verbleibende Teil des Eigentums ist jedoch lebensnotwendig für die Partei und um die übernommenen alten Verpflichtungen zu erfüllen. Und im übrigen, eine Enteignungsforderung gegen die SED durch die SPD in der BRD, noch vor einem Jahr an Erich Honecker herangetragen, hätte mir imponiert. Heute ist sie weder besonders mutig noch gerechtfertigt.

Aber liebe Genossinnen und Genossen der SPD, um all diese Fragen geht es nicht wirklich, es geht – wie dargelegt um unsere Vernichtung. Vielleicht sollen wir auch zu irgendwelchen Tricks animiert werden, die man uns später vorwerfen und nutzen könnte. Die Liquidierung der PDS wäre nicht nur eine Katastrophe für uns, sondern auch für Sie. Bedenken Sie, welchen Schaden zum Beispiel der sogenannte Radikalenerlaß – zustandegekommen unter einer SPD-geführten Bundesregierung – für die gesamte politische Kultur in der BRD und nicht zuletzt auch für die SPD selbst hatte. Sie würden schwere Schuld gegen die deutsche und europäische Linke auf sich nehmen und gegenüber einzelnen Persönlichkeiten.

Wer, so frage ich, hat das Recht, zum Beispiel unserem Genossen Walter Janka und anderen, die bei den Nazis und in der DDR wegen ihrer politischen Überzeugung eingesperrt wurden, ihre neue politische Heimat zu nehmen. Statt der Nutzung einer historischen Chance versuchen Politiker der SPD, sie zunichte zu machen. Die Mitglieder, Sympathisanten, Wählerinnen und Wähler der PDS werden weder deren Enteignung noch deren Kriminalisierung oder Illegalisierung widerstandslos hinnehmen. Ich will jedoch den Glauben an Vernunft und Besinnung nicht aufgeben, denn anderenfalls könnte es zu einer Konfrontation mit schwerwiegenden Folgen kommen. Aus der wiederum könnten nur rechte Kräfte Nutzen ziehen.

Gregor Gysi

DIE VERGANGENHEIT GEHT MIT
Zum offenen Brief des PDS-Vorsitzenden Gysi
vom 29. Mai 1990 an die Sozialdemokraten in beiden
deutschen Staaten

1. Mit dem 4. November 1989 und dem Ruf »Wir sind das Volk« haben die Menschen in der DDR ihr Selbstbewußtsein wiedergefunden.

Die stalinistische SED-Diktatur wurde überwunden. Am 9. November fiel die Mauer, und fortan ist man dabei, die Einheit Deutschlands und die Einigung Europas politisch zu gestalten.

Die Nachkriegszeit geht für Deutschland und für Europa zu Ende. Zu Ende ist auch die unsägliche Herrschaft eines Gesellschaftssystems, das die Erhaltung seiner Macht auf zentralistische Diktatur, Verbot freier politischer Willensbildung, Überwachung und Schießbefehl gegründet hat. Die SED forderte, ihre führende Rolle ausnahmslos anzuerkennen. Die vier anderen Blockparteien partizipierten an diesem System undemokratischer Machtausübung und suchten ihre Legitimation in der Nationalen Front. Politisch Andersdenkende wurden anfangs ermordet, später inhaftiert, abgeschoben, geschlagen und zum Schweigen gebracht.

2. Kaum jemand ist gegenwärtig in der Lage, diese Geschichte zu bewältigen, schon gar nicht in so kurzer und gefüllter Zeit. Die Auseinandersetzung mit der Vergangenheit ist geprägt vom alten Feindbilddenken, das wir 40 Jahre lang zu pflegen genötigt wurden, nur daß plötzlich die alten Feinde im Westen zu Freunden werden. Der Schematismus des Feindbilddenkens aber wirkt weiter und sucht für den Feindbildrahmen nach neuen Inhalten. Und er hat sie gefunden: In diesem Rahmen sitzen nun fest die ehemalige SED und ihre Staatssicherheit – und die PDS. Es gelingt weder der PDS noch den neuen politischen Kräften unserer Gesellschaft, diesen Rahmen zu zertrümmern, im Gegenteil: die Fronten sind geklärt. Neue politische Kräfte haben ihren Prügelknaben gefunden, und die PDS fühlt sich gefährlicherweise durch den Rahmen geschützt und nimmt eine Märtyrerrolle ein. Umfassende Arbeit an der Vergangenheitsbewältigung findet nicht statt.

Warum behauptet die PDS, sie habe »in beträchtlichem Umfang Geschichtsbewältigung betrieben« und sei »erneuert«?

Übersieht sie, daß wir – wenn überhaupt – unsere gemeinsame Geschichte nur gemeinsam bewältigen?

Es hat den Anschein von maßloser Überheblichkeit, wenn in einer Gesellschaft, die die tiefen Verletzungen der vergangenen 40 Jahre gerade erkennt, aber mit der Verarbeitung nicht voran kommt, die PDS als Rechtsnachfolgerin der SED behauptet, sie hätte schon geleistet, was andere noch vor sich haben. Verantwortung tragen (nicht »abtragen«, Herr Gysi!) muß für die PDS heißen, aktiv an der Offenlegung der undemokratischen Struktur des alten Staatswesens und seiner führenden Partei, ihrer ideologischen Entgleisungen, politischen Fehlentscheidungen und vermögensrechtlichen Straftaten zu arbeiten.

Viele ehemalige SED-Genossinnen und Genossen sind heute weiter als die SED-Nachfolgepartei. Sie haben den Dialog begonnen über vordergründiges Anpassen zum niederen Zweck, über das Opfern humanistischer und sozialer Ideale auf Verlangen der SED, nicht zuletzt über ihre Schuld – und sind im Begriff, ihre Freiheit neu zu gebrauchen. Innerhalb der PDS mag dieser Prozeß in Gang gekommen sein, das ist von außen schwer zu beurteilen – aber für die Gesellschaft und zwischen den alten Blockparteien und der Gesellschaft fehlt er noch.

Allerdings wollen wir Sozialdemokraten die Vergangenheitsbewältigung nicht der PDS überlassen, sondern eine aktive Rolle in diesem innergesellschaftlichen Dialog spielen. Wir wollen unseren Beitrag leisten als Partei, die von politischer Verantwortung der 40 Jahre unbelastet ist, die die Zukunft des modernen Deutschland bewußt gestalten will und die weiß, daß die Bewältigung der Zukunftsaufgaben nur durch eine fortschreitende Bewältigung der Vergangenheit geleistet werden kann.

3. Gregor Gysi sieht die historische Chance darin, daß PDS und SPD mit Bündnis 90 und Grünen zusammengehen könnten, die er gemeinsam zur deutschen und europäischen Linken zählt. Den Volkskammerbeschluß, das Vermögen der ehemaligen Blockparteien unter treuhänderische Verwaltung zu stellen, der ein Anliegen von den Straßen des revolutionären Herbstes aufnimmt, interpretiert Gysi als Anliegen der SPD, die PDS zu liquidieren. Diese Interpretation enthält keinen Funken Logik. Zu Unrecht weist er auf die Enteignungen der deutschen Arbeiterparteien in der Geschichte hin, denn diese Enteignungen trafen weder die PDS noch die SED, sondern sie trafen uns Sozialdemokraten. Das Sozialistengesetz und die Enteignung durch die Nazis 1933 sind schmerzliche Erfahrungen, wie politische Macht mißbraucht wird. Das Jahr 1946 aber, das für die SPD auf dem Gebiet der späteren DDR nach dem Ende des Zweiten Weltkrieges erneut das politische »Aus« bedeutete, geht voll auf das Konto der SED und der damaligen SMAD. Innerhalb kurzer Zeit hat die damalige, zahlenmäßig geringere KPD den Sozialdemokraten jedes politische Engagement beschnitten, Tau-

sende Sozialdemokraten sind in den ersten Jahren der SED ermordet worden.

Hier sollen keine alten Rechnungen aufgemacht werden, aber wir wollen redlich die Geschichte der deutschen Linken betrachten und jeder vorgeschobenen Argumentation entgegentreten.

Zur Geschichte der deutschen Linken gehört auch der mißlungene Versuch, eine linke Volksfront aufzubauen. Kommunisten und Sozialdemokraten haben, sicherlich wegen ihres je unterschiedlichen Demokratieverständnisses, ein Zusammengehen noch nie überstanden. Am Ende der Weimarer Zeit mündete die gescheiterte linke Politik in die Sozialfaschismustheorie der KPD. Nach dem Faschismus wurde die junge und aufstrebende Sozialdemokratie in der sogenannten Vereinigung mit der KPD in die SED gezwungen und enteignet.

Seit dem 7. Oktober 1989 ist die SPD auf dem Gebiet der DDR wieder gegründet.

Sie ist inzwischen Regierungspartei, und zwar deshalb, weil in der gegenwärtigen Phase der deutschen und europäischen Geschichte alle politische Vernunft versammelt werden muß, um die großen vor uns liegenden Probleme zu lösen. Gysi wirft der SPD »Parlamentarismus« vor. Er übersieht, daß es für uns Sozialdemokraten vor allem auf dem Hintergrund der letzten 57 Jahre überhaupt keine Alternative zur parlamentarischen Demokratie einer Gesellschaft gibt.

Im Gegenteil: Diese ist uns Garant für die Möglichkeit, sozialdemokratische Politik mehrheitsfähig zu machen.

Die Koalitionspartner in der Regierung der DDR sind nicht die Wunschpartner der SPD, und wir haben uns die Entscheidung zur Zusammenarbeit nicht leicht gemacht, aber sie sind für uns Partner der Vernunft, um die DDR nach 40jähriger SED-Geschichte aus dem Ruin zu führen. Und gerade deshalb sollte die PDS als Nachfolgerin der SED den Parlamentarismus anerkennen, der einer ehemaligen Regierungspartei erlaubt, in die Opposition zu gehen, ohne mit dem Untergang der alten Staatsform selber das Ende zu finden. Gerade weil die parlamentarische Demokratie 40 Jahre von der SED-Diktatur unterdrückt wurde, ist Gysis These von der »alleinigen juristischen Verantwortung des

Staates« falsch und entlarvt das wahre Anliegen der PDS, sich der Verantwortung vor der Geschichte und einer wahren Auseinandersetzung mit der Vergangenheit zu entziehen.

4. Denn die SED hat die führende Rolle in der DDR schamlos für sich mißbraucht. Weil sie keine Gewaltenteilung zuließ, haftet sie für den Schaden, den sie den Menschen und der Natur in 40 Jahren zugefügt hat, und zwar nicht nur politisch und moralisch, sondern eben auch – soweit sie es kann – finanziell. Deshalb ist die Forderung aus dem vergangenen Herbst, die SED und die anderen Blockparteien sollen ihr Eigentum zurückgeben, konsequent und gerechtfertigt. Diese Verantwortung der PDS vor der Geschichte gehört für uns mitten hinein in den Versuch, die Geschichte gemeinsam zu bewältigen, wenn das Reden über Erneuerung der Gesellschaft nicht leer bleiben soll. Die SED habe ihr Vermögen durch Mitgliedsbeiträge und den Profit von Parteiunternehmen gewonnen, schreibt Gregor Gysi. Jedermann weiß, daß die Aneignung der Unternehmen nicht mit rechtsstaatlichen Methoden geschah, daß den Blockparteien immense finanzielle Zuwendungen des Staates zugeflossen sind, daß die SED im Ausland bis hin nach Portugal Unternehmensbeteiligungen besessen hat, die jetzt direkt oder über Dritte der PDS gehören.

Bis zum 31. Mai 1990, so schreibt Gregor Gysi an die SPD, besaß die PDS drei Verlage, drei Druckereien, weitere Betriebe, einige Gästehäuser und Erholungsheime sowie weitere Gebäude. Ein Unternehmer weiß, was dieses Stammkapital für den Start in die Marktwirtschaft bedeutet.

Die PDS beschäftigt in ihrer Partei 10 000 Mitarbeiter. Die SPD in der DDR hat 300 Planstellen eingerichtet. Darf man fragen, womit sich die 10 000 Mitarbeiter der PDS befassen?

Auch aus parteipolitischen Gründen ist es legitim, die Forderung nach Chancengleichheit aufzustellen.

Der offene Brief des PDS-Vorsitzenden an die SPD wendet sich in Wahrheit gegen die Enteignung dieser Partei und damit gegen offensive Vergangenheitsbewältigung. Als die SED sich den Zusatz PDS gab und sich SED-PDS schrieb, um dann das vordere Kürzel zu streichen, war klar, daß sie als Rechtsnachfolgerin der SED ihr Vermögen und ihre Mitglieder hinüberretten wollte. Dieses Unternehmen steht einer tiefgreifenden Erneuerung der PDS und unserer Gesellschaft entgegen. Deshalb ist die Bildung der Treuhandgesellschaft über das Vermögen aller Parteien ein notwendiger Schritt, mit einer echten, dialogischen und gesamtgesellschaftlichen Erneuerung zu beginnen.

Vergangenheitsbewältigung heißt auch, die rechtsstaatlichen Prozesse gegen die Hauptverantwortlichen zu führen, denn die Rechtssprechung gegen Honecker, Mielke, Götting u. a. gehört in den Versuch, DDR-Geschichte zu verarbeiten, mitten hinein.

Ich kann nur davor warnen, eine »Konfrontation mit schwerwiegenden Folgen« zu suchen. Anders als Gregor Gysi weiß ich nicht so genau, wer die Gewinner so einer Konfrontation sein werden, aber ich bilde mir ein zu wissen, wer die Verlierer sind: Die Menschen in unserem Land, die ihre Verwundungen noch nicht vergessen haben, wenngleich diese durch gegenwärtige deutsch-deutsche Vorhaben überlagert sind. Wenn wir nicht bald offen über unsere Geschichte reden, wird sie uns verdeckt oder auch brutal einholen.

Gottfried Timm
Mitglied des Präsidiums der SPD
stellv. Fraktionsvorsitzender

REDE AUF DER AUSSERORDENTLICHEN PARTEIVORSTANDSSITZUNG DER PDS
Gehalten am 2. Juni 1990

(...) CDU und SPD sind noch nicht bereit, sich damit abzufinden, daß es eine radikale Opposition gibt, aber auf demokratischer Grundlage. Auch auf der Grundlage des Grundgesetzes, das stört mich überhaupt nicht. Auf dieser Grundlage können wir uns immer bewegen. Das ist kein Problem. Aber sie kennen doch nur eine Opposition, wo die CDU sagt, der höchste Steuersatz für die Reichen muß von 52 auf 51 Prozent runter, und die SPD sagt, er soll bei 52 Prozent bleiben. Sie sagt doch nicht mal, er soll auf 53 Prozent hoch. Es ist natürlich zu befürchten, daß wir Vorschläge in Richtung auf 65 Prozent unterbreiten, und das geht zu weit.

Was ich mit diesem Beispiel sagen will: sie sind eine ganz bestimmte Art von Opposition gewöhnt. Und das ist nicht unsere.

Dabei fand ich unsere ja in den letzten Wochen harmlos. Es hat uns nichts genutzt. Daraus müssen wir auch etwas lernen. Deutliche Worte sind angebracht. Wir müssen konfliktfähiger werden. Das heißt aber nicht, daß wir Radaubrüder werden müssen. Ich will das deutlich sagen. Aber ich bin eigentlich durch Linke in der Bundesrepublik darauf gekommen, die das gesagt haben: Ihr habt das ja noch gar nicht gelernt, wie das ist, zwanzig Jahre lang sich nicht durchsetzen zu können mit seiner Meinung. Ihr wißt ja nicht, wie das ist, daß man bei jedem Satz mit Widerspruch rechnen muß. Du gehst ja noch immer in eine Sendung, selbst mit Kohl, und würdest, letztlich unbewußt, mit der Vorstellung reingehen, zu versuchen, den Mann zu überzeugen. Gib das auf, du mußt schon den Konflikt mit ihm suchen.

Ich habe darüber nachgedacht, da ist etwas dran. Wir sind noch nicht richtig konfliktfähig. Natürlich mit rechtsstaatlichen Mitteln, ich sage das immer wieder. Weil ich ja auch gerne anders interpretiert werde.

Und eine weitere Seite müssen wir uns überlegen. Wir sind natürlich eine Kraft, die, und das ist heute gut gesagt worden, im Herbst bei den bevorstehenden sozialen Konflikten auf der Seite derjenigen stehen würde, die benachteiligt werden sollen durch diesen Staatsvertrag. Und auch das wünscht man nicht. Oder wenn, dann wünscht man, daß wir uns mit ganz anderen Dingen in dieser Zeit beschäftigen müssen, z. B. mit dieser Immobilie oder jener Immobilie. Das dürfen wir natürlich nicht zulassen, wir dürfen uns deshalb auch nicht von diesen Machenschaften übermäßig beeindrucken lassen, wobei es natürlich schwer ist, als Partei ohne Geld zu leben und ohne Gebäude, das weiß ich. Aber ich glaube auch noch nicht, daß es so weit kommen wird.

Ich glaube, es reicht schon, daß wir ihr Spiel durchschaut haben und daß wir das so offen gesagt haben. Sie werden sich möglicherweise in dem einen oder anderen Punkt zurückziehen. Selbst wenn nicht – wir wollen uns ja auch keinen Illusionen hingeben –, werden wir den Kampf nur noch verschärfen. Ich sage das wieder, damit mich keiner falsch interpretieren kann, weil ich ja auch weiß, daß das, was wir hier besprechen, nicht hierbleibt, daran haben uns auch gewöhnt, natürlich mit Mitteln, die wir alle rechtsstaatlich vertreten können.

Das Problem ist eben, daß Macht wirklich korrumpiert. Und daß Macht der Kontrolle bedarf. Und natürlich sind wir eine solche Kontrolle, und man wünscht keine Kontrolle. Ich will mal ein paar andere Beispiele nehmen, die gar nichts mit uns zu tun haben.

Wo hat es das denn je gegeben, daß die Abgeordneten eines Parlaments 800 Seiten Gesetzestext, und zwar wahnsinnig wichtiger Gesetze, nicht irgendwas, einen Abend vor der ersten Lesung bekommen – also wo feststeht, daß das kein einziger wirklich gelesen, überdacht haben kann. Und das Parlament läßt es sich bieten.

Ich bilde mir ein, daß das französische oder italienische Parlament selbst mit den Stimmen der Christdemokraten gesagt hätte, so nicht. Hier brauchen wir erst mal eine Woche oder zwei Wochen, um darüber gründlich nachzudenken. Ein deutsches Parlament wie dieses läßt sich das bieten, weil sie durchpeitschen wollen, weil sie keine Zeit zum Nachdenken lassen wollen. Und darauf müssen wir aufmerksam machen. Ich sage das deutlich, weil ich auch gesehen habe, daß der Jens-Uwe Heuer (*Mitglied der PDS-Fraktion, d. Hrsg.*) auch gezeichnet ist. Diese Volkskammerfraktion macht auch was durch. Ich bestreite das gar nicht. Wir alle haben ein bißchen Angst, in die Volkskammersitzung zu gehen. Es macht uns keinen Spaß, uns dort von früh bis abends beschimpfen zu lassen. Und zwar überwiegend für Dinge, die wir vielleicht mit, aber wirklich am wenigsten ganz zu verantworten haben. Da sitzt kein Honecker, da sitzt kein Mielke, da sitzt kein Krenz. Die ganze Dresche beziehen wir.

Aber die Helden von der anderen Seite, von der rechten, die alle so unterdrückt waren, sind komischerweise alle Professoren und Doktoren. Ich möchte mal wissen, wo die das geworden sind. Im Gefängnis? Ich spreche jetzt nicht vom Bündnis, das ist was anderes. Sondern von den Herren der DSU und CDU. Und da gibt es noch eine Besonderheit, die wir wissen müssen: die alle werden fusionieren. Das heißt, sie gehen ein in große bundesdeutsche Parteien. Auch wenn man die vollständig enteignen würde, hätte das gar keine Auswirkung. Über die Gelder der Steuerzahler der Bundesrepublik würden diese Parteien sofort wieder lebensfähig werden. Und sie fusionieren alle, die SPD, die Liberalen, die CDU, die DSU. Und selbst die Bauernpartei, nehme ich an, wird sich vorher hier noch mit einer Partei zusammenschließen, und dann fusionieren sie gemeinsam.

Bei den Grünen, Bündnis '90 halte ich mich mal raus. Aber immerhin haben die auch Partner. Die PDS kann mit niemandem fusionieren, der sie dann auch noch bezahlen würde. Das weiß man. Also trifft natürlich jeder Schritt in dieser Richtung uns doppelt und dreifach. Auch das weiß man. Und auch das müssen wir öffentlich und deutlich machen.

Aber es gibt eben auch Solidarität aus der Bundesrepublik und auch aus dem Ausland. Und wir haben auch Telegramme und auch materielle Unterstützungsangebote bekommen. Und deshalb sage ich ihnen, das ist auch wieder ein gescheiterter Versuch, sie müßten schon den Mut aufbringen, uns zu verbieten. Aber den werden sie nicht aufbringen, weil sie wissen, daß das eine internationale Solidarität auslöst, die sie nicht durchstehen werden, weil dann auch dem Letzten in Europa klar ist, wie dieses neue Deutschland aussehen soll.

INTERVIEW MIT ANETT SCHWARZ
FÜR DIE LEIPZIGER UNIVERSITÄTSZEITUNG
Erschienen am 11. Juni 1990

Anett Schwarz: Was unternimmt die PDS in Sachen Geschichtsbewältigung, außer auf ein bißchen historischen Abstand zu warten, der eine differenzierte Beurteilung sowieso mit sich bringen wird?

Gregor Gysi: Also zunächst arbeitete eine Untersuchungskommission, deren Materialien – soweit erforderlich – der Staatsanwaltschaft übergeben wurden. Zum anderen werden sie bei uns ausgewertet. Ferner bildeten wir eine Geschichtskommission, die sich diesen Fragen widmen wird, um auch bestimmte Strukturen aufzudecken.

Und für die, die selbst große Verantwortung tragen, ist eine psychologische Form der Trauerarbeit zu finden. Das ist insofern schwierig, weil diejenigen, die wirklich große Schuld auf sich geladen haben, nicht mehr in der PDS sind. Das heißt, die anderen müssen das für sie mitabsolvieren, was vielleicht nicht unbedingt gerecht ist, dem sie sich aber bewußt durch ihre Entscheidung zum Verbleib gestellt haben.

Die PDS wird in Fragen der Geschichtsbewältigung immer in eine Art Verteidigungsrolle gedrängt, woraus auch irrationales Vorgehen entsteht. Das heißt, Vergangenheitsbewältigung wird oft für eine Frage der völligen Abgrenzung gehalten. Das mag richtig sein, wenn es um stalinistische Strukturen geht, aber wohl kaum bei der politischen Beurteilung von Personen und Entscheidungen. Wie, denken Sie, kann man zu einer rationalen Beurteilung kommen?

Ich bin auch der Meinung, daß man politische Vorgänge und Entscheidungen, wenn man sich mit ihnen beschäftigt, differenziert beurteilen muß. Bei den Personen wird es tatsächlich schwierig. Da, denke ich, braucht man nun wirklich einen bestimmten historischen Abstand, um eine gerechte politische Biographie zu schreiben. Das ist einem auch subjektiv gar nicht möglich in der gegenwärtigen Phase. Aber zum Beispiel was die Vorgänge, nehmen wir mal an, vom 13. August betrifft, so bin ich schon sehr dafür, sie *historisch differenziert* zu beurteilen. Es ist ja kein Zufall, daß viele in unserer Partei – und dazu gehöre ich auch – den Hauptkritikpunkt bei der alten Führung nicht etwa in diesem oder jenem Jahr ansetzen, sondern im Jahre 1985.

Kann es sein, daß mit dem Abbruch der leidlichen Auflösungsdiskussion innerhalb der PDS zugleich ein Einschnitt erfolgte, weni-

ger in der eigenen Parteivergangenheit zu graben, als den Blick nach vorn zu wenden, um bei der Lösung anstehender Aufgaben Weichen zu setzen? Glauben Sie, daß das aus heutiger Sicht nachteilig ist?

Sie hätten die Auflösungsdiskussion auch fortsetzen können und die Auflösung dann betreiben müssen. Weitere 24 oder 48 Stunden, und die PDS wäre am Ende gewesen. Und das, glaube ich, wäre nun wirklich ein großer, nicht wieder gut zu machender historischer Fehler.

Aus vielen Gründen: Erstens, weil Sie damit das Ideal zerstört hätten. Zweitens, weil Sie z. B. 1,9 Millionen Wählern ihre Chance genommen hätten. Drittens, weil der Haß ja gar nicht beendet wäre. Er hätte sich nur einen neuen Adressaten gesucht, die Regierung wahrscheinlich oder andere. Und wir wären raus gewesen aus der Verantwortung. Denn das zeigt sich ja jetzt ganz deutlich: Die, die ausgetreten sind, haben es viel leichter. Das heißt, wir haben uns sogar bewußt entschieden, stehenzubleiben und den Haß auszuhalten. Damit er sich nicht auf andere überträgt, die es gar nicht verdienen. Wenigstens nicht in dieser Form.

Glauben Sie trotzdem, daß bei allem Wahlkampftrubel der Blick in die Parteivergangenheit zu kurz geriet?

Nee, wenn Sie einen Wahlkampf führen wollen in so einer entscheidenden Wahl, brauchen Sie in dieser Zeit eine Konsolidierung. Außerdem führen die permanenten Angriffe von außen natürlich zu einer bestimmten Solidarisierung. Teilweise sicherlich zu einem sogenannten falschen Schulterschluß. Aber Sie müssen mir das auch mal vormachen! Gehen Sie doch mal nach Plauen, wo von 11 000 Mitgliedern der SED noch 263 da sind. Und dann erzählen Sie denen, sie müssen erst mal Geschichtsbewältigung machen, und sie sollen irgendwelche alten Machtstrukturen überwinden. Dabei leben sie in Halblegalität. Das ist ja in Berlin ein bißchen einfacher. Ich will sagen, diejenigen, die uns das am meisten vorwerfen, sind diejenigen, die es am ehesten verhindern. Denn für eine Vergangenheitsbewältigung brauchen

Sie auch ein bißchen Ruhe, z. B. zum Durchdenken von Fragen. Und Sie müssen es eben auch wagen können, Geschichtsbewältigung zu betreiben, ohne Gefahr zu laufen, daß Sie damit andere in Situationen bringen, die sie möglicherweise gar nicht überstehen. Dafür brauchen Sie eine bestimmte äußere Atmosphäre. Die aber ist ja bisher nicht gegeben. Abgesehen davon, sehe ich natürlich, daß wir in Fragen der Geschichtsbewältigung noch lange nicht am Ende sind ...

Sie sind als Mensch bekannt geworden, der – auch beruflich bedingt – realistischer gewirkt hat als vielleicht manch anderes Parteimitglied. Deshalb, denke ich, müssen Sie sich auch nicht in so großem Maße Inkonsequenz bzw. fehlerhaftes Verhalten vorwerfen. Glauben Sie, daß sich der Umstand, daß gerade eine Person wie Sie an der Parteispitze steht, negativ oder zumindest mindernd auf die Vergangenheitsbewältigung auswirken kann? Weil Sie die Schuldfrage zwar rein rational nachvollziehen können, aber emotional nicht so stark damit verbunden sind?

Also zunächst mal: Die Frage, ob sich die Tatsache, daß ich Vorsitzender der Partei bin, überhaupt nachteilig auf die Partei auswirken kann, würde ich sofort bejahen, weil auch jede andere Antwort eine Unverschämtheit wäre, wenn man sie selber gibt. Zum zweiten: Diesen spezifischen psychologischen Zusammenhang, den Sie sehen, halte ich deshalb für bedenklich, weil Sie sich natürlich auch die umgekehrte Variante vorstellen müßten. Die umgekehrte Variante wäre nun, daß Sie einen Erich Honecker an die Spitze stellen, weil Sie sagen: Der hat große Schwierigkeiten damit, seine eigene Vergangenheit zu bewältigen. Und das wirkt sich dann entsprechend positiv auf die Partei aus. Da habe ich dann auch meine Bedenken!

Das wäre ein Extremfall, zugegeben.

Aber es wäre ja die andere Variante. Sie müssen ja nicht ihn persönlich nehmen.

Trotzdem gibts doch noch ein »Dazwischen«. Nehmen wir Hans Modrow, bei ihm ist der Bezug zur Vergangenheit ganz anders da.

Ja, insofern finde ich es ja gut, daß Hans Modrow der Ehrenvorsitzende der PDS ist. Das hat auch Auswirkungen! Ebenso finde ich das Präsidium gut zusammengesetzt. Da ist eben jemand dabei, der immer Schwierigkeiten mit der Partei hatte. Wenn ich an Hegewald denke oder an André Brie. Aber auch jemand wie Klaus Höpcke, der zwar ebenfalls Schwierigkeiten mit der Partei hatte, aber gleichzeitig beachtliche Verantwortung in diesem Lande trug. Insofern denke ich, daß im Präsidium unterschiedliche Haltungen, zum Beispiel zu Persönlichkeiten, zur Vergangenheitsbewältigung überhaupt bestehen. Nur, wissen Sie, es gibt einen großen Unterschied zwischen einem Jägerbewußtsein und einem Bewußtsein zur Geschichtsbewältigung. Das sind zwei völlig verschiedene Dinge: Wir sind alle keine Jäger. Und das wäre auch unter dem Niveau, das es zu erzielen gilt.

Im Sinne der Erneuerung der PDS wäre solch ein kritisches Klima notwendig, das ein Umdenken tatsächlich auch täglich einfordert. Denken Sie nicht, daß der innere Druck im Moment etwas zu wünschen übrig läßt?

Das hängt doch ganz davon ab ... Sie machen ja offensichtlich Druck! Andere wieder versuchen, ihn zu verhindern. Aber die Auseinandersetzung innerhalb der Partei muß natürlich stattfinden. Ich mag bloß eines nicht – diese Unterteilung in: dort ist der neue Denker, und hier ist der alte. Ich denke, von beidem steckt in jedem etwas. Sicherlich in unterschiedlichem Maß, aber in jedem!

Nur in kritischer Solidarität miteinander besteht die Chance, dieses alte Denken zu überwinden. Und altes Denken gibt es nun weiß Gott bei vielen, nicht nur bei Mitgliedern der PDS!

Ich will noch ein Letztes dazu sagen: Wenn Sie so viele Tagesfragen zu klären haben, ist es natürlich immer schwieriger, sich mit grundsätzlichen Fragen zu beschäftigen. Deshalb hoffe ich, daß wir jetzt mehr Gelegenheit und Zeit dafür bekommen. Wobei: Der wirklich schlimme Teil der Partei hat uns im großen und ganzen verlassen, glaube ich. Von Ausnahmen abgesehen. Da hat natürlich der äußere Druck wieder seinen Nutzen gehabt. Ohne ihn wäre das wahrscheinlich so komplett und schnell nie gelungen.

Bei manchen PDS-Mitgliedern ist im Moment eine gewisse Hilflosigkeit zu spüren bis hin zu solchen Aussagen in Richtung Parteivorstand: »Ihr werdet das schon machen.« Was, glauben Sie, hält die PDS zusammen außer Ihre eigene Person, also wenn Sie nicht mehr Parteivorsitzender wären, was würde die Partei da zusammenhalten?

Ich halte die Frage für nicht zulässig, weil ich sie auch nicht beantworten kann. Das müßte man praktisch ausprobieren. Aber ich bin überzeugt: Die PDS würde bleiben. Das Problem liegt doch einfach darin, daß wir erst noch eine moderne Partei werden müssen. Natürlich verlassen sich viele Basisgruppen noch auf Direktiven von oben. Dabei müßte eigentlich die Basis den Parteivorstand zwingen, sich mit bestimmten Fragen zu beschäftigen ... Wir wollen die nächste Zeit nutzen, um Diskussionsangebote für die Basisgruppen zu machen, um beispielsweise Fragen des demokratischen Sozialismus in der gesamten Partei zu diskutieren, damit wir inhaltlich vorankommen. Denn das scheint mir im Moment das Wichtigste zu sein.

Und strukturelle Dinge?

Ja, über Strukturfragen denke ich auch sehr nach. Ich glaube, wir brauchen jetzt verstärkt Interessengemeinschaften, und zwar entweder wirklich nach Interesse oder aber nach Beruf. Also ich könnte mir sehr gut vorstellen, daß in einem Kreis oder in einem Bezirk zum Beispiel alle, die im Bereich Gesundheitswesen zu tun haben, alle Wirtschaftsleute, Künstler und Kulturschaffende eine Interessengemeinschaft bilden, weil wir nur so die Möglichkeit bekommen, das intellektuelle Potential der Partei auch wirklich auszuschöpfen. Deshalb hoffe ich, daß diese Interessengemeinschaften in Zukunft eine große Bedeutung erhalten – neben den Arbeitsgemeinschaften, die ich ebenfalls für ganz wichtig halte. Und zwar alle vier, die wir gegenwärtig haben: die Arbeitsgemeinschaften junge Genossinnen und Genossen, Frauen, Christen in der PDS und inzwischen auch die Arbeitsgemeinschaft Lesben und Schwule. Die war natürlich für ein paar Altstalinisten ein schwerer Schocker, wodurch wir auch wieder einige Mitglieder verloren haben. Wissen Sie, Sie müssen die Erneuerung gar nicht immer so direkt machen, Sie können das auch indirekt machen und dieselbe Wirkung ...

Ich bin trotzdem zufrieden mit der Arbeitsgemeinschaft Lesben und Schwule, weil ich glaube, daß sie ganz gute Vorstellungen entwickeln, wobei das eben eine Arbeitsgemeinschaft ist, deren Hauptziel letztlich darin bestehen muß, daß sie überflüssig wird. Gleiches gilt im wesentlichen auch für die Arbeitsgemeinschaft Frauen.

Wo würden Sie persönlich die Grenze ziehen zwischen Integrationsfigur, also Hoffnungsträger und Kultfigur zu sein? Und was glauben Sie, wo Sie sich im Moment befinden?

Also, dazu muß ich mindestens zwei allgemeine Sachen sagen. Ihre Frage läuft ja auf Personenkult hinaus: Und Personenkult ist natürlich nur dann überhaupt lebensgefährlich, wenn er mit Macht verbunden ist. Das aber können Sie nun in meinem Fall mit Ulk verbuchen. Das hat sich sozusagen erledigt. Die große Gefahr des Personenkults, den wir z. B. bei Ulbricht und Honecker kannten, bestand eben darin, daß er eigentlich der Unterstreichung des Absolutistischen galt. Das hatte ja auch was Systemimmanentes: Staatseigentum statt Volkseigentum – über Staatseigentum verfügt der Staat –, und der Staat war letztlich einer. Das war im Grunde genommen die höchste Form der Privatisierung. Mit dem Unterschied – dieser eine kann enteignet werden, ganz theoretisch durch Sturz oder Abwahl. Also sage ich: Das Gefährliche am Personenkult ist erst mal, wenn er mit Macht verbunden ist. Das ist bei mir aber nicht der Fall. Zweitens ist das Gefährliche daran, daß dieser Kult ja überhaupt keiner Stimmungslage entspricht, sondern einfach organisiert wird. Und zwar genau zur Unterstreichung und Bewahrung dieser Machtverhältnisse. Weil es eben zum Bild dazugehört. Insofern hatte das ja nichts mit wirklichen Sympathiekundgebungen zu tun, wobei ich gar nicht bestreiten will, daß einzelne tatsächlich diese Sympathie empfanden. Ich habe ja auch zum ersten Mal gesehen, daß ihm aufgeregte Frauen die Hand schüttelten, nach gründlicher Kontrolle.

Das also vorab. Kommen wir jetzt zum nächsten Punkt. Da muß man sich mit den Ursachen beschäftigen, denn nur so kann man sehen, wie diese Erscheinungen wieder abzubauen sind.

Da gibt es Leute wie Freya Klier – und solche Unsachlichkeiten liest man öfter –, die die Sympathien für Ihre Person vor allem der »Erotik« eines Gregor Gysi zuschreiben wollen ...

Ich denke, der Artikel von Frau Klier (in der *TAZ*), auf den Sie Bezug nehmen, zeigt deutlich, daß hier jemand versucht, seine eigenen Probleme auf Kosten anderer zu lösen – indem vor allem eine ungeheure Beleidigung von ganzen Gruppen von Personen stattfindet: Die Jugendlichen sind alle dumm, und die Frauen haben natürlich nur das eine im Kopf.

Und das ist, gelinde gesagt, eine Unverschämtheit gegenüber diesen Personen und bringt doch eigenen Frust deutlich zum Ausdruck. Ich bin auch nicht bereit, die Sympathien auf eine so billige Variante zurückführen zu lassen. Zumal das auf über 70jährige ganz bestimmt nicht zutrifft, daß sie erotisch so wahnsinnig angehaucht sind ...

Die Ursache ist doch einfach folgende: Diese Partei war solchen Angriffen ausgesetzt, daß sie eigentlich am Ende war. Berghofer, der öffentlich die Auflösung gefordert hat und gemeinsam mit vielen anderen ausgetreten war, wollte der Partei den Todesstoß ausgerechnet in der ARD versetzen. Dagegen aber standen diejenigen, die diese Partei erhalten wollten, weil sie an das sozialistische Ideal glaubten; weil sie nicht wollten, daß Vergangenheit einfach geleugnet und völlig undifferenziert betrachtet wird. Sie wollten nicht, daß plötzlich nichts mehr irgend etwas wert sein soll, was Menschen hierzulande vierzig Jahre lang getan haben. Diesen Menschen war klar, daß der Erhalt der Partei in diesem Moment auch ein bißchen an einer Person hing. Und für damals mag das zutreffen, was Sie für jetzt behauptet haben und ich nicht glaube: Wenn ich damals auch noch zurückgetreten wäre, wäre das möglicherweise tatsächlich das Ende gewesen. Zumindest haben es viele so empfunden. Hinzu kommt nun, daß es sozusagen eine subjektiv eher unverständliche Entscheidung war. Gerade zu dieser Zeit hätte ich natürlich ebenso die Flucht nach vorn in meinen Beruf zurück antreten und mir selbst viele Unannehmlichkeiten ersparen können. Dann wäre das eben ein netter Versuch gewesen von so vier Wochen, eine Episode in meinem Leben ... Die hätte man dann auch noch phantastisch vermarkten können? Andere gehen ja mit sechs Wochen aus dieser Zeit auch ganz anders um ...

Gab es denn solche Rückzugsgedanken?

Nein. Aber selbst wenn man sich das nicht überlegt, ist es ja irgendwie da. Letztlich muß man aber auch sehen – der ist eben doch nicht zurückgetreten. Der hat nicht die Kommerzstrecke beschritten und der hat sogar den Haß ausgehalten, der eigentlich ihn am wenigsten treffen dürfte. Denken wir nur mal an die Zeit vor dem Herbst 1989. Nicht, daß ich nicht auch Verantwortung trage, aber im Vergleich zu anderen vielleicht sehr viel weniger. Aber es wurde eben geschrieben: »Gysi an die Wand – Deutschland einig Vaterland!« Nicht etwa irgendein ehemaliges Politbüromitglied sollte an die Wand. Und das führt dann dazu, daß natürlich viele in solch einem Moment einen hohen Grad an Sympathie entwickelten. Und jetzt verlangen Sie eigentlich von mir, daß ich diese Sympathie abbaue. Ich finde das ungerecht. Ich finde, das überfordert mich dann auch.

Sehen Sie für sich selbst überhaupt keine Chance, der Gefahr einer Idealisierung entgegenzuwirken?

Was ich machen kann – und das tue ich auch –, ist, daß vom

Apparat her in dieser Hinsicht nichts läuft. Das können Ihnen alle meine Mitarbeiter bestätigen. Wenn ich in einen Kreisvorstand komme, und dort würde zu meiner Begrüßung ein Bild hängen, dann gäbe es einen Tobsuchtsanfall. So etwas werde ich auch nicht zulassen. Aber wenn ich in einen Raum komme, und da sind Menschen, die so und so empfinden, dann werde ich ihnen nicht verbieten zu weinen und auch nicht verbieten, mich zu umarmen. Das kann ich nicht. Ich wüßte auch gar nicht, wie, das muß ich noch dazusagen. Außerdem glaube ich, daß es Kompromisse in der Politik gibt, die damit zusammenhängen, daß man auf die Mentalität der Menschen in gewisser Hinsicht Rücksicht nehmen muß. Im Augenblick ist es wahrscheinlich so, daß eine linke Bewegung in Deutschland tatsächlich Hoffnungsträger an der Spitze braucht. Wenn sie sich mit der Person nicht identifizieren können, wird es nicht laufen. Und da kommt dann die Frage auf, ob man das akzeptiert oder nicht. Und dann will ich noch etwas sagen: Diese Idolisierung kommt überhaupt nicht von hier. Die kommt von der Westpresse. Die macht nun: Ob ich die unangenehmste deutsche oder halbdeutsche oder was weiß ich für eine Variante bin, also der eiskalte Macher von hinten bis Guru, oder wie die das auch immer nennen. Jeder zieht das auf seiner Strecke ab. Hauptsache, es macht Schlagzeilen.

Das ist dann aber schon wieder das andere Extrem, der Haß, von dem Sie vorhin sprachen ...

Sicher, ich scheine ja jemand zu sein, zu dem man sich nicht gleichgültig verhalten kann. Wobei das allerdings wirklich ein merkwürdiger Vorgang ist. Und der macht mich auch krank: Entweder ich stoße auf Ablehnung oder auf tiefe Sympathie. Ich würde mal gern auf jemanden stoßen, dem das einfach schnurz ist.

Und deshalb will ich noch ein Letztes zum Thema sagen: Ich finde es unfair, nach der Sympathie zu fragen, ohne gleichzeitig den Haß zu sehen. Denn der Haß hat natürlich auch diese gegenteilige Wirkung. Das macht doch einen großen Unterschied, ob man ein unangefochtener Staatsmann ist mit allen Machtpositionen und sich dazu noch den entsprechenden Kult organisiert bzw. organisieren läßt oder ob Sie jemand sind, der Morddrohungen kriegt, der mit übelsten Verleumdungen und Beschimpfungen leben muß. Der also auch auf Veranstaltungen kommt, wo Schilder zu sehen sind, daß ich verschwinden soll. Das alles erleben nun die anderen. Auch Sie erleben das. Und es emotionalisiert Sie doch! ... So gibt es eben viele, die dem sozusagen ein Stück entgegensetzen wollen. Die sich sagen: Na, dafür werden wir ihm gerade einen heißen sympathischen Empfang machen. Auch als Ausgleich ein bißchen dafür. Dann resultiert das auch aus einem Stück Gerechtigkeitsbewußtsein. Weil sie sagen: Das ist nicht fair, diese Art Umgang mit ihm. Das hat er eigentlich nicht verdient. Weder durch seine eigene Biographie noch durch das, was er macht und sagt. Und das, finde ich, müßte man wenigstens immer noch dazu erwähnen. Sie können nicht so tun, als ob ich nur von irgend jemanden idealisiert werde, und den Haß einfach wegstreichen. Mit dem muß ich ja auch leben. Aber danach fragt mich kein Mensch!

(Kommentar Gregor Gysis zum Gespräch: »Also, so richtig nach vorn haben Sie mich eigentlich noch nichts gefragt. ... Wie Sie daraus ein Interview machen wollen, frage ich mich.«

Antwort des Autors heute: »Der Versuch zumindest war's wert!«)

REDE AUF DER PARTEIVORSTANDSSITZUNG
16. Juni 1990

(...) Jetzt bekommen wir Kapitalismus pur, als Ganzes. Und zwar so, daß nichts bleibt von dem, was hier 40 Jahre lang versucht worden war. Zumindest bleibt scheinbar erst mal nichts, außer vielleicht in den Köpfen der Menschen.

Jetzt bekommt das Ganze also eine völlig andere Richtung. Und jetzt müssen wir uns auch in einer völlig anderen Richtung erneuern; denn es geht nicht mehr darum, daß wir die Alleinherrschaft einer Partei brechen, Macht teilen, neu darüber nachdenken, wie andere einzubeziehen sind, welche Zeitungen wir abgeben. Nein. Jetzt geht es darum, daß wir hier überhaupt nichts mehr zu verteilen, nichts zu vergeben haben. Heute müssen wir um ein Stückchen Zeitung ringen.

Alles in allem heißt das: Wir brauchen eine neue Programmatik und eine neue Identität, eine Identität nicht mehr in dem Sinne, wie sich die SED erneuern kann, denn die SED war von 1946 an eine führende Kraft. Was sie daraus gemacht hat, ist eine ganz andere Frage. Aber wir sind von Anfang an in diesem einigen Deutschland keine führende Kraft und werden das auch auf lange Sicht nicht sein. Und nun müssen wir uns zum Kapitalismus verhalten, und zwar anders, als wir das in einer Zeit machen konnten, als wir darüber nachgedacht haben, welche der positiven Erfahrungen von ihm für unser System übernehmbar sind. Dieses System gibt es nicht mehr.

Und damit steht natürlich auch die Frage der Abgrenzung zur SPD neu. Unter einem sozialistischen Vorzeichen kann ein Zusammengehen mit der SPD natürlich ausgesprochen positive Elemente haben. Ihr Hang zur Effizienz der Wirtschaft, ihr Hang zur Demokratie – alles positive Elemente –, das kann einen radikaleren Flügel nur in eine richtigere Richtung bringen. Aber das ganze Problem steht – sonst könnten wir wirklich einfach um Aufnahme bitten – in der kapitalistischen Gesellschaft anders. Denn die Sozialdemokratie hat mit dem Kapital ihren Frieden gemacht, und zwar prinzipiell, zumindest mehrheitlich und von der Führung her, auf jeden Fall die deutsche Sozialdemokratie. Aber diesen Frieden werden wir nicht schließen können. Und wenn wir ihn schließen würden, werden wir tatsächlich überflüssig. Wir könnten nur noch einen Flügel der SPD stärken. Die Begriffe »links« und »rechts« spielen insoweit eine große Rolle.

Hinter ihnen verbergen sich Gedanken und Gefühle, wohin und wie die Gesellschaft fortschreiten soll. Und ob man in diesem Sinne etwas unternimmt oder nicht. Dazu gehört dann wieder Geschichtsaufarbeitung, weil man sich ja fragen muß, weshalb der erste Versuch einer nichtkapitalistischen Gesellschaft in

Deutschland gescheitert ist und ob das eine Bestätigung des Kapitalismus ist oder nicht.

Und wenn ich einige Grüne in der BRD richtig verstehe, dann sagen sie ja, daß das Entscheidende nicht die soziale Frage ist, sondern die ökologische Frage, zumal die Lösung sozialer Fragen die Ökologie weiter gefährden kann. Ausgangspunkt zur Regelung der ökologischen Fragen ist das, was da ist. Und das ist der Kapitalismus, also nimmt man ihn als Ausgangspunkt. Alles sehr vereinfacht. Aber hier wird die Abgrenzung zu den Grünen sehr deutlich; denn das halten wir letztlich für eine Illusion, weil ohne Veränderung der gesellschaftlichen Strukturen die ökologischen Fragen nach unserer Auffassung nicht prinzipiell zu lösen sind. Man kann zwar neue Grenzwerte festlegen, neue Filter einbauen, aber nach unserer Meinung zwingt die ökologische Abhängigkeit von der Dritten Welt zu neuen gesellschaftlichen Strukturen und damit zur Lösung der sozialen Frage. Größte Vorsicht ist geboten, wenn extreme Rechte versuchen, ökologische Fragen inhuman zu beantworten. Etwa so, entweder diese Menschheit ordnet sich jetzt völlig der übrigen Natur unter und stört sie nicht länger, dann ist sie vielleicht zu ertragen; oder sie macht das nicht, dann muß die Gattung stark dezimiert werden, die vernünftige Elite darf verbleiben. Eine gefährliche Position. Wir müssen also schnellstens klären, wie wir uns die Lösung ökologischer Probleme vorstellen.

Weitere Grundfragen stehen vor uns: Bedeutet Fortschritt in Zukunft, daß wir uns gegen die Industriegesellschaft stellen? Und wenn ja, wie? Und bedeutet es, wenn wir uns gegen die Industriegesellschaft stellen, daß wir uns gegen die Lösung der sozialen Frage stellen? Wenn ja, müssen wir uns auch auflösen. Dann könnten wir zu den Grünen gehen. Das heißt, unsere Spezifik wird meines Erachtens daran deutlich, daß wir die ökologische Frage existentiell mit der sozialen verbinden. Und trotzdem bedeutet das auch eine Gegnerschaft zu Fehlentwicklungen der Industriegesellschaft, nur, und das ist ein beachtlicher Unterschied, daß der Kampf gegen diese Fehlentwicklungen, zum Beispiel gegen ungehemmtes Wachstum, gegen Ausbeutung der Dritten Welt und alles, was damit zusammenhängt, nicht geführt wird, ohne in jedem Einzelfall die soziale Frage mitzustellen und Lösungen vorzuschlagen. Das ergibt sich daraus, daß wir eine Gesellschaft anstreben, in der die Freiheit des einzelnen Voraussetzung für die Freiheit aller ist, und zwar Freiheit auch in einem sozialen Sinn verstanden, also im Entfaltungssinn des Menschen. Weg vom falschen Kollektivismus, hin auch zum Individuum, allerdings in sozialer und ethischer Verantwortung.

In diesen Fragen, glaube ich, muß der Ansatz unserer Programmatik liegen. Hier müssen wir spezifisch werden, und hier müssen wir auch Lösungsvarianten anbieten. Und das geht nur bei fundamentaler Kritik des Kapitalismus.

Hinzu kommt die politische Aufgabe, darauf hinzuweisen, daß der Kapitalismus in Deutschland in Zukunft sehr unangenehme Züge bekommen kann. Die Zeit ist vorbei, in der es das Korrektiv DDR gab. Er braucht nicht mehr demokratischer und sozialer zu sein als die DDR, denn die gibt es nicht mehr, den ganzen Ostblock gibt es nicht mehr. Der Kanzler redet auch schon nicht mal mehr von dem Ostblock. Er sagte eben auf dem Katholikentreffen, die nächsten zehn Jahre müssen die Jahre der Europäer werden und nicht die der Japaner. Dieser Satz ist ein Schlüsselsatz. Er bedeutet nämlich, daß er und die Kräfte, die hinter ihm stehen, erklären, daß sich der Osten für sie erledigt hat. Dieser Kampf steht für sie nicht mehr zur Debatte, einschließlich der Sowjetunion. Jetzt wird wieder der kapitalistische Konkurrent interessant. Und das ist Japan, das viele Märkte beherrscht. Aber damit das deutsche Kapital dort mit wirklichem Erfolg vordringen kann, braucht es erst mal Europa. Deshalb ist das europäische Einigungskonzept des Kanzlers und der Kräfte, die hinter ihm stehen, ein völlig anderes als das, was wir darunter verstehen.

Sie verstehen unter einem einigen Europa ein solches, in dem der das Sagen hat, der die stärkste ökonomische Macht verkörpert. Und das heißt, sie erwarten ein in fast jeder Hinsicht deutschlanddominiertes Europa. Eine neue Supermacht Europa mit Deutschland an der Spitze. Wie man ein ganzes Land mittels Kapital annektiert, zeigt das Beispiel DDR. Und wie der Widerstand der Franzosen, Briten und aller anderen innerhalb kürzester Frist zu brechen ist, das hat der Kanzler gezeigt.

Und so soll es auch aussehen, wenn es zu einer politischen Union Europas kommt.

Wir sind nicht gegen die politische Union Europas, aber für ein Europa mit gleichberechtigten Staaten und Völkern. Viele Europäer fürchten die deutsche Vorherrschaft, nur kaum einer weiß, wie sie zu verhindern ist. Und das wissen sie deshalb nicht, weil der Kapitalismus funktioniert. Das Kapital regiert eben, und das stärkste Kapital regiert am stärksten. Es ist so einfach, wie wir es mal gelernt haben. Wir wollten es bloß inzwischen nicht mehr wahrhaben, weil uns natürlich an diesem Kapitalismus gereizt hat, was er für eine Effizienz und für eine relative Demokratiefähigkeit entwickelt hat. Dort konnte man Rudolf Bahro als Gegner des Kapitalismus im Fernsehen sehen und hören, zumindest eine Zeitlang. Bei uns konnte man kaum mal einen wirklichen Linken hören.

Die Frage, ob wir Kommunisten oder linke Sozialdemokraten sind, sollten wir nicht zulassen. Da geht es uns wie einem Maler, der ein Bild gemalt hat mit ganzer Seele und seinem Können und der dann die Stilrichtung benennen soll. Ein Reiz, eine Besonderheit an uns kann darin bestehen, daß wir uns nicht einschachteln lassen. Das kommunistische Ideal einer klassenlosen Gesellschaft, in der die Entfaltung, Freiheit und Würde des einzelnen die Voraussetzung für die Entfaltung, Freiheit und Würde aller ist, bleibt die humanste Zukunftsvision. Es gibt keine bessere, zumindest ist noch keine bessere entwickelt worden. Also von diesem Ideal muß sich meines Erachtens niemand trennen. Als Ideal kann uns das niemand nehmen.

Sozialdemokratisch ist an uns, daß wir auch unter kapitalistischen Verhältnissen Reformen anstreben und ernst nehmen. Wir ringen um jeden demokratischen, ökologischen und sozialen Fortschritt. Wir sagen nicht, da wir mit einer Reform den Kapitalismus im Prinzip nicht verändern, lehnen wir sie ab. Diese Art von Sektierertum halten wir für inhuman. Aber unsere Reformvorschläge werden in dieser Richtung radikaler sein als sozialdemokratische. Und bei Reformen bleiben wir wegen unserer fundamentalen Kritik am Kapitalismus nicht stehen. Wir streben neue gesellschaftliche Strukturen an.

Die Frage, links oder rechts, ist sicherlich bei vielen Menschen auch ein Gefühl. Aber zu diesem Gefühl sollten wir stehen. Es besteht kein Grund, nur wissenschaftlich zu sein. Auch für eine Partei nicht. Das ist auch so eine Verkennung. Eine Parteimitgliedschaft kann auch aus Gefühlen resultieren, und diese Gefühle können auch in Begriffen zum Ausdruck kommen. Das Besondere in Deutschland besteht nun darin, daß sich hier seit Jahrzehnten außerhalb der DDR keine größere Bewegung oder Partei mehr wagte, sich links zu nennen. Und ich behaupte, wenn wir uns zu einer fundamentalen Kapitalismuskritik bekennen, dann müssen wir uns links nennen, auch wenn das ein etwas verwaschener Begriff ist, aber er bringt gefühlsmäßig Wichtiges zum Ausdruck. Und das erhöht auch das Selbstbewußtsein unserer Mitglieder. Wenn sich alle um die Mitte streiten, laßt uns doch eindeutig links sein. Das schließt auch bestimmte Kompromisse aus. Wir werden nicht unseren Frieden mit dem Kapital schließen. Und das beziehe ich nicht auf Handwerker, Gewerbetreibende und Unternehmer kleinerer und mittlerer Betriebe. Aber hier wird deutlich, daß wir eine Stellung als Partei bekommen, bei der wir nicht enttäuscht sein dürfen, wenn weitere Mitglieder noch ihren Frieden mit dieser kapitalistischen Gesellschaft machen und uns deshalb verlassen.

Unsere fundamentale Kritik am Kapitalismus, die historische Vorzüge weder verkennt noch leugnet, setzt stärkere Konfliktfähigkeit und weniger Harmoniebedürfnis voraus. Sie ist ehrlicher, aber nicht bequem. Und so, wie die Dinge nun einmal liegen, brauchen wir einen langen historischen Atem. Und bis dahin ist sehr viel politische Kleinarbeit zu leisten, und bis dahin wird man uns auch vielfach angreifen. Aber immerhin, weil sie uns ernst nehmen. Unsere Ideen sind gefährlich, deshalb wollen sie uns nicht haben. Und das sollten wir wiederum ernst nehmen.

DER ABGEORDNETE GREGOR GYSI FÜR DIE
FRAKTION DER PDS VOR DER VOLKSKAMMER
DER DEUTSCHEN DEMOKRATISCHEN REPUBLIK
Debatte zum Staatsvertrag am 21. Juni 1990

Frau Präsidentin! Meine Damen und Herren!
Das heute zu behandelnde Ratifizierungsgesetz zum Staatsvertrag zwischen der DDR und der BRD über die Schaffung einer Währungs-, Wirtschafts- und Sozialunion besitzt – und hier stimme ich zu – grundlegende Bedeutung für die Bürgerinnen und Bürger der DDR und der BRD. Mit der Inkraftsetzung dieses Vertrages sollen die entscheidenden Voraussetzungen der Vereinigung beider deutscher Staaten auf den drei genannten Gebieten geschaffen werden.

Entgegen dem Anliegen des Vertrages kann beim Staatsvertrag jedoch nicht davon ausgegangen werden, daß hier ein gleichberechtigtes Zusammenwirken stattgefunden hat. Einseitig wird die völkerrechtliche Souveränität der DDR zugunsten der BRD eingeschränkt. Dies stellt schon deshalb eine Verfassungsverletzung dar, weil der Vertrag andererseits die staatliche Einigung beider deutscher Staaten zeitlich und sachlich nicht fixiert und Mitwirkungsrechte der DDR auch nicht einklagbar normiert. Verfassungsrechtlich und verfassungspolitisch steht jedoch außer Zweifel, daß die Schaffung einer gesamtdeutschen Staatlichkeit der entsprechenden verfassungsrechtlichen Grundlagen bedarf.

Das gilt auch bei der Anwendung des Artikels 23 des Grundgesetzes der BRD. Ein solcher Beitritt kann nur in Wahrnehmung des Selbstbestimmungsrechts eines Volkes und bei der Wahrung staatlicher Souveränität erfolgen, also auf dem Wege einer verfassungsrechtlichen Vereinbarung zwischen beiden Staaten.

Der Staatsvertrag stellt den Versuch dar, eine solche verfassungsrechtliche Vereinbarung zu umgehen. Da helfen auch die sehr indifferent formulierten Verfassungsgrundsätze, die am 17. Juni angenommen wurden, nichts. Sie führen lediglich dazu, daß nun restlos unklar ist, in welchem Umfange die Verfassung der DDR noch gilt.

Die Vereinigung der beiden deutschen Staaten setzt nach unserer Auffassung die Schaffung einer gemeinsamen, demokratisch legitimierten verfassungsgebenden Versammlung voraus, die eine neue Verfassung erarbeitet, die durch Volksentscheid zu bestätigen ist. Ein solcher Vorgang kann und darf durch den Staatsvertrag nicht ersetzt werden.

Von besonderer verfassungsrechtlicher Bedeutung im Staatsvertrag ist der Artikel 2 Abs. 2, der festlegt, daß Vorschriften der Verfassung der DDR, die den im Abs. 1 genannten Zielen entgegenstehen, nicht mehr angewendet werden. Abgesehen davon, daß durch einen Vertrag zwischen zwei Regierungen die Anwendung der Verfassung eines Landes nicht ausgeschlossen werden darf, müßte diese Bestimmung inzwischen völlig überflüssig geworden sein, da die Regierungskoalition davon ausgeht, durch die in den vergangenen Wochen und Tagen vollzogenen Verfassungsänderungen die Ziele im Sinne des Artikels 2 Abs. 1 des Staatsvertrages eindeutig bestimmt zu haben.

Ferner sind ja gerade deshalb die von mir bereits genannten Verfassungsgrundsätze durch die Volkskammer verabschiedet worden. Damit wäre der Artikel 2 Abs. 2 des Staatsvertrages gegenstandslos. Wenn er dennoch beibehalten wird, so muß einfach vermutet werden, daß eine weitergehende Verpflichtung der Organe der DDR bestehen soll, die geltende Verfassung nicht anzuwenden. Damit ist auch die Gefahr nicht auszuschließen, daß die DDR behindert werden könnte, ihre internationalen Verpflichtungen wahrzunehmen.

Von besonderer verfassungsrechtlicher Bedeutung ist ferner der Artikel 9 des Staatsvertrages. Hier ist vereinbart, daß Änderungen und Ergänzungen des Vertrages zwischen den Regierungen der Vertragspartner zu vereinbaren sind. Da es eine juristische Selbstverständlichkeit ist, daß Änderungen und Ergänzungen eines Vertrages ebenso vereinbart werden müssen wie der Vertrag selbst, liegt darin nicht die Bedeutung dieses Artikels. Entscheidend ist vielmehr, daß die Regierungen zur Vereinbarung von Änderungen und Ergänzungen befugt sind. Dies widerspricht ganz offensichtlich den Grundsätzen des Vertragsrechtes, das für Änderungen und Ergänzungen eines Vertrages das jeweils gleiche rechtsstaatliche Verfahren wie bei der Inkraftsetzung vorsieht.

Daraus würde sich für beide Staaten ergeben, daß Änderungen und Ergänzungen eines Staatsvertrages stets auch der Zustimmung der Parlamente beider deutscher Staaten bedürften. Ein anderes Verfahren widerspricht bei uns dem Artikel 48 der Verfassung der DDR.

Im Staatsvertrag wird aber vereinbart, daß die Regierungen den einmal durch uns – falls es dazu kommt – bestätigten Vertrag jederzeit ergänzen oder ändern dürfen, ohne daß dafür noch die Zustimmung der Parlamente in beiden deutschen Staaten einzuholen ist. Eine solche Regelung dürfte in einem völkerrechtlichen Vertrag, der die Ratifizierung durch Parlamente vorsieht, einmalig sein. Hier ist die Entmündigung des Bundestages und der Volkskammer vereinbart worden.

Verfassungsrechtlich schwer bedenklich ist auch die Regelung in der Anlage II des Staatsvertrages und in Paragraph 2 des Gesetzes über die Inkraftsetzung von Rechtsvorschriften der BRD in der DDR. Bekanntlich werden bestimmte Gesetze der Bundesrepublik durch die Volkskammer auch in der DDR über den Staatsvertrag in Kraft gesetzt.

In den genannten Regelungen ist nun aber festgelegt, daß dann, wenn die entsprechenden Organe der BRD die durch uns übernommenen Gesetze, Rechtsverordnungen und weiterer Regelungen verändern, diese Veränderungen unmittelbar in der DDR gelten.

Dies widerspricht grundlegenden Rechtsprinzipien. Die Gesetzgebungsorgane der DDR haben keine Möglichkeit, die Inkraftsetzung solcher Veränderungsvorschriften zu verhindern, auch dann nicht, wenn sie für die Bürgerinnen und Bürger der DDR von großem Nachteil wären. Es ist ausschließlich vorgesehen, daß die zuständigen Instanzen der DDR das Recht zur vorherigen Stellungnahme besitzen. Die Organe der BRD sind jedoch zur Berücksichtigung dieser Stellungnahme nicht verpflichtet.

Der Verstoß gegen die Rechtshoheit der DDR ist um so gravierender, als nicht nur Entscheidungen von Verfassungsorganen der Bundesrepublik, sondern auch die solcher Institutionen wie Bundesbank und Bundesaufsichtsämter für Versicherungs- und

Kreditwesen unmittelbare Wirkungen in der DDR besitzen sollen. Damit sind Parlament und Regierung der DDR schlechter gestellt als Parlament und Senat von Westberlin.

Immerhin muß das Parlament in Westberlin noch zustimmen, wenn Gesetze der BRD in Westberlin in Kraft treten sollen. Während also der Art. 9 des Staatsvertrages nur die Parlamente der DDR und der BRD entmündigt und die Rechte der Regierungen unzulässig ausweitet, werden über die hier genannten Vorschriften einseitig die Volkskammer der DDR und zusätzlich auch noch die Regierung der DDR entmündigt.

Bedenklich ist ferner eine Regelung in Art. 7 des Staatsvertrages, wonach die Bundesregierung durch Anrufung des Schiedsgerichtes auch bei einem inneren Rechtsstreit die Zuständigkeit von DDR-Gerichten ausschließen kann.

Verfassungsrechtlich und wirtschaftspolitisch bedenklich ist ferner die Regelung in Art. 1 Abs. 3, wonach das Privateigentum eindeutig favorisiert wird. Dies widerspricht sogar den Leitsätzen unter II/4, wonach staatliche und genossenschaftliche Betriebe ebenfalls die Chance im Wettbewerb erhalten sollen. Der Vertrag ist also auch in sich widersprüchlich.

Die wirtschaftspolitischen Bedenken unserer Fraktion sind bekannt. Richtig wäre es nach unserer Auffassung gewesen, den Übergang zu einer effektiven und sozialen Marktwirtschaft in der DDR als Grundlage für die Vereinigung der beiden Volkswirtschaften vor der Währungsunion zu erreichen. Dabei hätte auch ein Währungsverbund helfen können. Mit dem vorliegenden Staatsvertrag soll der umgekehrte Weg beschritten werden. Dies bedeutet, daß in einem Gewaltakt Wirtschaftsveränderungen herbeigeführt werden sollen, unabhängig davon, welche sozialen Auswirkungen dies hat. Es ist allgemein bekannt, wie lange Staaten bei gleicher sozialökonomischer Grundlage benötigen, um die Voraussetzungen für eine EG-Mitgliedschaft zu erreichen. Obwohl die DDR eine ganz andere Wirtschaftsstruktur hat, sollen diese Prozesse, die ansonsten Jahre dauern, über Nacht durchgesetzt werden.

Wenn uns im Wahlkampf stets vorgehalten wurde, daß die Bürgerinnen und Bürger der DDR von Experimenten genug hätten, so meinen wir, daß dies das größte wirtschaftspolitische Experiment ist, das je stattgefunden hat.

(Beifall bei der PDS)

Im Falle seines Scheiterns sind Wiederholungen im Unterschied zu naturwissenschaftlichen Experimenten nicht möglich. Kein Wirtschaftswissenschaftler ist in der Lage, die Folgen zuverlässig einzuschätzen. Kürzlich wurde sogar von einem Urknall gesprochen, dessen Folgen erst nachträglich einzuschätzen sind. Wenn jedoch der Weg der Währungsunion als erster Schritt gegangen wird, hätte es dringend eindeutiger Vereinbarungen bedurft, um eine Effektivitätsangleichung der Wirtschaft der DDR in Industrie und Landwirtschaft in einer angemessenen Zeit zu sichern.

Soziale Sicherheit verlangt zuerst Beschäftigung. Arbeitslosigkeit – auch mit Arbeitslosenunterstützung garniert – ist ihrem Wesen nach inhuman und asozial.

(Unruhe im Saal)

Na, wenn Sie Arbeitslosigkeit als human und sozial betrachten, dann unterscheiden wir uns halt in diesem Punkt.

(Beifall bei PDS und Bündnis 90/Grüne)

In diesem Zusammenhang ist es besonders unverständlich, daß die Betriebe und Genossenschaften der DDR nicht grundsätzlich entschuldet wurden. Es ist wirtschaftspolitisch unzulässig, Schulden, die größtenteils fiktiv sind und aus dem alten Wirtschaftssystem resultieren, in eine Marktwirtschaft hinüberzunehmen. Daran ändert auch die Tatsache nichts, daß die Schulden halbiert werden. Auch die Guthaben der Betriebe werden ja halbiert, während die Unkosten gleich bleiben und z. T. noch steigen.

Die Chancen der Betriebe der DDR im Wettbewerb werden damit von vornherein selbst in jenen Bereichen erheblich verschlechtert, die bisher effektiv gewirtschaftet haben. Das gilt z. B.

für viele Betriebe des Maschinenbaus. Mit der Entschuldung würden auch die Einnahmen des Staatshaushaltes nicht unzulässig gekürzt werden; denn diese fallen ohnehin weg, wenn die Betriebe in Konkurs gehen müssen. Diese Einnahmen würden dagegen über Steuern steigen, wenn den Betrieben die Effektivitätsangleichung innerhalb der Marktwirtschaft gelänge. Entgegen der Zusicherung der Betriebe und entgegen den Forderungen der SPD in der BRD ist es insgesamt nicht gelungen, günstige Bedingungen für Chancengleichheit der Betriebe der DDR in der kommenden Marktwirtschaft zu sichern. Jeder Staat sichert Bedingungen, daß sich seine eigene Wirtschaft entwickeln kann. Das gilt auch für die BRD. Ganze Bereiche, z. B. die Landwirtschaft, die Stahlindustrie, der Kohlebergbau, wären ohne Subventionen in der BRD nicht überlebensfähig. Nur für die DDR soll es künftig kaum noch solche Maßnahmen geben, weil diese angeblich der Marktwirtschaft widersprechen. Damit wird aber völlig unnötig die DDR-Wirtschaft in großem Maße gefährdet. Daran ändern auch schwache Absichtserklärungen zum Schutze der Landwirtschaft nichts.

Wenn die Überproduktion aus dem Bereich der EG den Binnenmarkt der DDR sättigt, sind die Landwirte in der DDR fast chancenlos. Das zeigen bereits die letzten Wochen unmißverständlich.

In diese Richtung geht auch das Verhalten einer Vielzahl von Leitern der Handelseinrichtungen, die sich schon jetzt weigern, DDR-Produkte anzunehmen.

(Proteste bei CDU/DA)

Sie orientieren sich faktisch ausschließlich auf Produkte aus der BRD und leisten damit ihren Beitrag für einen baldigen Konkurs zahlreicher Betriebe in der DDR.

Durch die Regelungen zur Währungs- und Wirtschaftsunion wird in Kauf genommen, daß in der DDR Massenarbeitslosigkeit entsteht. Massenarbeitslosigkeit bringt aber nicht nur tiefe soziale und psychologische Probleme für die davon Betroffenen. Sie schwächt auch den Staatshaushalt erheblich, weil sie Ausgaben verschlingt und Einnahmen verringert. Es besteht die reale Gefahr, daß die DDR in erster Linie als Absatzmarkt und nicht als Investitionsmarkt behandelt wird. Die Investitionen sollen später insbesondere dadurch erreicht werden, daß die DDR ein Billiglohnland bleibt, so daß die Kosten der Produktion gering und die Gewinne der Kapitalgeber hochgehalten werden können.

Im Prozeß der Vereinigung werden so die Lohnabhängigen in beiden deutschen Staaten gegeneinander ausgespielt. Dadurch entstehen zusätzlich soziale Gefahren.

Unverständlich ist auch, daß für Handwerker, Gewerbetreibende und Unternehmer kleinerer und mittlerer Betriebe in der DDR keine Chancengleichheit hergestellt wird.

(Proteste bei CDU/DA)

Ihre Geschäftskonten werden im Verhältnis 1 : 2 umgetauscht, obgleich ihre Kosten, insbesondere Lohnkosten in gleicher Höhe bestehen bleiben bzw. durch höhere Betriebsanteile bei Beiträgen für Versicherungen der Beschäftigten sogar steigen.

(Zwischenruf eines Abgeordneten von CDU/DA: Herr Gysi!
Gestatten Sie eine Zwischenfrage?)

Nee, noch nicht. Lassen Sie mich das mal im Zusammenhang machen.

Eine Abwertung veralteter Anlagen, absatzgefährdeter Materialien und verschlissener baulicher Substanz erfolgt nicht. Unternehmer ab dem 50. Lebensjahr erhalten nicht einmal die Möglichkeit zur Inanspruchnahme günstiger Kredite. Das alles kann für diese Betriebe zu einer Existenzfrage werden. Zumindest wird die Entlassung von Arbeitskräften provoziert, die bereits begonnen hat.

Insgesamt ist deshalb festzuhalten, daß die Vereinbarungen zur Währungs- und Wirtschaftsunion entgegen den Zusicherungen in der Regierungserklärung die Interessen der sechzehn Millionen DDR-Bürger kaum berücksichtigen. Dagegen wurden die

Interessen der Kapitalgeber der BRD und ihrer Regierung überdimensional berücksichtigt.

(Zurufe: Unerhört!)

Finde ich auch.

(Beifall bei PDS)

Vorteile für die Werktätigen in der Bundesrepublik bringt die Vereinbarung auch nicht. Im Gegenteil! Soweit Unkosten entstehen, werden diese irgendwann über Steuerbelastungen auf sie abgewälzt werden.

Sie werden eine solche Beteiligung an den Kosten jedoch nicht als notwendigen Solidarbeitrag empfinden, wenn, wie dargestellt, durch die Vereinbarungen einseitig die Gewinne der Kapitalgeber steigen.

Hinsichtlich der Festlegungen zur Sozialunion wird besonders deutlich, daß die Wirtschafts- und Währungsunion einer Übergangszeit bedurft hätte. Für die Bürgerinnen und Bürger in der DDR sollen künftig wesentlich niedrigere Sozialsätze gelten als für Bürger in der Bundesrepublik. Dies kann aber nur unter der Bedingung aufrechterhalten werden, daß weiterhin Mieten und andere Dienstleistungen sowie Waren des täglichen Bedarfs subventioniert werden.

Hinsichtlich der Waren entsteht aber schon dann ein Problem, wenn diese vom Handel nicht mehr angeboten werden. Das Verhältnis von Preisen zu Löhnen, Gehältern, Renten und anderen Sozialleistungen wird im Staatsvertrag nicht geregelt. Bei weitestgehendem Wegfall der Subventionen bleibt offen, ob, wann und in welchem Umfang Renten, Sozialleistungen, Löhne und Gehälter erhöht werden.

Die an sich begrüßenswerte Tarifautonomie ist in einer solchen Übergangsphase keine soziale Garantie, weil die Lohnabhängigen in einer wesentlich ungünstigeren Position sind als die Unternehmer und Kapitalgeber. Letztere können bei jeder beabsichtigten Lohnerhöhung damit drohen, daß sie Investitionen nicht leisten und damit die Betriebe in den Konkurs führen, so daß die Gewerkschaften und Lohnabhängigen sich genötigt sehen würden, auf Lohnerhöhungen zu verzichten.

Es wären klare Vereinbarungen erforderlich gewesen, wonach stets ein angemessenes Verhältnis zwischen der Entwicklung der Arbeitsproduktivität einerseits und der Einkünfte der Bürgerinnen und Bürger andererseits gesichert wird und die Preiserhöhungen berücksichtigt werden. Also auch hier keine Chancengleichheit.

(Proteste bei CDU/DA)

Katastrophal in diesem Zusammenhang ist, wenn unser Wirtschaftsminister auch noch selbst einen heißen Herbst herbeiredet, anstatt darzustellen, mit welchen Maßnahmen er gedenkt, soziale Konflikte zu verhindern. Unverständlich ist auch, weshalb für bestimmte Gruppen der Bevölkerung keine Regelungen gefunden wurden, die ihnen die Existenz sichern. Hierbei ist insbesondere an Lehrlinge und Studenten zu denken. Die Argumente einiger Abgeordneter, wonach sie selbst in der Lage wären, ihre Kinder diesbezüglich zu unterstützen, zeugen zumindest von Unkenntnis, wenn nicht von Arroganz. Die Diäten der Volkskammerabgeordneten sind nicht die üblichen Einkünfte in der DDR.

(Beifall bei der PDS)

Aus diesen Argumentationen ergibt sich, daß ein Bildungsprivileg eingeführt werden soll. Besserverdienende können es sich leisten, ihren Kindern eine Berufs- oder Universitätsausbildung zu finanzieren, während andere Bürgerinnen und Bürger dazu nicht in der Lage sein werden, z. B. die Arbeitslosen.

Unverständlich ist auch, weshalb nicht bestimmte Sonderregelungen beim Umtausch von Sparguthaben ermöglicht wurden. Es ist doch eindeutig so, daß es Härtefälle gibt, über die im Einzelfall hätte entschieden werden müssen. Dies trifft nicht nur für ältere Menschen und Invalidenrentner zu. Ich denke z. B. auch an

Waisen, die aus einer Lebensversicherung ihrer Eltern ein Sparguthaben besitzen, das ihnen den Start in die Erwachsenenwelt und in das Berufsleben erleichtern soll.

Einer Sonderregelung hätte es auch für Freischaffende bedurft, weil diese nicht regelmäßig Einkünfte beziehen. Ein Schriftsteller, der z. B. im April 1990 ein Honorar für ein Buchmanuskript erhalten hat, kann in der Regel erst nach längerer Zeit wieder mit neuen Einkünften rechnen. Er ist also gezwungen, die Honorare zur Bestreitung seines Lebensunterhalts entsprechend einzuteilen. Eigentlich handelt es sich für Freischaffende deshalb weniger um Sparguthaben als um ihre Einkünfte. Entsprechend der Regelung zu Löhnen, Gehältern und Renten hätte daher bei ihnen in anderer Höhe der Umtausch von Guthaben 1 : 1 erfolgen müssen. Aber nach dem bedeutsamen Beitrag der Künstler im Herbst 1989 werden sie nun bewußt schlechter gestellt. Die Tatsache, daß all solche Sonderfälle nicht beachtet wurden, spricht für Oberflächlichkeit bei der Aushandlung des Vertrages. Es hat sich ganz eindeutig als Fehler herausgestellt, erst den Termin der Währungsunion zu vereinbaren, bevor die inhaltlichen Fragen geklärt sind.

(Beifall bei der PDS)

Von besonderer Bedeutung ist auch noch die Tatsache, welche Fragen im Staatsvertrag nicht geklärt werden. Hierzu zählen insbesondere Eigentums- und Nutzungsrechte von DDR-Bürgern. Dazu gibt es jetzt nur eine Erklärung beider Regierungen, die völlig unverbindlich ist. Gerade diese Fragen hätten im Staatsvertrag geklärt werden müssen. Offensichtlich konnte auch keine Verständigung darüber erzielt werden, daß das fortschrittlichere Recht der DDR bezüglich der selbstbestimmten Mutterschaft künftig in einem geeinten Deutschland gelten soll. Vage Versprechungen bezüglich eines weiteren Staatsvertrages reichen nicht aus, um Sicherheit zu geben.

Nach den Erfahrungen mit dem ersten Staatsvertrag ist im übrigen zu befürchten, daß sich auch in weiteren Staatsverträgen überwiegend die Bundesregierung mit ihren Vorstellungen durchsetzen wird. Diese Mängel fallen besonders dadurch auf, daß der vorliegende Staatsvertrag in seinen Anlagen andererseits Fragen regelt, die so unbedeutend sind, daß sie einer Fixierung in einem Staatsvertrag nicht bedurft hätten.

Von besonderer Tragweite halten wir auch die äußerst vagen und fraglichen Formulierungen bezüglich der Privatisierung des Volkseigentums zugunsten der Bürgerinnen und Bürger der DDR. Die finanziellen Mittel aus der Privatisierung sollen offensichtlich gleich viermal verteilt werden. Ich erinnere an die Forderungen zur Sanierung des Haushalts, zur Begleichung von Staatsschulden und zur Finanzierung notwendiger Strukturanpassungen. Finanzielle Mittel können aber nicht drei- oder viermal verteilt werden. Es ist schon jetzt klar, daß die Beteiligung von Bürgerinnen und Bürgern der DDR am von ihnen erwirtschafteten Volkseigentum ausbleiben wird. Dabei wäre dies ganz wichtig gewesen, damit sie sich z. B. Wohnungen kaufen können, um künftig nicht mit hohen Mieten belastet zu werden, die wiederum in den Einkünften keinen Ausgleich finden.

Bei alledem kann auch nicht als Entschuldigung herhalten, welche Wirtschaft und welche Finanzen die Regierung von der DDR übernommen hat. Sie wußte und weiß, daß in der DDR ein völlig anderes, wenig effektives Wirtschafts- und Finanzsystem herrschte und herrscht. Sie wußte deshalb auch, daß eine Übergangsphase erforderlich ist. Wenn statt dessen ein Urknall vereinbart wird,

(Unmutsäußerungen)

entsteht auch die Verantwortung und die Verantwortlichkeit für die entsprechenden Folgen. Fest steht auch, daß die DDR und ihre Kommunen wesentlich weniger verschuldet sind als die BRD und ihre Kommunen. Ergebnis des Staatsvertrages wird jedoch sein, daß sich die jeweiligen Schulden vervielfachen.

(Unmutsäußerungen)

Das stimmt ja nun mal einfach.

In diesem Zusammenhang ist zusätzlich zu kritisieren, daß sich aus den bisherigen Regelungen auch nicht ergibt, wie endlich kommunales Eigentum geschaffen werden soll, das für die Existenz künftiger Länder unbedingt erforderlich ist.

Bei alledem verkennen wir natürlich nicht, daß die Währungs-, Wirtschafts- und Sozialunion auch bestimmte Chancen in sich birgt.

(Bewegung im Saal)

Aber die Aufgabe der Opposition ist es nun einmal, auf die Schwierigkeiten, Mängel und Probleme hinzuweisen, daran müssen Sie sich noch gewöhnen.

(Beifall bei der PDS)

Wir lernen das schneller. Woher soll es die CDU können?

(Beifall bei der PDS)

Wir haben uns mehrfach zum Prozeß der Vereinigung der beiden deutschen Staaten bekannt. Es geht aber nicht an, daß ein historischer Prozeß dem persönlichen Wahlterminkalender des Bundeskanzlers der BRD untergeordnet wird.

(Beifall bei der PDS und vereinzelt bei Bündnis 90/Grüne)

Dem vorliegenden Vertrag können wir nicht zustimmen, weil er verfassungsrechtlich bedenklich, wirtschaftspolitisch und sozial völlig unausgewogen, zum Teil oberflächlich ist und praktisch unter Ausschaltung der jeweiligen Bevölkerung zustande kam. – Vielen Dank.

(Beifall bei der PDS und vereinzelt bei Bündnis 90/Grüne)

AUS EINEM DISKUSSIONSBEITRAG AUF DER
KONFERENZ »DEMOKRATISCHER SOZIALISMUS«
DER PDS
Vom 8. Juli 1990

(...) Die Wahl vom 18. März war nicht nur eine Wahl für die D-Mark. Sie war vor allen Dingen eine Wahl in Richtung einer neuen Identität. Und diese neue Identität wurde von vielen Menschen gesucht, deren Selbstbewußtsein zerstört war. Und da hatten es die betreffenden DDR-Bürgerinnen und Bürger relativ leicht, weil sie eine neue Identität sehr schnell finden konnten. Es bot sich die nationale Frage an, durch die man den Schritt vom DDR-Bürger zum Deutschen vollziehen konnte. Und so erlebten viele ein neues Selbstwertgefühl, das wir sofort auch kritisch sehen, wenn damit nationalistische Elemente verbunden sind. Aber weil es sich nicht nur um einen bewußten Vorgang, sondern partiell auch um einen unbewußten Vorgang und einen zutiefst psychologischen Vorgang handelt, meine ich, daß wir nicht das Recht haben, diese Seite zu unterschätzen oder sie nicht zur Kenntnis zu nehmen und nur ökonomisch-materielle Ursachen zu sehen. (...)

SCHLUSSWORT AUF DER KONFERENZ
»DEMOKRATISCHER SOZIALISMUS«
Vom 8. Juli 1990

(...) In der Welt wird immer häufiger behauptet, der Sozialismus ist tot. Und niemand interessiert sich mehr für ihn. Und ich finde, eines hat diese Konferenz schon sehr deutlich bestätigt. Es gibt sehr viel mehr Menschen, als manche sich das wünschen, die sich dafür interessieren, was demokratischer Sozialismus ist und wie man zu ihm kommt.

An dieses Interesse muß eine Partei des Demokratischen Sozialismus unbedingt anknüpfen. Und schon allein aus diesem Interesse resultiert auch ein Stück Berechtigung. Wir konnten und wollten keine wissenschaftliche Konferenz durchführen. Das Anliegen war, auf der Grundlage eines Diskussionsangebotes Fragen, die uns nun schon seit Wochen und Monaten beschäftigen, miteinander und möglichst auch mit anderen zu besprechen. Wir haben die Fragen formuliert, die uns bewegen und die wir Schritt für Schritt gemeinsam versuchen müssen, einer Antwort zuzuführen. Und dafür brauchen wir selbstverständlich noch Zeit. Aber als wir uns für den Namen »Demokratischer Sozialismus« entschieden haben, nämlich Mitte Dezember, was wir damals davon wußten im Vergleich zu dem, was wir heute davon wissen, zeigt doch, daß hier schon ein Stück theoretische Arbeit geleistet worden ist. Und dies geschah, obwohl wir im demokratischen Sozialismus praktisch keinen Schritt weitergekommen sind. Zugleich haben wir begriffen, wie sehr wir die Erfahrung anderer benötigen. Die Fragen sind allein aus der Sicht eines DDR-Sozialisten nicht zu beantworten.

Wir haben außerdem begriffen, daß wirklicher Sozialismus mit Demokratie verbunden ist, so daß der Begriff des demokratischen Sozialismus in gewisser Weise eine Tautologie ist. Der Begriff dient deshalb mehr der Abgrenzung von anderen Erscheinungen – roher Kommunismus oder wie man frühere Realitäten auch immer nennen will. Aber nicht nur, er bringt auch zum Ausdruck, daß der Weg zum Sozialismus die permanente Demokratisierung des gesamten gesellschaftlichen Lebens, und zwar insbesondere des Arbeitslebens, erfordert. Der demokratische Sozialismus ist also kein festgefügtes System, sondern eine Bewegung, geknüpft aber an bestimmte Voraussetzungen. Der Wert der Demokratisierung des gesamten gesellschaftlichen Lebens hat viele Seiten. Wer mitbestimmen, mitentscheiden kann, wer politisch gefordert ist, stößt auf bestimmte Probleme, die er verinnerlicht und bei seinen Entscheidungen mit berücksichtigt.

Die Gleichstellungsfrage der Geschlechter zum Beispiel ist eine Grundfrage der Menschheit, die erst im Rahmen der Demokratisierung des gesellschaftlichen Lebens wirklich deutlich und nur durch diese lösbar wird. Das heißt, über die Demokratisierung gesellschaftlicher Prozesse werden wir an Fragen herangeführt und lernen es, sie zu verstehen, sie zu begreifen, über sie mitzuentscheiden und sie einer Lösung zuzuführen. Je mehr Menschen im Rahmen der Demokratisierung des gesamten gesellschaftlichen Lebens an Fragen herangeführt werden, desto deutlicher wird ihnen auch der globale Charakter der Fragen. Und sie verstehen, daß diese Dinge nur ganzheitlich und global zu lösen sind. Ich sage aber auch, daß wir uns verstärkt den sozialen Fragen widmen müssen. Und das sicherlich auch, wie André Brie sagt, weil ökologische Fragen ganzheitlich sind, vor allem aber, weil die soziale Frage selbst eine Menschheitsfrage ist – und weil wir Menschheitsfragen im Komplex sehen und davon ausgehen, daß sie nur im Komplex zu lösen sind. Es nutzt nicht einmal etwas, eine Seite im Vergleich zu anderen überzubewerten, bis auf die Verhinderung eines Krieges. Denn jeder Versuch, sie einzeln zu lösen, ist bisher gescheitert und hat nichts weiter als Reparaturen an bestehenden Systemen gebracht. Dadurch wurde aber nie eine Trendwende in der Richtung eingeleitet, daß die Menschheit in Richtung Lösung ihrer eigenen großen Probleme geht. Und an dieser Stelle werden wir nicht umhin kommen, uns mit der Frage herrschender Interessen zu beschäftigen; denn natürlich sind herrschende Interessen die, die sich in aller Regel verwirklichen. Und die Menschheit kann nicht auf Dauer ihre eigenen Interessen gegen die herrschenden durchsetzen. Bleibt dieser Grundwiderspruch, wird sie zugrunde gehen.

Wenn wir die soziale Frage in diesem Zusammenhang stellen, denken wir nicht darüber nach, was der Sozialhilfeempfänger – dem es immer noch besser geht als den meisten Menschen in der Dritten Welt – abgeben sollte, da hier in erster Linie die Kapitalgeber gefragt sind. Das macht schon einen Unterschied aus. Und es macht eben auch einen Unterschied aus, ob wir an die sozialen Fragen und die anderen Menschheitsfragen national oder internationalistisch herangehen. Das ist zum Beispiel ein ziemlich bedeutender Unterschied zur SPD. Denn deren praktische Politik ist im wesentlichen auch davon bestimmt, die Konkurrenzfähigkeit der deutschen Unternehmen zu erhalten. Da ist sie sich mit konservativen Parteien einig. Und dann ist immer nur die Frage, wie weit kann man in sozialen Fragen gehen, wenn man die Konkurrenzfähigkeit erhalten will. Da zeigen sich dann Differenzen zur CDU. Die Frage ist nur, ob das überhaupt der richtige Ausgangspunkt ist, wenn man sich globalen Fragen stellt und wenn man sich auch den sozialen Fragen stellt, denen wir uns sowohl im Innern als auch im internationalen Maßstab zu stellen haben. Und da zeigt sich eben ein Problem, was bei der nun auf der Tagesordnung stehenden Zusammenführung von linken Kräften aus der DDR und der BRD eine ganz große Rolle spielt. Wir schöpfen jeweils aus völlig unterschiedlichen Erfahrungen. Also, wenn ich mich mit bestimmten Linken in der Bundesrepublik treffe, werde ich erst einmal für unsere Bejahung der Marktwirtschaft kritisiert, und ich werde gefragt, ob uns nicht deren schwerwiegende Folgen aufgefallen wären. Und da sage ich nur, daß man natürlich 40 Jahre lang in unserer Wirtschaft gelebt haben muß – das meine ich nicht ironisch –, um zu erkennen, welche Bedeutung das Funktionieren bestimmter Marktmechanismen haben kann und auch haben muß und was Effizienz von Wirtschaft bedeutet, um ein relativ komplettes Waren- und Dienstleistungsangebot zu sichern, ohne nun in Konsumrausch zu verfallen. Und sicherlich haben wir einen übertriebenen Hang zum Parlamentarismus. Das hängt aber auch mit den Erfahrungen, die wir 40 Jahre mit der Volkskammer hatten, zusammen. Natürlich können wir die Kritik von Linken in der BRD am Parlamentarismus erst verstehen, wenn wir ihn mal erlebt haben. Und da ist unsere gegenwärtige Volkskammer neuerdings eine ausgesprochen gründliche und schnelle Schule.

In vielen Fragen (zum Beispiel Ökologie und Feminismus) sind Linke in der BRD theoretisch und praktisch weiter als wir. Die unterschiedlichen Erfahrungen müssen kein Nachteil sein, wenn wir sie kritisch, solidarisch zusammenführen und wir gegenseitig voneinander lernen. Wir wissen zum Beispiel ganz gut, was nicht geht, weil es ausprobiert worden ist. Und daraus müssen sich Überlegungen ergeben, wie dieser demokratische Sozialismus der Zukunft gestaltet werden kann. Aber am Beginn steht natürlich die Frage: Ist er überhaupt nötig? Können wir nicht mit den gegebenen kapitalistischen Strukturen ausreichend leben? Und ich finde, diese Frage ist von den Linken eindeutig und auch schon theoretisch überzeugend beantwortet worden.

Die Interessen, die in den Industrie-Staaten erzeugt werden, sind überwiegend keine Interessen, die mit denen der Menschen in Übereinstimmung stehen, und sie ruinieren die Dritte Welt und damit letztlich auch die Industrie-Staaten selbst. Sie dienen nicht der Verwirklichung der Gleichstellung der Geschlechter oder der Lösung anderer globaler Menschheitsfragen. Wenn nun der Ost-West-Konflikt wegfällt, wieso wird dennoch sowenig abgerüstet? Auf welche Art Abwehrkampf wird denn das Militär eingestellt? Ist das die Furcht vor den vier Fünfteln der Menschheit? Will man darauf militärisch vorbereitet sein? Können wir eine solche Gefahr völlig negieren, oder müssen wir sie nicht sehr ernsthaft zur Kenntnis nehmen? Und muß das nicht zum Beispiel in der konkreten Politik unsere Meinung zur Frage von Wehrpflicht und Nationaler Volksarmee im geeinten Deutschland mitbestimmen? In der Frage von Bündnissen und von Entmilitarisierung glaube ich eben, daß auch einige Offiziere der NVA Illusionen haben. Sie werden gar nicht in die Bundeswehr übernommen. Man läßt sich doch dort nicht im Ernst auf Leute ein, die an einer Militärakademie oder -hochschule in Moskau oder der DDR studiert haben und die alle Mitglieder der SED waren. Reduzierung deutscher Streitkräfte wird praktisch die Abschaffung der NVA bedeuten. Was man übernehmen will, ist die Wehrpflicht. Die Achtzehnjährigen will man schon haben. Deshalb sollten wir auch versuchen, dem unseren Widerstand entgegenzusetzen. Und da haben wir natürlich Bündnispartner unter anderem bei den Westberlinern.

Ich stimme völlig zu, wenn mir gesagt worden ist, daß die Vertretung globaler Interessen auch immer die Vertretung der Interessen derjenigen verlangt, die zum Beispiel nicht wählen dürfen. Das sind zum Beispiel Ausländer, psychisch Kranke und vor allem Kinder und Jugendliche. Und es ist kein Zufall, daß das sogenannte Nichtwählerpotential in der Politik in parlamentarischen Demokratien eine so geringe Rolle spielt. Und was mich am Kampf der SPD gegen uns besonders stört, ist die Tatsache, daß er so wenig inhaltlich und so offenkundig wahlpolitisch ist, und das ist mir für so wichtige Fragen, vor denen wir stehen, zuwenig als Ausgangspunkt einer Auseinandersetzung.

Aber wenn es um globale Fragen, um so wichtige Fragen geht, wäre es ein verhängnisvoller Fehler und auch noch die Wiederholung eines verhängnisvollen Fehlers, wenn wir uns ernsthaft auf Feindschaft zur Sozialdemokratie einstellen würden. Wenn überhaupt, dann sitzen unsere Gegner woanders, und das sollten wir nicht verkennen. Diese Tatsache darf allerdings nicht dazu führen, auch nicht aufgrund des schlechten Gewissens durch die Geschichte nach 1946, daß wir uns nicht kritisch mit der Politik der SPD auseinandersetzen, und zwar unabhängig davon, ob es die SPD der DDR, die SPD der BRD oder irgendwann die gesamtdeutsche SPD betrifft.

Wir sollten sehen, daß es sehr verschiedene Sozialdemokraten gibt, wie es auch sehr verschiedene PDS-Mitglieder gibt, und die Politik differenziert zu verschiedenen Zeiten zu betrachten ist und unsere ja wohl auch. Deshalb glaube ich, daß uns das Recht des Lehrmeisters nicht zusteht, aber wir haben das Recht, sie kritisch zu begleiten, und wir haben das Recht, kritisch begleitet zu werden. Die Unterschiede zwischen PDS und SPD hängen z. B. mit der Frage des demokratischen Sozialismus, mit Strukturfragen und natürlich auch mit Eigentumsfragen zusammen. Ich fände es gut, wenn wir z. B. als eine Erfahrung für den demokratischen Sozialismus mitnehmen, daß wir gegen monopolistische Eigentumsstrukturen sind. Ich glaube nicht mehr daran, daß eine monolithische Eigentumsstruktur, die gleiche Interessen erzeugt, die Lösung ist, weil dieses Eigentum nicht unter demokratischer Kontrolle steht. Die mangelnde demokratische Kontrolle im politischen und ökonomischen Bereich haben wir als einen der größten und entscheidendsten Mängel erfahren. Im Grunde genommen hatten wir Absolutismus, aber konsequenter, als manch ein König es sich erträumt hätte. Fürsten waren nämlich Eigentümer, und weil sie Eigentümer waren, liefen sie nur Gefahr, bei Hofe nicht mehr gern gesehen zu werden, aber sie blieben immer noch auf ihren Ländereien Fürsten. Bei uns konnten selbst Politiker der engsten Führungsriege nicht würdevoll und mit wahrheitsgemäßen Erklärungen zurücktreten, sie verschwanden einfach ins Nichts. Wir könnten also Erkenntnis mitnehmen, daß monolithische Strukturen auch monolithische Interessen erzeugen. Also wäre die Tatsache, daß wir vom Staatseigentum als alleinige Eigentumsform wegkommen, ein Fortschritt, wenn wir nun nicht in die alleinige oder fast alleinige Eigentumsform Privateigentum hineinkämen. Wir müssen statt dessen in bestimmten Proportionen sehr verschiedene Eigentumsverhältnisse anstreben, die auch verschiedene Interessen erzeugen, die dann untereinander zu einem Interessenausgleich führen. Das wäre auch ein wichtiger Ansatz zur Lösung von globalen Fragen, wobei es der weiteren Zukunft überlassen bleiben kann, ob sich das Gemeineigentum – demokratisch verwaltet – durchsetzen wird.

An die Lösung globaler Probleme sollten wir nicht nur ethisch herangehen, obwohl ich zum Beispiel mein Verhältnis zu Ausländern auch ethisch bestimme, und ich hoffe, daß das die meisten Mitglieder der PDS tun. Dennoch kann man das auch aus einem ganz anderen Blickwinkel sehen und ganz nüchtern sagen, wenn die Probleme im Ausland nicht gelöst werden und wir daran nicht mitwirken, dann kommen die Probleme aus dem Ausland mit den Ausländern zu uns. Wir müßten also lernen, global zu denken. Die Erfahrungen zeigen deshalb, daß die Bereitschaft zum globalen Denken zunimmt. Man kann zum Beispiel nicht ein einiges Europa anstreben und gleichzeitig die Lebensverhältnisse derart unterschiedlich sich gestalten lassen. Dann ist ein einiges Europa nicht möglich. Man muß zum Beispiel das Problem in Portugal und in Polen mitlösen, wenn man ein einiges Europa will. Eine bestimmte soziale Angleichung ist notwendig. Und die Fragen von Europa sind von wirklich großer Bedeutung für uns, und sie werden an Bedeutung zunehmen, sowohl in friedenspolitischer als auch in ökonomischer, sozialer und in umweltpolitischer Hinsicht. Ich möchte aber darauf hinweisen, daß wir natürlich auch die Aufgabe haben – wie alle Linken –, dafür zu sorgen, daß das kein Europa gegen die Sowjetunion, sondern eines unter Einbeziehung der Sowjetunion wird. Wir haben die Aufgabe, politisch gegen eine Isolierung der Sowjetunion zu wirken. Eine Isolierung der Sowjetunion wäre ein Schritt in die falsche Richtung. Sie würde nicht der Lösung globaler Probleme dienen, sondern ihrer Verschärfung. Wir müssen zugleich bei allen Bestrebungen zur Vereinigung Europas deutlich gegen Eurozentrismus auftreten. Und wir müssen darüber hinaus dafür kämpfen – selbst wenn uns das dann höchstwahrscheinlich als Vaterlandsverrat und als antinational vorgeworfen wird –, daß es kein von Deutschland dominiertes Europa wird. Ansonsten werden alle Europäer, einschließlich der Deutschen, das sehr bereuen. Die hegemonialen Bestrebungen laufen schon jetzt auf Hochtouren. Da ist Aktionsgemeinschaft gefragt. Und das einige Europa darf nicht allein durch das Kapital bestimmt sein. Wir sehen es doch am kommenden einigen Deutschland, wie die Interessen der Lohnabhängigen in der DDR gegen die Interessen der Lohnabhängigen in der Bundesrepublik gegeneinander ausgespielt werden sollen. Das darf so nicht in ganz Europa funktionieren. Während die Weltbank und der Internationale Währungsfonds sich immer relativ schnell einig werden, dauert das bei den Gewerkschaften und den Lohnabhängigen viel länger. Da wirkt auch Nationalismus nach. Und wir hören schon die Argumente, daß wir hier in der DDR billige Löhne brauchen, weil sonst nicht investiert werden würde. Aber wenn hier investiert wird, dann verlieren Lohnabhängige in der BRD ihre Arbeitsplätze, und dann wird es Forderungen zum generellen Sozialabbau geben, weil ansonsten angeblich nicht mehr konkurrenzfähig produziert werden kann. Das ist das, was ich vorhin meinte, ausgehend von der Konkurrenzfähigkeit der Unternehmen zu versuchen, die Welt zu erklären und den Nationalismus in besondere Formen zu treiben. Das ist eine antisoziale und nicht ungefährliche Richtung.

Aber ich will auch etwas zu unseren eigenen Schwierigkeiten sagen. Und ich stimme hier zu und freue mich über die Frage, die von Thomas Klein von der Vereinigten Linken an uns zur Erneuerung bzw. zu einer neuen Partei gestellt worden ist. Ich weiß nur nicht, ob das so einfach und klar zu unterscheiden ist oder ob es nicht um einen Prozeß geht. Ein Prozeß, der letztlich dazu führen muß, wenn wir eine politische Berechtigung haben wollen, daß wir eine internationalistische deutsche neue linke sozialistische Partei werden. Und insofern geht es weit darüber hinaus, eine erneuerte SED zu sein. Aber man wird bestimmte – denke ich mir – Entwicklungsstufen auch nicht überspielen können. Und der Prozeßcharakter wird ja bei uns von Konferenz zu Konferenz deutlicher, und wir kommen immer ein Stück weiter. Dabei wird es immer welche geben, die unzufrieden sind, daß wir nicht noch ein Stück weitergekommen sind. Und es wird andere geben, denen es zu schnell geht. Das hängt auch mit den Strukturen in unserer Partei zusammen. Aber als Ziel haben wir gar keine andere Chance und gar keine andere Möglichkeit, als eine neue Partei anzustreben.

Unsere Chance besteht darin, uns einzuordnen in eine neue gesamtdeutsche Linke, die sich internationalistisch versteht. Wir müssen versuchen, sicherlich uns so einzuordnen, daß wir den Charakter von Partei und Bewegung behalten bzw. bekommen, und zwar auch strukturell bekommen, um eine Vielzahl von Ideen aufzunehmen und daraus Politik zu machen. Die Linken – glaube ich – müssen lernen, sich selbst nicht in Feindschaft zu begegnen. Und wir müssen natürlich aufpassen, daß wir uns nicht über kurz oder lang auch durch das Kapital vereinnahmen lassen.

Was uns jetzt so zu schaffen macht und weshalb wir unzufrieden sind mit uns und weshalb es auch Resignation und dann auch wieder Hoffnung gibt, das ist doch die ungeheure Fülle dessen, was an Neuem vor uns steht. Die Mitgliedschaft in dieser Partei zum Beispiel ist doch nicht nur damit verbunden, daß man mit einer Vergangenheit konfrontiert wird, die einem nicht so sonderlich gefällt. Sie ist nicht nur mit Vorwürfen gebunden an die vergangenen 40 Jahre, sondern sie ist vor allem auch damit verbunden, daß wir uns fragen, welche Aufgaben wir im geeinten Deutschland haben werden. Zu welcher Seite gehören wir dort? Denn aus einer Parteimitgliedschaft, die Voraussetzung und Bedingung für viele Karrieren war, ist eine Parteimitgliedschaft geworden, die zumindest karrierehemmend ist. Das heißt, schon durch die äußeren Bedingungen werden sich die Partei und ihre Strukturen verändern. Das kann dann auch keine erneuerte SED mehr sein, weil die von 1946 an einen völlig anderen Start in die Macht hatte. Bei uns geht es nicht um Macht, sondern um Veränderungen bestehender oder auf uns zukommender Machtstrukturen. Und dies soll mit einer möglichst breiten solidarischen Bewegung und Partei geschehen, verbunden mit anderen Linken ohne Vereinnahmungstendenzen, ohne Ausgrenzung, aber auch ohne Ablehnung gemeinsamer Aktionen. Und das wird sich unter für uns sehr viel härteren Bedingungen vollziehen, weil wir diesbezüglich keine Erfahrungen sammeln konnten in den letzten 40 Jahren. Da ist zum Beispiel meines Erachtens eine deutliche Kritik der PDS an der SPD angebracht. Daß sie uns nicht willkommen heißt im gesamten Deutschland, ist wahltaktisch noch zu verstehen, aber daß sie nun die schärfsten Kämpfe gegen unsere Existenz führt, ist etwas, was zu einer historischen Belastung führen kann.

Von unserer Partei und dem demokratischen Sozialismus, so wie er von uns verstanden wird und wie wir versuchen, ihn zu begreifen, geht auch eine bestimmte Anziehungskraft aus. Wir versuchen, Menschen dafür zu gewinnen, in antikapitalistischer Richtung, was nicht bedeutet, die modernen Errungenschaften der westlichen Welt aufzugeben, zu denken und zu handeln. Der demokratische Sozialismus als Zielvorstellung hat deshalb noch Anziehungskraft, weil viele Menschen erkennen, daß es gesellschaftliche Veränderungen geben muß. Und offensichtlich kann die PDS eine Kraft sein – eine unter anderen Kräften –, die einen wesentlichen Beitrag dafür leisten kann, daß sich die Gesellschaft, in die wir geraten werden und in die wir hineinimportiert werden, grundlegend verändert. Wir können Menschen auch begeistern und überzeugen. Und da muß es welche geben, die das nicht wollen, und deshalb denken sie soviel nach über 5-Prozent-Klauseln. Ich kann nur eins sagen, und das will ich den Linken der Bundesrepublik Deutschland und Westberlins hiermit auch versprechen, wenn man die DDR importiert und annektiert, dann importiert man natürlich auch die PDS, also wir kommen gar nicht umhin zu kommen.

WIR HABEN DIE PFLICHT
UND DIE SCHULDIGKEIT ZU KÄMPFEN
Aus einer Rede auf der Parteivorstandssitzung der PDS
am 9. August 1990

Es gibt Linke in der Bundesrepublik Deutschland und in West-berlin verschiedenster Art, mit ganz anderen Erfahrungen, Lin-ke, die zum Teil sagen, mit dieser PDS haben wir überhaupt nichts im Sinn, und andere Linke, die sagen, ja, wir sind bereit, mit dieser PDS uns gemeinsam über die Zukunft Deutschlands Gedanken zu machen und darüber, wie man politische Verände-rungen herbeiführen kann und in welcher Art und Weise dies zu geschehen hat. Mit diesen Linken haben wir zahlreiche Gesprä-che geführt, und wir haben uns entschlossen, wenn denn gesamt-deutsche Wahlen kommen, auch gesamtdeutsch anzutreten, und das Ganze mußte natürlich auch eine Organisationsform finden. Dabei sind wir nach dem wahrscheinlich geltenden Wahlrecht gegangen, wonach wir eine gesamtdeutsche Partei brauchen. Das ist natürlich sehr kompliziert.

Es ergab sich die Möglichkeit der Listenverbindung und damit die Frage, ob man eine Partei der Bundesrepublik Deutschland gründet, die dann mit der PDS in der DDR eine Listenverbin-dung eingeht. Das heißt für uns, daß die PDS in der DDR mög-lichst offen ist für viele Linke, die bereit sind, diesen Weg mit uns gemeinsam zu gehen. Da gibt es bei den Nelken eine grundsätzli-che Bereitschaft und eine partielle Bereitschaft bei den Vereinig-ten Linken. Die Linken in der Bundesrepublik, die sich dazu be-reitgefunden haben, sind Genossinnen und Genossen, die nicht nur spezifische Erfahrungen haben, sondern die zumindest für sich persönlich auch etwas riskieren. Es ist eben noch nicht so ohne weiteres selbstverständlich, mit der PDS zusammenzuge-hen. Natürlich war auch die SED bei vielen Linken in der Bun-desrepublik stark diskreditiert, und die Erneuerung zur PDS, dieser Prozeß kann ja nach so kurzer Frist weder abgeschlossen sein, noch kann er sich bei anderen so deutlich verinnerlicht ha-ben. Trotzdem glaube ich, ist uns hier schon etwas gelungen, was keiner anderen Partei gelungen ist. Die SPD drüben gab es schon, die CDU und die F.D.P. ebenso. Das heißt, diese Parteien haben sich nach ihrem Bild Ableger in der DDR mehr oder weniger organisiert. Die neue Einheitspartei Deutschlands heißt CDU in der DDR, die schluckt insgesamt vier Parteien, wenn das so weitergeht. Die Liberalen vereinnahmen zweieinhalb Blockparteien und machen daraus eine F.D.P., und von der SPD will ich schon gar nicht reden. Letztlich läuft es selbst bei den Grünen etwa so, daß sie versuchen, die Grünen in der DDR und die Bürgerbewegung mehr oder weniger nach ihrem Bild zu gestalten, um eben eine solche Einheitlichkeit zu erreichen.

Nur bei uns besteht nun die Chance, daß eine neue Bewegung entsteht, die es bisher so organisatorisch überhaupt nicht gab. Sie erwächst gleichsam aus der Situation, daß ein geeintes Deutschland mit all den Gefahren auf uns zukommt, denen wir uns zu stellen haben. Es sind Linke von den Grünen, von der AL, von der DKP, vom Kommunistischen Bund, aus der Gewerkschaftsbewegung, aus der Sozialdemokratie, Parteilose. Sie alle wollen gemeinsam etwas tun, zusammen mit dem Partner PDS in der DDR, von dem sie hoffen, daß er sich auch öffnet und nicht isoliert bleibt. Darin besteht eine einmalige große Chance, und wenn wir sie richtig nutzen, verhindern wir, daß hier einfach künstlich zwei deutsche Staaten zusammengekleistert werden, daß Widersprüche nicht ausgetragen werden, daß der eine den anderen einfach schon quantitativ vereinnahmt.

Machen wir uns doch keine Illusionen: Welche Rolle wird denn die SPD der DDR in der Gesamt-SPD spielen? Oder die CDU in der Gesamt-CDU? Oder die Liberalen? Es wird die F.D.P. der Bundesrepublik bleiben. Es wird die CDU der Bundesrepublik bleiben, und es wird auch die SPD der Bundesrepublik bleiben, mit jeweils eineinhalb neuen Vertretern dazu, die aber niemals einen entscheidenden Einfluß haben werden. Dagegen wird es hier eine Linke der BRD und eine Linke der DDR geben, die sehr schrittweise aufeinander zugehen, schrittweise begreifen lernen, mit allen unterschiedlichen Erfahrungen. Schon heute können wir sagen, was uns die Linken in der Bundesrepublik voraus haben. Ihr ökologisches Bewußtsein ist wesentlich weiter entwickelt als unseres. Alle Ansätze von Feminismus sind dort wesentlich entwickelter als bei uns, Gedanken zum Patriarchat, und wie man das bricht, auch in Organisations- und Strukturfragen. Natürlich kennen sie die Marktwirtschaft viel besser als wir. Sie haben sich auch schon länger als wir mit globalen Menschheitsfragen und dem Verhältnis zur Dritten Welt beschäftigt. Das müssen wir als eine Chance sehen, unser eigenes Wissen dadurch wesentlich schneller zu vertiefen und in der Diskussion und im Gespräch miteinander auch schneller Politikangebote zu finden.

Es gibt aber auch auf unserer Seite entscheidende Erfahrungen. Wir können zum Beispiel vor bestimmten Illusionen gegenüber einem sozialistischen System warnen, wie etwas funktioniert und wie etwas nicht funktioniert. Und wir sind natürlich auch in der Lage, Vorteile einer Partei und Nachteile einer Partei zu beschreiben, denn die hatten wir über viele Jahre. Die hatten die Linken in der Bundesrepublik kaum, es sei denn, sie waren in der SPD, und dann ist es überwiegend eine negative Erfahrung. Wir können also deutlich machen, was der Unterschied zwischen einer Partei und einer Bürgerbewegung ist, worin die Vor- und Nachteile liegen und weshalb wir eine Mischung aus Partei und Bewegung versuchen, in der Hoffnung, daß wir nicht jeweils die Nachteile, sondern die Vorteile übernehmen. Aus vielen, auch historischen Gründen, gab es eben in der Bundesrepublik Deutschland keine mit nennenswertem Einfluß versehene stärkere linke sozialistische Partei. Es hat auch keinen Sinn, sie wie ein Zauberkunststück herzustellen. Aber es macht Sinn, wenn man die Chancen, die jetzt da sind, über Wahlkämpfe oder unabhängig von Wahlkämpfen, zur Mobilisierung nutzt und dabei auch das Ziel einer linken sozialistischen Partei im geeinten Deutschland nicht aus dem Auge verliert. Und da sind wir natürlich durch unsere Geschichte, durch unsere Gegenwart, auch durch unsere Mitgliederzahlen eine Chance für Linke in der Bundesrepublik Deutschland.

Ich finde, daß unsere politischen Aussagen immer wichtiger werden, weil kaum ein anderer sie trifft. Und ich finde auch, daß wir immer mehr zu sagen haben, aber nicht in dem Sinne, daß wir etwas zu entscheiden haben, sondern in dem Sinne, daß wir etwas anzubieten haben. Und die Sorgen der Menschen werden größer, und ihr Politikinteresse wächst, und sie wollen verstehen, was hinter welchen Vorgängen steckt. Dazu ist eine linke Partei immer noch besonders fähig gewesen. Wer denn sonst soll eigentlich wirklich versuchen, den Menschen zu erklären, wie ein internationaler Währungsfonds und eine Weltbank funktionieren, wie da Politik gemacht wird und auf wessen Kosten. Die Vorgänge sind doch nicht ganz so einfach. Und der Bundestag ist doch ein Meister im Verschleiern der Probleme.

Was hat denn die SPD in den gesamten deutschen Einigungsprozeß bisher eingebracht? Sie ist in zwei Fragen leidenschaftlich und kämpferisch geworden. Und da hatte sie auch Erfolge. Das ist in der Frage, wie kann man die PDS zugunsten der SPD enteignen und wie kann man das Wahlrecht so gestalten, daß die Hürde für die PDS möglichst hoch wird? Alles andere, Betriebe retten, Sozialunion – das ist mal angeschnitten worden, aber hat sie etwa gegen den Staatsvertrag gestimmt? Ich finde schon, daß eine Partei wichtig ist, die, wenn sie nein sagt, es auch so meint und sich nicht überlegt, wie man nein zu einem Projekt sagt und es durchbringt.

ERKLÄRUNG IN DER VOLKSKAMMER NACH DER DEBATTE ZUM BEITRITTSTERMIN
Vom 23. August 1990

Das Parlament hat soeben nicht mehr und nicht weniger als den Untergang der Deutschen Demokratischen Republik am 3. Oktober 1990 beschlossen.

Ich bedaure, daß die Beschlußfassung im Hauruckverfahren über einen Änderungsantrag geschehen ist und keine würdige Form ohne Wahlkampftaktik gefunden hat; denn die DDR, wie sie auch immer historisch beurteilt werden wird, war für jeden von uns – mit sehr unterschiedlichen Erfahrungen – das bisherige Leben.

So wie wir alle geworden sind, sind wir hier geworden, und ich bedaure, daß der Einigungsprozeß zum Anschluß degradiert ist. Aber ich bin davon überzeugt, es gibt auch neue Chancen. Noch können wir die Zeichen auf Aussöhnung statt auf Feindschaft setzen, und das einige Deutschland braucht eine starke demokratische Regierung, aber auch eine starke demokratische Opposition. Zu letzterem will meine Partei einen wichtigen und würdigen Beitrag leisten.

REDEN WIR MITEINANDER

Gregor Gysi und Wolfgang Thierse – ein Streitgespräch der Tageszeitung *Junge Welt* und des ARD-Rundfunks. Abgedruckt in *Junge Welt* am 31. August, 1./2., 3. und 4. September 1990. Das Gespräch führten Jens König und Hermann Vinke.

Sind Sie denn aufeinander richtig neugierig?

Thierse: Vom Sehen kennen wir uns ja, vom Zuhören hoffentlich auch, so ganz neu sind wir uns ja nicht. Außerdem leben wir beide seit vierzig Jahren in der DDR, und ich denke, da haben wir einen ziemlich gemeinsamen Erfahrungshintergrund.

Gysi: Ich bin immer auf Menschen neugierig, weil sie mich interessieren. Das hängt auch mit meinem früheren Beruf zusammen. Ein Beruf, der sich sehr auf das Individuum konzentriert.

Gibt es so etwas wie Berührungsängste zwischen Ihnen?

Thierse: Ich habe keine Berührungsängste. In meinem ganzen beruflichen Leben habe ich fast immer nur mit SED-Genossen zusammengearbeitet. Ich war meistens der einzige – manchmal noch zwei, drei andere –, der nicht Genosse war. Das ist das Phänomen, wenn man wie ich im gesellschaftlichen Überbau gearbeitet hat, als Kulturwissenschaftler und Germanist an der Humboldt-Uni, an der Akademie der Wissenschaften, zwischenzeitlich auch kurz im Kulturministerium. Da war ich immer von

SED-Genossen umringt. So habe ich aber auch sehr unterschiedliche Erfahrungen gesammelt und auch gelernt, innerhalb dieser riesigen Partei zu differenzieren.

Fühlten Sie sich in den letzten Monaten ausgegrenzt, Herr Gysi, oder gemieden?

Gysi: Ja, ausgegrenzt schon, und hier teile ich das Schicksal vieler anderer PDS-Mitglieder. Aber als Vorsitzender ist das viel leichter zu ertragen als in einem kleinen Ort beispielsweise oder in einem Betrieb. Ich habe für die Gefühle auf beiden Seiten Verständnis. Das hat sehr mit der Geschichte dieses Landes und der SED zu tun.

Herr Thierse, als Gregor Gysi Ende Mai einen offenen Brief an die Sozialdemokraten in Ost und West geschrieben hatte, ist er vom SPD-Parteitag ausgeladen worden. Der Auftritt Ibrahim Böhmes auf einem Kongreß der Linken vor wenigen Wochen in Köln ist aus den Reihen der SPD-Ost und West scharf kritisiert worden. Es war zu hören, daß es eine Kontaktsperre für SPD-Mitglieder zur PDS geben soll. Wozu dieses neue Feindbild? Was erwartet Sie denn in Ihrer Partei, wenn Sie von dieser Gesprächsrunde zurückkehren?

Thierse: Das weiß ich nicht. Ich finde, Sie verwenden hier ein etwas peinliches Vokabular. »Kontaktsperre«, »Feindbild« – das ist es nicht, was im Verhältnis der SPD zur PDS eine Rolle spielt. Wir sollten unsere Mitglieder darin ernst nehmen, daß sie ganz bestimmte Erfahrungen mit einer 40jährigen terroristischen SED-Diktatur gemacht haben. Und ich bitte zu akzeptieren und zu respektieren, daß diese Menschen nicht ganz so schnell vergessen können, daß sich hinter der jetzigen PDS noch eine andere Partei verbirgt. Eine kleine Anekdote, die in ihrer Harmlosigkeit wahrscheinlich ganz typisch ist für die DDR: Als ich 1976 das Kulturministerium verlassen mußte, weil ich im Zusammenhang mit der Biermann-Geschichte nicht so funktioniert hatte, wie es offiziell gewünscht war, bekam ich heraus, daß eine Kollegin, die mir am Schreibtisch gegenübersaß, Berichte über mich verfaßt hatte. Ich weiß bis heute nicht, was da drin stand, aber es hat zu meinem Rausschmiß beigetragen. Gefragt, warum sie das getan hat, antwortete die Kollegin wörtlich: Als Mensch ist es mir ja schwergefallen, aber als Genossin habe ich es für meine Pflicht gehalten. Ein höchst alltäglicher Vorgang, zehn-, hunderttausendfach geschehen in diesem Land. Sozialdemokraten haben massenhaft solche Erfahrungen gemacht, und sie können diese nicht einfach verdrängen, nur weil die bisherigen Genossen sich einen anderen Namen gegeben haben. Wir müssen diese Menschen mit ihren Erinnerungen, Empfindlichkeiten, Leiden ernst nehmen. Da handelt es sich nicht um eine von oben verordnete Kontaktsperre oder ein Feindbild. Im übrigen behaupte ich auch, daß die Ablehnung von SED-Genossen in vielen Basisgruppen unserer Partei stärker ist als in deren Führungsgremien.

Inwieweit akzeptieren Sie, Herr Gysi, diese Erblast Ihrer Partei als das, was zwischen PDS und SPD steht?

Gysi: Natürlich akzeptiere ich es, wenn DDR-Sozialdemokraten aufgrund ihrer Erfahrungen in diesem Land Kontakte zur PDS ablehnen. In der Praxis, an der Basis ist das übrigens sehr verschieden. Es gibt Sozialdemokraten, die können ganz gut mit PDS-Mitgliedern reden, es gibt andere, denen das schwerfällt oder ganz unmöglich scheint.

Aber gerade in einer solchen Situation hat die Leitung einer Partei auch die besondere Verantwortung, besonnen an bestimmte Gedanken und Prozesse heranzuführen. Dazu könnte gehören, daß man zumindest akzeptiert, daß die PDS einen schwierigen und längst nicht abgeschlossenen, aber doch sehr ernsthaften Erneuerungsprozeß durchmacht und man also auch nach Gesprächsmöglichkeiten sucht, sich um ein sachliches Verhältnis zur PDS bemüht, die Mitgliederschaft seiner Partei darauf auch vorbereitet. Es gibt Leute, die unter der SED gelitten haben und sich »trotzdem« um dieses sachliche Verhältnis bemühen, vom Bündnis 90 beispielsweise; auch Ibrahim Böhme gehört dazu, der ja nun wahrlich kein Anhänger der PDS ist.

Sollte die SPD Ihrer Meinung nach hier also einen Schritt weitergehen als bisher?

Gysi: Ja, bei allem Verständnis für die angesprochenen Gefühle. Sie sollte auch versuchen, in ihrer Argumentation glaubwürdig zu bleiben. Natürlich hatte die SED die Hauptverantwortung für diese 40 Jahre DDR, aber Sie werden mir zugestehen, daß auch andere, beispielsweise Blockparteien, eine erhebliche Mitverantwortung zu tragen haben. Und wenn die Sozialdemokraten überhaupt keine Schwierigkeiten haben, mit solchen Parteien sogar Koalitionen einzugehen, dann ist es aus meiner Sicht moralisch nicht gerade überzeugend zu sagen, die PDS lassen wir links liegen, wir reden möglichst auch nicht mit ihr. Ich sage gar nicht, daß Herr Thierse solch ein Vertreter ist, aber das ist nun mal das Bild, wie es sich in der Öffentlichkeit darstellt. Das schafft neue, zusätzliche Gräben zwischen uns. Mit Blick auf das geeinte Deutschland sollten wir uns aber gerade bemühen, die Gräben zu überwinden.

Inwieweit sehen Sie Unterschiede in diesen Fragen zwischen der SPD der DDR und der SPD der Bundesrepublik?

Gysi: Nicht geringe. Die Gefühle, Erfahrungen, über die wir gesprochen haben und die ich bei den DDR-Sozialdemokraten verstehe und respektiere, haben bundesdeutsche Sozialdemokraten in der Regel nicht gemacht, nicht machen können, weil sie nicht in diesem Land gelebt haben.

Sie hatten sehr gute Kontakte, darunter sehr persönliche, sehr vertrauliche, zur SED, besonders zu ihrer Führung. Dagegen ist nichts zu sagen. Ich behaupte zum Beispiel nach wie vor, daß das Papier zum *Streit der Ideologien,* das jetzt keiner mehr wahrhaben will, die Reformkräfte innerhalb der SED gestärkt hat. Schwierigkeiten habe ich nur, wenn dieselben Sozialdemokraten heute mit der PDS nichts zu tun haben wollen. Man kann über unsere Partei ja viel Negatives sagen, aber daß sie viel demokratischer, reformfreudiger ist, als es die SED jemals war, das kann wohl keiner bestreiten. Für mich ist diese moralische Entrüstung der bundesdeutschen Sozialdemokraten über die SED unglaubwürdig. Als wenn sie jetzt erst erfahren haben, daß es zum Beispiel Schüsse an der Mauer gegeben hat. Das hat sie damals an Gesprächen nicht gehindert, heute aber wohl.

Dies hat dann doch mehr damit zu tun, daß die SPD die PDS im geeinten Deutschland als Gegner ansieht, der möglichst ausgeschaltet werden soll.

Thierse: Herr Gysi, mit diesem Stil wird das von Ihnen gewünschte Gespräch mit der SPD nicht zustandekommen. Sie wollen doch wohl nicht im Ernst die mühseligen Versuche der Entspannungspolitik ...

Gysi: Ich find' die doch gut.

Thierse: ... im nachhinein moralisch abwerten wollen. Diese Entspannungspolitik, die die SPD maßgeblich getragen hat, hieß auch immer Anerkennung von Realitäten, und das hieß immer auch Anerkennung der Regierenden, egal wie ich sie politisch und moralisch bewerte. Wenn man eine vernünftige Friedenspolitik machen wollte, mußte man mit denen reden, die an der Macht waren, auf wie undemokratische Weise sie auch immer zu dieser Macht gekommen sind. Es gab keine Alternative zu den Gesprächen mit Breshnew und Honecker.

Gysi: Ich halte die Entspannungsbemühungen der SPD nach wie vor für politisch richtig. Deswegen verstehe ich ja auch nicht, warum bundesdeutsche Sozialdemokraten heute so tun, als müßten sie sich dieser Kontakte schämen.

Man muß der Ehrlichkeit halber auch hinzufügen, daß es nicht nur Gespräche mit der DDR-Regierung gab, sondern auch ausgesprochene Parteibeziehungen, die über die staatliche Ebene hinausgingen. Und das ist doch eine entscheidende Frage: Wenn ich Beziehungen zur SED aufgebaut habe, warum breche ich sie gerade dann ab, wenn sie sich in Gestalt der PDS erneuert und demokratischer als je zuvor darstellt? Dafür sehe ich keine mich politisch und besonders ethisch-moralisch befriedigende Begründung.

Den Gedanken der wechselseitigen Abgrenzung möchte ich noch einmal aufgreifen. Es gibt, das wurde auch von Ihnen beiden nicht bestritten, bestimmte Erfahrungen in der Vergangenheit, die zu wechselseitiger Zurückhaltung heute führten.

Thierse: Ich denke, in den 50er, 60er Jahren, in der Zeit verschärfter Abgrenzungspolitik, hat die SED die SPD zum Hauptfeind gemacht. Darum meine ich, daß es sich nicht um neue Stimmungen in der PDS gegen die SPD handelt, sondern das sind alte. Entschuldigen Sie, das habe ich im *Neuen Deutschland* gelesen, die PDS hat 350 000 Mitglieder, davon 2000 neue. Folglich sind 348 000 Mitglieder in der SED gewesen. Sie werden es mir also nicht übel nehmen, wenn ich sage, die Ablehnung wird nicht nur durch jetziges Verhalten der SPD hervorgerufen.

Noch eine Bemerkung zur Erneuerung der PDS. Man muß ganz verschiedene Gesichtspunkte berücksichtigen. Personell denke ich, ist es doch keine neue Partei. Die Zahlen weisen es aus. Und wenn Sie sagen, das Führungspersonal wäre so ganz anders, widerspreche ich. Wenn zum Beispiel der 20 Jahre erfolgreich tätige Chefzensor der DDR, Herr Klaus Höpcke, noch ein führendes Mitglied dieser Partei ist oder wenn der Chef der Bezirkseinsatzleitung der Staatssicherheit in Dresden, Herr Hans Modrow, Ehrenvorsitzender dieser Partei ist, dann bin ich nicht ganz sicher, ob es sich wirklich um eine ganz neue Partei handelt. Ich füge aber ausdrücklich hinzu: Ich sehe in der Volkskammerfraktion eine ganze Menge Mitglieder der PDS, die ich außerordentlich respektiere wegen ihres großen Sachverstandes; ich schätze sie als Wissenschaftler, als Kollegen, mit denen man in den Ausschüssen gut arbeitet. Aber generell habe ich etwas dagegen, wenn man forsch behauptet, die Erneuerung sei eingetreten. Ich sehe die Bemühungen in programmatischer Hinsicht und registriere mit einer gewissen Genugtuung und einem gewissen Vergnügen – dies werden Sie mir übel nehmen oder auch nicht –, daß die Erneuerung durchaus in Richtung einer sozialdemokratischen Programmatik geht. Der Name »Demokratischer Sozialismus« ist ein Kampfbegriff der SPD gegen den Kommunismus und realen Sozialismus gewesen, ein wichtiges Fahnenwort der SPD zur Unterscheidung. Es gibt innerhalb der Linken einen wirklichen Unterschied. Da ist einmal das Bekenntnis zu einer freiheitlichen Demokratie und zum anderen das Bekenntnis zu Zentralismus, zu Diktatur der Partei etc. Die SPD hat sich immer für die Werte Freiheit, Demokratie und Gerechtigkeit entschieden. Sie hat immer versucht, wie unbeholfen, mühselig, mit welchen Kompromissen behaftet auch immer, diese Werte in konkrete politische Schritte umzusetzen. Es hieß immer – ich zitiere da Marcuse – mehr Freiheit, mehr Demokratie, mehr Gerechtigkeit. Es reicht darum nicht, wenn eine Partei sich einen neuen Namen gibt, ein paar programmatische Anleihen nimmt – damit ist doch nicht der Erneuerungsprozeß wirklich vollzogen.

Ist die Geschichte der SED ein Grund, die Zusammenarbeit mit der PDS grundsätzlich auszuschließen, wie es beispielsweise Carsten Voigt in einem Interview in unserer Zeitung unlängst erklärte?

Thierse: Ich äußere mich sehr ungern als Prophet. Ich weiß nur, daß die PDS ganz ausdrücklich das juristische, das politische, das materielle Erbe der SED angetreten hat. Das behindert jetzt diese Zusammenarbeit. Es gab eine andere Chance. Ich erinnere mich genau, wie ich im Dezember mit befreundeten SED-Genossen darüber diskutiert habe, ob es nicht viel sinnvoller sei, daß sich aus der SED heraus, in ihrem Zerfallsprozeß, eine neue Partei gründet, eine sozialistische Partei. Die PDS hat das unter Führung von Gregor Gysi nicht gewollt, um des riesigen Vermögens dieser Partei willen. Man wollte keinen wirklich konsequenten Bruch mit der Vergangenheit. Die Eigentumsfrage ist für uns weiterhin ein wichtiges Kriterium.

Noch einmal: Die 40jährige Erfahrung und die gegenwärtige Beobachtung sind nicht dazu angetan, eine Zusammenarbeit jetzt für möglich erscheinen zu lassen. Ich bin jedoch sehr vorsichtig und sage: Wir beobachten genau, wie sich die weitere Entwicklung der PDS vollzieht, unsere eigene auch – und dann wird man in ein paar Jahren neu sehen. Zusammenarbeit ist vielleicht auch ein zu globales Wort. Was aber notwendig ist und wofür ich unbedingt plädiere, ist natürlich die Diskussion, der Dialog, die Auseinandersetzung in politischen, in theoretischen und in sehr praktisch-politischen Fragen.

Gysi: Es geht natürlich nicht, daß mir einerseits vorgehalten wird, ich hätte irgend etwas nicht korrekt eingeordnet und würde dadurch die Gespräche erschweren. Und dann werden andererseits Behauptungen aufgestellt, die das mindestens ebenso erschweren.

Ich habe ausdrücklich festgestellt, daß die Erneuerung der PDS ein nicht abgeschlossener Prozeß ist. Da kann man mir dessen noch ausstehende Vollendung nicht vorhalten. Was die personellen Probleme betrifft, so sehe ich das anders. Von den genannten Leuten sagt man, daß sie in ihrem Bereich das Mögliche versucht haben – natürlich aus einer Grundakzeptanz des politischen Systems heraus. Das bestätigt zum Beispiel der Untersuchungsbericht der Bürgerbewegungen und Kommissionen, der in Dresden in bezug auf Hans Modrow wesentlich genauer war als in anderen Bezirken. Warum soll man dazu nicht stehen, das ist doch ein Stück Bekenntnis zur Geschichte? Die unmittelbare Führung der SED wurde total ausgewechselt; von den früheren 200 ZK-Mitgliedern ist nur noch einer in der Leitung der PDS, das ist Hans Modrow.

Die Ähnlichkeit bei der Programmatik sehe ich nicht ganz so, aber das stört mich nicht. Wenn ich mich politisch engagiere und feststelle, daß andere zu den gleichen Erkenntnissen kommen – entweder durch mich oder auf anderem Wege –, dann sollte mich das doch befriedigen und nicht stören. Es bestätigt mich ja in der Richtigkeit meiner Auffassungen. Problematisch beziehungsweise diskussionswürdig hingegen sind eher die Unterschiede.

Was die von Ihnen angesprochenen zwei Traditionslinien linker Politik betrifft: Ich bewerte das, was als Leninismus verstanden wird – ob man Lenin damit gerecht wird, ist eine andere Frage –, also die Verabsolutierung eines angedachten Systems in einer ganz bestimmten Zeit für ein ganz bestimmtes Land, wie Sie. Dieser real existierende Sozialismus ist gescheitert, er hat letztlich keinen wesentlichen Beitrag zum Menschheitsfortschritt geleistet. Er hat auch die aktuellen Fragen nicht besser gelöst als der real existierende Kapitalismus.

Nun aber kommen wir auch schon zum Unterschied. Es gibt im Kapitalismus demokratische Erneuerungen, es gibt auch Sozialleistungen – daran hat auch die SPD in der Geschichte einen beachtlichen Anteil. Gleichzeitig sage ich aber auch: Die Lösung der Menschheitsfragen werden wir auf diese Art und Weise nicht erreichen. Der Untergang des real existierenden Sozialismus ist nicht nur der Untergang dieses Systems. Es sagt auch etwas aus über die Fähigkeiten der Industriegesellschaft ganz allgemein.

Wir müssen also grundsätzlich neue Antworten suchen auf existentielle Fragen. Bei den Antworten beginnen dann auch schon die Unterschiede ziemlich deutlich zu werden.

Was die Eigentumsfrage der PDS betrifft: Im Januar ist die Entscheidung hinsichtlich der finanziellen Reserven und der Parteibetriebe getroffen worden. Dann begann die Arbeit an den Immobilien, wir mußten erst einmal Bilanz machen, um Entscheidungen treffen zu können. Bis Ende Juni wurden 75 Prozent der Finanzen zum geringeren Teil verbraucht, zum überwiegenden Teil abgegeben. Für die Zukunft versuchen wir a) die politische Arbeitsfähigkeit zu erhalten und b) im geringeren Umfange das wirtschaftliche Überleben zu sichern, da wir ja keine Partei sind, die großzügig mit Spenden durch Konzerne bedacht werden wird und wahrscheinlich auch keine Staatszuschüsse erhält.

Ich stimme Ihnen zu, daß die Eigentumsfrage in der Tat viel mit Glaubwürdigkeit zu tun hat. Vielleicht hätte dieses und jenes früher entschieden werden müssen, aber vergessen Sie nicht: Wir hatten zwei Wahlkämpfe und erhebliche Auseinandersetzungen in der Partei, da stand das Problem nicht immer im Vordergrund.

Zur SPD und ihren finanziellen Forderungen an unsere Adresse. Ich habe jetzt den ersten Brief bekommen. Und der kam nicht vom Parteivorsitzenden, sondern von einem Anwalt. Ich habe schon immer gesagt, wir stehen für politische Verhandlungen mit der SPD bereit, denn dieses Thema ist keine juristische Frage. Aber man muß auch von der SPD Gesprächsbereitschaft zeigen – das ist über Zeitungen und Rundfunksender einfach nicht zu machen.

Thierse: Es fand vor zwei, drei Monaten ein Gespräch zwischen einem Vertreter von der SPD und Herrn Bisky vom PDS-Parteivorstand statt. Als ich das Protokoll las, hat es mir die Schuhe ausgezogen. Es gab ein Angebot seitens Ihrer Partei, daß sich die SPD am Berliner Verlag finanziell beteiligen sollte. Also die genaue Umkehrung dessen, um was es uns eigentlich geht: die Wiederherstellung von Recht gegenüber Unrecht. Insofern denke ich, ist es nicht nur eine politische Frage, sondern auch eine rechtlich-moralische.

Gysi: Also wir können die Verhandlungen gern öffentlich führen, ich habe nichts dagegen.

Ist die Geschichte über den Begriff Demokratischer Sozialismus *schon hinweggegangen? Heute stehen doch andere Fragen als vor 50 oder 80 Jahren: Nord-Süd-Konflikt, ökologische Herausforderungen, globale Fragen. Ist dieser Parteienstreit nicht mehr eine Diskussion der Vergangenheit als die der Zukunft?*

Gysi: Das ist kaum mit wenigen Worten zu beantworten. Der real existierende Sozialismus, der für mich keiner war, weil er zum Beispiel nicht zu einer höheren Vergesellschaftung der Produktionsmittel führte, hat als System versagt. Das widerlegt aber nicht die Idee und die Ideale von einem demokratischen Sozialismus. Der real existierende Kapitalismus – wenn auch sehr reformiert und mit beachtlichen demokratischen und sozialen Leistungen – verschärft die bestehenden Konflikte in der Welt. Das sehen Sie im Bereich der Rüstung, der Ökologie, die ständig größer werdenden Unterschiede zwischen Erster und Dritter Welt, selbst die sozialen Unterschiede in der kapitalistischen Gesellschaft nehmen zu. Die Armen sind zwar nicht mehr so arm wie früher, aber die Schere zwischen oben und unten geht ständig weiter auseinander. Daraus ergibt sich die Notwendigkeit struktureller Veränderungen. Wenn es dabei bleibt, daß die Menschheit ihre eigenen Interessen gegen die Herrschenden durchsetzen muß, wird sie es auf Dauer so nicht schaffen. Die Fragen sind nur im Komplex zu lösen. Nehmen Sie dieses Beispiel mit den tropischen Regenwäldern in der Dritten Welt. Sie können dort nicht die ökologische Frage lösen, wenn Sie nicht die sozialen Fragen klären, und die sozialen Fragen können Sie nicht klären, wenn Sie nicht die wirtschaftlichen klären. Das ist auch national nicht mehr machbar, sondern nur noch international. Ob wir es wahrhaben wollen oder nicht, ob es uns gefällt oder nicht – wir leben letztlich auf Kosten der Dritten Welt. Diese Probleme lassen sich über die bestehende Kapitaldominanz nicht lösen. Was wir brauchen, ist der demokratische Sozialismus als Prozeß einer permanenten Demokratisierung aller gesellschaftlichen Verhältnisse. Auch der Eigentumsverhältnisse. Deshalb ist »demokratischer Sozialismus« für mich nicht nur Geschichte, sondern auch Zukunft.

Aber gerät die Linke nicht immer mehr in die historische Ecke, wenn man bedenkt, daß am 14. Oktober und am 2. Dezember die Konservativen wahrscheinlich die meisten Stimmen bekommen werden?

Gysi: Das ist mir zu kurzfristig gedacht. Ganz abgesehen davon, daß ich Wahlergebnisse für wichtig halte, nicht aber für das einzig und ausschließlich Wichtige im Leben einer Gesellschaft. Ich denke, längerfristig werden die genannten Probleme ein solches Ausmaß annehmen, daß neue Lösungen gefunden werden müssen. Da, glaube ich, sind die Rechten in jeder Hinsicht überfordert, und es wird der Linken bedürfen.

Thierse: Ich denke auch, daß das Scheitern, die Katastrophe des real existierenden Sozialismus nicht automatisch ein Sieg des Kapitalismus ist. Es gibt nach wie vor genügend Gründe für eine entschiedene Kritik des Kapitalismus, einige hat Gregor Gysi genannt, ich könnte weitere nennen. Nur befinden wir uns in einer eigentümlichen Situation: Wir sind am Ende einer 70jährigen Geschichte von einer Idee, einer Utopie, einer Theorie. Man kann aber nicht so schnell und so unreflektiert die nächste Utopie oder den nächsten demokratischen Sozialismus ausrufen. Wir sind in einer Zwischenphase, wo zwei Aufgaben ganz wichtig sind: Erstens schonungslose, radikale Selbstkritik der Verwirklichungsgeschichte der sozialistischen Idee. Ernst Bloch hat die Frage so gestellt: Hat der Stalinismus den Sozialismus bis zur Unkenntnis verzerrt oder bis zur Kenntlichkeit gebracht? Wenn diese schonungslose Selbstkritik nicht betrieben wird – und sie unterbleibt, wenn man ganz flott erklärt: Das war ja gar kein Sozialismus, die reine Lehre ist unangefochten –, verbreitet man neue Illusionen. Wir müssen mit großer Rücksichtslosigkeit aufarbeiten, um dann wieder neu ein linkes Projekt aus der reflektierten Erfahrung heraus zu entwickeln. Und zweitens: Wir wechseln jetzt in ein anderes Wirtschaftssystem, den Kapitalismus. Das kann ich beklagen oder begrüßen. Aber wir müssen zunächst diesen schwierigen Prozeß der Umgestaltung so organisieren, ihm ein Maß von Kontrolle aufzwingen, daß es eine soziale und ökologische Marktwirtschaft wird. Diese riesigen Aufgaben erfordern konkrete Schritte. Das ist dran und nicht die Ausrufung der nächsten Utopie. Der Aufruf »Für unser Land« im November '89 scheiterte ja auch deshalb, weil er auf eine Stimmung in der Bevölkerung traf, die eine neue Utopie ablehnte. Wir sind am Ende einer Verwirklichungsgeschichte einer »Utopie« angelangt, sagten sie, die uns zum Objekt erniedrigte, wir wollen uns nicht zum Material der nächsten Utopie machen lassen. Das sollte man ernst nehmen und Konkretes anfassen: etwas mehr wirtschaftliche Effizienz, etwas mehr Gerechtigkeit. Wir müssen dagegen kämpfen, daß bei uns der Frühkapitalismus fröhliche Urständ feiert.

Die Umsetzung von Utopien ist nur in kleinen Schritten möglich. Politische Konzepte, die man nicht umsetzen kann in kompromißfähige Politik, in Politikangebote, für die man Mehrheiten gewinnt, geraten immer wieder in Gefahr, zu Diktaturen zu verkommen. Die Idee des demokratischen Sozialismus verbindet sich für mich mit zwei Grundüberzeugungen: Der Sozialismus ist nicht ein Zustand – ich zitiere Marx –, der hergestellt wird, der über uns kommt, sondern ein lebendiger Prozeß, den Individuen miteinander vereinbaren. Zweite Angelegenheit: Mehr Gerechtigkeit, mehr Solidarität, mehr menschlichen Zusammenhang herstellen. Diese Ideen sind orientiert auf konkrete Politik, die miteinander vereinbart wird, mehrheitsfähige, kompromißfähige Politik, denn sonst ist die Gefahr da, daß wieder einer kommt und es besser weiß und den anderen den Glückszustand bringt. Auf diese elementare Überzeugung muß man sich einigen.

Gysi: Es gibt viel Übereinstimmung und auch Widerspruch. Ich stimme zu, wenn Sie eine rücksichtslose, radikale, vollständige Aufarbeitung der Geschichte fordern. Ich stimme nicht zu, daß man Pause machen sollte, ehe man ein neues Ideal aufbaut. Ich glaube, daß sich konkrete Politik immer an einem Ideal orientieren muß. Messianischen Geist gab es auch schon in anderen Formen, ohne daß er zu Diktaturen neigte, wobei ich kein Liebhaber eines messianischen Geistes bin. Ich liebe streitbare Ideale, man muß darüber permanent diskutieren und die Begrenztheit des eigenen Wissens immer in Rechnung stellen dürfen.

Thierse: Ich hörte an der Uni Vorlesungen in materialistisch-leninistischer Philosophie unter der Losung, die mich jedesmal geängstigt hat: Der Marxismus ist allmächtig, weil er wahr ist. Lenin. Genau dieses: Lenin.

Gysi: Ja. Ich stehe zu Lenin aus vielen Gründen auch nicht unkritisch, wobei ich ihn auch nicht verdammen würde – seine Imperialismus-Analyse war zum Beispiel hervorragend, wobei da auch nicht alles stimmte. Und seine Ausführungen zum Sozialismus waren sehr zeit- und landesbezogen, und es war ein Fehler, sie unzulässig zu verallgemeinern. Es wurde alles zum Dogma erklärt, und dadurch verloren die richtigen Aussagen ihre Lebendigkeit. Damit ist Marx wirklich Unrecht getan worden. Aber das ist eine andere Frage. Im Vergleich zum real existierenden Sozialismus kommen wir jetzt in eine fortschrittlichere Gesellschaft. Ich weiß, damit ziehe ich mir schärfste Kritik von Linken in der Bundesrepublik zu, ich sage es dennoch. Diese Gesellschaft bringt ein Mehr an Demokratie, ein Mehr an Freiheit, ein Mehr an Effizienz und ein Mehr an Ökologie, zumindest partiell. Nicht gerade bei der SERO-Erfassung, aber gut. Ich brauche trotzdem eine Utopie.

Wenn alle Formen des Kapitalismus Antworten auf die globalen Menschheitsfragen nicht bereithalten und sich die Widersprüche verschärfen, dann haben wir auch gar nicht die Zeit. Wir können keine Pause im Nachdenken machen und uns auf einige konkrete Maßnahmen beschränken. Man muß Vorstellungen für die Zukunft entwickeln und, da stimme ich Ihnen wieder zu, dabei kompromißfähig sein. Wenn ein Fortschritt auf einem Gebiet möglich ist, muß man ihn auch realisieren – man kann ihn nicht ablehnen mit der Begründung, daß ein weitergehender Fortschritt nicht erreicht werden kann.

Der Weg in einen demokratischen Sozialismus, wie schon der Name sagt, kann nur auf demokratischem Wege erfolgen, weil er anders weder angenommen wird noch machbar ist. Ich kann Sozialismus gegen den Willen einer Mehrheit weder einführen noch durchsetzen, noch würde er Bestand haben. Damit urteile ich nicht über Befreiungsbewegungen gegen diktatorische Regime, in Lateinamerika etwa. Aber das hat Herr Thierse auch nicht gemeint. Wenn ich an die führenden Industriestaaten denke, also dort, wo es demokratische Wirkungsmöglichkeiten gibt, müssen die Veränderungen auf demokratische Art und Weise erreicht werden. Ein anderer Weg kommt für mich nicht in Frage. Deshalb sage ich auch in unserer Partei, wir müssen uns vom Linksextremismus und vom Sektierertum deutlich abgrenzen, was aber nicht ausschließt, daß man mit diesen Linken auch das Gespräch führt.

Was unternimmt die SPD gegen die aktuellen Probleme beim Einzug des Kapitalismus in die DDR?

Thierse: Ohne die SPD hätte es – entgegen anderslautenden Behauptungen – im ersten Staatsvertrag keine Mindestrente, keine Gewerkschaftsrechte, kein Aussperrungsverbot usw. gegeben. Wir haben bei den Verhandlungen zum Einigungsvertrag und nach dem Austritt aus der Koalition mit Druck der Gesamt-SPD die Vermögensrechte gesichert. Ich weiß, daß die Einführung der Marktwirtschaft, zumal in diesem Tempo, mit großen Risiken und Opfern verbunden ist. Doch ich erinnere daran, daß bereits

1977 das Politbüro der SED wußte, daß der absolute ökonomische Zusammenbruch bevorsteht. Und 13 Jahre lang hat diese Partei nichts wirklich unternommen...

Gysi: ... doch: lauter Mist.

Thierse: Da muß man sich also nicht wundern, daß wir vor irrsinnigen Problemen stehen und ganz elementare Dinge unternehmen und verteidigen. Die Lage ist also die Konsequenz langjähriger Entwicklungen und nicht Resultat aktueller Politik.

Gysi: Ich denke, man müßte eine sehr weitgehende Entschuldung der ehemals volkseigenen Betriebe und Genossenschaften vornehmen. Das sind fiktive Schulden aus einem anderen Wirtschaftssystem, die man auch nicht zur Hälfte in eine Marktwirtschaft, wie das jetzt geschehen ist, übernehmen kann. Erstens lähmt das die Investoren, und zweitens belastet es die Betriebe erheblich bei den Kosten, weil sie dafür ja Zinsen zahlen müssen. So werden die Produkte zu teuer.

Thierse: Es gibt einen Gesetzesantrag von SPD und Bündnis 90 zur Entschuldung der Betriebe.

Gysi: Das habe ich ja nicht bestritten. Ich wollte lediglich mitteilen, was jetzt nötig ist ... Zweitens halte ich es für nötig, daß der Mittelstand nachträglich die Geschäftskonten doch noch 1:1 getauscht bekommt. Aus Gesprächen mit Handwerkern, Gewerbetreibenden und so weiter habe ich erfahren, daß die Vorstellung, bis Jahresende dort 500 000 neue Arbeitsplätze zu schaffen, ein Witz ist. Die entlassen alle ihre Angestellten, weil ihre Geschäftskonten halbiert und die Unkosten gleich geblieben oder zum Teil gestiegen sind durch die höheren Abgaben. Die gegenwärtige Mittelstandspolitik ist mir völlig unverständlich. Und drittens muß es direkte Investitionshilfen geben. Es muß auch Subventionen geben. Die Landwirtschaft in der Bundesrepublik wird subventioniert, auch die Stahlindustrie. Hier müssen Förderungsmaßnahmen gefunden werden. Und was Umschulungen betrifft: Wo ist die Konzeption, wo die Umgeschulten später eingesetzt werden sollen?

Thierse: Eine Reihe der von Ihnen angesprochenen Probleme sind in den letzten 14 Tagen behandelt worden, einige in den endlosen Anlagen zum Einigungsvertrag. Es wird Steuervergünstigungen geben, direkte und indirekte Subventionen. Da ist noch allerhand erreicht worden, was zunächst schlecht aussah und was Krause im Entwurf schlecht vorgelegt hat. Das Stichwort Konzeptionslosigkeit höre ich natürlich ganz gerne, aber ich muß hinzufügen, daß es auch von der PDS keine Konzepte gab. Was nicht überraschend ist angesichts des rasanten Wandels.

Gysi: Aber vor dem Urknall am 1. Juli haben wir nicht ganz unbegründet gewarnt.

Thierse: Ja, aber es gab nach dem 9. November irgendwie keine richtige Alternative mehr. Die DDR war plötzlich kein abgeschotteter Wirtschaftsraum mehr. Das war das Problem. Durch den Druck – auch durch die DDR-Bevölkerung selbst – waren viele Alternativen, die vorher noch denkbar waren, nicht mehr möglich.

Was ist die PDS – eine kommunistische oder eine sozialdemokratische Partei?

Gysi: Also diese Frage hat über Interviews auch schon Herr Lafontaine an mich gerichtet. Entweder seien wir Sozialdemokraten, dann sollten wir die PDS auflösen und uns in der SPD tummeln – oder wir seien kommunistisch, dann müßte man sich mit uns entsprechend auseinandersetzen. Außer dem klassischen sozialdemokratischen und dem klassischen kommunistischen Standpunkt, so denke ich, sollte es durchaus noch etwas anderes geben – den demokratischen-sozialistischen, also den dritten Weg. Den Unterschied zu den Sozialdemokraten habe ich schon, glaube ich, genannt: Wir haben wesentlich radikalere, konsequentere Reformvorstellungen von der Umgestaltung der kapitalistischen Gesellschaft auf demokratischer Basis. Darüber hinaus treten wir für die Überwindung dieser Strukturen ein. Natürlich auch auf demokratische Art und Weise. Ich behaupte – und das behaupte ich nicht von Herrn Thierses SPD, sondern von der SPD der Bundesrepublik –, daß sie im Prinzip ihren Frieden mit dem Kapital gemacht hat. Wir nicht. Wir hatten, natürlich, dazu noch keine Gelegenheit, aber ich hoffe, daß wir das auch nicht tun werden.

Ich finde, es muß mehrere linke Politikangebote geben. Und nun, wo alle Parteien miteinander fusionieren, sollte man in ein geeintes Deutschland auch ein Stück Identität hinübernehmen, also ein schärferes Bewußtsein für die Probleme, die es in Ostdeutschland gibt. Das werden auch Sie haben, aber ich bezweifle, daß Sie das in einer 900 000-Mann-Partei durchsetzen werden können mit 35 000 Mitgliedern. Seit dem Herbst '89 hat es zur Konzeption Kohls keine wirkliche Opposition in der Bundesrepublik gegeben. Ein ungeheurer Mangel. Und wenn die PDS dafür sorgen kann, daß es eine stärkere Opposition gibt, wäre das ein Gewinn. Die SPD ist durch die Grünen ziemlich ökologisch geworden. Vielleicht kann sie durch uns auch noch ein paar innere Veränderungen vollziehen, was für sie und für uns nicht schlecht wäre. Das würde die politische Kultur bereichern.

Thierse: Ich habe etwas dagegen, daß sich eine Partei anmaßt, die DDR-Erfahrungen monopolistisch zu beanspruchen. Ich denke, wir, Bündnis 90, selbst CDU-Leute, werden die DDR nicht so schnell verlieren. Ich werde das ein Leben lang in mir drin haben.

Gysi: Letzte Feststellung: Ich fand unser heutiges Gespräch – von einzelnen Bemerkungen abgesehen – im Prinzip sehr sachlich. Ich wäre froh, wenn wir immer so miteinander sprechen könnten.

DER ABGEORDNETE GREGOR GYSI FÜR DIE
FRAKTION DER PDS VOR DER VOLKSKAMMER
DER DEUTSCHEN DEMOKRATISCHEN REPUBLIK
Fortsetzung der 1. Lesung zum Einigungsvertrag
am 13. September 1990

Herr Präsident! Meine Damen und Herren!
Ich hätte natürlich gern erst Ihnen zugehört, Herr Dr. Krause,

(Gelächter bei der SPD)

um einiges in die Argumentation mit aufnehmen zu können. Ich bedaure ein bißchen, daß ein so wichtiges Gesetz, ein so wichtiger Vertrag kurz vor Landtags- und gesamtdeutschen Wahlen behandelt wird, was offensichtlich dazu verführt, aus einem so wichtigen Dokument ein Objekt des Wahlkampfes zu machen. Ich finde, das hat dieses Objekt nicht verdient.

(Beifall bei CDU/DA)

Aber das gilt natürlich für alle Seiten, und auch ich muß mich sicherlich beherrschen, um nicht in diesen Fehler zu verfallen. Das will ich einräumen, freimütig.

(Vereinzelt Beifall)

Ich erinnere mich, daß die Standpunkte zu diesem Vertrag sich sehr gewandelt haben. Ich erinnere mich durchaus auch an eine Zeit, in der die SPD erklärte, lieber den Beitritt zum 15. 9., und zwar völlig unabhängig davon, ob es zu diesem Zeitpunkt einen Einigungsvertrag gibt oder nicht.

(Zum Teil Gelächter, vereinzelt Beifall)

Herr Lafontaine hat das so gesagt.

(Zurufe bei der SPD: Nein, das war immer die Meinung. Herr Gysi, da müssen Sie immer schön bei der Wahrheit bleiben.)

Ich finde, die Kritik, die hier von der SPD an dem Vertrag geäußert wurde, ist so, daß ich dem in vollem Umfang zustimmen kann. Ich habe dazu aus meiner Sicht einiges zu ergänzen.

(Unverständlicher Zuruf bei CDU/DA)

Auch wissen Sie, mit wem Sie früher alles Koalitionen eingegangen sind! Da wäre ich doch etwas vorsichtiger.

(Beifall und Gelächter bei PDS, Bündnis 90/Grüne und SPD)

Es ist zweifellos eine Situation, in der es um große Fragen für die Zukunft, nicht nur dieses Landes und dieses neuen, geeinten Deutschlands, sondern auch Europas geht. Und ich habe meine großen Zweifel, ob dieser Vertrag diesen Anforderungen, die daran geknüpft sind, gerecht wird. Ohne Zweifel hat die Gesamtentwicklung etwas mit der völlig verfehlten Politik der vergangenen Jahre und Jahrzehnte zu tun und damit, daß, wie ich meine, der sogenannte real existierende Sozialismus so, wie er war, zu Recht scheitern mußte. Das ändert nichts an der Tatsache, daß es bedauerlich ist, daß es nicht gelungen ist, eine demokratische Alternative zur kapitalistischen Ordnung in der Bundesrepublik zu gestalten. Als dies versucht wurde, war es offensichtlich zu spät.

(Unruhe bei CDU/DA)

Und eine Mehrheit wollte nun auch ein solches geeintes Deutschland, unabhängig von den jeweiligen Bedingungen, wobei bestimmte Fortschritte nicht zu verkennen sind, aber große Nachteile eben auch nicht.

Ich glaube, einer der juristischen Geburtsfehler war die Festschreibung auf den Artikel 23 des Grundgesetzes statt auf den Artikel 146 des Grundgesetzes, und zwar einfach deshalb, weil durch diese Festschreibung von vornherein klar war, daß es mehr um einen Anschlußvertrag und nicht um eine Vereinigung geht, daß man sich auch nicht die Zeit nahm, nachzudenken, welche Lösungen in welchen Fällen die geeigneten sind, ob die aus der dann ehemaligen DDR oder die aus der Bundesrepublik oder ob vielleicht ganz andere Lösungen in Frage kommen, als es sie bisher in dem einen oder in dem anderen Land gibt.

Das ist bedauerlich, weil nämlich die Chance bestanden hätte, politisch, militärisch, sozial, ökonomisch wenigstens den Versuch zu unternehmen, ein Deutschland zu installieren, das sehr viel besser ist als die DDR, aber durchaus auch besser ist als die BRD. Das ist eine Chance, die vertan wurde. Es kam nichts weiter als eine Vergrößerung der BRD heraus, wobei Korrektive wegfallen und jetzt schon bestimmte Großmachtmanieren deutlich werden, die hätten verhindert werden müssen. Und wenn ich höre, daß man auch noch über die Veränderung des Grundgesetzes nachdenkt, um vielleicht künftig doch noch Weltpolizist spielen zu können, dann verstehe ich inzwischen bestimmte Befürchtungen sehr viel besser, die aus den Nachbarländern geäußert wurden.

Unabhängig von dem Vertrag – im Rahmen der 2 + 4 Verhandlungen – hätte z. B. die Möglichkeit bestanden, daß die Deutschen von sich aus etwas zum künftigen militärischen Status in Deutschland in diesem Vertrag sagen. Es hätte die Möglichkeit bestanden, ganz eindeutig die Weichen auf Abrüstung zu stellen und hiermit deutlich zu machen, welche Rolle dieses künftige Deutschland in Europa und in der Welt spielen will.

Es hätte auch die Möglichkeit bestanden, eine Verpflichtung zur Neutralität oder aber zur allmählichen Entmilitarisierung einzugehen. Das alles ist nicht geschehen. Damit sind viele Chancen leider vertan worden, die durchaus bestanden haben.

Die Probleme dieses Vertrages sind verschiedener Natur. Hier ist durch den Kollegen Thierse bereits auf die Präambel hingewiesen worden. Es ist mir auch völlig unverständlich, weshalb man auch hier eine völlig überflüssige Stärke in der Auseinandersetzung mit dem Zentralrat der Juden in Deutschland zeigen mußte. Man hätte den Vorschlag dieses Zentralrats zur Formulierung in der Präambel übernehmen können. Ich hätte gerne mal eine Begründung dafür, weshalb das eigentlich unmöglich erschien, wer sich eigentlich zu dieser Vergangenheit nicht bekennen wollte und aus welchem Grunde.

Es gibt eine ganz grundlegende Änderung des Grundgesetzes, die in diesem Vertrag vereinbart wird, und da heißt es: Recht in dem in Artikel 3 des Einigungsvertrages genannten Gebiet kann längstens bis zum 31. Dezember 1992 von Bestimmungen dieses Grundgesetzes abweichen, soweit und solange infolge der unterschiedlichen Verhältnisse die völlige Anpassung an die grundsätzliche Ordnung noch nicht erreicht werden kann. Und dann wird eine Ausnahme dazu vereinbart.

Diese Regelung, auf die unsere Regierungsdelegation besonders stolz ist, weil sie bestimmte spezifische Momente der Entwicklung in der DDR berücksichtigen soll, ist aber bedenklich, weil es ja gegenwärtig nur eine Hoffnung ist, daß sie in der Richtung angewandt wird, in der man sie versteht. Ich weiß z. B. nicht, ob die Verhältnisse in der DDR so anders sind als in der Bundesrepublik, daß nicht das Bundesverfassungsgericht sagen könnte: Die Fristenregelung wird sofort aufgehoben, weil eben die Verhältnisse in der DDR so verschieden nicht sind von der Bundesrepublik. Wenn aber dagegen ein Rentner z. B. dafür eintritt, daß die Rentenanpassung für ihn voll gültig ist, und darauf besteht, daß die im Grundgesetz in Artikel 72 Abs. 2 Ziffer 3 geregelte Wahrung der Einheitlichkeit der Lebensverhältnisse durchgesetzt wird, dann kann man ihm sehr wohl entgegenhalten, eben auf Grundlage dieser Änderung des Grundgesetzes, daß die Verhältnisse in der ehemaligen DDR noch nicht so sind, daß dies gestattet ist. Das heißt, es ist eine Regelung, die durchaus gegebenenfalls positive Anwendung finden kann, aber man muß, bitte schön, auch betonen, daß sie sehr wohl auch negative Anwendung finden kann für die Bürgerinnen und Bürger der DDR. Das würde zur Ehrlichkeit hinzugehören, und es würde dazugehören, daß man wenigstens den Versuch hätte machen können, eine Negativanwendung auszuschließen. Der fehlt, und der ist auch nicht verankert im Vertrag.

Ich finde es bedauerlich, daß in dem Vertrag eine Stimmenverteilung im Bundestag festgelegt ist, die zwangsläufig dazu führt, daß dann die Länder der ehemaligen DDR, einschließlich des Landes Berlin, immer weniger als ein Drittel der Stimmen im Bundesrat haben, so daß sie jederzeit hinsichtlich DDR- oder dann ehemals DDR-spezifischen Forderungen überstimmt werden können und selbst Grundgesetz- und Verfassungsänderungen gegen ihren Willen möglich sein werden, sofern sich die anderen natürlich einig sind.

Es gibt auch kleine Formulierungsunterschiede, die sehr wohl ihre Bedeutung haben. Im früheren Artikel 146 stand für den Fall der Einheit drin, daß eine neue Verfassung durch Volksentscheid angenommen werden muß. Jetzt ist das Wort »neue« gestrichen worden. Es steht nur noch das Wort »Verfassung« drin. Ich verstehe das so, von wem es auch immer gekommen ist ...

(Zuruf: Die SPD hat das gestrichen.)

... die SPD hat das gestrichen, ich nehme das zur Kenntnis –, ich verstehe das so, daß »neu« nicht heißen soll: Es kann sehr wohl auch das Grundgesetz sein. Und wenn es sehr wohl auch das Grundgesetz sein kann, soll es ja wohl heißen, daß eben nicht garantiert ist, daß Rechte wie das Recht auf Arbeit, das Recht auf Wohnung, auf selbstbestimmte Mutterschaft und anderes garantiert in eine Verfassung aufgenommen werden.

Von entscheidender Bedeutung in diesem Einigungsvertrag halte ich die Negierung der Arbeit dieser Volkskammer nach dem 18. März 1990. Es ist hier zum Teil in stundenlangen Sitzungen, in Nachtsitzungen, in harter Arbeit der Ausschüsse Spezifisches für die Entwicklung in der DDR erarbeitet worden, und vieles davon fällt am 3. Oktober 1990 weg – so, als ob es die Arbeit der Volkskammer in dieser Zeit gar nicht gegeben hätte.

(Beifall bei SPD und PDS)

Das trifft zahlreiche Bestimmungen im neugefaßten Familienrecht, zahlreiche Bestimmungen im neugefaßten Gesundheitsrecht. Das betrifft das Gesetz über die Verwahrung und Nutzung der Akten des MfS/AfNS. Das betrifft das Vorerwerbsrecht für DDR-Bürger für Grund und Boden innerhalb einer bestimmten Frist. Das betrifft das Rehabilitierungsgesetz und andere Bestimmungen.

Und dann gibt es noch die Rechtskonstruktion, die noch merkwürdiger ist. Mit dem Vertrag wird nämlich jetzt schon bestätigt, daß bestimmte Gesetze, die noch gar nicht da sind, Gegenstand dieses Vertrages sind und damit also sozusagen auf jeden Fall rechtskräftig werden. Sie können das einmal in den Anlagen nachlesen. Da steht: Gesetz vom – und dann ist es offen; Gesetzblatt – offen; oder es steht drin: Durchführungsverordnung vom – und dann fehlen die Punkte, weil sie noch nicht beschlossen worden sind.

Ich glaube, es ist ein einmaliger Vorgang, daß das Parlament heute schon festlegt, daß Gesetze gelten werden, die es überhaupt noch nicht kennt. Das hat es – glaube ich – in der Geschichte der Parlamente noch nicht gegeben.

(Beifall bei der PDS)

Und das muß ja der Bundestag auch tun. Es ist schon ein merkwürdiger Vorgang, daß sich Parlamente darauf verständigen.

Und das hat auch etwas zu tun – glaube ich – mit der individuellen Verantwortung eines Parlamentariers vor seinen Wählerinnen und Wählern, daß ich z. B. nicht sagen kann: Ich stimme einem Vertrag zu, der Gesetze festschreibt, die ich noch gar nicht gesehen habe, oder der Durchführungsverordnungen festschreibt zur künftigen Geltung, die noch nicht einmal ausgearbeitet sind. Zumindest sind sie den Parlamentariern nicht bekannt. Ich finde, das ist ein Rechtsvorgang, der überhaupt nicht geht. Soviel Vertrauensvorschuß hat sich meines Erachtens die Regierung nicht verdient, daß man hier vorab schon ihre Rechtsvorschriften absegnen kann, ohne sie je gesehen zu haben.

(Beifall bei der PDS)

Das genau aber ist der Bestandteil dieses Vertrages.

Auch wir würdigen positiv z. B. die Festschreibung der Ergebnisse der Bodenreform in diesem Vertrag, und noch positiver, daß es nicht nur durch den Vertrag, sondern im Grundgesetz selbst geschehen soll. Und ich bin weit davon entfernt, positive Regelungen des Vertrages nicht zu sehen oder auch nicht anzuerkennen. Aber es fehlen auch gerade auf diesem Gebiet zahlreiche Regelungen.

Es ist eben gerade gewürdigt worden, daß die Eigentumsfragen so vernünftig geregelt worden sind seitens der SPD. Ich möchte aber einfach darauf hinweisen, daß diese Erklärungen der beiden Regierungen, die Bestandteil des gesamten Vertragspaketes sind, natürlich zum Teil auch sehr ungenaue Formulierungen enthalten. Zum Beispiel der Schutz für den gutgläubigen Erwerb bedeutet natürlich eine Beweislast – nachdem das Geschäft an sich sozusagen als unredlich festgestellt worden ist – desjenigen, der meint, gutgläubig erworben zu haben. Und das kann in der DDR äußerst kompliziert werden, und das kann eine Lawine von Tausenden von Prozessen auslösen, und eigentlich hätte die Aufgabe darin bestanden, eine Regelung zu finden, die genau solche Prozesse verhindert und bestimmte Dinge endgültig festschreibt, damit sowohl Entschädigungsansprüche als auch andere Ansprüche klar sind, aber auch klar ist: Wir werden hier nicht einhunderttausend Prozesse zu diesen Fragen bekommen. – Aber genau die werden wir bekommen in den verschiedensten Varianten, und damit ist auf diesem Gebiet leider sehr viel Rechtsunsicherheit verursacht worden.

Hinsichtlich der wirtschaftlichen Regelungen gibt es natürlich einige – wie ich meine – bedauerliche Fehlleistungen, z. B. die Einzelfallprüfung beim Schuldenerlaß für Betriebe. Da nichts weiter dazu geregelt ist, ist hier sehr wohl auch Willkür möglich, und hier hätte es eben einer viel generelleren Regelung bedurft, wie sie schon lange von Abgeordneten der verschiedensten Fraktionen dieses Hauses angestrebt worden ist und wie wir sie auch hätten selbständig beschließen können; denn mit dem Erlaß ware sie erlassen gewesen.

Dann hätten wir uns gar nicht mehr im Einigungsvertrag damit herumzuschlagen brauchen. Aber jetzt geschieht es hier, und es geschieht auf eine Art und Weise, die keinerlei Sicherheit bietet, so daß zu vermuten ist, daß der Schuldenerlaß immer dann gewährt wird, wenn das Interesse aus der Bundesrepublik besonders groß ist, und in anderen Fällen nicht. Und das wäre dann schon ein eher trauriges Ergebnis.

Es fehlt auch, wie nicht anders zu erwarten, eine Regelung zum Lastenausgleich für die Länder der dann ehemaligen DDR. Der Finanzausgleich ist so unzureichend geregelt, daß hier der deutlich ärmere Teil Deutschlands festgeschrieben wird.

Es fehlt auch eine Regelung für den Mittelstand, mehrfach angemahnt, noch nachträglich die Geschäftskonten für Handwerker und Gewerbetreibende 1 : 1 zu tauschen, weil sie gezwungen sind, ihre Mitarbeiter zu entlassen wegen gestiegener Unkosten bei halbierten finanziellen Mitteln. Auch das ist nicht geschehen, und deshalb werden die Schließung solcher Betriebe anhalten und vor allem die Entlassung von Mitarbeitern. Gerade bei einer Partei, die sich die Förderung des Mittelstandes – ein wichtiger Bereich für die dann ehemalige DDR – auf die Fahne geschrieben hat, ist es unverständlich, daß hier keine Regelung getroffen worden ist.

Von besonderer Bedeutung sind natürlich auch Fragen der Sozialregelung. Andere Vertreter meiner Fraktion werden auch darauf noch spezifisch eingehen. Aber gestatten Sie mir, soviel doch festzustellen: Zum Teil werden aus bisherigen Invalidenrentnern mit einem Rentenanspruch Sozialhilfeempfänger mit dem Charakter der Demütigung permanent neu zu stellender Anträge, der Abgabe von Versicherungen usw., was hätte eindeutig vermieden werden können. Hier hätte man die günstigere Regelung aus der DDR übernehmen können, Rentenansprüche zu schaffen.

(Beifall bei PDS und vereinzelt bei SPD)

Bei sämtlichen Sozialregelungen fällt mir eines auf, und das halte ich für besonders bedenklich: Zum Teil gab es ja auch bessere Sozialregelungen in der BRD. Sie wurden überwiegend nicht für die DDR übernommen. Zu einem beachtlichen Teil gab es bessere Sozialregelungen in der DDR. Sie wurden entweder gestrichen oder gelten befristet, aber dann als Privileg für Bürgerinnen und Bürger der DDR weiter, nicht für Bürgerinnen und Bürger der Bundesrepublik, ob es das Krankengeld und die Freistellung bei der Erkrankung von Kindern ist, ob es der Haushaltstag ist oder welche Regelung auch immer.

Und nun frage ich mich eigentlich eins, und ich habe mich schon die ganze Zeit gefragt: Waren das nur ökonomische Gründe? Warum konnte nicht eine einzige von diesen Regelungen – Sie werden sie alle in der Anlage finden – als gesamtdeutsche Regelung übernommen werden? Ich habe inzwischen den Eindruck: Das sind auch einfach ideologische Scheuklappen gewesen. Man wollte nicht zugeben, daß es auch nur eine einzige Regelung in der DDR gibt, bei der es sich gelohnt hätte, sie gesamtdeutsch zu übernehmen.

(Beifall bei SPD, PDS und Bündnis 90/Grüne)

Und das ist eine Beschränkung, finde ich, im Herangehen, die wirklich den Interessen der Menschen widerspricht. Es wäre doch eigentlich eins der positivsten Ergebnisse gewesen, wenn man z. B. den Bürgerinnen und Bürgern der Bundesrepublik hätte sagen können: Durch diesen Einigungsvertrag gibt es auch einige soziale Verbesserungen für euch, anstatt eine gegenteilige Wirkung und eine gegenteilige Anschauung zu erzielen mit der Maßgabe, daß es viele gibt, die diesem Prozeß inzwischen aus solchen Gründen eher kritisch gegenüberstehen. Aber das ist, wie ich meine, insbesondere wegen ideologischer Scheuklappen hier verhindert worden. Das ist tragisch.

Tragisch ist auch, daß Kultur und Wissenschaft so geregelt worden sind, daß für die Finanzierung die Länder zuständig werden, denen man aber auf der anderen Seite kaum Geld gibt, so daß sie es nicht finanzieren können. Damit ist schon jetzt, vorher also, deutlich programmiert, daß sich diese Einrichtungen nicht halten lassen werden, daß hier vieles auch an kultureller Identität verloren geht und anderes mehr.

Ich möchte auch daran erinnern, daß die Regelungen so sind, daß nicht etwa ein Ausbau der Kindereinrichtungen in Gesamtdeutschland zu erwarten ist, sondern eine Einschränkung der vorhandenen Kindereinrichtungen in der DDR zu befürchten ist.

Das alles gilt für viele andere Regelungen auch. Zum Teil geht man sogar so weit, rückwirkend Grundgesetz und Bundesrecht für die DDR anzuwenden – ein einmaliger Vorgang. Das ist eigentlich nicht möglich. So etwas verbietet das Recht, zum Beispiel in Fragen des Eigentums und in anderen Fragen.

Es gibt noch ein paar Spezialbestimmungen zur Benachteiligung der PDS, aber das ist nicht so wichtig, als daß ich mich hier damit auseinandersetzen müßte, weil es hier um Grundsatzfragen geht.

Ich bedaure, daß es nicht gelungen ist, einen Einigungsvertrag abzuschließen. Ich bedaure, daß es nur zu einem Anschlußvertrag gekommen ist, der in bestimmten Fristen regelt, wann welche Sozialleistungen in der DDR abgebaut werden, der bei anstehenden Erhöhungen der Mieten und der Energiekosten nicht sichert, daß in gleichem Maße Zuschläge gezahlt werden oder Löhne und Gehälter erhöht werden, der ein bestimmtes Verhältnis zwischen Westdeutschland und Ostdeutschland auf Dauer festschreibt und der darüber hinaus dazu führt, daß Großmachtsucht nicht in dem erforderlichen Maße eingeschränkt worden ist.

(Beifall bei der PDS)

Dr. Ullmann (Bündnis 90/Grüne):

Gestatten Sie, Herr Gysi, eine Frage zu Ihrer Bemerkung über den Wortlaut von Artikel 146. – Sind Sie nicht geneigt, mir beizupflichten, daß in diesem Fall die Formulierung im Einigungsvertrag, den ich genauso kritisiere wie Sie, doch die günstigere ist, weil die Formulierung, die Sie bevorzugen, eine neue Verfassung, erstens tatsächlich nicht im Grundgesetz steht und zweitens auch den Unterschied zwischen Grundgesetz und Verfassung, der doch wohl wichtig ist, aufheben würde?

Dr. Gysi (PDS):

Es stand ursprünglich so drin, und dieses Wort ist dann gestrichen worden. Wenn das das Motiv wäre, könnte ich mich damit anfreunden. Ich befürchte aber, daß das Motiv ist, darauf hinzuweisen, daß man eigentlich nicht viele Änderungen will, und mit der Begründung, daß man nicht viele Änderungen will, wird man genau solche Regelungen, auf die Sie, ich und andere großen Wert legen, wie Recht auf Arbeit, Recht auf Wohnung, auf selbstbestimmte Mutterschaft nicht zulassen in dieser Verfassung. Und die Mehrheitsverhältnisse sind wahrscheinlich so, daß ja doch dieser Entwurf in erster Linie von der CDU dominiert sein wird, und so wird er dann wahrscheinlich auch aussehen.

(Beifall bei der PDS)

Thietz (F.D.P.):

Herr Gysi, Sie führten aus, daß der Vertrag sehr unzulänglich sei, sehr viele Lücken offenlasse und daß das doch sehr bedenklich sei. Würden Sie mir beipflichten, daß man hier doch bedenken muß, ob sich hier zwei völlig verschiedene, sich gegensätzlich gegenüberstehende Länder vertraglich vereinbaren oder ob sich hier das deutsche Volk wiedervereinigt und eine gemeinsame Zukunft aufbauen will, daß das damit doch eine ganz andere Basis ist, auf die man bei diesem Vertrag achten muß, und daß es dann ganz verständlich ist, daß bei diesem komplizierten Prozeß, der hier eingeleitet wird, auch offene Stellen im Vertragswerk bleiben müssen?

Dr. Gysi (PDS):

Herr Abgeordneter, würden Sie mir zubilligen, daß das Verhalten des deutschen Kapitals auch seit dem März 1990 nicht viel Vertrauen in seinen Patriotismus rechtfertigt?

(Heiterkeit und Beifall bei der PDS)

So daß ich dabei davon ausgehe, daß es dringend geboten war, vieles zu regeln, was anders nicht laufen wird. Und bei juristischen Dingen, wissen Sie, das sagen meine Erfahrungen, was Sie nicht genau geregelt kriegen, kriegen Sie auch später nicht mehr in der Hoffnung auf allgemeinen Patriotismus. Das ist meist trügerisch. Sie können sich andere Länder ansehen. Nehmen Sie mal Italien. Da sind die Unterschiede im Lebensniveau zwischen dem Norden und dem Süden auch vor geraumer Zeit festgeschrieben worden und bis heute im wesentlichen weiterentwickelt und nie aufgehoben worden. Das ist eine der Sorgen, es gibt auch noch andere, die hier zum Ausdruck kommen.

Was die militärischen und andere Fragen betrifft, da habe ich bei den Äußerungen, die ich aus Bonn höre, eher die Befürchtung, daß hier ein Ausbau stattfinden wird und nicht ganz deutlich die Richtung Abrüstung und Entmilitarisierung beschritten wird, daß in anderer Hinsicht ein Beitrag dazu geleistet wird, die dominierende Großmacht Europas zu werden, mit den Folgen, die das haben kann.

(Thietz, F.D.P.: Herr Gysi, wir werden das praktisch sehen.)

Zweifellos. Wenn Sie recht haben, bin ich sehr zufrieden, aber ich befürchte, daß ich recht habe.

Dr. Kalz (SPD):
Stimmen Sie mir darin zu, daß das Thema Kinderbetreuungseinrichtungen für den Wahlkampf instrumentalisiert wird? Seit vielen Jahren werden die bestehenden Kinderkrippen in der DDR bzw. das bestehende System von Kinderkrippen, von Kinderärzten und anderen kritisiert wegen der dort in das kollektive Erziehungssystem zum Sozialismus hin integrierten Verhältnisse. Es ist doch wohl zwingend, dieses System zu reformieren, zu verändern und zu verbessern. Ich vermisse in jeder Aussage eine Differenzierung zu diesem Thema, sondern erlebe immer nur wieder, daß wahlkampftaktisch außerordentlich günstig der Erhalt des bestehenden Systems, und das heißt, des unveränderten Systems, gefordert wird.

(Beifall)

Dr. Gysi (PDS):

Herr Abgeordneter! Ich habe schon mehrfach in Reden differenziert. Ich habe nie dagegen gesprochen, daß man das bestehende System qualitativ verbessert. Dafür bin ich, aber ich bin gegen seine Abschaffung. Das ist ein großer Unterschied.

(Beifall bei der PDS)

Das sind zwei ganz verschiedene Dinge. Und das halte ich auch für leichtfertig, weil es nämlich eine Verurteilung der Frauen zur Hausarbeit und zur Einschränkung ihrer Berufsmöglichkeiten und zu anderen Dingen ist. Also kann man darüber nicht so leichtfertig urteilen.

(Unruhe im Saal)

Ich will deutlich sagen: Ich bin für eine Verbesserung des bestehenden Systems, auch für eine bessere qualitative Betreuung, aber ich bin ganz und gar dagegen, es aufzugeben, im Gegenteil, das Netz des Angebots an Kinderbetreuungseinrichtungen in hoher Qualität muß noch erweitert werden, und zwar im gesamten Deutschland, nicht nur in einem Teil Deutschlands.

(Beifall bei der PDS)

Zweitens: Die Frage, von welcher Fraktion hier heute weniger zur Sache und mehr eine Wahlkampfrede gehalten worden ist, scheint mir beantwortet.

SCHLUSSWORT AUF DER FORTFÜHRENDEN
SITZUNG DES 1. PARTEITAGES DER PDS
Vom 16. September 1990

Liebe Genossinnen und Genossen!

(...) Wir sind psychologisch überfordert. Das müssen wir uns einfach mal eingestehen. Das ist ja auch ein bißchen viel, was da alles weggeht und was da alles auf uns zukommt.

Wir sind plötzlich Bürger der Bundesrepublik Deutschland. Das müssen wir verkraften. Und für alles, was jetzt kommt, auch an möglicherweise negativen sozialen Konsequenzen, werden immer noch wir in großem Maße verantwortlich gemacht werden – in diesem Teil.

Und in dem anderen werden wir auch zu einem nicht geringen Umfang wie Verbrecher behandelt. Da stehen wir permanent in Abwehrsituation, wissen nicht richtig, wie wir uns verhalten sollen, wissen eher immer, wie der Nachbar es hätte besser machen können als wir selbst, und sind natürlich unzufrieden mit uns und also auch mit den anderen. Ich bitte nur um eins, daß wir alle diese Faktoren, die da auf uns einwirken, nicht unterschätzen und deshalb – sagen wir mal – auch nicht immer nur nach objektiven Kriterien suchen. Es gibt auch subjektive Befindlichkeiten, die wir miteinander auslassen und austragen. (...)

Und wer mal die Fraktion erlebt hat, die ja auch kritisiert worden ist, der weiß, was sich in diesen Monaten abgespielt hat, und der weiß zum Beispiel, wie ungeheuer wichtig das war, ab und zu die Fraktion psychisch aufzubauen. Wir sind es doch nicht gewöhnt, für Dinge, die wir individuell kaum oder wenig zu verantworten haben, derartig zur Verantwortung gezogen zu werden, derartig beschimpft zu werden. Und natürlich, wenn du vor der Mattscheibe sitzt, sagst du dir auch, das hättest du jetzt anders gemacht, da hättest du anders reagiert. Das alles müssen wir lernen. Das wird auch im Bundestag nicht leichter. Die bereiten sich schon darauf vor, die fangen schon mit den Demütigungen an, indem sie sagen, die letzten fünf Reihen und so, ganz hinten. Das ist mir Wurscht, sollen sie es machen. Sie zeigen bloß, wie groß sie sind.

Aber ich will darauf hinweisen, da kommt noch eine Menge auf uns zu, viel Fremdes, viel Neues. Die Möglichkeiten erweitern sich, und gleichzeitig werden sie auch enger. Und wir haben uns einer historischen Verantwortung in dieser Situation gestellt, das haben wir im Dezember gemacht, das haben wir im Februar gemacht, und das machen wir jetzt wieder, nicht allein – wir bringen uns ein.

(...) Aber wir sind ja viel mehr. Wir sind natürlich auch ein bißchen Therapeuten, und zwar für uns als auch für andere, und da kommen auch die Befindlichkeiten, da kommt doch die Frage nach dem Solidaritätsgefühl, da kommt doch die Frage: Was machen wir denn mit dem einzelnen, der unter ein Berufsverbot fällt? Wie helfen wir ihm denn? Es geht uns ja nicht nur um politische Willensbildung. Es geht uns auch um sehr viele Aktionen, parlamentarisch und außerparlamentarisch, und es geht natürlich auch um einen beachtlichen Teil von Bürgerinnen und Bürgern, die ja überhaupt erst noch in wirklich schwierige Situationen kommen. Ich sage immer wieder, wir dürfen das nicht unterschätzen: ein Großteil der dann ehemaligen DDR-Bürgerinnen und Bürger wird krank werden. Das alles überfordert sie so sehr, daß sie zumindest an der Grenze dazu stehen. Wir werden Aggressionen erleben, scheinbar völlig unmotiviert.

Das ist ganz wichtig, daß wir das wissen; denn wenn wir das wissen, können wir besser darauf reagieren. Und dann müssen wir auch anderen helfen, völlig unabhängig davon, ob sie Mitglied der PDS sind oder nicht. Und wenn wir das einigermaßen schaffen, dann glaube ich, daß wir ein besseres Bild in der Öffentlichkeit haben, weil sich dieser Aufgabe kaum eine Partei widmen wird und die Bürgerbewegungen durch die Art ihrer Struktur wiederum kaum widmen können.

Es ist hier gesagt worden, wir müssen unseren Schmerz öffentlich machen, und das sei letztlich wichtiger als Wahlkampf, oder zumindest ist das so in den Wahlkampf einzubringen und ist Bestandteil des Wahlkampfes. Ich würde darüber nachdenken, weil: Schmerz ist individuell. Schmerz kollektiv wird dann auch irgendwann nicht glaubhaft. Da muß man aufpassen, und so einen Durchschnitt von Schmerz gibt es nicht.

Und das zweite Problem ist, daß Aufarbeitung der Geschichte individueller Schmerzen etwas anderes ist als ein Schmerz der Partei nach außen, die damit ja dann doch irgendwie politikunfähig wird. Und die Menschen haben selbst genügend Schmerzen. Sie wollen ja auch jemanden wählen, der ein bißchen Stärke ausstrahlt. Stärke in dem Sinne, daß man sich auf seine Politikangebote verlassen kann, daß er das ernst meint, daß er sich nicht nur mit sich selbst beschäftigt. Schmerz ist sehr nach innen gekehrt und kann auch ganz wichtig sein, ich will es überhaupt nicht abtun. Ich will nur davor warnen, daß wir ein Bild von uns abgeben, das uns dann fast unwählbar macht. Wobei es nicht in erster Linie darum geht, ob wir gewählt werden für unsere Selbstbefindlichkeit, da geht es wirklich um mehr. Da geht es um dieses Deutschland, und da geht es auch darum, ob dieser Bundestag wirklich nicht anders aussieht als vorher. Und da geht es darum, ob diese Großmachtambitionen sozusagen fast unwidersprochen hingenommen werden, nachdem nun eben auch einige Mitarbeiter oder Abgeordnete der Grünen Fraktion merkwürdigste Äußerungen in dieser Sache getan haben – der Fraktion sage ich, nicht des Bundesvorstandes. Da ist es auch wirklich an der Zeit, daß eine neue Kraft reinkommt, wobei die sehr aufpassen muß, daß sie sich nicht in dieser Form etabliert. Die Gefahr besteht natürlich immer.

Aufarbeitung der Geschichte gehört zur Gegenwarts- und Zukunftspolitik. Wir müssen aber auch aufpassen, daß wir gerade jetzt in diesem Wahlbündnis mit den Linken aus der Bundesrepublik, die sich praktisch in einer ganz anderen Situation befinden, nicht einen Eindruck hinterlassen, der letztlich dann diese Chancen unnötig verringert oder gar verbaut. So wichtig sind wir auch nicht, daß wir das Recht haben, uns in erster Linie um uns zu kümmern. In erster Linie müssen wir uns um die Interessen der Bürgerinnen und Bürger dieses Landes und künftig sogar des geeinten Deutschlands kümmern und sogar noch darüber hinaus. Und an diesen Aufgaben gemessen, dürfen wir nicht das Bild einer Partei geben, die sich, ob nun in Schmerz oder in Freude, überwiegend mit sich selbst beschäftigt. Dann werden wir unwählbar.

Wir haben uns auf diesem Wahlkongreß verständigt, daß jetzt das A und O die Landtagswahl ist, und wir haben die Vertreter der Linken Liste/PDS der Bundesrepublik darum gebeten, sich aktiv in unseren Wahlkampf einzumischen. Das hilft uns und unseren Sympathisanten und Wählerinnen und Wählern, daß sie nämlich auch mitbekommen, wir sind nicht mehr isoliert. Da gibt es nicht wenige in der Bundesrepublik Deutschland, die uns annehmen, die sogar auf uns warten, die darin sogar eine Chance für linke Politik in diesem Deutschland sehen. Und das ist – glaube ich – auch als Aussage im Landtagswahlkampf wichtig, weil ja bei uns noch so ein bißchen die Stimmung vorherrscht, wer Opposition wählt, wählt eben Leute, die nichts durchsetzen können – etwas, das wir unbedingt in der Bewußtseinshaltung abbauen müssen. Das hängt damit zusammen, daß wir 40 Jahre lang Opposition nicht gewöhnt waren und deshalb auch den Wert von Opposition schlecht einschätzen können.

Aber ich glaube, daß uns das gelingen wird, und ich finde, daß wir uns auf diesen Wahlkampf doch sehr konzentrieren müssen. (...)

Es ist sehr viel leichter, an Einfluß zu gewinnen, auch, sagen wir mal, die Partei stabiler zu machen, auch offener zu machen, die Gespräche zu vertiefen, die Programmatik zu vertiefen, wenn man wahrgenommen werden muß in der Öffentlichkeit, und das geht am besten über parlamentarische Mitwirkung. Man ist dann auch gefordert, zu jeder Frage Stellung zu nehmen, was im Parlament oder anderswo geschieht, und die kann in den Medien nie ganz unterdrückt werden, während sie von außerhalb – außer in unseren eigenen Zeitungen – nicht zur Kenntnis genommen wird. Das muß man einfach realistisch sehen. Also ich halte es schon für wichtig, und ich bitte, diese Bedeutung auch nicht zu unterschätzen, natürlich wäre es eine ganz große Enttäuschung für viele Linke in der DDR und in der Bundesrepublik, wenn wir nicht in diesen Bundestag kämen, und mit dieser Enttäuschung ist es nicht so einfach zu leben. Das würde ja die resignative Stimmung noch vertiefen. Also daran sollen wir natürlich auch denken, und insofern – meine ich – haben wir einfach die Pflicht, gar nicht so sehr für uns, aber natürlich auch für uns, wirklich alles zu tun, um das zu erreichen, zumal – ich möchte noch mal hinzufügen – in der großen Politik es doch so aussieht, daß diese DDR einfach kolonialisiert wird, daß sie wirtschaftlich in eine ganz bestimmte Richtung gedrängt wird, daß die Psychologie der Bürgerinnen und Bürger der DDR dem westdeutschen Kapital und der Regierung völlig egal ist.

Niemand nimmt auf irgendwas Rücksicht, weder darauf, wieviel Zeit ein einzelner braucht, noch wieviel Zeit ein ganzes Volk braucht, wieviel Zeit eine Wirtschaft braucht, nichts interessiert. Die großen Parteien in der Bundesrepublik streiten sich um die Frage, ob sie am 14. oder am 2. Dezember wählen, das sind ihre leidenschaftlichen Punkte, und dann drücken sie darauf, daß der Beitritt am 3. Oktober folgt, nur damit es keinen 41. Jahrestag mehr gibt. Das muß man doch mal sehen, was da abläuft, und da gibt es eine Gruppe, die stört sie ganz ernsthaft – natürlich auch noch andere, aber die machen jetzt schon so ein bißchen mit den Grünen, und daran hat man sich ja gewöhnt. Aber da kommt etwas, das hatten sie nicht. Und wenn sie es hatten, dann in einer solchen Bedeutungslosigkeit aus ihrer Sicht, daß sie es nicht weiter zur Kenntnis zu nehmen brauchten. Und das stört sie natürlich.

Und ich finde, wir müssen stören! Das kann doch nicht alles so weitergehen! Es muß doch mal ein Punkt dagegen gesetzt werden! Und sich ernsthaft als Störfaktor zu begreifen, heißt natürlich, sich auch ernsthaft und prinzipiell als Opposition zu begreifen. Und das heißt, all diesen Prozessen entgegenzuwirken, in diesem Land, vor allem aber dem höchstgefährlichen Hegemonialstreben dieses großen Deutschlands nach Vormacht in Europa, mit dem Ziel, Europa zur Supermacht auszubauen, die Dritte Welt noch erfolgreicher auszubeuten, in Konkurrenz zu Japan und den USA zu treten, was höchst gefährlich ist, und jetzt auch noch die Rolle eines Weltpolizisten zu spielen. Die sind ganz gierig, endlich mit ihren Kanonen auch an den Golf fahren zu dürfen.

Und dagegen wird es mehr Widerstand geben, nicht nur durch uns, ganz klar, aber auch durch uns. Auch das Ausland soll wissen, da gibt es Deutsche, die sind ganz und gar gegen eine hegemoniale Macht Deutschlands und sind überhaupt nicht bereit, sich damit anzufreunden. Und wir müssen bei den anderen Punkten, den sozialen Fragen und den ökologischen Fragen wirkliche Politikangebote unterbreiten, die die Menschen interessieren. Und wenn sie begreifen, daß ihr eigenes Schicksal, selbst wenn einer heute 4000 oder 5000 Mark verdient, gefährdet ist, wenn die Ausbeutung der Dritten Welt so weitergeht, dann glaube ich, werden wir auch mehr Zustimmung bekommen. Denn es gibt auch viele Bürgerinnen und Bürger der Bundesrepublik, denen unwohl ist bei den Entwicklungen, so wie sie jetzt laufen und wie sie eingeleitet worden sind.

Wenn wir hier auch mit dem notwendigen Optimismus hineingehen und trotz aller Schwierigkeiten und Gefahren dabei auch unseren Humor nicht restlos verlieren, und dafür spricht einiges, dann meine ich, ist diese erste Etappe, bevor wir den demokratischen Sozialismus verwirklichen, erst einmal ein Stück davon in den Deutschen Bundestag reinzuschieben, so gut wie gelungen, und die anderen müssen einfach lernen, damit zu leben. Uns wird es leichter fallen als ihnen, davon müssen wir ausgehen. Das macht unsere eigentliche Chance aus.

Dankeschön!

DER ABGEORDNETE GREGOR GYSI FÜR DIE FRAKTION DER PDS VOR DER VOLKSKAMMER DER DEUTSCHEN DEMOKRATISCHEN REPUBLIK

Zur Verteidigung Hans Modrows in der Debatte über die Entsendung von Abgeordneten in den 11. Deutschen Bundestag am 28. September 1990

Herr Präsident! Meine Damen und Herren!

Zunächst möchte ich auf den eindeutig undemokratischen Gehalt dieses Änderungsantrages[1] hinweisen. Die Volkskammer soll 144 ihrer Abgeordneten in den Bundestag entsenden; damit nicht die Mehrheit allein ihre Vertreter entsendet, wurde, wie üblich, ein Proporz zwischen den Fraktionen erarbeitet.

Jede Fraktion entschied in selbstgewählter Form über die Entsendung ihres Anteils an Abgeordneten. In unserer Fraktion wurde eine geheime Wahl durchgeführt. Das Ergebnis ist in den Gesamtvorschlag eingegangen. Grundsätzlich hat jeder Abgeordnete gleiche Rechte und Pflichten. Die Volkskammer hat jedoch soeben beschlossen, in Ergänzung eines früheren Beschlusses, einem bestimmten Kreis von Abgeordneten den Einzug in den Bundestag nicht zu genehmigen. Nach dem Wortlaut dieses Beschlusses gehört der Abgeordnete Dr. Hans Modrow eindeutig nicht dazu, so daß er in den Bundestag delegiert werden kann. Der jetzige Antrag verletzt also diesen Beschluß der Volkskammer selbst; denn unsere Fraktion hat sich an ihn gehalten und keinen Abgeordneten aufgestellt, der nach diesem Beschluß nicht

---

1 Aus dem Protokoll der Volkskammer vom 28. September 1990:

Frau Kschenka (SPD): »Ich habe noch einen Änderungsantrag zu Drucksache 251 für die SPD-Fraktion: ›Die Volkskammer möge beschließen: der Abgeordnete Modrow, PDS-Fraktion, ist von der Liste der Abgeordneten des 11. Deutschen Bundestages zu streichen.‹

Ich möchte das begründen. Wir haben heute lange Stunden über die Frage der Verknüpfung der Abgeordneten mit der Staatssicherheit geredet. Es ist hier über persönliche Verbindungen und Befindlichkeit geredet worden. Wir denken, daß es nicht sein kann, wenn wir persönliche Erklärungen hier hören, aber Menschen, die strukturell Verbindungen zur Staatssicherheit hatten und strukturell in des System eingebunden waren, dann hier unfraglich nach Bonn delegiert werden. Wir denken, das geht nicht.«

aufgestellt werden darf. Dadurch soll hier folgendes geschehen: Eine Mehrheit des Parlaments entscheidet, wer von den Mitgliedern der Fraktion der PDS entsandt wird und wer nicht. Das ist in höchstem Maße undemokratisch und erinnert an die Situation, als die Opposition einen Vertreter in den Verwaltungsrat der Treuhandanstalt entsenden sollte und die Mehrheit der Volkskammer mehrfach die Wahl dieses Vertreters ablehnte, um selbst zu entscheiden, wer der Vertreter der Opposition ist. Das wurde damals von der Opposition gemeinsam und zu Recht als undemokratisch klassifiziert.

Nun zu Hans Modrow selbst: Hans Modrow war viele Jahre Mitglied des ZK der SED und 1. Sekretär der Bezirksleitung Dresden der SED. Er war nie Kandidat oder Mitglied des Politbüros des ZK der SED. Das ZK selbst tagte jährlich nur ca. viermal und war im Unterschied zum Politbüro nicht das eigentliche Machtzentrum. Entscheidend ist also seine Funktion als 1. Sekretär der Bezirksleitung Dresden. Für mich ist jedoch weniger die Funktion, sondern die Art und Weise ihrer Ausübung maßgebend.

(Zuruf: Genau, das reicht doch.)

Natürlich gab es zwischen Hans Modrow und der Bezirksverwaltung des MfS Verbindungen, obwohl sich aus einem Zeitungsbericht eines ehemaligen Offiziers dieses Bereichs ergibt, daß der Kontakt nicht eng war.

(Heiterkeit)

Entscheidend ist, daß das MfS zentral geleitet war und Mielke und Honecker natürlich nur begrenzt bezirkliche Einflüsse zuließen. Alle Befehle, die Sie kennen, stammen von Ministern, nicht von Bezirken. Außerdem gibt es einen beachtlichen Unterschied zu informellen Mitarbeitern, die zum Nachteil von Mitbürgern tätig wurden. Jeder, der mit einem 1. Sekretär einer Bezirksleitung sprach, wußte, mit wem er sprach, stellte sich darauf ein. Ein informeller Mitarbeiter dagegen konnte der Freund, der Bruder, der Kollege sein, dem man sich anvertraute, das heißt, hier wurde ein besonderes Vertrauensverhältnis im geheimen verletzt. Hans Modrow ist im übrigen mit einer der höchsten Stimmenzahlen durch die Bürgerinnen und Bürger dieses Landes in die Volkskammer gewählt worden, und zwar in Kenntnis der Tatsache, daß er früher 1. Sekretär der Bezirksleitung der SED war im Unterschied zu anderen Abgeordneten, die Kenntnisse über ihre Funktion nicht bekanntgegeben hatten, war das alles bei Hans Modrow bekannt.

(Beifall bei der PDS)

Im Grunde genommen verletzen Sie hier den Willen der Wählerinnen und Wähler. Nichts von dem, was Sie gesagt haben, ist neu. Nichts von dem wußten die Bürgerinnen und Bürger bei der Wahl nicht.

Nun zur Art der Ausübung seiner Funktion: Im Unterschied zu den anderen vierzehn 1. Sekretären von Bezirksleitungen gab es seit längerer Zeit gerade zu Hans Modrow aus der Bevölkerung und verschiedenen Kreisen überwiegend positive Beurteilungen. Er hatte z. B. auch als 1. Sekretär stets bescheiden gelebt, sich weder ein Haus noch ein Wochenendhaus besorgt wie andere, sondern ausdrücklich den Einzug in eine Villa seines Vorgängers abgelehnt. Bischof Hempel hat erklärt, daß gerade mit Hans Modrow immer eine über das normale Maß hinausgehende gute Zusammenarbeit möglich war. Er hat also seine Person positiv beurteilt wie andere Vertreter der Kirchen übrigens auch. Seit Jahren berichteten gerade die westlichen Medien immer wieder, daß das Verhältnis von Honecker und Modrow schlecht sei, daß Modrow Reformen wie Gorbatschow wolle usw. Er ist dort eigentlich zu den Reformern mit aufgebaut worden, auch im Ruf der Bevölkerung der DDR.

Tatsächlich ist bekannt, daß zum Beispiel Mittag gegen Modrow eine Kommission von über 200 Mitgliedern einsetzte, die mehrere Monate gegen ihn tätig war. Eine Absetzung wagte man nicht wegen seines Rufes im Ausland, so auch in der UdSSR. Zur KPdSU unterhielt er nämlich besonders enge Kontakte mit den Reformern unter Gorbatschow.

Mitgeteilt wurde in der Presse inzwischen, daß das MfS gegen ihn – und das ist wohl einmalig – Ermittlungen wegen des Verdachts auf Hochverrat führte.

Erneuerer der DKP in der BRD, die den Gorbatschow-Kurs wollten, berichteten mir, daß sie während ihrer scharfen Auseinandersetzungen nur mit Hans Modrow in der DDR Gespräche führen konnten, der sie ermunterte.

Das alles sage ich nur, um zu zeigen, wie differenziert Persönlichkeiten zu sehen sind, unabhängig von der Funktion, die der Betreffende ausübt.

Hans Modrow nicht nach Bonn zu schicken heißt nicht, Vergangenheit aufzuarbeiten, sondern zu verdrängen. Und das kann ich schon dadurch beweisen, daß die anderen vierzehn 1. Sekretäre von Bezirksleitungen in der öffentlichen Diskussion und auch hier im Parlament überhaupt nie eine Rolle gespielt haben –

(Zwischenrufe)

die wenigsten –, nie um Rechenschaft ersucht wurden, und darunter gab es wirklich schlimme Stalinisten.

Hans Modrow war es, der in schwierigster Zeit als Ministerpräsident Verantwortung übernahm und großen Anteil daran hatte, daß es keine Repressalien mehr in diesem Land gab, dem übrigens die Untersuchungskommission in Dresden dies hinsichtlich der Ereignisse in Dresden bescheinigte.

(Zurufe: Die Modrow-Kommission!)

Nein, nein, ich meine die vom Bürgerkomitee. Er war es, der einen großen Anteil daran hatte, diese Bevölkerung zu demokratischen Wahlen zu führen.

Und mit Ausnahme der DSU waren alle Parteien, die jetzt hier Zwischenrufe machen, in seiner Regierung vertreten. Der Ministerpräsident Lothar de Maizière war sein Stellvertreter. Die Liberalen stellten Minister, die CDU noch weitere Minister, und in der Koalition der Nationalen Verantwortung war dann noch die SPD vertreten, weiter das Neue Forum, Demokratie Jetzt, die Initiative für Frieden und Menschenrechte und die Grüne Partei.

Die meisten dieser Minister sitzen heute noch hier in der Volkskammer. Die gleichen Parteien, die unter seiner Leitung in der Regierung waren, wollen heute sagen, daß sie mit ihm im Bundestag nicht zusammensitzen können. Das halte ich einfach für verlogen und falsch.

(Beifall bei der PDS)

Ich frage mich, wieso kann eigentlich ein Staatsbürgerkundelehrer aus der DSU nun zum Saubermann der Nation werden? Welche Anmaßung, welche falsche Moral steckt eigentlich dahinter! Und ich frage Sie: Kann nicht vielleicht auch dieser Staatsbürgerkundelehrer gerade besser mit seiner eigenen individuellen Vergangenheit leben, wenn auch Hans Modrow aufgenommen wird in den Kreis der Abgeordneten und derjenigen, die Verantwortung tragen?

Aber ich sage Ihnen: Ja, gerade weil Sie sich an ihm reiben, das erleichtert ja auch vieles für Sie.

Und ich sage Ihnen noch eins: Letztlich geht es darum, daß nicht zugelassen werden soll, daß wirkliche Politikerpersönlichkeiten der DDR in diesem geeinten Deutschland eine Rolle spielen. Das steckt dahinter!

(Starker Beifall bei der PDS – Gelächter bei CDU/DA und DSU)

Und Sie werden es bei anderen erleben.

International ist Hans Modrow nach wie vor anerkannt, und ich weise Sie noch auf einen anderen Umstand hin: Michail Gorbatschow findet Anerkennung in diesem Haus bei allen Fraktionen, auch bei der DSU. Er ist hier schon von allen Fraktionen gewürdigt worden. Wenn Ihr Maßstab stimmt, den Sie heute hier aufstellen, könnte Michail Gorbatschow in dem geeinten Deutschland nicht einmal in eine Gemeindevertretung gewählt werden.

(Bravo-Rufe und Beifall bei der PDS)

Aber ich will Ihnen mal die Verlogenheit zeigen: Dann sagen Sie wenigstens, wenn Sie ihn hier würdigen, daß er aber natürlich in einem Deutschland nicht die geringste Chance hätte, weil er nämlich schon unter Breshnew im Politbüro war und unter Tschernenko und Andropow, und dann erst Generalsekretär wurde und seine Reform durchsetzen konnte aus dem System heraus. Und ein gleiches Mindestmaß an Recht wollen Sie dem Hans Modrow absprechen, nachdem Sie über Monate zusammen mit ihm die Regierung in dieser DDR durchgeführt haben, auch um ihn zu benutzen für gute Zwecke.

Und von ihm und seinem Ministerrat gingen bestimmte Erklärungen aus, und es war nicht die schlechteste Zeit in der DDR, als wir die Gewaltenteilung zwischen Parlament, Zentralem Runden Tisch und der Regierung hatten!

(Beifall bei der PDS)

Ich finde diesen Antrag in hohem Maße unehrlich, ich finde ihn auch ein bißchen mies. Das klingt alles nach kleinlicher Rache von Leuten, die mit ihm zusammengegangen sind, solange sie meinten, ihn zu brauchen, und nun glauben, ihn wegwerfen zu können in dem Moment, wo sie unter neue Fittiche schlüpfen.

Mögen Sie kriechen nach Bonn – wir werden das nicht tun! Ich sage Ihnen, etwas gibt es in unserer Partei, das Sie einfach nicht kennen: Solidarität, und die lassen wir uns von Ihnen nicht nehmen.

(Anhaltender Beifall bei der PDS)

DER RUNDE TISCH – DAS JAHR DANACH
Beitrag in *TransAtlantik*, Oktober 1990

Der wichtigste Augenblick für mich am Runden Tisch war der Moment, in dem klar wurde, daß ohne Zustimmung des Runden Tisches Entscheidungen in der DDR nicht mehr möglich sein werden. Im Januar kam es bei einer Sitzung zu dieser Verständigung, wonach Regierung, damalige Volkskammer und Runder Tisch gegenseitig aufeinander angewiesen waren. Ich glaube noch heute, daß durch diese Verbindung von Parlament, Exekutive und Basisdemokratie Maßstäbe für die Zukunft gesetzt wurden. Das Land wurde nicht weniger, sondern mit höherer Qualität regierbar. Es mußten stets Kompromisse gesucht werden, und die wurden häufig gefunden. Es ging nicht darum, welche Partei oder Bewegung wie stark ist. Es gab kein gegenseitiges Vorrechnen von Stimmen oder Mitgliederzahlen. Der politische Kompromiß war erforderlich. Darüber sollte man in Zukunft nachdenken.

Der November 1989 wird ein wichtiges nationales und internationales Ereignis bleiben. Er zeigte, daß mit friedlichen Mitteln – einfach durch den Willen einer Vielzahl von Menschen – gesellschaftliche Verhältnisse wesentlich verändert werden können. Möglicherweise kam der November 1989 zu spät, um die ursprünglich angestrebten Ziele noch durchsetzen zu können. Wie häufig in der Geschichte, so ist auch heute festzustellen, daß die Ergebnisse der Revolution weit von dem eigentlichen Anliegen abweichen. Das Wichtigste, was zurückbleiben wird, ist die Erkenntnis vieler Menschen, daß sie zusammen, mit Mut und bei öffentlicher Bekundung in der Lage sind, Herrschaftsstrukturen zugunsten der Menschen zu verändern.

DER ABGEORDNETE GREGOR GYSI FÜR DIE FRAKTION DER PDS VOR DER VOLKSKAMMER DER DEUTSCHEN DEMOKRATISCHEN REPUBLIK

Erklärungen der Vorsitzenden der Fraktionen in der Volkskammer der DDR zum Abschluß der 10. Legislaturperiode am 2. Oktober 1990

Frau Präsidentin! Liebe Kolleginnen und Kollegen! Meine Damen und Herren! Verehrte Gäste!

Die Volkskammer beendet heute ihre Tätigkeit und löst sich faktisch auf – mit einer Einschränkung: 144 von uns werden als Vertreter des östlichen Teils Deutschlands in den Bundestag ziehen. Sie sollten dort – unabhängig von ihrer Fraktionszugehörigkeit – nicht vergessen, wer sie gewählt hat und daß sie deshalb im besonderen Maße den Interessen der dann ehemaligen Bürgerinnen und Bürger der DDR verpflichtet bleiben.

(Beifall)

Die Bewertung der Tätigkeit dieser Volkskammer ist als Mitglied und damit als Beteiligter und ohne historischen Abstand schwierig. Sicherlich war die Kammer fleißig und hat mehr Gesetze in wenigen Monaten beschlossen als andere Parlamente in Jahren. Allerdings verführte dies auch gelegentlich zu einer gewissen Oberflächlichkeit. Sicherlich gab es auch vielfache Versuche, spezifische Interessen unserer Bürgerinnen und Bürger gegen einen übermächtigen Partner durchzusetzen – oft ohne Erfolg.

Aber die Volkskammer hatte sich vier wichtige Aufgaben gestellt. Erstens: Die deutsche Einheit sollte so schnell wie möglich und so gut wie nötig hergestellt werden. Ich glaube, die Aufgabe hätte besser lauten müssen, die deutsche Einheit so gut wie möglich in der dafür erforderlichen Zeit herzustellen. Sie wurde teils in einer devoten Grundhaltung ohne ausreichende politische, juristische, ökonomische, kulturelle und vor allem psychologische Vorbereitungen hergestellt. Die Volkskammer hatte die Aufgabe, den Übergang in die deutsche Einheit ökonomisch und sozial abzusichern. Das ist nicht nur nicht gelungen, hier wurden Fehlentwicklungen eingeleitet und soziale Sicherheit abgebaut – mit langfristigen Auswirkungen. Besonders betroffen sind die Frauen, die nach einer Schamfrist um Jahrzehnte zurückgeworfen werden könnten – hinsichtlich ihres Rollenverständnisses. Die Bedingungen für sie in der DDR waren schon keineswegs optimal. Aber es geht für sie nicht nach vorn, sondern eher zurück. Die Rentner waren schon immer benachteiligt und scheinen es zu bleiben.

(Unruhe im Saal)

Der Industriestandort DDR, der Mittelstand und damit die Arbeitsplätze sind in hohem Maße abgebaut oder gefährdet, und

189

die Volkskammer sollte im weitesten Sinne für ein Mehr an Kultur, Demokratie und Aufarbeitung der Geschichte eintreten. Aber im ganzen Land – das ist die Tatsache – haben wir es mit einem Kulturabbau zu tun. Kultureinrichtungen schließen, Theatervorstellungen werden nur noch selten besucht, und der Umgang miteinander – und hier war die Volkskammer eher ein schlechtes Beispiel – ist nicht kulturvoller geworden. Überhaupt: Die Bedeutung von Kultur hat abgenommen.

Die Aufarbeitung der Geschichte ist und bleibt kompliziert, vor allem, wenn sie gerecht und differenziert erfolgen soll. Mir wurde hier klar, daß eine wirkliche Aufarbeitung ausgeschlossen ist, wenn sie weiterhin als parteipolitischer Streit betrieben wird. Wir brauchen eine Atmosphäre, in der jeder ehrlich mit seiner Biographie umgehen kann, lernt, mit ihr zu leben,

(Starker Beifall)

ohne sich dadurch als Mensch zweiter Klasse zu fühlen.

Und jene Deutschen, die nicht hier gelebt haben, sollten uns nicht erklären, wie sie hier gelebt hätten.

(Beifall)

Wir brauchen Partnerschaft ohne Arroganz und ohne Mitleid, und ich weiß, daß viele Bürgerinnen und Bürger der Bundesrepublik Deutschland auch dazu bereit sind.

(Beifall)

Die Volkskammer hatte die Aufgabe, einen Beitrag zu leisten, daß unsere Bürgerinnen und Bürger mit Selbstvertrauen und in Würde in die Einheit gehen können. Das ist leider für viele nicht gelungen. Nur, ich frage mich: Weshalb soll eigentlich jener Deutsche mit dem schwierigeren historischen Los der Unwürdigere sein? Verhindern wir gemeinsam eine Atmosphäre, in der sich in diesem größeren Deutschland schon deshalb jemand schämen soll, nur weil sie oder er bis heute, 24.00 Uhr, Bürgerin oder

Bürger der DDR war. Zerstörtes Selbstbewußtsein ist gefährlich. Es befördert Tendenzen eines irrationalen Nationalismus und Rechtsradikalismus.

Lassen Sie uns gemeinsam auch die deutsche Nabelschau beenden und nicht vergessen, vor welchen Herausforderungen die Menschheit steht. Das gilt für die angehäuften Massenvernichtungsmittel, das Elend der Dritten Welt, die ökologische Krise, die soziale Ungerechtigkeit, die Gleichstellung der Geschlechter und viele andere Fragen. Wir wollen ein Deutschland, das zur Lösung dieser Fragen einen wirksamen Beitrag leistet und nicht um eine Großmachtrolle oder Hegemonie ringt. Wer ja sagt zu Europa und der Welt, muß auch für ein multikulturelles Deutschland eintreten. In diesem Sinne gab es in Deutschland noch nie ein Zuviel an Opposition, eher ein Zuwenig. In diesem Sinne wollen und werden wir uns als Oppositionskraft einbringen. Wir wollen den kulturvollen Streit, sind gegen Aus- und Abgrenzung und werden für und um ein tolerantes Deutschland ringen. Toleranz – wie gut das klingt! Und wie selten wurde dieser Begriff in der Geschichte mit dem Namen Deutschland verbunden. Ein Deutschland der Kultur und der Toleranz – das wäre doch schon was. Dafür lohnt es sich schon zu streiten.

Dankeschön.

ADIEU DDR – DER ZUKUNFT ZUGEWANDT
In *Neues Deutschland* vom 3. Oktober 1990

Gestern um Mitternacht hörte die Deutsche Demokratische Republik auf zu existieren. Die Befindlichkeit der Menschen hinsichtlich dieses tatsächlich historischen Vorganges ist sehr unterschiedlich. Bei vielen wird Freude, bei anderen Wehmut überwiegen. Fast alle werden aber gemischte Gefühle haben. Diese unterschiedlichen Gefühle hängen nicht nur mit den unterschiedlichen Erlebnissen in der DDR zusammen, sie resultieren aus dem Grad an Verunsicherung, der durch die auf uns zukommenden völlig neuen Verhältnisse bestimmt wird.

Die Deutsche Demokratische Republik entstand im Ergebnis des Zweiten Weltkrieges und des Kalten Krieges. Zur historischen Wahrheit gehört, daß auch die führenden Kräfte in der DDR zunächst intensiv für die Einheit Deutschlands eintraten, während es eher die Westmächte und auch führende Kräfte in der Bundesrepublik waren, die lieber »das halbe Deutschland ganz, als das ganze Deutschland halb« wollten.

Die Verwirklichung des nach 1945 bestehenden Wunsches nach der Einheit Deutschlands vollzieht sich in einer Situation, in der es keine gleichberechtigte Annäherung der beiden deutschen Staaten gab. Die Vereinigung wurde zum Anschluß degradiert, und führende Kräfte in Politik und Wirtschaft der bisherigen BRD fühlten sich als Sieger der Geschichte. Mit der Gründung der Deutschen Demokratischen Republik wurde der Versuch unternommen, eine würdigere Alternative in Deutschland aufzubauen, menschenwürdiger als alle kapitalistischen Gesellschaftsformen, die es bis dahin und danach in Deutschland gab. Dieser Versuch ist gescheitert, weil der sogenannte real existierende Sozialismus nicht mit den Menschen, sondern zu beachtlichen Teilen gegen sie installiert wurde, weil die Werte Demokratie und individuelle Freiheit immer wieder verletzt wurden, weil es zum Schluß eine Partei- und Staatsführung gab, die in ihrer Selbstherrlichkeit kaum noch zu übertreffen war. Das zentralistische System in Politik und Wirtschaft, das heißt das poststalinistische System, konnte keinen überzeugenden Beitrag zur Lösung der globalen Menschheitsfragen leisten. Niemand sollte deshalb diesem System nachtrauern. Trauern kann man nur, daß es nicht gelungen ist, rechtzeitig solche Reformen einzuleiten, die einen demokratischen Sozialismus als Prozeß der permanenten Demokratie aller gesellschaftlichen Verhältnisse ermöglicht hätte. Der Herbst 1989 kam zu spät. Niemand sollte aber die Erfahrungen, die die ehemaligen BürgerInnen der DDR gemacht haben, und deren Bedeutung für die Zukunft Deutschlands unterschätzen.

Es gab in der DDR spezielle Solidaritätsgefühle, wir waren keine Ellenbogengesellschaft, niemand mußte versuchen, seinen Arbeitsplatz auf Kosten eines anderen zu sichern. Soziale Chan-

cen hatten auch jene, die weniger »dynamisch« oder »flexibel«
waren. Die konkrete Durchsetzung der Rechte von Frauen konnte man keineswegs als optimal bezeichnen, aber im Vergleich zur
BRD stellten sie immerhin einen beachtlichen Fortschritt dar.
Das Leben war nie so vordergründig wie in der BRD vom Geld
bestimmt. Die neue Gesellschaft, in die wir kommen, bietet uns
ein Mehr an Demokratie und individueller Freiheit im Vergleich
vor dem Herbst 1989. Diese Aussage stimmt so nicht mehr,
wenn wir an die Zeit der Runden Tische denken, das heißt an die
Zeit geteilter Macht, die eine Arroganz der Macht erst gar nicht
zuließ. Die Aussage von Kanzler Kohl und Ministerpräsident de
Maizière, daß es keinem in der DDR nach dem 1. 7. 1990
schlechter gehen würde, im Gegenteil, hat sich als eindeutig
falsch erwiesen. Es wird Sieger, aber auch Verlierer dieser deutschen Einheit geben.

An der DDR hatte viele gestört, daß sie neben allem anderen
auch »langweilig« war. Man konnte sich fast sein ganzes Leben
ausrechnen. Es gab wenig »Unbekannte« mit entsprechenden
Überraschungsmomenten. Nun stellt sich für uns heraus, daß
diese »Langeweile« auch ein Stück soziale Sicherheit und »Berechenbarkeit« in sich barg. Je nach psychologischer Grundstruk-
tur kann man eine solche Veränderung als Gewinn oder als Verlust betrachten.

Mir scheint es wichtig, in die deutsche Einheit ohne Illusionen, aber auch nicht hoffnungslos zu gehen. Das Mehr an Demokratie bedeutet keinesfalls, daß es leicht sein wird, gesellschaftliche Prozesse mitzugestalten. Vielfach reduziert sich die
Demokratie auf das Wahlrecht. Aber die gewonnenen individuellen Freiheiten sollten genutzt werden, um – soweit wie
möglich – eigenes Wissen zu vertiefen und die Welt kennenzu-
lernen. Nur muß man wissen, daß kritische Stimmen zu gesellschaftlichen Verhältnissen nicht mehr die Bedeutung haben, wie
wir das in der DDR gewohnt waren. Sie sind zu häufig und zu
selbstverständlich, als daß sie je einen solchen Rang erhalten
könnten.

Viele ehemalige BürgerInnen der DDR fürchten, zu Deutschen zweiter Klasse zu werden. Sie möchten weder arrogant

noch mitleidig behandelt werden. Niemand sollte sich dafür schämen müssen, daß er bis zum 3. Oktober 1990 Bürger der DDR war. Wir sollten versuchen, eine Atmosphäre zu verhindern, in der es dem einzelnen unmöglich gemacht wird, ehrlich zu seiner individuellen Biographie zu stehen, und wir sollten nicht zulassen, daß uns Menschen, die hier nicht gelebt haben, auch noch erklären, wie sie hier gelebt hätten. Bekennen wir uns also zu unserer Identität, lernen wir, damit zu leben, und nutzen wir unsere spezifischen Erfahrungen.

Die neue Gesellschaft, der wir angeschlossen wurden, wird häufig als Zwei-Drittel-Gesellschaft bezeichnet. Damit soll umschrieben werden, daß diese Gesellschaft für »Schwache« und »Minderheiten« weniger zu bieten hat. Damit wird auch gesagt, daß wir in eine Gesellschaft kommen, in der die sozialen Unterschiede unvergleichlich viel größer sind, als wir sie aus der DDR kannten.

Häufig wird in letzter Zeit die Frage gestellt, wieviel die Einheit kostet, wer wieviel an dieser Einheit verdient und warum eine Gesellschaft so organisiert sein muß.

Wir wurden dem real existierenden Kapitalismus angeschlossen. Das bringt – wie dargestellt – bestimmte Fortschritte. Das bringt aber auch erhebliche Nachteile. Vor allem dürfen wir uns keine Illusionen darüber machen, daß wir der Lösung der globalen Menschheitsfragen einen Schritt nähergekommen sind. Denn dieser real existierende Kapitalismus beutet die Dritte Welt aus und verursacht damit in diesem Bereich Umweltkatastrophen, die irgendwann auf uns zurückschlagen werden. Die örtliche Entfernung eines Problems nimmt ihm nichts an Schärfe, erschwert aber, es wirklich zu erfassen.

Ich bin davon überzeugt, daß wir uns dem Elend der Dritten Welt anders widmen würden, wenn die 40 000 Kinder, die täglich an Hunger sterben, in unseren Wohnungen oder zumindest unmittelbar in ihrer Nähe sterben würden. Es kostet deshalb etwas gedankliche Mühe, sich solchen Problemen zu widmen. Die sollte aber jeder aufbringen, da im Bereich der globalen Menschheitsfragen Zeitbomben ticken, die die Zivilisation insgesamt vernichten können.

Gegen Verhältnisse, die diese Zeitbomben verursachen oder nicht entschärfen, ist konsequente Opposition erforderlich. Die PDS wird hierzu einen Beitrag in Deutschland leisten.

Jene, die einen solchen Beitrag nicht wünschen, werden die PDS anfeinden und ihr insbesondere die Geschichte vorhalten. Aber diese Geschichte ist differenziert zu betrachten, äußere und innere Zusammenhänge müssen berücksichtigt werden. Und die Bereitschaft der Mitglieder der PDS, zu dieser Geschichte zu stehen, ermöglicht ihnen einen ehrlichen und aufrechten Gang in diese deutsche Einheit.

Deutschland war im Laufe seiner Geschichte oft gespalten und nur in kurzen historischen Phasen geeint. Von diesem geeinten Deutschland gingen immerhin zwei Weltkriege in diesem Jahrhundert aus. Deshalb ist es verständlich, daß es Befürchtungen bei unseren Nachbarvölkern hinsichtlich dieses geeinten Deutschlands gibt. Nicht nur Politiker, sondern wir alle haben die Pflicht, dafür zu kämpfen, daß dieses Deutschland keine Gefahr mehr für Nachbarvölker darstellt, sondern die Zivilisation bereichert. Deshalb tritt die PDS so konsequent gegen alle Bestrebungen ein, Deutschland eine Großmachtrolle zuzuschreiben, die dem Zweck dient, anderen Völkern den Willen aufzuzwingen. Damit eng verbunden ist der Kampf gegen jeden Nationalismus, gegen Deutschtümelei, gegen Ausländerfeindlichkeit und Antisemitismus. Wer wirklich Europa will, muß auch eine multikulturelle Gesellschaft wollen. Und wer keinen Eurozentrismus wünscht, muß für eine gerechte Weltwirtschaftsordnung zugunsten der Dritten Welt eintreten.

Trotz der vielen eigenen Sorgen scheint es mir wichtig zu sein, die deutsche Nabelschau zu überwinden. Wer wirklich etwas für ein friedliches, demokratisches, soziales und gleichberechtigtes Deutschland tun will, sollte darauf achten, daß dieses Deutschland nicht zu »deutsch« wird.

Helden erobern in unserem Jahrhundert nicht mehr, sie demontieren Fehlentwicklungen und Fehlkonstruktionen. So gesehen, ist Gorbatschow ein Held. So gesehen, besteht in der Demontage der DDR auch eine Chance. Deshalb sollten wir nicht verzagen, sondern in Übereinstimmung mit unseren Idealen, greifbar und lebensnah für ein gerechteres Deutschland und eine bessere Welt streiten.

Diese Kämpfe werden nicht leicht sein, aber wer sie mitführt, lebt mit sich selbst besser. Und gerade wir sollten darauf achten, daß wir nie wieder in Widerspruch zu unserem Spiegelbild geraten.

Also in diesem Sinne, »laß uns dir zum Guten dienen...«.

LIEBE ALICE SCHWARZER!

Antworten vom 22. Oktober 1990 auf eine Umfrage der Zeitschrift *Emma*, die in der Novemberausgabe 1990 erschien. Allerdings ohne Gysis Antworten, da sie zu spät kamen.

Es gibt keine Entschuldigung für meine verzögerte Antwort. Alle möglichen Ausreden wären extrem männlicher Natur. Immerhin ist es nicht ganz unglaubwürdig, daß ich inzwischen beschäftigter bin, als ich es verträglich finde. Wenn auch verspätet, so will ich dennoch zu antworten versuchen:

Zur ersten Forderung: *Die Streichung des § 218 (oder mindestens die Fristenregelung)!*

1. Meine Partei tritt für ein hohes Selbstbestimmungsrecht der Frauen auch im sexuellen Bereich und hinsichtlich der Realisierung eines Kinderwunsches ein. Im Falle einer Fristenlösung sind wir gegen den Zwang zur Beratung und für die versicherungsrechtliche Einordnung der Unterbrechung als Krankheit. Dazu gehört, wie bisher in der DDR, die kostenlose Vergabe von Verhütungsmitteln.

Die PDS und auch ich sind für die ersatzlose Streichung des Paragraphen 218. Dies gilt unabhängig von der Frage einer Fristenregelung. Der Staat muß ein Verhalten nicht erlauben und kann dennoch auf seine strafrechtliche Verfolgung verzichten. In der DDR war die Fristenregelung verwirklicht und dadurch der Anwendungsbereich des Paragraphen 218 StGB erheblich eingeschränkt.

2. Aus unserem Wahlprogramm: »Die PDS tritt für das Selbstbestimmungsrecht der Frau ein. Selbstbestimmungsrecht der Frau heißt: Frauen entscheiden über ihr Leben, ihren Körper, ihre Arbeit, ihre sozialen Beziehungen und ihre Sexualität...

Frauen müssen frei und ohne jeden Druck selbst entscheiden können, ob sie Kinder haben wollen oder nicht. Darum ist die Entscheidung über einen Schwangerschaftsabbruch allein die Sache der Frauen und muß von ihnen selbstbestimmt getroffen werden. (...) Wir (...) fordern die ersatzlose Streichung des Paragraphen 218 aus dem Strafgesetzbuch! Wir wenden uns gegen jede Form der Zwangsberatung, wo Frauen moralisch unter Druck gesetzt werden. Dagegen fordern wir Aufklärung, Angebot zur Hilfe bei Problembewältigung, Verhütung (kostenlose Verhütungsmittel für alle) und medizinisch verträgliche, sozial und psychologisch einwandfreie Bedingungen zur Durchführung des Abbruchs und die Übernahme der Kosten dafür durch die Krankenkasse.«

3. Einbringung einer Gesetzesvorlage zur Abschaffung des Paragraphen 218 und einer Gesetzesvorlage für eine gesamtdeutsche Fristenlösung ohne den Zwang zur Beratung, mit den o.g. versicherungsrechtlichen Regelungen.

Zur zweiten Forderung: *Die Bestrafung der Vergewaltigung auch in der Ehe!*

1. In meinem Beruf als Anwalt habe ich sowohl Täter als auch Opfer von Vergewaltigungen innerhalb und außerhalb von Ehen vertreten. In beiden deutschen Staaten gab es im Strafrecht bisher keine Vergewaltigung in der Ehe. Eine strafrechtliche Verfolgung war und ist nur als Nötigung zu sexuellen Handlungen möglich. Für mich ist die Qualifizierung eines Verhaltens als Vergewaltigung an verschiedene Kriterien gebunden, ganz bestimmt aber nicht an die Frage, ob Täter oder Opfer miteinander verheiratet sind oder nicht.

2. »Gewalt und Vergewaltigung, auch in der Ehe, müssen strafrechtlich verfolgt werden.«

3. Durch eine Gesetzesvorlage soll eine Änderung des Vergewal-

tigungsparagraphen dergestalt erreicht werden, daß die Einschränkung »außerhalb einer Ehe« ersatzlos gestrichen wird.

Zur dritten Forderung: *Die Umsetzung der 50/50-Quote (Jeder 2. Platz für eine Frau) in Parteien, Öffentlichem Dienst und freier Wirtschaft!*

1. Nachdem ich in feministischen Fragen selbst seit Dezember 1989 erheblich dazu gelernt habe, setze ich mich auch innerhalb der Partei für klare Quotenregelungen ein. Die PDS hatte in ihrer Fraktion in der Volkskammer den höchsten Frauenanteil und ist mit einer Quote von 50 Prozent in den deutschen Bundestag eingezogen, das heißt, daß 12 von unseren 24 Abgeordneten Frauen sind.

2. »Frauen wollen außerparlamentarisch und parlamentarisch Einfluß nehmen. Voraussetzung hierfür ist eine Auseinandersetzung auch um patriarchalische Strukturen sowie deren Überwindung innerhalb der PDS. Die 50prozentig quotierte Besetzung aller Gremien, quotierte Redelisten sind dabei eine Selbstverständlichkeit. Frauen sind keine sozial schwache Gruppe. Die Mehrheit der Menschen sind Frauen.«

»Gleichstellungs-, Quotierungs- und besonders Frauenschutzregelungen sind in Betriebseinrichtungen, Tarifverträgen und im Betriebsverfassungsschutz festzuschreiben.«
»Die PDS fordert:
– gleichen Zugang von Frauen und Männern zu allen Feldern der beruflichen Ausbildung, zu allen Berufen, zu allen Fortbildungs- und Umschulungsmaßnahmen (Quotierung).«
3. Geplant sind nicht nur diesbezügliche Gesetzesvorlagen, sondern die Kontrolle jedes Gesetzentwurfes hinsichtlich eines Bezugs und der Einhaltung einer Quotenregelung in der Regel im Verhältnis von 50:50.

Zur vierten Forderung: *Eine ausreichende Finanzierung von Frauenhäusern, Notrufen und Therapien für Opfer sexueller Gewalt!*

1. Frauenhäuser habe ich aufgrund meiner Erfahrungen in Ehescheidungsverfahren seit längerem, aber erfolglos in der DDR gefordert. Die PDS hat nach ihrer Gründung aktiv dazu beigetragen, das erste Frauenhaus in der DDR einzurichten. Dafür hatten wir auch ein Haus zur Verfügung gestellt, das allerdings nicht zu diesem Zweck eingerichtet wurde. Der Frauenarbeitsgemeinschaft »Lisa« der PDS wurde jetzt ein Objekt überantwortet, um ein weiteres Frauenhaus und eine Beratungsstelle einzurichten.

2. »Zum Selbstbestimmungsrecht gehört auch, daß Frauen ihre Erotik und Sexualität ohne Diskriminierung oder Angst leben können. Frauen wollen nicht als Sexualobjekt behandelt und vermarktet werden.« Im Unterschied zum Wahlprogramm vom März 1990 fehlt leider der konkrete Hinweis auf Frauenhäuser.

3. Hinsichtlich der Frauenhäuser, Notrufe und Therapien ist die Situation in der ehemaligen DDR noch viel schlechter als in der bisherigen BRD, so daß wir uns in unseren Fraktionen in den ostdeutschen Landtagen dafür einsetzen werden, wenigstens die Verhältnisse denen in der bisherigen BRD anzugleichen. Gleichzeitig werden wir für eine Gesetzgebung eintreten, die Länder und Kommunen zur Finanzierung von Frauenhäusern, Notrufen und speziellen Therapieeinrichtungen verpflichten.

Zur fünften Forderung: *Die Garantie eines Krippen- und Kindergartenplatzes für JEDES Kind!*

1. In der ehemaligen DDR bestand seit langem das sozialpolitische Ziel, für jedes Kind einen Krippen- und Kindergartenplatz anzubieten. (Mein Sohn, den ich allein erzog, besuchte beide Einrichtungen.)

2. »Die PDS fordert: Kostengünstige öffentliche Einrichtungen der Kinderbetreuung in ausreichender Zahl. Eltern soll der Rechtsanspruch auf einen Platz für einen Kindergarten in einer Kindereinrichtung gewährt werden.«

3. Wir werden eine Gesetzesvorlage einbringen, die den o.g. Rechtsanspruch enthält.

Zur sechsten Forderung: *Eine neue Rentenreform, die die Benachteiligung der RentnerINNEN aufhebt!*

1. Die PDS und ich treten für die Aufhebung der Benachteiligung ein, die für RentnerInnen dadurch eintreten, daß vor Jahrzehnten wesentlich schlechter verdient wurde, so daß nur geringe Beiträge gezahlt werden konnten. Die gleichwertige Anerkennung von Kindererziehungsjahren würde die Benachteiligung vieler Rentnerinnen zumindest einschränken.

2. »Wir fordern für das vereinte Deutschland:
– das Prinzip der Mindestrente für Alters- und InvalidenrentnerInnen;
– ein reguläres Rentenalter von 60 Jahren für Frauen und Männer (...);
– die Abschaffung von nichtsozialversicherungspflichtigen Beschäftigungsverhältnissen.«

3. Wir werden das Rentenreformgesetz '92 ablehnen und Vorlagen im o.g. Sinne einbringen.

Zur siebenten Forderung: *Die Anerkennung des »Asylgrundes Frau« für Asylantinnen in Deutschland!*

1. In der DDR gab es zwar AusländerInnen, denen Asyl gewährt wurde, aber kein ausgestaltetes Asylrecht. Mit Gründung der PDS haben wir uns für die Ausgestaltung eines Asylrechts eingesetzt.

2. »Die PDS fordert:
– gleiche Rechte und offene Grenzen für alle;
– keine Sozialgesetze für ImmigrantInnen und Flüchtlinge;
– keine Einschränkung des Asylrechts.«

3. Wir werden gegen jegliche Einschränkung des Grundrechts auf Asyl eintreten und eine Liberalisierung der Ausländergesetzgebung anstreben.

Zur achten Forderung: *Die Einführung eines Zivilgesetzes gegen frauenerniedrigende Pornographie (PorNO)!*

1 Die Verbreitung von Pornographie war in der früheren DDR eine Straftat. Pornographie ist menschenverachtend und sollte deshalb nach meiner Auffassung unterbunden werden.

2. Im Wahlprogramm gibt es keine konkrete Aussage zur Pornographie. Es gibt aber die Forderung »der Achtung vor der Würde jedes Menschen«.

3. Über konkrete gesetzgeberische Maßnahmen zur Pornographie wurde in der bisherigen PDS-Fraktion noch nicht beraten.

Zur neunten Forderung: *Ausreichend Ganztagsschulen und Horte für alle Kinder!*

1. Wir setzen uns für eine verstärkte Anzahl von Ganztagsschulen, vor allem aber dafür ein, daß am Nachmittag für jüngere Schüler (bis zur 4. Klasse) eine Hortbetreuung gesichert ist. Letzteres war bisher in der DDR garantiert.

2. »Wir treten ein für:

(...) den Übergang zu mehr Ganztagsschulen (...)«

»Unverzichtbar sind:

der Rechtsanspruch für Kinder auf einen Platz in Krippen, Kindergärten, Hort und anderen Einrichtungen.«

3. Im Sinne von 2. werden sich unsere Fraktionen in den Landtagen einsetzen. Insbesondere gilt es, den Abbau von Horten in der ehemaligen DDR zu beenden.

Zur zehnten Forderung: *Ein gesetzlich quotiertes Erziehungsjahr für Mütter und Väter (6 Monate er, 6 Monate sie)!*

1. Die PDS tritt dafür ein, daß den Partnern die Entscheidung überlassen wird, wer das Erziehungsjahr in Anspruch nimmt. Sicherlich sind die gesellschaftlichen Bedingungen zu verändern, damit tatsächlich auch Väter die Bereitschaft entwickeln, das Erziehungsjahr in Anspruch zu nehmen. Eine starre, gesetzlich geregelte Quotierung des Erziehungsjahres wäre unserer Meinung nach wenig hilfreich und würde den Einzelfall nicht ausreichend berücksichtigen.

2. »Wir treten ein für die Gestaltung neuer sozialer Beziehungen zwischen den Geschlechtern.

Hausarbeit und Kinderbetreuung sind keine Frauensache. Emanzipatorisch kann die Entwicklung nur dann sein, wenn Mann und Frau gleichermaßen die Verantwortung tragen und diese Arbeit teilen. Das fordert sowohl eine Aufteilung der Familienarbeit auf die Geschlechter als auch die Schaffung gesellschaftlicher Einrichtungen, die sich alle leisten können.«

»Die PDS fordert:

– die Überwindung der geschlechtshierarchischen Arbeitsteilung, Anerkennung der Hausarbeit und Kindererziehung als gesellschaftliche Arbeit.«

3. Juristisch und im praktischen Leben wird das Wahlrecht der Partner bei der Inanspruchnahme des Erziehungsjahres durchzusetzen sein.

STREIT ÜBER DEMOKRATIE

Aus einem Gespräch mit Christian Ströbele in der
Wochenzeitung *FREITAG*, erschienen am 9. November 1990

Ströbele: Ich sehe ein Grundproblem, das Ihre Partei von Anfang an prägte. Sie haben zum Beispiel ein riesiges Verlagshaus für ein paar hundert Millionen an einen westdeutschen Konzern verscherbelt. Warum haben Sie nicht die der PDS gehörenden Unternehmen denen übergeben, die dort seit zwanzig Jahren arbeiten? Warum haben Sie nicht aus formalem Volkseigentum wirkliches Volkseigentum gemacht? Das wäre auch für die Bundesrepublik eine faszinierende Geschichte gewesen. Statt dessen haben Sie die Unternehmen schnöde zu Geld gemacht. Was wollen Sie mit dem ganzen Geld? Sie haben die Arbeiter verkauft wie im Frühkapitalismus. (*Der ehemals SED-eigene Berliner Verlag wurde an Maxwell und Gruner + Jahr verkauft, d. Hrsg.*)

Gysi: Wir standen unter einer unheimlichen Drucksituation. Für Ihre Vorstellungen gab es in der Belegschaft kein Interesse.

Am Berliner Verlag zum Beispiel hängen insgesamt fünfzehn Zeitschriften und zwei Zeitungen. Sie hatten allein keine Überlebenschance. Unsere Hauptsorge waren die Arbeitsplätze. Wir wollten nicht eine Zeitung selbständig machen und alles andere ruinieren. Darum entstand die Idee, einen europäischen und nicht rein westdeutschen Partner zu finden. Es ist immerhin der einzige Vertrag mit einer dreijährigen Beschäftigungsgrarantie für sämtliche Mitarbeiter. Der Kaufpreis spielte deshalb überhaupt keine Rolle, zumal er an die Treuhandstelle überwiesen worden ist und nicht an uns. Uns war darum wichtiger, die journalistische Unabhängigkeit durch ein Redaktionsstatut bis an die ökonomische Grenze zu akzeptieren. Erst wenn die Zeitung unrentabel wird, darf eingegriffen werden. Im übrigen: Die ganze Gesellschaft ist kapitalistisch. Da kann nicht ein Betrieb als Vorreiter einer Zukunftsvision existieren.

Ströbele: Wir haben in Berlin, Hamburg, Frankfurt wirklich Tausende von Kollektivbetrieben. Vom Taxi bis zur Kneipe. siebzehn bis zwanzig Leute arbeiten zusammen, allerdings nicht in größeren Dimensionen; außer bei der *tageszeitung*. Neue Formen kann man sich nicht ausdenken, die müssen im Leben entstehen. Deshalb wäre es eine ungeheure Chance gewesen, zumindest in einigen Betrieben der DDR neue Formen zu versuchen.

Gysi: Aber Sie können das nicht gegen den Willen der Beschäftigten tun.

Ströbele: Ich sehe hier Ihr altes statisches Bewußtsein, nach dem irgendwann die Revolution kommt und dann alles gelaufen ist. Sie haben die Geschichte der DDR nicht verarbeitet. Setzen Sie Ihre Milliarden, soweit sie Ihnen zustehen, dafür ein, im Kapitalismus neue Sachen auszuprobieren.

FREITAG: Hinter Ihrem Streit steht die Frage, wie hierzulande Verhältnisse zu verändern sind – und damit auch nach dem Sinn einer sozialistischen Partei.

Ströbele: Die PDS ist für mich keine sozialistische Partei. Sie hat vieles von dem herübergerettet, was mich schon an der SED als unsozialistisch ärgerte. Vom anderen linken, offenen, grundsätzlich gesellschaftskritischen Gedanken höre ich kaum etwas.

Gysi: Das würde bedeuten, daß wir im Augenblick überhaupt keine nennenswerte sozialistische Partei in Deutschland haben, sondern daß bei der SPD, den Grünen und der PDS einige Sozialisten Platz gefunden haben. Allerdings ohne Chance, ihre Vorstellungen tonangebend in der Partei durchzusetzen. Dann entsteht doch die spannende Frage, wann sich die Sozialisten aus diesen Parteien und Bewegungen zusammensetzen und irgendwann eine sozialistische Partei bilden.

Ströbele: Das ist ein falscher Ansatz. Ich denke, eine sozialistische, eine linke, kommunistische Partei ist unter bundesdeutschen Verhältnissen überhaupt nicht lebensfähig und könnte nur temporär eine gewisse Rolle spielen. Sie haben recht, die Grünen sind keine sozialistische Partei. Den Anspruch haben sie nicht. Aber der SPD, CDU und allen sogenannten Volksparteien kann nur ein Bündnis unterschiedlicher gesellschaftskritischer Gruppen aus verschiedenen Richtungen entgegengesetzt werden. Dazu zähle ich sozialistische Kräfte, aber auch Radikalökologen, radikale Feministinnen, andere die Gesellschaft in Frage stellende Gruppen. Das ist das Neue an den Grünen. Deshalb haben sie bis jetzt überlebt, allen Unruhen und Streitereien zum Trotz. Dieses Politikmodell ist tragfähig im Gegensatz zu reinen sozialistischen Parteien. Ich verstehe mich als Linker, würde aber niemals Mitglied einer reinen sozialistischen Partei werden.

Gysi: Ich brauche eine gemeinsame Vision oder Zielvorstellung. Ich wünsche mir, daß Sozialisten nicht nur Gastrollen in anderen Parteien spielen, sondern daß sie eine Chance erhalten, eine Einheit zwischen Realpolitik und Programmatik herzustellen.

Ströbele: Das ist mir zu allgemein. Die PDS unter Gregor Gysi oder Lothar Bisky würde in Brandenburg oder morgen im Bund bedingungslos mit der SPD ein Bündnis eingehen. Die Masse Ihrer Mitglieder würde Sie sonst dazu zwingen. Und in dieser Frage gibt es bei Ihnen zwischen Mitgliedern und Programm keinen Unterschied. Nehmen wir die Grundfrage einer sozialistischen Partei, die Ökonomie. Ich kenne von der PDS nur allgemeine Erklärungen zur Akzeptanz der Marktwirtschaft, natürlich der sozialen. Wo sind jetzt Ihre Konzepte? Da sind wir viel weiter, gerade in ökologischer Hinsicht. Wir wollen zum Beispiel die Banken in gesellschaftliches Eigentum überführen. Wir haben Überlegungen zum Eigentum an Produktionsmitteln in verschiedenen gesellschaftlichen Formen, die das private Eigentum an Produktionsmitteln auch in Frage stellen. In diesen ganz wesentlichen Fragen, aus denen sich im Grunde die Existenzberechtigung einer sozialistischen Partei ableitet, können Sie sich angesichts der vergangenen Entwicklung in der DDR gar keine Antworten leisten. Solange Sie nicht beginnen, aufzuarbeiten, was in der DDR vierzig Jahre falsch gemacht wurde, warum die Karre in diesen katastrophalen Dreck geführt wurde, solange gibt es für Ihre Partei keine Existenzberechtigung. Sozialisten können sich auch in einem Veteranen- oder Jugendverein treffen und Gedanken austauschen. Dafür braucht es keine Partei.

Gysi: Unsere programmatischen Vorstellungen stammen aus einer Zeit, als wir noch von der Eigenständigkeit der DDR ausgingen. Seitdem hat sich viel, viel verändert, und es gibt weitergehende programmatische Vorstellungen. So hat Prof. Steinitz in meinem Buch im Konkret-Verlag eine neue Form des Gemeineigentums beschrieben, nämlich eine Mischung von Belegschafts- und Kommunaleigentum, um so einen Interessenausgleich zwischen Belegschaft und Kommune zu erzwingen.

Es ist auffällig bei unserem Gespräch, daß Sie, Herr Ströbele, Ihre Kritik an der PDS von links formulieren. Nun ist es aber so, daß Ihre als Bundessprecher der Grünen sicher relevante Position von anderen prominenten Grünen in Frage gestellt wird. Antje Vollmer sieht sogar eine Chance darin, die Sozialisten bei Ihnen herauszusortieren, um eine gewendete ökologische Bürgerrechtspartei zu entwickeln. Ist denn Ihr Gründungskonsens noch tragfähig, oder muß er erneuert werden?

Ströbele: Antje Vollmer würde ich in diesem Zusammenhang nicht nennen. Aber es gibt solche Vorstellungen bei uns. Sie sind zum Scheitern verurteilt. Nicht weil ich die Linken in den Grünen halten will, sondern weil die überwiegende Mehrheit der Grünen in der Partei und auf allen unseren Konferenzen das völlig anders sieht.

Aber der Partei fehlt der Schwung.

Ströbele: Das ist richtig. Es liegt daran, daß viele grüne Themen durch den Deutschlandtrubel überlagert werden. Die Bewegungen, aus denen die Grünen gebildet wurden, sind zur Zeit sehr schwach. Das wird sich wieder ändern. Wir erhalten von den Bürgerrechtsbewegungen der ehemaligen DDR neue Impulse. Das finde ich gut, auch wenn es schwierig ist. Das beginnt schon beim Händeschütteln, an das wir uns wieder gewöhnen müssen, bis hin zu wirklich nächtelangen Diskussionen. Auch das hatten wir bei uns, waren es aber nicht mehr gewohnt. Rechte und Linke haben bei uns die Hoffnung, sich mit Hilfe der »Ex-DDRler« endlich in der Partei durchzusetzen. Meine Wahrnehmung ist, daß die Bürgerrechtsbewegungen, die Sie, Herr Gysi, sicher besser kennen, keiner Partei und auch nicht rechts oder links anzusiedeln sind. Wie das bei den Grünen wirkt, dieser Prozeß ist völlig offen, aber spannend.

Gysi: Spannend und kompliziert. Zwischen Konrad Weiß und Bärbel Bohley liegen schon gewisse Welten. Einige sind bereit, mit uns zu sprechen, zu diskutieren, vielleicht sogar etwas gemeinsam zu machen. Andere sagen: Es geht überhaupt nicht. Bei den Grünen, nicht bei Ihnen, Herr Ströbele, hatte ich den Eindruck, daß eine Mehrheit sich im Umgang mit uns nicht anders verhielt als die SPD und die anderen Parteien. Das bedauere ich. Ich sehe, daß sich das jetzt differenziert. Ich bestreite nicht, daß das für Sie kompliziert ist. Aber schließlich hat das Komplizierte die Grünen früher gereizt.

Ströbele: Es gab eine Reihe von falschen Tönen. Das ist vorbei. Auszugrenzen, die PDS in eine Ecke oder Opfersituation zu drängen, finden wir unmöglich. Die politischen Unterschiede müssen offen und klar ausgetragen werden. Problematisch wird es, wenn Leute in unserer Partei für Sie Reklame machen.

In der politischen Kultur der Bundesrepublik gibt es schon eine ernst zu nehmende Tradition, Widerstand gegen Ausgrenzung zu entwickeln. Nun ist allerdings die Art, wie die Linke Liste und dann die PDS in Westdeutschland von einem kleinen Zirkel gegründet wurde, nicht unbedingt ein Ausweis für einen offenen linken Prozeß.

Gysi: Nachdem durch die Entscheidung des Bundesverfassungsgerichtes nicht mehr zwei Parteien als Bündnisliste existieren können, versuchen wir eine relativ hohe Autonomie unserer Landesverbände zu wahren. Hier beginnt ein Prozeß, den ich für sehr spannend halte.

Ströbele: Das Schlimme daran ist die Art des Prozesses. Daß Sie persönlich und der Parteivorstand der PDS bestimmen, wer hier in Berlin und in der Bundesrepublik PDS spielen darf, ist doch ungeheuerlich und undemokratisch. Das wäre ungefähr so, als wenn wir uns in der DDR in jedem Land fünf oder zehn Leute aussuchen und ihnen sagen, Ihr seid die Grünen. In Baden-Württemberg oder Bayern könnte ich überhaupt nicht Mitglied werden. Ich schon, das würden Sie gut finden. Aber zum Beispiel nicht die zehn Leute, die früher in der DKP waren und immer noch im Ruch stehen, es zu sein.

Gysi: Es gibt einen Unterschied: Sie finden eine Partei vor. Wir nicht ...

Ströbele: Die Grünen gibt es in der DDR seit November.

Gysi: Uns war klar, daß wir nicht auf Dauer eine Lokalpartei bleiben können. Wir kannten niemanden. Da haben sich im Juni und Juli Linke gemeldet und gesagt, sie wären bereit, etwas aufzubauen. Und dann haben die eine eigenständige Partei gegründet und selbst entschieden. Nun ist die Gründung einer Partei niemals demokratisch ...

Ströbele: Bei uns schon. Als die Alternative Liste vor 10 Jahren gegründet wurde, haben sich Gruppen, Einzelpersonen getroffen und gemeinsam ein Programm erarbeitet.

Gysi: Moment. Die Gründer im Westen wollten verhindern, durch eine besonders stark erscheinende Organisation vereinnahmt zu werden. Da haben wir uns nicht eingemischt. Jetzt hat sich die Situation geändert, jetzt gilt unser Statut. Und jeder kann Mitglied werden, außer er ist Mitglied einer anderen Partei.

Ströbele: Nachdem die Kandidaten für den Bundestag aufgestellt worden sind, dürfen auch andere Mitglied werden.

Im Grunde steht hinter den Bemühungen, durch rechtliche Schranken andere abzuhalten, sich der PDS zu bemächtigen, die Erkenntnis, daß in der Bundesrepublik eine Basis für eine sozialistische Bewegung fehlt. Wäre die vorhanden, würde sie sich gegen alle anderen Bestrebungen durchsetzen.

Ströbele: Eine Frage liegt mir richtig am Herzen. Warum hat die PDS dagegen gestimmt, daß Michael Diestel seinen Posten als Minister verliert?

Gysi: Erstens stimmt das nicht. Und zweitens gab es in der Fraktion eine Diskussion. Die Mehrheit – wir waren nur dreißig an diesem Tag – ist meinen Argumenten gefolgt. Sieben haben gesagt, sie werden nicht gegen Diestel stimmen, also mit anderen Worten für ihn. Mit der Begründung, Diestel sei einer der Minister, die PDS-Mitglieder nicht automatisch ausgrenzten. Und anders als von mir erwartet, habe er sich nicht als gefährlicher Polizeiminister, sondern als durchaus besonnen erwiesen. Und in der Tat hat ihn Parteimitgliedschaft außer bei der obersten Führungsmannschaft wenig interessiert.

Außerdem haben einige SPD-Abgeordnete wissen lassen, daß sie ihn wählen. Nicht weil sie ihn mögen, sondern als Spitzenkandidat in Brandenburg erhalten wollten, weil sie sich, wie man sieht, zu Recht, gute Chancen von einem Gegenkandidaten Diestel erwarteten. Ich selbst habe gegen ihn gestimmt. Das ist für mich ein Prinzip.

Ströbele: Das sind doch Signale Ihrer Fraktion. Wenn ich mir vorstelle, die Grünen hätten in einer Abstimmung für Herrn Zimmermann oder Herrn Spranger gestimmt.

Der konservative Zug scheint gegenwärtig unaufhaltsam. Selbst eine absolute Mehrheit für Kohl ist möglich. Die Ausstrahlung der Opposition ist gering.

Ströbele: Ohne den deutschen Prozeß würde Kohl die Wahl nie gewinnen. Ob sie die Ökologie, den Verkehr oder die soziale Frage nehmen, überall ist die Union mit ihrer Politik am Ende. Es gab in der Geschichte der Bundesrepublik ein zyklisches Verhalten. Nach dem Hoch kommt für die Konservativen ein Tief. Unsere Aufgabe ist, das vorzubereiten, zu nutzen, anzuschieben, damit aus den Möglichkeiten der Veränderung in Osteuropa etwas gemacht wird.

Gysi: Ehrlich gesagt bin ich nicht so optimistisch. Ein wirklicher politischer Wechsel würde einer bestimmten Zuspitzung bedürfen. Das Wahlverhalten in den östlichen Ländern hat mit einer hier im Westen unterschätzten psychologischen Seite zu tun. Das Selbstbewußtsein unserer Menschen ist systematisch zerstört worden. Ein Selbstvertrauen ist nicht vorhanden. CDU und Kanzler strahlen aus, daß sie es für die Bürger schon machen würden. Das wird wegen der Mißwirtschaft etwas dauern, ist aber nur eine Frage der Zeit. Dazu kommt, daß unsere Menschen keine Vorstellung vom Wert einer Opposition in vierzig Jahren gewinnen konnten. Andererseits bringen die DDR-Bürger die spezifischen Erfahrungen des letzten Herbstes mit. Die Dreiteilung der Macht zwischen Regierung, Runden Tischen und den damals nicht ganz so bedeutenden Parlamenten war ein hochinteressanter Versuch. Da kam es nicht so auf Wahlergebnisse an, sondern die unterschiedlichsten politischen Standpunkte saßen an einem Tisch und mußten von Interessen her gemeinsame Entscheidungen treffen. Dabei sind nicht die schlechtesten Entscheidungen herausgekommen. Diese Erfahrungen bringen die Menschen mit. Ich weiß nicht, ob sie auf Dauer ein System hinnehmen, in dem sie einmal wählen können und dann für sie entschieden wird.

Allerdings glaube ich, solange wir auf Kosten der Dritten Welt nicht so schlecht leben, wird der konservative Block nicht so leicht abzubauen sein. Das wird viel Kleinarbeit erfordern.

Ströbele: Wir haben Ende der sechziger Jahre wichtige Erfahrungen gemacht. Wir haben in den Auseinandersetzungen fast immer verloren. Aber wir haben sehr viel verändert, die Lebensweise, die Wertvorstellungen, Wohngemeinschaften, Alternativ-Betriebe, neue Auffassungen zur Sexualität entwickelt. Zu Fragen, die auch in der DDR unheimlich verbürgerlicht und verkrustet waren. Das Bewußtsein für Umwelt ist heute unheimlich verbreitet in der Bundesrepublik. Die Linken, die Alternativen haben seit dem Ende der 60er Jahre in der Bundesrepublik die Straße beherrscht. In den Großstädten konnten die Rechten nicht demonstrieren. In der deutschen Geschichte hat es das so eigentlich nicht gegeben.

Gysi: Man muß aufpassen, daß das so bleibt.

AUSSPRACHE IM DEUTSCHEN BUNDESTAG
AM 22. NOVEMBER 1990 ZUR HALTUNG
DER BUNDESREGIERUNG ZUR ERHÖHUNG VON
STEUERN UND ABGABEN

Präsidentin Dr. Süssmuth: Das Wort hat der Abgeordnete Dr. Gysi.

(Feilcke, CDU/CSU: Gysi, rück die Kohle! – Weitere Zurufe von
der CDU/CSU und der SPD)

Dr. Gysi (PDS/Linke Liste): Ich bin entzückt hinsichtlich der freudigen Aufnahme. Wenn man als schlichter Bürger wie ich...

(Lachen bei der CDU/CSU und der SPD)

... – zumindest relativ neu im Bundestag – den Reden folgt, die hier gehalten werden, und wenn man allen glauben will, kommt man zu der Feststellung, daß man keiner Partei trauen kann. Das spricht doch dafür, daß auch eine neue gewählt werden kann.

(Beifall bei der Gruppe der PDS – Heiterkeit)

Als ehemalige DDR-Bürger und jetzige Bundesneubürger haben wir uns in diesem Jahr an den unterschiedlichen Wert von Wahlversprechungen vor und nach dem Urnengang gewöhnen müssen. Den Wert solcher Verkündungen wie »Niemandem wird es schlechter gehen, im Gegenteil« haben inzwischen fast alle Familien in der ehemaligen DDR erfahren.

(Dr. Klejdzinski, SPD: Nur der PDS geht es besser!)

Heute heißt es, daß die Talsohle noch nicht erreicht sei. Aber Mitte des nächsten Jahres soll der mehrfach versprochene stürmische Aufschwung nun tatsächlich erfolgen.

Wir stehen ja wieder vor einer Wahl. Angesichts eines solchen schon festen Rituals von Versprechen vor der Wahl, Widerrufen oder Vergessen nach der Wahl erhebt sich die Frage: Was mag den Bundeskanzler bewogen haben, vierzehn Tage vor der Wahl zu erklären, in der neuen Legislaturperiode werde es notwendig sein, über eine Erhöhung von Abgaben zu reden. Ist es eine völlig neue Erkenntnis, daß die Kosten für das Zusammengehen von BRD und DDR doch weit höher sind, als man wahrhaben wollte, oder ist die Lage so dramatisch, daß es nun doch opportuner

211

erscheint, bereits vor der Wahl etwas den Schleier zu lüften, um nach der Wahl nicht als der große Leugner dazustehen?

(Zuruf von der CDU/CSU: Für wen sprechen Sie denn?)

Erinnert sei in diesem Zusammenhang auch an das Versprechen in dem von Ihnen abgeschlossenen Vertrag über die Wirtschafts-, Währungs- und Sozialunion. Da stand nämlich drin, daß ehemalige DDR-Bürger eine Urkunde über ihren Anteil am Volkseigentum erhalten, womit sie sich später einmal eine Wohnung oder ähnliches kaufen könnten. Das ist vertraglich vereinbart, aber es redet kein Mensch mehr davon. Das war zumindest, um es gelinde auszudrücken, eine Täuschung.

(Beifall bei der Gruppe PDS – Zurufe von der CDU/CSU)

Vor welchen Ergebnissen der Regierung Kohl und de Maizière stehen wir jetzt? Alle Wirtschaftsexperten sind sich einig, und jede Bürgerin und jeder Bürger spürt es, daß der Anschluß der DDR an die Bundesrepublik den Altländern einen kräftigen Konjunkturimpuls bescherte, während in den ostdeutschen Ländern eine schwere und, wie sich immer mehr abzeichnet, tiefe und langwierige Anpassungskrise eingetreten ist ...

(Dr. Meyer zu Bentrup, CDU/CSU: Vierzig Jahre Sozialismus!)

... die zu einem wirtschaftlichen Kollaps führen kann. Und das ist nun nicht mehr mit 41 Jahren DDR, sondern auch mit handfesten Fehlentscheidungen ...

(Zurufe von der CDU/CSU: Unerhört! Lächerlich!)

... in diesem Jahr zu erklären. Das zeigen die Fakten: Rückgang der Industrieproduktion in der früheren DDR im ersten Quartal 1990 4,5 Prozent, im zweiten Quartal 1990 10 Prozent, aber im dritten Quartal 1990, d.h. nach der überstürzten und nicht ausgewogenen Währungs- und Wirtschaftsunion, 48 Prozent! Das ist eine Tatsache.

(Dr. Meyer zu Bentrup, CDU/CSU: Nur bei Honecker war es offenbar besser! Oder was wollen Sie damit sagen?)

− Also wissen Sie, Ihre Beziehungen zu Herrn Honecker waren wesentlich enger als meine. Da müssen Sie ihn schon selbst befragen, ja.

(Beifall bei der Gruppe der PDS − Lachen und Pfeifen bei der CDU/CSU)

− Ich habe ihn noch nicht einmal persönlich sprechen können. Herr Waigel, Sie hatten ja mehrfach die Möglichkeit und haben sich deshalb oft geschätzt.

(Dr. Waigel, CDU/CSU: Aber mehr Millionen haben Sie bekommen! - Zuruf von der CDU/CSU: Ihr sozialistischen Brüder!)

Von einem Investitionsfluß von West nach Ost ...

(Zuruf von der CDU/CSU: Sie waren doch das Fettauge auf der sozialistischen Soße!)

... oder einem Investitionseffekt der Einheit ist noch nichts zu spüren. Dagegen spricht man offen von einem Konjunktureffekt der Einheit für die Industrieunternehmen und Handelsketten in den Altländern der Bundesrepublik ...

(Frau Matthäus-Meier, SPD: Und vom Geldfluß nach Norwegen!)

... für die die neuen Länder in erster Linie Markt, dann verlängerte Werkbank und bisher nur in den wenigsten Fällen potentieller Produktionsstandort sind. Gespaltene Konjunktur, gespaltener Absatzmarkt zwischen den alten und den neuen Bundesländern, das ist die bisherige Realität der politischen Einheit.

Während in den Altländern in diesem Jahr die Zahl der Beschäftigten gegenüber dem Vorjahr um über 700 000 stieg, zeigt sich in den neuen deutschen Ländern Ende Oktober ein völlig anderes Bild. Eine Arbeitslosigkeit von fast 2,6 Millionen Menschen, offen oder verschleiert, Kurzarbeiter, insbesondere mit null Arbeitsstunden einberechnet. Hinzu kommt noch eine geheimgehaltene Zahl von Mitarbeiterinnen und Mitarbeitern des öffentlichen Dienstes, die in die berüchtigte Warteschleife ohne eine reale Perspektive katapultiert wurden und die ja mit Sicherheit auch arbeitslos werden.

Alle Vorschläge und Mahnungen für notwendige Übergangs- und Strukturanpassungsmaßnahmen sowie Beschäftigungsprogramme für die Wirtschaft der ehemaligen DDR ...

(Zuruf von der CDU/CSU: Etwa wie bei der SED!)

... wie sie auch von vielen Wirtschaftsexperten gefordert wurden, sind von den Regierungen Kohl und de Maizière und den sie tragenden Parteien arrogant in den Wind geschlagen und häufig als linke Schwarzmalerei und Panikmache etikettiert worden. Dabei waren die Hinweise auf die Auswirkungen, auch von uns, noch eher bagatellisierend.

(Frau Matthäus-Maier, SPD: Kappen Sie erst mal Ihre Seilschaften!)

Die Auswirkungen der politischen Fehlentscheidungen, zementiert im Einigungsvertrag, sind schon heute auf finanziellem Gebiet gravierend.

Ich kann auf Zwischenfragen gerne antworten, aber ich weiß nicht, ob Sie mir das von der Redezeit abziehen, Frau Präsidentin.

(Frau Matthäus-Maier, SPD: Sie können darauf antworten: Kappen Sie die Seilschaften!)

– Dann würde ich Ihnen sagen: Schauen Sie einmal nach. Die ehemaligen Leiter der Betriebe, wo ich nur von dem Teil etwas halte, soweit sie sich ernsthaft um die Betriebe und die Beleg-schaften bemühen. Diejenigen, die wirklich in ihre Tasche wirt-schaften, können meinetwegen von ihren Belegschaften davonge-jagt werden. Aber gucken Sie mal, was die heute für Parteibücher haben. Da finden Sie die merkwürdigsten dabei, bloß kein PDS-Parteibuch.

(Zuruf von der SPD: Warum haben Sie damals abgelehnt, daß Sie die alle ablösen? Das waren doch Sie mit der CDU gemeinsam!)

– Ihre Parteibücher sind reichlich dabei.

Die Auswirkungen der politischen Fehlentscheidungen, ze-mentiert im Einigungsvertrag, sind schon heute auf finanziellem Gebiet gravierend. Der überstürzte Crashkurs wirkt sich einfach aus.

Die steigenden Kosten für die Arbeitslosigkeit – sie sind mehr-fach falsch eingeschätzt worden – zeigen jedem deutlich, daß es viel besser wäre, die Finanzierung von Arbeit, die Finanzierung der Erhaltung vorhandener und die Finanzierung der Schaffung neuer Arbeitsplätze zu erreichen, anstatt die Finanzierung von Arbeitslosigkeit mit Priorität vorzusehen.

Bundeswirtschaftsminister und Bundesfinanzminister sehen das offensichtlich ganz anders. Wie soll sonst die Verweigerung der Lizenzen für den Ostexport, z.B. für den ökologisch deutlich verbesserten Pkw Trabant, zu erklären sein? Das sonderbare Ar-gument von Herrn Haussmann, die Gewährung von Subventio-nen in Höhe von 80 Millionen DM verletze die Gleichbehand-lung aller Unternehmen, kann nur Erstaunen hervorrufen, wenn man die reale Situation in Ostdeutschland bedenkt und be-achtet, daß die Alternative – so die IG Metall – Arbeitslosengel-der von monatlich etwa 30 Millionen DM sind.

Produktionsrückgänge und Konkurse führen außerdem un-weigerlich zu Steuereinbußen und verschärfen damit automa-tisch die Defizite in den öffentlichen Haushalten der ostdeut-schen Länder und Kommunen.

In dieser Situation setzt nach altbewährtem Muster ein Ver-wirrspiel der Parteien der Regierungskoalition um die Steuererhöhungen ein. Keine Steuererhöhung für die deutsche Einheit, so eine Aussage. Lediglich Abgaben im Umweltbereich, so eine andere. Einsparungen, Umschichtungen und Subventionsabbau eine dritte, und Überprüfung der Bund-Länder-Finanzbeziehungen eine vierte. So tönt es jetzt von den Parteien.

Von der F.D.P. allerdings hört man, sie spreche überhaupt nicht über Steuererhöhungen, und mit ihr gebe es keine Steuererhöhungen. Heftig prallen auch die Aussagen für und wider ein Niedrigsteuergebiet in den neuen Ländern aufeinander.

Die PDS fordert: Herr Bundeskanzler, machen Sie endlich mit der Verunsicherung der Bevölkerung durch diese wahltaktischen Diskussionen Schluß! Es kann doch nicht so schwer sein, klar zu sagen, was die deutsche Einheit voraussichtlich kostet und was sie wem einbringt. Das haben seriöse Wissenschaftler längst ausgerechnet.

(Feilcke, CDU/CSU: Komm, rück die Kohle raus!)

Für uns wird bei diesem Gerangel eines unübersehbar: Im Kern laufen die Vorschläge der Regierungsparteien darauf hinaus, daß wieder die sogenannten kleinen Leute zur Kasse gebeten werden.

(Feilcke, CDU/CSU: Gysi, die Verkörperung des kleinen Mannes! Das ist die Wahrheit!

Besonders sollen die ehemaligen Bürgerinnen und Bürger der DDR die Lasten auferlegt bekommen, die mit neuen Westpreisen und alten Ostlöhnen und -renten leben sollen.

Was halten wir im Gegensatz zur Regierungspolitik in dieser Situation für geboten? Dringend erforderlich ist ein langjähriges Struktur- und Beschäftigungsprogramm, um Ostdeutschland als Produktions- und Investitionsstandort zu erhalten.

(Frau Matthäus-Maier, SPD: Vermögen zurückgeben! – Feilcke, CDU/CSU: Gysi, rück den Zaster raus!)

– Sie wissen, daß Sie damit nicht ernsthaft etwas anfangen können.

Notwendig sind Sofortmaßnahmen, um die in den letzten Monaten praktizierte Zerstörung der Existenz auch sanierungsfähiger Betriebe in der Ex-DDR durch eine gnadenlose Konkurrenz zu verhindern.

(Feilcke, CDU/CSU: Expropriation der Ex-propriateure! Das muß man Ihnen zurufen!)

Es ist durch die Treuhand Eigentum von Kommunen zu schaffen. Wir erwarten, daß den Handwerkern und Gewerbetreibenden nachträglich die Einlagen ihrer Geschäftskonten per 30. Juni 1990 1:1 getauscht werden, damit sie nicht weiter ihre Angestellten entlassen müssen.

(Dr. Heltzig, SPD: Nachdem Sie alle zugrunde gerichtet haben! Das kann doch nicht wahr sein! – Dr. Meyer zu Bentrup, CDU/CSU: Ihr habt sie doch enteignet! – Feilcke, CDU/CSU: Rück das Geld raus!)

Wir erwarten, daß im Verteidigungshaushalt nach dem Abbau des Ost-West-Konflikts nicht 50 Milliarden DM hineingesteckt werden, sondern daß erheblich eingespart wird.

(Beifall bei der Gruppe der PDS – Feilcke, CDU/CSU: Sollen wir eure Führerbunker von Honecker benutzen?)

Wir wenden uns dagegen, daß die neuen Rüstungsmilliarden offensichtlich mit der Überlegung auf Konflikte hinsichtlich der Dritten Welt ausgegeben werden sollen.

(Feilcke, CDU/CSU: Davon verstehen Sie gar nichts!)

Das halten wir für eine Katastrophe. Wir glauben auch, daß es gerechtfertigt ist, eine Umlage für Besserverdienende einzuführen, mit der man allein 10 Milliarden DM einsparen könnte.

(Dr. Heltzig, SPD: Früher waren die SED-Betriebe steuerfrei! Das ist aber ulkig!)

Die Steuereinnahmen des Staates und die höheren Gewinne westdeutscher Unternehmen bedeuten wiederum höhere Steuereinnahmen des Staates in der Folge.

Ich sehe, daß meine Zeit abgelaufen ist, Frau Präsidentin.

(Lachen und Beifall bei der CDU/CSU und der F.D.P. – Feilcke, CDU/CSU: Die Zeit ist abgelaufen! – Weitere Zurufe von der CDU/CSU)

Präsidentin Dr. Süssmuth: Ja, Ihre Redezeit ist abgelaufen.

Dr. Gysi (Gruppe der PDS): Darum kümmern sich schon ganz andere. Alle Rechtsradikalen des Landes begleiten mich permanent ...

(Dr. Wulff, CDU/CSU: RAF und SPD!)

... und Sie übernehmen auch ein bißchen politische Verantwortung für das, was sie in diesem Land so alles unternehmen. Ich finde, diese Debatten zeigen deutlich, daß es wirklich erforderlich wird, sich für ein etwas anderes Deutschland zu entscheiden als das, was Sie vorhaben.

(Beifall bei der Gruppe der PDS – Zurufe von der CDU/CSU)

PDS – PROBLEM UND CHANCE FÜR DIE DEUTSCHE LINKE

Aus: *Gregor Gysi, Wir brauchen einen dritten Weg.*
Konkret-Literaturverlag, Hamburg, 1990.

Das künftige Deutschland braucht unbestreitbar eine starke Linke, eine Linke, die aktiv die Interessen der arbeitenden Menschen vertritt und eine gesellschaftliche Alternative zur kapitalistischen Marktwirtschaft entwickelt.

In der DDR gibt es ein breites Spektrum linker Kräfte. Die PDS ist und versteht sich als eine Kraft unter ihnen. Fast zwei Millionen Bürger haben ihr zweimal ihre Stimme gegeben. Sie besitzt, harte Arbeit vorausgesetzt, die Potenz, auch künftig linkes Wählerpotential politisch in die gesellschaftliche Entwicklung einzubringen. Bürgerliche Parteien nehmen sie deshalb als Gegner durchaus ernst. Weitere linke Parteien und Bewegungen sind in der Zeit des Herbstes in der DDR entstanden. Nicht wenige von ihnen scheuen sich bis heute, in den Sachfragen, die uns alle bewegen, mit uns gemeinsam Politik zu machen. Bei manchem Verständnis für vor allem subjektive Befindlichkeiten schmerzt es uns jedoch, in dieser so wichtigen Zeit nur partiell zum gemeinsamen Handeln zu kommen.

In der Bundesrepublik Deutschland ist die Linke äußerst differenziert. Sie befindet sich politisch, ideell, psychologisch und organisatorisch in einer fortdauernden Krise. Es hat dort nie eine linke sozialistische Partei mit nennenswertem Einfluß gegeben. Politisch-organisatorisch bleibt die DKP nominell die größte Partei. Die von ihr abgespalten Erneuerer sind kaum organisiert, das im April in Köln gebildete Sozialistische Forum ist eine Diskussionsplattform zur Erarbeitung linker Alternativen. Zur BRD-Linken gehören weiterhin verschiedenste kleinere radikale Gruppierungen und Parteien. Politisches Linkspotential existiert in der Grünen Partei, bei der SPD, den Gewerkschaften sowie in Bürgerinitiativen und -bewegungen. Nicht wenige haben sich ihnen angeschlossen, da sie in der BRD seit vielen Jahren keine andere politikfähige Kraft sahen, in die sie sich einbringen konnten bzw. wollten. Bis heute gibt es im Unterschied zur DDR links von der SPD keine politisch bedeutsame attraktive sozialistische Partei.

Seit dem 18. März entstanden in der BRD spontan PDS-Initiativen, -Landesverbände und örtliche Zusammenschlüsse. Darüber hinaus bestehen Diskussionsrunden, Zirkel und Initiativen, die sich intensiv mit der Frage der PDS in der BRD beschäftigen. Offensichtlich gibt es ein, wenn auch bescheidenes, politisches Echo auf die Strategie und Politik der Partei des Demokratischen Sozialismus in der DDR, oft auch die zum Teil neu erwachte

Hoffnung auf eine moderne linke sozialistische Partei im künftigen Deutschland.

Die Partei des Demokratischen Sozialismus ist Problem und Chance für Linke zugleich. Es ist ein Problem, mit der geschichtlichen Last umzugehen. Es ist ein Problem, daß die PDS eine DDR-Partei ist, mit der man nicht einfach fusionieren kann. Die Angst ist ein Problem, die nicht wenige Linke in der Bundesrepublik und Westberlin vor einer möglichen Vereinnahmung durch die PDS haben. Es ist auch eins, Mißtrauen in uns zu überwinden. Es ist jedoch auch eine große Chance, daß sich Linke aus Ost und West an dieser PDS reiben. Es ist eine Chance, daß sie eine DDR-Partei ist, die sich zur Geschichte bekennt und zu den großen Hoffnungen, die einst mit dieser Deutschen Demokratischen Republik verbunden waren. Es ist eine große Chance, daß sich unsere nicht eben kleine Partei in die deutsche Linke bewußt einbringen will, ohne irgend jemanden zu majorisieren. Es ist eine Chance, daß sich die PDS erneuert und wir die Überzeugung haben, daß sie – trotz aller Unzulänglichkeiten in diesem Prozeß – erneuerungsfähig und vor allem erneuerungswillig bleibt.

Für unsere Entscheidung darüber, wie sich die PDS in das künftige Deutschland einbringen kann und will, sind folgende Grundüberlegungen von ausschlaggebender Bedeutung.

Erstens. Gerade im linken Spektrum haben vielfältige demokratische Bewegungen in den letzten Jahren eine qualitativ neue Bedeutung erhalten. Möglicherweise werden sie in der Zukunft sogar die wichtigste politische Organisationsform der Menschen. Zugleich ist nicht zu übersehen, daß in den entwickelten bürgerlichen Gesellschaften Parteien nach wie vor die entscheidenden Kanäle politischer Willensbildung und -gestaltung darstellen.

Zweitens. Die Herausbildung einer starken deutschen Linken kann und darf nicht allein von uns oktroyierten Wahlterminen bestimmt sein. Genauso falsch wäre zugleich das Übersehen der Möglichkeiten und Notwendigkeiten, unter Nutzung der politischen Entwicklung den Einfluß der Linken auf die Politik zu stärken. Zwischen dem Zusammenfinden der Linken und der

Aktion um politische Mitsprache in der Gesellschaft gibt es einen engen Zusammenhang. Wenn die Linke im künftigen deutschen Parlament nicht vertreten ist, dann wird es auf längere Zeit in Deutschland keine politisch bedeutungsvolle Linke geben.

Drittens. Die zweifelsohne bestehenden unterschiedlichen linken Kulturen der DDR und der BRD sind vor allem systembedingt. Sie werden sich im Zuge der deutschen Einigung annähern, vor allem im breiten Dialog miteinander. Da ist von allen auch der Wille gefordert, nicht nur miteinander umzugehen, sondern gemeinsam Politik zu machen. Die Linken in Ost und West werden durch die künftige staatliche Einheit gezwungen sein, einen gemeinsamen neuen Ansatz zu finden. Um so schneller sie dies verstehen, um so schneller wir das verstehen, desto nützlicher für die deutsche Linke.

Viertens. Ohne eine bewußte zielstrebige Integration in die europäische und internationale Linke, wobei unsere Partei an umfangreiche Beziehungen anknüpft, sie auch bedeutend ausdehnt, wird es keine starke deutsche linke Kraft geben. Es macht uns Mut, daß es in Europa viele Parteien gibt, die sich seit Jahrzehnten links von der Sozialdemokratie behaupten, auf diese Weise letztere beeinflussen und das gesellschaftliche Leben mitgestalten. Es wäre paradox, daß dies gerade im künftigen Deutschland nicht möglich sein sollte. An vielen Beispielen zeigt sich, daß nur die Existenz einer politisch wirksamen linken Partei zugleich auch die Sozialdemokratie nachhaltig verändern kann.

Fünftens. Es wird auf absehbare Zeit nicht möglich sein, eine bedeutende Linke in Deutschland zu formieren, wenn es nicht gelingt, als Teil der vielfältigen linken Bewegungen und Gruppierungen eine sozialistische Partei zu schaffen bzw. eine solche in deutschen Einigungsprozeß einzubringen.

Sechstens. Die Partei des Demokratischen Sozialismus kann eine solche Partei sein. Sie verfügt über alle dazu notwendigen Voraussetzungen. Unumgänglich ist es jedoch, daß sie ein gesamtdeutsches Profil gewinnt, ohne selbstverständlich ihre DDR-Herkunft in irgendeiner Weise zu verleugnen. Das betrifft ihre Programmatik ebenso wie ihre öffentliche politische Ausstrahlungskraft auch auf dem Territorium der BRD. Die Eingrenzung ihres Wirkungsbereiches auf das DDR-Territorium würde die Partei in absehbarer Zeit in eine unbedeutende politische Gruppierung verwandeln. Gemeint ist damit nicht ein Export der PDS in die Bundesrepublik. Das ist weder wünschenswert noch realistisch. Was dort an linkem Potential in den politischen Auseinandersetzungen nicht wächst, das wird es auch in Zukunft nicht geben. Ein gesamtdeutsches Herangehen wird für unsere Partei jedoch jetzt unumgänglich, da die Rechten den Linken keine Zeit lassen – und das auch nicht wollen –, sich zu formieren. Wir sind uns dessen bewußt, daß unsere Partei des Demokratischen Sozialismus im Zuge dieser Entwicklung eine neue, eine unter vielen Gesichtspunkten andere Partei sein wird. Sie wird jedoch eine sozialistische Partei sein, die sich einfügt in das breite linke Spektrum des künftigen Deutschlands.

Siebentens. Ohne die zielstrebige weitere Erneuerung unserer Partei wird die PDS weder gesamtdeutsch noch auf dem Territorium der DDR eine sichere Zukunft haben. Aufmerksam sind dabei Schlußfolgerungen auch aus der Entwicklung der linken Parteien in Ost- und Westeuropa zu ziehen. Sowohl das Scheitern der Erneuerung einiger ehemaliger Staatsparteien auf linker sozialistischer Grundlage in Osteuropa als auch die Versuche in großen westeuropäischen kommunistischen Parteien, sich als starke linke Kraft neben der Sozialdemokratie zu behaupten, sind bei der weiteren Profilierung der PDS zu beachten.

Achtens unterstreichen wir: Auf dem Territorium der heutigen BRD gibt es einen Platz für eine linke sozialistische Partei. Bei uns wird es ihn weiter geben. Es gilt, diesen Platz im künftigen Deutschland auszufüllen.

AUSSPRACHE IM DEUTSCHEN BUNDESTAG
AM 17. JANUAR 1991 ZUR ABGABE EINER
ERKLÄRUNG DER BUNDESREGIERUNG ZUM
KRIEG AM GOLF

Präsidentin Dr. Süssmuth: Das Wort hat Herr Dr. Gysi.

(Abgeordneter Dr. Gysi, PDS/Linke Liste, trägt eine weiße Arm-
binde – Zuruf von der CDU/CSU: Der trägt die Friedensfahne!
– Seiters, CDU/CSU: Das ist eine unglaubliche Frechheit mit der
weißen Binde! – Weitere Zurufe von der CDU/CSU)

Dr. Gysi (PDS/Linke Liste): Frau Präsidentin! Meine Damen
und Herren!

(Seiters, CDU/CSU: Gysi mit der weißen Binde! Das ist unglaub-
lich!)

– Nicht gerade Sie! –
Es ist Krieg, und Sie, Herr Kanzler, sagen es nicht einmal so
deutlich, ehrlich und offen der gesamten Bevölkerung: Sie be-
schwichtigen. Herr Kanzler, Ihre Erklärung ist entweder Ausdruck von Heuchelei oder Ausdruck von völligem Unverständnis dessen, was da am Golf losgegangen ist.

(Beifall bei der PDS/Linke Liste – Dr. Waigel, CDU/CSU: Sie
sind der lebendige Ausdruck für Heuchelei! – Lebhafte Zurufe von
der CDU/CSU: Unglaublich! Pfui! – Weitere Zurufe von der
CDU/CSU und der F.D.P.)

In einer Welt, die so miteinander verbunden ist wie unsere, gibt
es keine gerechten, sondern nur noch verbrecherische Kriege.

(Dr. Waigel, CDU/CSU: Sie sind die wandelnde Heuchelei! –
Weitere Zurufe von der CDU/CSU und der F.D.P.)

Präsidentin Dr. Süssmuth: Herr Dr. Gysi, ich erteile Ihnen einen
Ordnungsruf und denke, daß in dieser Debatte das so nicht ste-
henbleiben kann.

(Lebhafter Beifall bei der CDU/CSU und der F.D.P. und Beifall bei
Abgeordneten der SPD)

Bevor ich Sie, Herr Dr. Gysi, weitersprechen lasse, möchte ich auch angesichts der Zwischenrufe sagen: Niemand in diesem Hause sollte dem anderen den Friedenswillen absprechen.

(Beifall bei der CDU/CSU, der F.D.P. und der SPD)

Ich nehme das zur Kenntnis, habe aber natürlich das Recht auf meine eigene Meinung.

In einer Welt – ich wiederhole das –, die so miteinander verbunden ist wie unsere, gibt es keine gerechten, sondern nur noch verbrecherische Kriege.

(Zuruf von der CDU/CSU: Das müssen ausgerechnet Sie sagen!)

Ich hoffe, daß niemand, meine Damen und Herren von der Regierungskoalition, so naiv ist, Ihnen zu glauben, daß es um die Durchsetzung des Völkerrechts geht, das bekanntlich seit Jahren und täglich mit Füßen getreten wird, gerade auch durch die USA, gerade auch im Nahen Osten.

(Zustimmung bei der PDS/Linke Liste – Zurufe von der CDU/CSU: Sie Heuchler! Das wissen Sie wohl am besten!?)

– Dann bin ich ja zuständig. Dort gibt es fast mehr besetzte als unbesetzte Gebiete.

(Zurufe von der CDU/CSU)

– Ich weiß, daß es Ihnen schwerfällt, Wahrheiten zu ertragen, aber Sie sollten trotzdem mal zuhören.

(Seiters, CDU/CSU: Gysi und die Wahrheit! – Bohl, CDU/CSU: Sie sind eine Witzfigur!)

Saddam Hussein und George Bush und seinen Verbündeten geht es um nichts anderes als um nackte Machtpolitik und um imperiale Politik, um politische und vor allem um ökonomische Einflußsphären. Für diese Machtpolitik wird die gesamte Menschheit gefährdet, mit ökologischen und ökonomischen Langzeitwirkungen, die in ihrem vollen Ausmaß erst in Jahren zutage treten werden.

Wenn es um Recht geht, dann frage ich: Wer hat das Recht, einen solchen Krieg zu beginnen, der die ganze Menschheit in eine Katastrophe führen kann?

(Zurufe von der CDU/CSU: Hussein!)

Deutschland hatte gerade im letzten Jahr große historische Chancen, die sämtlich vertan wurden: statt Vereinigung mit der DDR ihr Anschluß mit einer sich in allen Bereichen verbreitenden Besatzermentalität;

(Beifall bei der PDS/Linke Liste – Zurufe von der CDU/CSU: Ungeheuerlich! Raus! – Weitere lebhafte Zurufe von der CDU/CSU und der F.D.P.)

Statt Austritt aus beiden Militärblöcken das Klammern an die NATO, um jetzt den Bündnisfall heraufbeschwören zu können.

(Zurufe von der CDU/CSU: Aufhören! – Weitere lebhafte Zurufe von der CDU/CSU – Mehrere Abgeordnete der CDU/CSU verlassen den Saal – Glocke der Präsidentin)

Präsidentin Dr. Süssmuth: Erstens möchte ich Sie bitten, Herr Dr. Gysi, daß Sie Ihre Worte angemessener wählen, und zweitens möchte ich bitten, daß wir so lange zuhören, bis das beendet ist.

(Kraus, CDU/CSU: Nein! Unerträglich!)

Wäre Deutschland heute neutral, könnte die Bundesregierung friedensvermittelnd wirken. So aber wird dieses Deutschland kriegsbeteiligt sein. Dies ist es sowieso schon durch die Giftgasfabriken, die Rüstungsexporte und ähnliches. Es ist ein Krieg gegen die Dritte Welt, der die unvorstellbare Ausbeutung der Dritten Welt durch die Industriestaaten sichern soll.

Die Bundesregierung hat dieser gesamten Politik der Drohung, der Eskalation und auch des Beginns der Kriegshandlungen heute nacht zugestimmt. Sie hat damit schwere Schuld und Verantwortung auf sich geladen.

(Zurufe von der CDU/CSU: Aufhören!)

45 Jahre nach Beendigung des von Deutschland verbrecherisch begonnenen und geführten Zweiten Weltkriegs, aber nur drei Monate nach der Herstellung der deutschen Einheit ist dieses Deutschland dabei, wieder in einen Krieg verwickelt zu werden.

Jeder Bürger dieses Landes sollte jetzt den Kriegs- und Wehrdienst verweigern.

(Beifall bei der PDS/Linke Liste)

Kein amerikanischer Soldat darf von deutschem Boden aus in die Golfregion starten. Beteiligen wir uns alle an Friedensaktionen, an Mahnwachen der verschiedensten Art, auch heute in allen Großstädten! Unser Platz kann heute nur bei diesen Friedensdemonstrationen sein!

(Bohl, CDU/CSU: Geh doch hin! – Weitere Zurufe und Unruhe bei der CDU/CSU)

Herr Kanzler, Sie haben heute geschworen, Schaden vom deutschen Volk zu wenden, und sind doch gerade dabei, großen Schaden für unser Volk mit anzurichten.

(Zuruf von der CDU/CSU: Unverschämt! – Weitere Zurufe von der CDU/CSU)

Ziehen Sie die deutschen Truppen und das deutsche Gerät aus dem Kriegsgebiet zurück!

(Dr. Waigel, CDU/CSU: Sie haben den größten Schaden für Deutschland angerichtet, Sie und Ihre Kolleginnen und Kollegen! Sie sollten sich schämen!)

Erklären Sie verbindlich für die Bundesrepublik Deutschland, daß sie sich an diesem Krieg auf keinen Fall beteiligen wird! Setzen Sie sich für eine baldige Nahost-Friedenskonferenz ein! Stiften Sie Frieden! Verhindern Sie, daß Sie zum Kanzler des Krieges werden!

(Beifall bei der PDS/Linke Liste – Lebhafte Pfui-Rufe und weitere Zurufe von der CDU/CSU – Dr. Waigel, CDU/CSU: Sie haben kein Schamgefühl!)

ANTWORTEN AN DAS
DEUTSCHE HISTORISCHE MUSEUM
Februar 1991

1 Was war das wichtigste Ereignis in Ihrem Leben vor dem 9. November 1989?
Die Geburt meines Sohnes.

1a) Was war das wichtigste Ereignis im Jahr 1990?
Der Anschluß der DDR an die BRD am 3. Oktober 1990.

2. Was hat Ihnen am besten an der alten DDR gefallen?
Meine Freunde, ihr relativer Stolz, daß man mit den sozialen Unterschieden leben konnte.

2a) Was haben Sie gefühlt, als am 7. Oktober 89 die »Stille Revolution« begann?
Freude und Angst.

3. Was hat Sie am meisten an der alten DDR geärgert?
Die Arroganz der Macht.

3a) Hat Ihnen das alte System der DDR persönlich Schaden – auch seelischen – zugefügt? Wie?
Der Zwang zum Provinzialismus. Psychologische Beeinträchtigungen mag es geben, ich habe sie aber bisher nicht erkannt.

4. Sind Sie mit Ihrem gegenwärtigen Beruf zufrieden? Oder würden Sie lieber etwas anderes machen? Was?

Sicherlich bin ich nicht zufrieden, sicherlich würde ich lieber etwas anderes machen, aber es ist für mich nicht ungefährlich, mir darüber tiefere Gedanken zu machen, deshalb lasse ich es bleiben.

5. Was fällt Ihnen als erstes ein, wenn Sie an Ihre Familie denken?
Eine gewisse Offenheit und Solidarität.

6. Für Übersiedler: Was ist Ihnen zuerst in der Bundesrepublik aufgefallen, worüber haben Sie sich am meisten gewundert?

7. Für Übersiedler: Nach Ihren jetzigen Erfahrungen: Würden Sie noch einmal nach Westdeutschland gehen, oder zieht es Sie zurück?

8. Was fällt Ihnen zu den Worten a) »Freiheit«, b) »Einheit« und c) »Sozialismus« ein?

a) Viele Freiheitsrechte, keineswegs alle, wurden einem in der DDR theoretisch und praktisch versagt. Jetzt muß ich erleben, daß viele Menschen Rechte besitzen, die sie praktisch nicht realisieren können. Das ist sicherlich auch kein geringes Problem.

b) Einheit setzt Vereinigung voraus. Vereinigung setzt ein Nachdenken übereinander und die Suche nach der bestmöglichen Beseitigung von Unterschieden voraus. Anschluß zwingt die einen in das System der anderen einfach hinein. Damit werden mehr Unterschiede und weniger »Einheitliches« erzeugt.

c) Eine Gesellschaft, in der es mir nur wirklich gutgeht, wenn es auch den anderen gutgeht und nicht, in der es mir nur gutgeht, wenn es anderen wesentlich weniger gutgeht.

9. Sind Sie mit Ihren Wohnverhältnissen zufrieden?
Ja.

9a) Was müßte in dem Ort, in dem Sie wohnen, als erstes verändert, verbessert werden?
Beseitigung der Wohnungsnot.

10. Was kann die Bundesrepublik von der ehemaligen DDR lernen?
Die Bereitschaft, von anderen etwas zu lernen.

11 Welche Gefühle haben und hatten Sie zum und am 3. Oktober?
Der Versuch einer Alternative zur kapitalistischen Gesellschaft ist vorübergehend gescheitert. Leider ist eine Vereinigung nicht gelungen. Der Anschluß wird schlimme Folgen haben.

BEFRAGUNG ZU PROMINENTEN-COMICS
»HALLO DEUTSCHLAND« IN DER *QUICK*
Vom 13. Februar 1991 (unveröffentlicht)

Ein Vorrecht des Anwalts besteht darin, über Dinge zu reden, von denen er nichts versteht und Rollen im Leben einzunehmen, in denen er nur anderen vormachen kann, sie auszufüllen.
So gesehen, kann ich sowohl über Geld reden als auch Aufsichtsratsvorsitzender von Daimler-Benz werden.

WUNDERN? NEIN: BEDAUERN
Klartext-Kolumne für die *Münchner Abendzeitung* vom
25. März 1991 (unveröffentlicht)

Man darf hier in Bonn nicht erwarten, daß es Einheimische interessiert, wenn in Berlin-Mitte (vormals Ost) eine Illustrierte stirbt. Ja, wenn es sich um die Bildzeitung für Akademiker oder jenen zackigen Himmelskörper aus dem Norden handeln würde, da gäbe es in der Lobby des Wasserwerkes Diskussionen. Aber *Extra*? Nie gehört!
Da müßte ich schon erklären: Das ist eine Illustrierte gewesen, die vornehmlich von Ossis für Ossis gemacht wurde. Und wenn die fehlt, fehlt den Leuten dort etwas.
Dies würde Verwunderung hervorrufen: Ja, wieso denn? Froh

und dankbar müßten die sein für so viel quickes Buntes, das sie jetzt bekommen.

Nur: Langweilig und grau war auch *Extra* ganz und gar nicht, manchmal sogar ganz schön kritisch und angriffslustig. So mancher Treuhandskandal wurde da enthüllt, mancher Coup von smarten Schnellwendern und Absahnern aufgedeckt.

Und da wurde ostdeutscher Mentalität entsprochen, für Ostgemachtes geworben, gab es Ratschlag und Tips, wie Bürgerinnen und Bürger mit den ungewohnten neuen Rechts-, Bürokratie- und Wirtschaftsverhältnissen zurechtkommen können.

Und da wundern Sie sich, Herr Gysi, wenn so ein Blatt dichtgemacht wird, würde mich mancher hier nach solcher Erklärung fragen. Nein, ich wundere mich gar nicht nach allem, was im ostdeutschen Blätterwald schon an Kahlschlag stattgefunden hat. Aber ich bedaure es und hoffe nur, daß Journalistinnen und Journalisten den Mut aufbringen, in der Art von *Extra* weiterzumachen. Auch ohne *Extra*.

DIE UNGEWOLLTEN VERWANDTEN
Warum die Ostdeutschen mit dem neuen Leben
nicht zurechtkommen
Erschienen am 5. Juni 1991 in *DER SPIEGEL*

Woran liegt es, daß die Menschen im Osten und Westen Deutschlands einander noch immer so fremd sind? Die unterschiedlichen Denk- und Verhaltensweisen haben sich kaum geändert, das gegenseitige Nichtverstehen und Mißverstehen nimmt zu. Wir geben uns wenig Mühe, den anderen in seiner Entwicklung und seinen spezifischen Erfahrungen zu sehen. Wir akzeptieren gegenseitig das Anderssein nur schwer.

Für ehemalige Bürgerinnen und Bürger der DDR ist dies noch viel komplizierter, denn nur sie haben ihre Identität verloren, fühlen sich mehr unterlegen als aufgenommen, kommen häufig nicht nur mit den anderen Deutschen, sondern auch mit sich selbst nicht zurecht. Ich will versuchen, einige unserer Denk- und Verhaltensweisen – sicherlich unzulässig verallgemeinert – zu erklären, und zwar ohne politische oder moralische Bewertung, obwohl mir letzteres natürlich schwerfällt.

Erstens: Während die Partei- und Staatsführung der DDR sowie die akkreditierten Diplomaten und Journalisten kleineres oder größeres Wild jagten, jagte die Mehrheit der damaligen DDR-Bürger nach bestimmten Waren und Dienstleistungen.

In der DDR gab es seit langem einen Überhang an Geld. Deshalb stand die Schwierigkeit, Waren und Dienstleistungen zu bezahlen, in keinem Verhältnis zur Schwierigkeit, sie aufzutreiben. Die Grunderfahrung für ehemalige DDR-Bürger besteht also darin, daß sie sich das, was angeboten wurde, in der Regel auch leisten konnten, aber hinsichtlich des Angebotes ein permanenter Mangel herrschte.

Seit der Währungsunion gibt es nun eine völlig neue Erfahrung. In allen Schaufenstern liegen Waren aus, die jahrelang begehrt wurden. Ein erheblicher Teil der Bevölkerung ist jedoch als Käufer ausgeschlossen. Denn nicht mehr die »Besorgung« ist das Problem, sondern die Finanzierung. Vielen Ostdeutschen ist plötzlich klargeworden, daß eine Fülle von Waren- und Dienstleistungsangeboten nicht mehr für sie bestimmt ist. Die meisten Bewohner der alten Bundesländer haben damit kaum Probleme, denn sie leben seit Jahrzehnten mit der Erfahrung, daß es vieles gibt, was sie sich nicht leisten können.

Wenn sich nun ein »Ossi« darüber beschwert, sich bestimmte Dinge nicht kaufen zu können, dann empfinden dies viele »Wessis« als anmaßend, denn sie können es ja schließlich auch nicht, und sie erwarten es gar nicht. Das Verhalten der ehemaligen Bürgerinnen und Bürger der DDR ist nicht anmaßend, es resultiert lediglich aus ihren Erfahrungen.

Zweitens: In der DDR glaubten die meisten von uns, Mechanismen gefunden zu haben, um in der Politik zwischen Lüge und Wahrheit unterscheiden zu können.

Wenn Erich Honecker für Mitteleuropa eine atomwaffenfreie Zone forderte, so glaubten wir ihm, daß er sie will. Wenn er dagegen erklärte, daß der Plan mit 105 Prozent übererfüllt wurde, gingen wir von 80 Prozent Erfüllung aus – wahrscheinlich zu optimistisch. Wenn ein Politiker aus »gesundheitlichen Gründen zurücktrat«, ging es uns darum, herauszubekommen, aus welchen politischen oder moralischen Gründen er hinausgeworfen wurde.

Im Zwischen-den-Zeilen-Lesen von Zeitungen waren wir Meister. Wenn die DDR-Führung allerdings ein konkretes Versprechen abgab, dann wagte sie nicht, es zu brechen. Wurde z. B. in einem Jahr eine bescheidene Rentenerhöhung für den Dezember des folgenden Jahres angekündigt, dann kam sie auch hundertprozentig.

Bei alledem spielte selbstverständlich auch eine Rolle, daß wir regelmäßig Nachrichten aus westlichen Medien empfingen, die uns halfen, zwischen Wahrheit und Lüge zu unterscheiden. Das Problem heute besteht darin, daß all unsere mühsam erarbeiteten Mechanismen nicht mehr taugen. Mit ihnen läßt sich zwischen Wahrheit und Lüge in der Bonner Politik und in den neuen Medien nicht unterscheiden.

Ungern, aber wahrheitsgemäß zitiere ich einen ehemaligen DDR-Bürger, der mir im Wahlkampf im Herbst 1990 ziemlich aggressiv wörtlich entgegenhielt: »Bei Honecker wußte ich immer, wann er log und wann er die Wahrheit sagte, bei Kohl, Lafontaine und Ihnen kann ich es nicht mehr unterscheiden, und die Zeitungen verwirren mich eher, als daß sie mich aufklären.«

Die Unfähigkeit, zwischen Wahrheit und Lüge zu unterscheiden, belastet psychisch und verbreitet Unsicherheit.

Drittens: Leben Menschen lange in einem bestimmten System, dazu noch in einem eindeutig ideologisch ausgerichteten, entsteht eine relative Argumentationssicherheit, zumindest im Umgang mit Behörden.

Jede und jeder wußte, was Behörden gern hören wollten. Es war auch klar, daß die Mitarbeiter der Behörden sehr ähnlich ideologisch ausgerichtet waren.

Ob es um die Zuteilung einer Wohnung, eines Kleingartens, einer Garage oder um ein gerichtliches Verfahren ging: die Argumentationskette war stets ähnlich. Soweit möglich stützte sich ein Antragsteller auf die Anzahl seiner Kinder, auf seine gesundheitlichen Probleme und/oder auf eine kranke Schwiegermutter. Man berief sich auf berufliche Belastung, wenn möglich mit dem Hinweis auf eine Tätigkeit im Mehrschichtsystem und gesellschaftliche Aktivitäten im Betrieb, in der Gewerkschaft, in der Kampfgruppe oder Sportgemeinschaft und/oder im Wohngebiet (z. B. Wahlhelfer im Wohngebietsausschuß der Nationalen Front).

Und heute? Was sollen wir vortragen, welche Argumente gelten, wo steht der Richter, die Beamtin politisch, eher rechts, eher links, weder noch? Erwirke ich mit dem Hinweis auf viele Kinder das Mitleid des Personalchefs oder seine glatte Ablehnung? Sicher scheint nur eine Negativargumentation – am besten, man hatte mit dem System in der DDR nichts zu tun, war schon immer dagegen.

Die Folge – Unsicherheit.

Viertens: Die DDR war auf ihre Art klar und übersichtlich gestaltet, so daß es nicht schwerfiel, die eigene berufliche und gesellschaftliche Perspektive auszurechnen, und zwar ziemlich genau.

Eine Welt ohne den Glauben an Wunder und fast ohne Überraschungen. Die Zulassung zum Abitur und zum Studium war vorhersehbar, abhängig von den schulischen Leistungen, der sozialen Herkunft, den »gesellschaftlichen Aktivitäten«, dem speziellen Studienwunsch und gegebenenfalls den Beziehungen.

Nach Abschluß einer Berufsausbildung war die Weiterbeschäftigung im Betrieb stets gesichert. Nach Abschluß des Studiums bestand sogar die Pflicht, drei Jahre lang dort tätig zu werden, wohin man gelenkt wurde. »Versäumte« Bildungswege konnten unter bestimmten Voraussetzungen nachgeholt werden.

Sicher waren auch die einmal zugewiesene Wohnung, das einmal erworbene Wochenendgrundstück, die Preise bei wichtigen Gütern und Dienstleistungen. Das Recht, wie es auch immer bewertet wird, war überschaubar und allgemein verständlich. Die Kriminalität blieb relativ gering, denn wenn für Menschen die Bewegungsräume eingeschränkt bleiben, trifft das auch die Möglichkeiten für Verbrecher.

Die Berechenbarkeit des eigenen Lebens hatte selbstverständlich erhebliche Nachteile. Jemand, der sich seine Perspektive genau ausrechnen kann, dem sie nicht gefällt und der nicht an Wunder glaubt, empfindet sie als Perspektivlosigkeit. Ich glaube, daß die relativ hohe Selbstmordrate in der DDR damit zu tun hatte. Gegebenenfalls genügte schon die Kombination einer solchen errechneten Perspektivlosigkeit mit einer unglücklichen Liebe. Ich glaube auch, daß hinter vielen Ehescheidungen und Ausreiseanträgen nicht selten der Wunsch nach Abwechslung, einfach etwas Neuem, nicht eindeutig Vorherzudenkendem stand.

Aber für jene, die mit ihrer Entwicklung einigermaßen zufrieden waren, ist die Sicherheit der Perspektive etwas Unersetzliches, aber erst jetzt zu Schätzendes.

Und nun ist nichts mehr sicher.

Der Arbeitsplatz ist gefährdet, ein neuer völlig ungewiß. Die Wohnung, das Grundstück – durch neue Eigentümer mit Ansprüchen nicht mehr sicher. Niemand weiß, wie hoch die Mieten steigen, wie die Preise sich entwickeln. Völlige Unklarheit herrscht auch für die Rentner. Was wird sich der einzelne künftig leisten können und was nicht? Niemand überschaut mehr das geltende Recht.

Die Angst vor Kriminalität nimmt zu, Mißtrauen gegen Betrugsversuche muß in einer völlig neuen Quantität und Qualität entwickelt werden. Neu ist auch: Auf das »Kleingedruckte« kommt es an.

Katastrophale Folgen zeichnen sich ab für jene Mehrheit, die auf Sicherheit angewiesen ist oder sie auch nur zur inneren Ausgeglichenheit benötigt. Die Folge sind z. B. noch mehr Selbstmorde und noch mehr zerstörte Familien.

Fünftens: In der DDR waren wir irgendwie alle wichtig, zumindest konnten wir uns so fühlen.

Nicht etwa, daß die meisten von uns Wichtiges zu entscheiden gehabt hätten. Im Gegenteil, eher Ohnmacht gegenüber den herrschenden Verhältnissen war verbreitet, das ist allerdings kaum ein Unterschied zu heute.

Das Recht auf Arbeit in der DDR glich einer Pflicht, manchmal bis hin zu strafrechtlichen Konsequenzen, aber mit dem Ergebnis, daß viele meinten, dem Staat einen Gefallen zu tun, wenn sie arbeiten gingen. Auch Qualifizierungen stellten sich eher als ein Entgegenkommen dar.

Jeder wußte, welchen Wert der Staat auf bestimmte Verhaltensweisen legte. Die »Wahlen« in der DDR hatten durchaus ihre Bedeutung. Daran ändert auch nichts, daß die Ergebnisse gefälscht wurden. Tatsache bleibt, daß die Wahlbeteiligung und die Anzahl der »Ja-Stimmen« ungewöhnlich hoch waren. Sicherlich hing dies damit zusammen, daß Nichtwähler Nachteile befürchteten. Andererseits bot aber die Vorbereitungszeit auf die Wahlen Chancen, bis dahin unerledigten Anträgen an die kommunalen Vertretungen Nachdruck zu verleihen.

Oft genug wurde von potentiellen Wählern erklärt, daß sie sich an der kommenden Wahl nicht beteiligen würden, wenn nicht endlich die längst versprochene Reparatur des Ofens oder die fällige Zuweisung einer Wohnung erfolgen würde. Ähnliches gab es später auch bei Ausreiseanträgen, bei denen die Rücknahme unter bestimmten Bedingungen angeboten wurde. Der Staat ließ sich mit seinen Bürgern auf ein gegenseitiges Nötigungsverhältnis ein. Solche »Drohungen« zeigten zwar nicht in jedem Falle, aber doch häufig Wirkung.

Besonders ernst wurde jede Form der Kritik am System genommen, bis hin zu strafrechtlichen Konsequenzen. Um einzelne Textstellen in Büchern und Theaterstücken wurde lange gestritten und gerungen. Und jede dann doch erlaubte Kritik fand große Aufmerksamkeit und ein begeistertes Publikum. Selbst die Tatsache, daß der Staat in der Regel nur höchst ungern zuließ, daß ihn einer seiner Bürger verließ, unterstrich auf eine pervertierte Art die Bedeutung eines jeden.

Plötzlich scheint niemand mehr wichtig zu sein. Arbeitslosen, Sozialhilfeempfängern, Vorruheständlern und anderen wird klargemacht, sie sind zuviel, eigentlich überflüssig, unnütz. Der Besitz von Arbeit, die Möglichkeit zur Qualifizierung sind plötzlich fast Geschenke, für die man sich bedanken müßte.

Und Kritik? Sie ist erlaubt, wird aber kaum registriert oder beachtet, zeigt wenig Wirkung und scheint deshalb ebenfalls fast überflüssig. Und natürlich kann jeder das Land verlassen, vorausgesetzt, er weiß wohin. Und wer interessiert sich dafür?

Scheinbar, also dem eigenen Gefühl nach, unwichtig und unbedeutend zu werden ist schlimm und belastend.

Sechstens: Nach meinen Erfahrungen sprechen »Wessis« und »Ossis« häufig eine andere Sprache.

Auch damit kann man jemanden verschrecken. Den Ostdeutschen wird gesagt, daß sie in der jetzigen Gesellschaft vor allem »flexibel« und »dynamisch« sein müssen. Damit verbinden sich bei uns Vorstellungen von einem cleveren Managertyp, der weltweit Geschäfte erledigen kann. So wollen, zumindest können viele nicht werden. Und ich kann mich einfach nicht entschließen, dies als Makel anzusehen. Aber die Folge ist, daß nicht wenige deshalb glauben, für diese Gesellschaft nicht geeignet zu sein.

Viele Ex-DDR-Bürger fühlen sich in der Bundesrepublik wie Verwandte, die nicht wirklich gewollt sind, die man nicht versteht, und zum Teil auch gar nicht verstehen will, die eine Identität verloren haben und noch lange Zeit keine neue gewinnen werden, die anders sind, weil sie anders gelebt und andere Erfahrungen gesammelt haben, denen die andere Welt häufig als neue Bürokratie begegnet, die das Alte nie wieder wollen, aber mit dem Neuen nicht zurechtkommen.

Die Vorstellung, daß sich für die »Wessis« nichts geändert hat, ist eine Illusion. Die Frage ist nur, ob sie dabei bleiben, daß wir so werden sollen wie sie? Dann würde aus dem Nebeneinander ein neues Gegeneinander.

AUS EINEM DISKUSSIONSBEITRAG
AUF DER PARTEIVORSTANDSSITZUNG
9. Juni 1991

(...) Wir sind eine Partei, die etwas ganz Komisches an sich hat. Sie hat eine Geschichte, die sie nicht will. Und das gibt es eigentlich nicht. Jeder Sozialdemokrat ist auf die 150jährige Geschichte der Sozialdemokratischen Partei Deutschlands stolz und sagt, da gab es viereinhalb dunkle Punkte. Und wir bewegen uns auf eine

Bewertung zu, die sagt: Wir haben eine Geschichte, da gab es auch ein paar helle Punkte. Aber von denen abgesehen, müssen wir sie aufarbeiten, um sie loszuwerden – was nicht funktionieren wird. Es gibt viele Mitglieder in dieser Partei, die wollen das auch so nicht bewertet sehen, weil davon auch die Bewertung ihres eigenen ganzen Lebens abhängt. Unabhängig davon, ob ich das jetzt akzeptiere oder nicht – ich habe das erst mal zu respektieren oder zur Kenntnis zu nehmen oder zu berücksichtigen.

Sie sind mit jeder Kritik einverstanden, solange es eine positive Grundbewertung gibt. Und sie lehnen genau das Gegenteil ab, also eine negative Grundbewertung mit ein paar positiven Elementen. Völlig unzureichend haben wir erkannt, daß wir irgendwann vor dieser Frage stehen und daß das ganz kompliziert wird. Das ist das eine.

Das zweite ist, daß in der praktischen Politik die Geschichte natürlich hinderlich ist. Der Traum, daß der Versuch, ehrlich damit umzugehen, irgendwann auch mal anerkannt wird durch die übrige Gesellschaft, ist natürlich bei einer Gesellschaft, die uns vernichten will, eine Illusion. Es nutzt uns doch nichts, daß CDU, Bauernpartei, Nationaldemokratische Partei, Liberaldemokratische Partei sich einfach aus der Geschichte gestohlen haben. Das ist zwar ein Fakt, aber es hilft uns überhaupt nicht weiter. Auch nicht dahingehend, daß die anwesenden Vertreter der *Berliner Zeitung* schreiben würden: Immerhin, im Vergleich zu anderen, wenn auch unzureichend ... – was wir so ein bißchen gehofft haben, daß das wenigstens mal rüberkommt. Da kommt nur rüber: unzureichend. Mit dem »immerhin« ist das nicht hinzukriegen. Das ist auch wahrscheinlich eine falsche Erwartung an die Medien, die uns da in den Träumen begleitete.

Und jetzt geht es darum, daß wir Genossinnen und Genossen haben, die sagen: Wir wollen eine wirklich völlig andere Partei, die soll in etwa so und so sein. Und wir haben Genossinnen und Genossen, die sagen: Wir sind ja bewußt aus der SED hervorgegangen, um daraus eine andere Partei zu machen. Aber das heißt natürlich, doch irgendwie dazu zu gehören, auf so eine komische Art. Aber es ist ein unterschiedliches Grundgefühl, das dahinter steckt. Ob ich sage: Ich will die SED von dem, von dem, von dem befreien, das alles fand ich dort abscheulich, aber dann ist es eine Partei, die mir gefällt. Oder ob ich sage: Man ist zwar irgendwann einmal irgendwie daraus hervorgegangen, das ist unangenehm genug, das müssen wir auch aufarbeiten, aber jetzt besteht das Wichtigste darin, zu zeigen, daß wir etwas völlig anderes sind, das damit eigentlich gar nichts mehr zu tun hat.

Dann stoßen unterschiedliche Erfahrungen aus Ost und West aufeinander, auch unterschiedliche Kulturen, Kulturen des Umgangs miteinander. Und dann fangen unterschiedliche Dinge an zu stören ...

Es gibt für mich in nächster Zukunft eigentlich nur drei mögliche Wege – oder vielleicht gibt es auch mehr, die ich dann nicht erkenne – im Umgang miteinander. Die erste Variante ist die, die mir zumindest immer unterstellt wird: Wir strecken also den Versuch, alle vorhandenen Widersprüche innerhalb dieser Partei weiter zu deckeln, sie nicht offen ausbrechen zu lassen. Und dann bahnen sie sich eben irgendwie Platz in der *Jungen Welt* oder auch mal in einem Leserbrief oder durch einen Beschluß der AG Junge GenossInnen oder sonstwie. Sie kommen dann doch. Aber ansonsten versucht man zu glätten. Das, glaube ich, wird nicht gehen und ist meines Erachtens auf Dauer sowieso nicht machbar und würde im übrigen eine Spaltung aus einem dann später historisch überhaupt nicht mehr nachvollziehbaren, völlig nichtigen Anlaß geradezu provozieren.

Dann gibt es die zweite Variante: die besteht aus etwas, das auch begonnen hat, das will ich so deutlich sagen. Und was auch zum Ausdruck kommt in dem Papier der AG Junge GenossInnen, indirekt. Obwohl ich gar nicht glaube, daß sie es so meinen. Aber zumindest kann man es so verstehen. Das ist die Frage des Siegens und des Unterliegens. Ich stelle also alle Politikvarianten, alle Strukturvarianten, alle inhaltlichen Varianten immer so zur Diskussion, daß ich sage: Entweder das läuft jetzt so, oder ich überlege mir was ganz anderes, mache nicht mehr mit. Es geht mir um die Mehrheiten, was zunächst legitim ist, aber darauf wird der ganze Kampf reduziert: wer gewinnt gegen wen. Und das läßt sich durchaus auch personell ausmachen, so schwierig ist das nun wieder gar nicht, wenn auch Hemmungen bei den jeweiligen Personen bestehen, dazu zu stehen, daß sie zu der einen oder anderen Gruppe gehören. Aber das kann ich, glaube ich, ganz gut beurteilen, und wenn es sein muß, auch nachweisen. Vielleicht nicht ausreichend für ein Gericht, aber für mich ausreichend. Das halte ich für verheerend. Ich will das so deutlich sagen. Und das findet statt.

Also es gibt jetzt Deckeln, dann den Kampf, wer Sieger wird und wann und bei welchen Punkten. Und wie bereitet man dann einen Sieg vor, wie verkraftet man gegebenenfalls eine Niederlage oder auch nicht mehr. Dann gibt es eine dritte Variante, die hieße, bewußt anzusteuern, daß das auseinandergeht. Daß man sagt, ich bin zwar gegen die Begriffe Traditionalisten und Erneuerer und in welche Begriffe man das auch wann immer faßt, das ist ganz egal. Auf jeden Fall, daß sich der eine Teil vom anderen trennt. Das ist natürlich sozusagen die Zuspitzung des zweiten, des Siegens oder Unterliegens. Das kann man also auch betreiben und sagen: Wann bringen wir die anderen dazu, zu gehen, oder wie viele kriegen wir möglicherweise mit.

Die vierte Variante – und das ist die einzige, die ich bereit bin mitzugehen, das ist meine persönliche Entscheidung – heißt, sich bewußt in deutlicher Formulierung der Unterschiede gegenseitig anzunehmen. Aber bewußt; nicht als unbewußter Deckelvorgang, sondern als bewußter Vorgang – daß man sagt: mich trennt von Hans Modrow das und das, aber da und da haben wir vieles gemeinsam, und das macht es mir möglich, mit ihm in einer Partei zu sein.

Aber diese Unterschiede will ich auch nicht länger deckeln, oder eben: mich trennt von Gysi das und das und weiß ich was. Also Betonung der Unterschiede bei gleichzeitiger bewußter Akzeptanz dieser Unterschiede und auch dem bewußten Ausspruch, daß man mit diesen Unterschieden leben will, zumindest solange es bestimmte Gemeinsamkeiten gibt, die einem wichtig erscheinen.

Ich weiß nicht, ob es dafür zu spät ist. Aber meines Erachtens ist das der einzig gangbare Weg und übrigens einer, zu dem wir historisch verpflichtet sind, nachdem wir entschieden haben, aus der SED hervorzugehen und daraus mit denen, die das wollen, eine moderne sozialistische Partei zu machen. Was zunächst bedeutet, uns gar nicht aussuchen zu können, wer das von denen wollte und wer nicht. Von Spitzen mal abgesehen, indem wir das ZK und irgendwelche Leute ausgeschlossen haben, das ist klar. Aber eben was die übrige Ebene betrifft. Und was zweitens bedeutet, daß wir von Anfang an davon ausgingen, es nicht auf diese zu beschränken, sondern Partner, Mitglieder, Freunde darüber hinaus zu gewinnen, was dann auch bedeutet, das bewußt anzunehmen. Und die können ja nicht die Funktion eines Etikettenschwindels bekommen. Also wir können doch nicht Leute zu uns holen, die gesessen haben in der DDR, und dann davon ausgehen, daß die uns eine moralische Legitimation liefern, aber ansonsten keine Rechte haben, an uns Forderungen zu stellen. Das ist doch eine Illusion!

Es heißt natürlich auch nicht, daß jede Forderung von ihnen moralisch so legitimiert ist, daß wir überhaupt gar nichts anderes machen dürfen außer ja sagen. Das wollen die übrigens auch gar nicht! Zumindest nicht, wenn sie es ernst meinen, sondern das heißt auch hier, durchaus bewußt eine Auseinandersetzung bei den Dingen zu suchen, die uns nicht gefallen, übrigens auch meines Erachtens bewußt eine Auseinandersetzung mit der AG Junge GenossInnen zu suchen, wenn uns was nicht gefällt. Aber bewußte Auseinandersetzung heißt ja, erst mal ernst nehmen, nicht übergehen, nicht links liegen lassen, nicht sagen – na, da haben die aber wieder was gesagt, sondern dann eben die Auseinandersetzung führen und sich dann inhaltlich auseinandersetzen. Ich möchte, daß sie mich ernst nehmen, daß ich sie ernst nehme und daß wir dann eben feststellen: da stimmen wir überein und da nicht. Und daß wir mit dem, wo wir nicht übereinstimmen, auch leben können. Es kann ja Punkte geben, wo man nicht damit leben kann. Aber das haben wir ja überhaupt noch nie versucht. Wir sind in dem Stadium dieser anderen drei Varianten. Und das ist natürlich viel schwieriger, solche Widersprüche bewußt anzunehmen und mit ihnen zu leben.

Ich glaube, daß dafür die Parteibasis *wesentlich* mehr Verständnis aufbringt als für den Versuch, die Dinge entweder zu kaschieren oder sie mit Intrigen hochzuspielen oder sie an Personaldebatten deutlich zu machen. Das ist dann nämlich nicht nachvollziehbar. Und dann müssen wir wie ein um Privilegien, Ämter oder sonstwas streitender Haufen aussehen, was uns dann natürlich moralisch schwer diskreditiert.

Ich habe, als ich diese Funktion übernommen habe, gesagt: Der Tag, an dem es zum Beispiel um diese Position selbst Gerangel gibt, ist mein letzter Tag der Tätigkeit, weil es bedeutet, daß sich die Partei in einer Art entwickelt, gesundet und stabilisiert hat, daß sie sich das leisten kann, dann braucht sie mich nicht mehr. Wenn auch in einer mir nicht angenehmen Art, aber das ist nicht die Frage. Ich habe den Eindruck, wir stehen zumindest kurz davor. Es geht dabei jetzt wirklich gar nicht um mich, sondern ich meine vom Prinzip her, wie hier vieles läuft. Und wie vieles auch unter der Hand läuft. Und wie vieles wo und wann besprochen wird und man sich überlegt, wie man das wo, wann und wie anbringt. Das kenne ich doch schon jahrelang. Wir haben auch schon den Vorsitzenden unseres Kollegiums weg-»organisiert«. Das war ein halbjähriger, intriganter Kampf, hat Spaß gemacht, zumal es von Erfolg gekrönt war.

Aber das waren andere Zeiten, andere Bedingungen, wir waren zufällig zusammengewürfelt, nicht Mitglieder einer Partei. Das ist ja doch ein bißchen ein Unterschied, würde ich denken und hoffen.

Ich will hier deutlich sagen: Ich kann mit Widersprüchen in der Leitung der Partei, im Präsidium der Partei, in der Partei selbst leben. Es fällt mir auch nicht schwer, mich in der Sache so oder so zu entscheiden, vorausgesetzt, daß es akzeptiert wird.

Wenn das so weitergeht, wie es jetzt läuft, sage ich deutlich: Wenn eine dieser anderen drei Varianten sich durchsetzt – entweder verkleistern oder die Frage siegen oder unterliegen, und wie organisiere ich mir welchen Sieg, wie mache ich aus einer Niederlage einen Sieg, oder drittens um Spaltung, um Loswerden, um Sich-nicht-Bekennen, auch eine Art Geschichtsfälschung und Etikettenschwindel, um die Nichtakzeptanz von Genossinnen und Genossen, die ihren Beitrag geleistet haben zu dieser PDS – diese PDS hätte es nämlich ohne die Genossen Modrow, Willerding, Höpcke, Heuer, Keller und wie sie alle heißen, nicht gegeben. Das wollen wir doch mal deutlich festhalten. Was überhaut nicht bedeutet, daß man sich mit ihnen nicht auch auseinandersetzen darf. Das will ich auch mal wegnehmen. Aber bitte im Sinne von Akzeptanz, nicht im Sinne von Ausschluß. Das muß deutlich werden und muß auch herüberkommen. Und das ist in letzter Zeit so nicht herübergekommen.

Wie gesagt, ich kann mit den Widersprüchen leben. Wenn die aber so sind, daß für mich das immer bedeutet, wenn ich mich in der einen Richtung äußere oder in der anderen, dann stelle ich mich sozusagen auf eine bestimmte Front, dann äußere ich mich in der Wirklichkeit gar nicht in der Sache, sondern erkläre meine Zugehörigkeit zu einer bestimmten Personengruppe oder zu einer anderen – dann macht ihr es mir *unmöglich*, ich will das so deutlich sagen. Zumindest kann ich dann nicht mehr Vorsitzender einer Partei sein. Dann muß ich mich entscheiden, Vorsitzender welcher Partei ich in dieser Partei werden soll. Und das mache ich nicht mit! Das sage ich so deutlich. Und das ist jetzt eine Anforderung an mich, das ist auch viel Selbstkritik, was ich hier übe, weil die Prozesse mir auch aus der Hand geglitten sind, wenn ich auch nicht weiß, ob man das so sagen darf. Auf jeden Fall sind sie so gelaufen.

Eines möchte ich aber deutlich sagen: Wenn wir diesen vierten Weg, der für mich der einzig akzeptable ist, nicht schaffen und wenn das nicht schon deutlich wird bis zum Parteitag, daß wir diesen Weg gehen wollen, wenn nicht wenigstens wir diesen Weg wirklich ganz bewußt ansteuern, dann werde ich die Leitung der Partei abgeben. Ich mache es dann nicht mehr länger mit. Ich will das so deutlich sagen. Ich bin auch mit meinen Nerven diesbezüglich am Ende. Und bevor ich mich restlos demontieren lasse, gehe ich auf jeden Fall lieber selbst.

WER ZUKUNFT WILL,
MUSS DIE GEGENWART VERÄNDERN

Ausschnitte aus einer Rede auf der 2. Tagung des 2. Parteitages in
Berlin am 21. Juni 1991

(...) Wir sind im staatlich vereinigten Deutschland angekommen. Und dieses Deutschland ist gespalten – ökonomisch, sozial, kulturell, politisch und auch psychisch. Neue Armut und Gewalt breiten sich aus. Aber auch Europa ist auf neue Weise gespalten. Und vor wenigen Monaten wurde am Golf ein Krieg geführt, der die Konturen einer Nord-Süd-Konfrontation trug. Es droht ein Zeitalter, in dem die globalen Probleme sich dramatisch zuspitzen und selbst die hochentwickeltsten Länder sich vor den sozialen Katastrophen nicht mehr abschotten können.

Eines der gravierendsten Ergebnisse der Vereinigung ist, daß die Frage nach gesellschaftlichen Alternativen in Deutschland vorerst vom Tisch zu sein scheint. Und zwar in Ost- und Westdeutschland. Der Anschluß der DDR trägt kolonisatorische Züge. Er wurde gewählt, um keinerlei Suche nach demokratischer, sozialer und ökologischer Alternative eines anderen deutschen Staates zuzulassen. Deshalb wurde der teuerste Weg der Vereinigung gewählt – den sozialen Preis bezahlen zunächst die Ostdeutschen und den finanziellen die Ost- und Westdeutschen gemeinsam. Es besteht die reale Gefahr, daß dieses neue Deutschland schlechter wird als die alte Bundesrepublik.

Im staatlich vereinigten Deutschland versuchen wir, eine Partei des demokratischen Sozialismus zu formieren. Wir können und wollen uns nicht wie andere leise oder laut aus Schuld und Verantwortung für die Vergangenheit stehlen. Und wir sollten uns von niemandem das Recht nehmen lassen, zu versuchen, in die Gegenwart und Zukunft gestaltend einzugreifen.

*Wir haben das Recht und die Pflicht, um eine eine gesellschaftliche
Alternative zu kämpfen*

Und genau dieses Recht wird uns abgesprochen. Wie Aussätzige werden unsere Abgeordneten im Bundestag behandelt. In vielen

Medien werden wir totgeschwiegen oder verunglimpft. Alles, was wir tun, versuchen unsere politischen Gegner als Tätigkeit von »Stasi-Agenten« abzuqualifizieren.

Wir sind im Dezember 1989 und in den Monaten danach zusammengeblieben, weil wir die gemeinsame Suche nach Alternativen nicht aufgeben wollten. Und jeder Tag, der seit dem außerordentlichen Parteitag im Dezember 1989 vergangen ist, hat deutlich gemacht, daß diese Suche mehr als berechtigt ist. Das genauso blinde wie großmäulige Experimentieren mit dem Anschluß per Währungsunion wurde von der SPD erdacht und von der CDU realisiert. Es hat den wirtschaftlichen Zusammenbruch in Ostdeutschland gebracht.

Gemeinsam mit oder nach anderen, insbesondere in den oppositionellen Bürgerbewegungen, hatten auch reformorientierte Mitglieder der SED spätestens 1989 begriffen, daß die Länder des Staatssozialismus sich in einem doppelten zivilisatorischen Rückstand befanden. Und diese Erkenntnis teilten wir mit allen jenen, die sich für die Perestroika einsetzten:

Erstens fühlten wir bitter den Rückstand gegenüber den entwickelten westlichen Ländern: Im Vergleich der beiden gesellschaftlichen Systeme auf deutschem Boden hat sich das westdeutsche eindeutig als das überlegene erwiesen.

Davon zeugen wirtschaftliche Effizienz ebenso wie Weltoffenheit und Internationalisierung, Pluralität im geistigen und kulturellen Leben, der Lebensstandard für durchaus beachtliche Teile der Bevölkerung und die Vielfalt der individuellen Lebensstile, das Aussehen der Städte und Dörfer, das Niveau der Infrastruktur und die breite Zustimmung der Bevölkerung sowie nicht zuletzt Fähigkeiten zur Konfliktlösung. Dies zu sagen bedeutet keine Beschönigung der kapitalistischen Produktions- und Lebensweise. In jedem einzelnen Fall ist zugleich entschiedene Kritik der Realität angebracht. Und auf keinen Fall sind jene moralisch besser und historisch überlegene Sieger, die in diesem System herrschen. Ihr Saubermännertum und ihre Arroganz haben die jetzige Katastrophe im Osten Deutschlands mitverursacht.

Der Zusammenbruch des Staatssozialismus entwertet nicht den Anspruch von Millionen Menschen auch in der DDR, eine humanere Alternative zu gestalten, die sozial Schwachen zu sichern, Frieden in der Welt zu stiften. Bleiben werden vom real existierenden Sozialismus die historischen Verdienste der sowjetischen Menschen bei der Befreiung Europas vom Faschismus, bei der Verhinderung eines nuklearen Weltkrieges und bei der Beseitigung des imperialistischen politischen Kolonialsystems.

Bleiben wird die Erinnerung an den Versuch, gesellschaftlichen Reichtum gerechter zu verteilen, die soziale Grundsicherung für jede Bürgerin und jeden Bürger der DDR, die reale Beschäftigungsmöglichkeit für jede und jeden, wesentlich sozialere Arbeits- und Lebensverhältnisse für Bäuerinnen und Bauern, Leistungen in Kultur, Wissenschaft und Sport und vieles andere mehr. Bleiben wird aber auch die Erinnerung an enorme Defizite beim Vergleich zwischen Anspruch und Wirklichkeit, insbesondere bei der Emanzipation des Menschen, bei der Verwirklichung der Menschenrechte, von Demokratie, Öffentlichkeit und Transparenz, in Ökologie und Wirtschaftlichkeit und die Idealisierung und Praktizierung von sogenannter Sicherheit und partiell auch von Gewalt.

Es war vor allem unsere eigene Erfahrung, die uns den Rückstand gegenüber der Bundesrepublik deutlich gemacht hatte. Nicht wenige SED-Mitglieder wurden Opfer des Stalinismus, z. B. unser Genosse Walter Janka. Opfer wurden auch andere, auch solche, die uns heute kritisch begleiten, wie Jutta Braband und Thomas Klein aus der Vereinigten Linken.

Andere wiederum in der SED versuchten, gegebene Spielräume zu nutzen, oder erweiterten sie, um sich für mehr Gerechtigkeit und Rechtsstaatlichkeit einzusetzen. Und was uns betroffen macht, ist der erneute zynische, machtbesessene Umgang mit Recht und Gesetz, wie er z. B. bei der zunächst versuchten Regelung des Modus für die ersten gesamtdeutschen Wahlen oder jetzt bei der Neuregelung der Renten für ehemalige DDR-Bürgerinnen und -Bürger zum Tragen kommt, obwohl ich sagen muß, daß in der letzten Nacht hier deutliche Kompromisse auch im Sinne unserer Forderungen erreicht wurden bzw. in der vorletzten Nacht.

Zweitens: Der zivilisatorische Rückstand der DDR und anderer sogenannter sozialistischer Länder war auch ein gemeinsamer mit den westlichen Ländern. Ein existentieller Rückstand war gegenüber den Notwendigkeiten zur Lösung der nach dem Zweiten Weltkrieg entstandenen globalen Probleme entstanden. Nicht zuletzt durch den Widerspruch zwischen Ost und West sowie den entfesselten Weltmarkt und parasitäre Produktions- und Lebensweisen haben West wie Ost diese Bedrohungen der Menschheit hervorgebracht.

Liest man sich die politischen Programme der Bürgerbewegungen und die von Reformern in der SED vom Herbst 1989 durch, so ist eines gemeinsam: Alle wollten einerseits eine humanere, effektivere, demokratischere, gerechtere und ökologischere Gesellschaft in der ehemaligen DDR schaffen und andererseits eine Gesellschaft, die zur Lösung der globalen Probleme beiträgt. Es war diese doppelte Vision, die durch die Art des Anschlusses zerstört werden sollte.

Gerade weil unsere Kritik am Staatssozialismus eine doppelte war und ist, ist sie mit der Übernahme des Systems der Bundesrepublik nicht erledigt. Unsere eigene Geschichte legitimiert uns deshalb zu neuer Kritik und zur Suche nach Alternativen. Es ist ein Vermächtnis der DDR, den scheinbar festgefügten Strukturen zu mißtrauen, nach den menschlichen und ökologischen Kosten sozialer Systeme zu fragen, sich nicht zu beugen, wenn wieder Anpassung gefordert wird, den aufrechten Gang niemals mehr zu verlernen.

Es gibt viele gerade auch in unserer Partei, die sich auf die Position einer fundamentalen Ablehnung der deutschen Wirklichkeit als Manchesterkapitalismus zurückgezogen haben. Wer so reagiert, fühlt sich in seiner früheren Meinung einfach bestätigt, kann in den Grundzügen von Rechtsstaatlichkeit der Bundesrepublik keinen Fortschritt gegenüber der DDR sehen. Er nimmt nur Defizite des Rechtsstaates wahr. Das drückt sich häufig in dem Satz aus: Es ist alles wie früher, nur umgekehrt. Auf der anderen Seite steht das Bemühen – hier allerdings weniger von PDS-Mitgliedern –, sich den bestehenden Verhältnissen möglichst schnell und vollständig anzupassen. Oft mit gespaltenem Bewußtsein wollen manche nur noch eines – koste es andere, was es wolle –, das Beste für sich selbst aus der Marktwirtschaft herausholen.

Viele von uns haben viel zu lange die Mauer, gefälschte Wahlen, Ineffizienz, Berufsverbote als zeitweilig unvermeidliche Bedingungen des Überlebenskampfes des Sozialismus in der DDR zumindest geduldet. Es blieb oft nur bei punktueller Kritik. Damit sind wir vor uns selbst, unseren Mitbürgerinnen und -bürgern und unseren Kindern schuldig geworden. Und eingedenk dieser schmerzhaften Erfahrung werden wir
– globale Umweltvernichtung bis zum Point of no return,
– neue Hochrüstung unter der Ägide der USA, der NATO und WEU,
– 40 000 tote Kinder täglich in der Dritten Welt oder
– 50 Prozent Arbeitslose in Ostdeutschland,
– neue politisch-soziale Ausgrenzungen von Hunderttausenden von Menschen in den neuen Bundesländern,
– Abschieben der sozialen Folgen der Art der Vereinigung auf Frauen, ältere Bürgerinnen und Bürger und Menschen mit Behinderungen,
– erneute Zerstörung von Kulturlandschaften nicht als unvermeidliche Begleiterscheinungen einer effizienten Wirtschaft und politischer Stabilität hinnehmen. Wir müssen die Gestaltung dieser gesamtdeutschen Gesellschaft als Herausforderung auch an uns annehmen.

Wir wollen eine Partei werden,
– die zu einem Lebenszusammenhang von Menschen wird, die sich nicht aufgeben wollen,
– in der wir füreinander und für andere da sind,
– in der wir lernen, kulturelle, politische und ideologische Unterschiede und Meinungsstreit als bereichernd zu empfinden und zu nutzen,
– in der wir schon heute und hier besser und sinnerfüllter leben wollen,
– deren Mitglieder sich nicht einfach anpassen, verkriechen oder aber selbst zum Wolf unter Wölfen auf dem Markt werden.

Nur wenn wir uns unserem Erbe stellen und nicht aus unseren Biographien flüchten, werden wir die Kraft finden, eine Partei zu bilden, in der jeder menschlicher wird und eine menschlichere Welt zu bilden versucht.

Wir stehen für eine andere Politik in einem anderen Deutschland

Die Spaltung Deutschlands war Resultat der Machtpolitik im Kalten Krieg. Die neue Spaltung ist Ergebnis von Machtpolitik am Ende des Kalten Krieges. Seit dem Herbst 1989 sind die Bundesregierung und die herrschenden Eliten der Bundesrepublik den wirklichen Problemen ausgewichen. Sie haben immer wieder die Erhaltung ihrer Macht in das Zentrum gerückt. Und die Strukturen dieser Macht stammen aus vergangener Zeit. Der Staatssozialismus Osteuropas brach zusammen, und sie sahen nur eines – sich selbst als Sieger der Geschichte. Die europäische Geschichte war offen. Sie aber wollten nichts als die Ausdehnung der alten Bundesrepublik und der NATO nach Osten. Völlig neue Aufgaben standen an. Sie fragten nur, was ihnen in der nächsten Wahl zum Sieg verhilft. Wieder einmal in diesem Jahrhundert haben die Mächtigen in Deutschland auf ganzer Linie versagt. Und wieder einmal auch die SPD.

Anschluß, der durch Wahlen legitimiert war, statt selbstbestimmten demokratischen Vereinigungsprozeß; Rüstungsfortsetzung und neue militärische Einsatzgebiete für die Bundeswehr statt Abrüstung und schrittweiser Abschaffung der Armee; billiger Wahlbetrug und Steuerlüge statt Wahrhaftigkeit angesichts neuer großer Aufgaben; Nutzung der Schwäche der Sowjetunion und des Zerfalls des Warschauer Vertrages statt Europäisierung der deutschen Vereinigung waren einige Elemente dieser Machtpolitik.

Die langfristigen Folgeschäden sind ungeheuerlich. Mehr als die Hälfte der Berufstätigen der ehemaligen DDR werden in die eine oder andere Form von Arbeitslosigkeit gestoßen. Man macht sie zu Empfängern von sozialer Hilfe. Ihnen wird die Möglichkeit genommen, vor allem durch eigene Arbeit Ostdeutschland zu verwandeln. Das Schöpfertum der ehemaligen

DDR-Bürgerinnen und –Bürger liegt brach oder findet seine Anwendung in westdeutschen Betrieben oder in Imbißbuden, Videoshops und Auto-Verkaufsstellen.

Mit der Arroganz der Macht wurden demokratische Ansätze des letzten, des 41. Jahres der DDR zerschlagen. Die Verfassungsdiskussion wird nicht gewollt, Opposition ausgegrenzt, die Vereinigung als Stunde der Exekutive gemanagt und die Erinnerung an die Runden Tische soll ausgelöscht werden.

Die Ignoranz, mit der Anfang 1990 jede Alternative lächerlich gemacht und zertrampelt wurde, zeigt ihre Folgen. Wozu aber eigentlich diese unbarmherzige Zerschlagung von allem, was an DDR erinnert? Wozu diese neue Armut? Wozu diese riesigen finanziellen Aufwendungen, die mit einer Welle von Inflation und Verlust der Weltmarktstellung drohen? Der Versuch der einfachen Ausdehnung der alten Bundesrepublik wird scheitern. Und selbst die übernommenen Machtstrukturen scheinen weniger stabil als vorher. In den alten Bundesländern drohen Sozial- und Demokratieabbau. Die neuen Bundesländer scheinen fast flächendeckend in einen verlängerten Ladentisch für westdeutsche Produkte verwandelt zu werden, bestückt mit örtlichen Dienstleistungen, einigen Zulieferbetrieben, und dienen gegebenenfalls als verlängerte Werkbank. Jene, die durch ihre Intelligenz und ihre Anstrengungen dieses verhindern könnten, wandern entmutigt nach Westen ab.

Nun ist das rasch zusammengezimmerte Deutschland geteilt in solche, die zu Bittstellern degradiert sind, und solche, die teilen sollen. Kaum einer sieht die Hoffnungen erfüllt, und mehr als die Hälfte der Westdeutschen fürchtet, daß ihr Wohlstand durch die Osthilfe bedroht ist. Das Niveau, in dem sich die Deutschen in »Ossis« und »Wessis« unterscheiden, entspricht dem Niveau der Politik, mit der sie aufeinander gestoßen wurden und werden.

Mit etwas Schadenfreude, vor allem aber mit Besorgnis sieht das Ausland auf die Deutschen und ihre Fähigkeit, eine solche Chance zur Findung einer glaubhaften Identität zu verspielen.

In sträflicher Verantwortungslosigkeit haben die Machthabenden in Bonn diese historische Situation dazu genutzt, um der

Bundesrepublik die verhängnisvoll einseitige Legitimation zu geben, sie sei besser als die DDR gewesen. Damit wird die historische Verantwortung Gesamtdeutschlands für zwei Weltkriege und den Faschismus verdrängt. Außerdem ist es der falsche Maßstab. Besser ist nicht gut und die DDR nicht das eigentliche Kriterium. Es reicht nicht aus, rechtsstaatlicher, effizienter oder ökologischer als die DDR gewesen zu sein. Mit Dorothee Sölle gesprochen: Diese Art des Sieges des demokratischen Kapitalismus über einen bürokratisch-zentralistischen Zwangsapparat opfert die schwächsten Mitglieder der staatssozialistischen Gesellschaft. Feminisierung von Armut, eine Geburtenrate, die auf die Hälfte gesunken ist, eine enorm gestiegene Selbstmordrate, eine Verdopplung der Verkehrstoten, Menschen mit Behinderungen, die ihre Arbeit verlieren, Jugendliche ohne Ausbildung, steigende und brutalere Kriminalität, Drogenprobleme und Aids in den neuen Bundesländern gehören dazu.

Wir wollen aber nicht einfach eine vergrößerte Bundesrepublik, die ihre alten Errungenschaften höchstens für ein Drittel der Ostdeutschen zum Tragen bringen kann. Wir wollen ein Deutschland für alle, die in ihm leben, und das seine europäische Verantwortung für die Lösung der Menschheitsfragen wahrnimmt.

Sehr heftig wird auch in unserer Partei diskutiert, wie eine Politik möglich ist, die sich an den alltäglichen Sorgen und Nöten der Menschen hier und heute mißt und zugleich die draußen vor der Tür und die Generationen nach uns nicht vergißt. Dazu müssen die gesellschaftlichen Fragen neu bestimmt werden. Und zwar gegen die Interessen der nackten Machterhaltung. Diese Fragen sind vor allem:

Erstens: Wie kann eine Produktions- und Lebensweise entwickelt werden, die die natürliche, humane und soziale Welt der Menschen erhält und erhaltenswerter macht? Und wie kann dies zu einer neuen Chance für menschlicheres, sinnerfüllteres, weniger angepaßtes und reglementiertes Leben für jede und jeden werden?

Zweitens: Wie kann die Überwindung der deutschen Teilung und die Gestalt dieses anderen Deutschlands doch noch zum Impuls für die Überwindung der Teilung von Ost- und Westeuropa, von Nord und Süd werden? Denn in einem gespaltenen Deutschland, einem geteilten Europa und einer zerrissenen Welt zu leben, bedeutet, Herrschaft, Krieg, Neid, Unterwürfigkeit, Feindschaft und Angst zum Alltag werden zu lassen. Wer auf Kosten anderer lebt, wer sich in Festungen verschanzt, wer andere ausgrenzt, kann nicht frei, demokratisch und human sein Leben gestalten.

Der Versuch der einfachen Ausdehnung der Bundesrepublik hat die warnenden Vorhersagen von Wissenschaftlerinnen und Wissenschaftlern und kritischen Praktikerinnen und Praktikern schon jetzt übertroffen. Daraus resultiert schon jetzt ein Vertrauensschwund gegenüber der CDU.

Sie steckt in einer tiefen Krise. In den alten Bundesländern stellt sie nur noch eine Landesregierung, die in Baden-Württemberg. In einigen ostdeutschen Ländern wackeln bereits Stühle. Zu den Ursachen dieser Krise gehören programmatische Auszehrung, ein überwiegend auf Machterhalt reduziertes politisches, personelles und inhaltliches Profil, keine Antwort auf Zukunftsfragen und Führungsschwäche des Bundeskanzlers. Nachdenklichere Kräfte in dieser Partei, systematisch von Kohl verdrängt, verweisen auf die Notwendigkeit eines politischen Generationswechsels. Die Beschlüsse in Weimar über die Forderung nach bezahlter Freistellung bei Krankheit des Kindes oder die Forderung auf das Recht auf einen Kindertagesstättenplatz zeugen von Tendenzen, sich diesem Druck punktuell anzupassen.

Die SPD hat Themen der Zeit, von Energiepolitik bis Entwicklungspolitik und Verteilung von Arbeit, ernsthaft und programmatisch anspruchsvoll ein gutes Jahrzehnt vor der CDU zu diskutieren begonnen. Sie steht mit ihrem Berliner Programm und dem sich vollziehenden Generationswechsel auch personell besser da als ihr Konkurrent. Innerhalb der Partei wurde in den letzten Jahren vor allem eine Politik der Integration betrieben. Die CDU/CSU hat in der nationalen Frage im Herbst und Winter 1989/90 versagt, weil sie den Anschluß der DDR und die unmittelbare Überstülpung des bundesdeutschen Systems um jeden Preis wollte und dazu auch international fast reine Machtpolitik betrieb. Die SPD versagte, weil sie es nicht vermochte, ihre programmatischen Orientierungen wie die eines ökologischen Umbaus der Industriegesellschaft wirkungsvoll mit den spezifischen Problemen des Umbruchs in der damaligen DDR zu verbinden und Wählerprozenten den Vorrang in der Politik gab.

Auf dem jüngsten Parteitag in Bremen lagen von 90 Anträgen zur sogenannten Blauhelmdiskussion 70 Anträge vor, die eine Änderung des Grundgesetzes ablehnten. Das Management der Parteiführung siegte, ähnlich wie im Dezember 1979 beim »Raketenbeschluß«, über die Meinung der auf mehr Widerstand eingestellten Teile der Basis. Es droht das alte Dilemma: Die Orientierung der SPD auf Machtgewinn und Regierungsübernahme in Koalition mit der F.D.P. führt dazu, daß Kompromisse eingegangen werden, die letztlich weltpolitisch, europaweit und national neokonservative Weichenstellungen bewirken und wirkliche Alternativen blockieren.

Auch die Grünen, die sich zur Zeit politisch stabilisieren und auf einen pragmatischen Reformkurs eingeschwenkt sind, stehen im Widerspruchsfeld zwischen Anpassung an das unter den gegebenen Machtstrukturen Mögliche und der erkannten Notwendigkeit tieferer Eingriffe in Produktions- und Lebensweise, die aber nur bei weitreichender Veränderung dieser Machtstrukturen möglich sind.

Deutschland braucht Opposition mit politikfähigen Alternativen

In der neuen Bundesrepublik ist ein komplizierter politischer Raum entstanden. SPD, Grüne, Bündnis 90 und PDS stehen gesamtstaatlich der gewählten Regierung als Oppositionskräfte gegenüber. Das spiegelt auch neue pluralistische Organisationsformen wider, die mit dem demokratischen Umbruch in der DDR entstanden sind. Rechts-Links-Blockierungen, archaische Lagerkonfrontationen und der verfassungsmäßig in keiner Weise legitimierte Fraktionszwang könnten aufgebrochen werden.

Die Verfassungsdiskussion, die Diskussion um den Regierungssitz, um den Golfkrieg, das Verhältnis zur Sowjetunion und den ost- und mitteleuropäischen Ländern, die Blauhelme und die neue Rolle Deutschlands in der Weltpolitik lassen aufgestaute Probleme eines neuen Politikverständnisses sichtbar werden.

Ohne wirksame Opposition ist aber demokratische Politik nicht möglich. Die in der Welt, Europa und Deutschland objektiv stehenden Alternativen können nur dann bewußt gestaltet werden, wenn durch Opposition wirklicher Richtungswechsel überhaupt möglich ist. (Auch dies ist eine Erfahrung aus der DDR: Wer die Opposition zerschlägt, kann am Ende nur hilflos auf den Abgrund zustürzen.) Opposition muß in handlungsfähigen Gegenmächten zur Wirkung kommen. Bis jetzt gibt es global keine Kräfte, die Umweltzerstörung oder Hochrüstung wirklich entgegenstehen könnten. Wer wird den europäischen Markt sozial und ökologisch regulieren und dabei noch den Interessen der Dritten Welt Rechnung tragen?

Da es an handlungsfähigem Widerstand mangelt, wird die in den 80er Jahren im Westen der Bundesrepublik ausgeprägte Zwei-Drittel-Gesellschaft als eine Ein-Drittel-Gesellschaft auf den Osten ausgedehnt. Scheinbar spontan zerstört der entstandene einheitliche deutsche Markt dank riesiger Umverteilungen im Osten drei bis vier Arbeitsplätze, um einen im Westen zu schaffen. Zur heutigen Lebenswelt der Ostdeutschen gehören »Abwicklung«, »Warteschleifen«, Gebiete totalen sozialen Notstands, Preisexplosionen und neue Wohnungsnot, westliche Überheblichkeit, gepaart mit Ignoranz und Unwissenheit, Ausnutzung ostdeutscher Unterwürfigkeit oder Hilflosigkeit bis zur kriminellen Beutelschneiderei. Viele Westdeutsche bedrückt zu Recht die Sorge, diese krisenhafte Situation könne negativ auf sie zurückschlagen.

Die Vorstellung vom Boom produktiver Investitionen in Ostdeutschland ist auf Sand gebaut. Auf Grund von Befragungen schätzt das Ifo Institut für 1991 die westdeutschen Direktinvestitionen von Unternehmen auf 22 Mrd. DM. Das sind ganze 6 Prozent der Direkt-Investitionen im gesamten Bundesgebiet. Die vom Westen finanzierte Nachfrage aus dem Osten hat zu einem sprunghaften Anstieg der Erweiterungsinvestitionen in den westdeutschen Unternehmen geführt. Die private Wirtschaft hat damit schon für die nächsten Jahre über ihre Art und Weise entschieden, wie sie mit den Problemen umgehen will. Entscheidend sind aber die dahinter stehenden Fragen, denen wir uns stellen müssen. Sie reichen zumindest in die 70er Jahre zurück. Wir haben es mit einem Wechsel der historischen Grundkonstellation überhaupt zu tun. Nicht nur ist der Staatssozialismus in wesentlichen Teilen der Welt zusammengebrochen oder befindet sich in Auflösung, auch der Kalte Krieg zwischen der Sowjetunion und den USA, zwischen Warschauer Vertrag und NATO ist beendet. Es sind auch eine Reihe anderer Prozesse zu beobachten, die ich nur kurz umreißen will:

Erstens: Es hat sich ein neuer Produktivkrafttyp herausgebildet. Er verbindet Globalisierung der Produktivkraftentwicklung mit wachsender Komplexität und Dezentralisierung sowie schnell steigenden Gefahren und Risiken, mit neuen Chancen für Persönlichkeitsentwicklung und Kooperation. Vor allem aber wird diese Produktivkraftentwicklung unter Abkopplung von vier Fünfteln der Menschheit und fast ausschließlich im Interesse der Hauptzentren der Weltwirtschaft vollzogen.

Zweitens: Es setzt sich die Erkenntnis durch, daß die heutigen Probleme nicht durch einfache Fortsetzung des Selbstlaufs von Wirtschaft, Politik, Militärtechnik lösbar sind. Dieser Selbstlauf schafft zunehmend mehr Probleme, als er zu lösen vermag. Davon ausgehend gibt es zwei Alternativen: Entweder wird dieser Selbstlauf fortgesetzt. Dann bedarf es direkter globaler Herrschaftsformen, z. B. von den USA geführter globaler militärischer Sicherheitssysteme, unter Ausgrenzung einer verelendenden Dritten Welt. Vieles davon wurde während des Golf-Krieges deutlich.

Dies wäre die reaktionäre, aber durchaus mögliche Antwort auf die zunehmende Globalisierung der Probleme. Sie würde eine internationale Diktatur heraufbeschwören, die ihre Konsequenzen in den einzelnen Gesellschaften hätte.

Die andere Alternative ist der schrittweise, immer konsequentere Eingriff in diesen Selbstlauf. Über Vorstellungen dazu spreche ich im folgenden. Dabei geht es auch um Vorstellungen eines Transformationskonzepts.

Wir treten für die schrittweise Überwindung der kapitalistischen Produktionsweise ein

Überwindung der kapitalistischen Gesellschaft bedeutet für mich nicht die Wiederholung eines Versuchs, der die zivilisatorischen Errungenschaften der bürgerlichen Gesellschaft ignoriert und zerstört. Die Durchsetzung der individuellen und politischen Menschenrechte, Gewaltenteilung, Rechtsstaatlichkeit, die positiven Gestaltungskräfte marktwirtschaftlicher Mechanismen sind Bestandteile einer modernen Gesellschaftsentwicklung, in der die Vorherrschaft des Kapitals, der Profitrealisierung und des Marktes über den Menschen gebrochen wird.

Anders, als es Marx annahm, erweist sich die kapitalistische Gesellschaft als in hohem Maße fähig, nicht nur Produktivkräfte, sondern auch ihre Produktionsverhältnisse zu entwickeln. Und doch ist die Situation viel dramatischer als zu Marx' Zeiten geworden. Nicht durch die existentielle Krise ihrer eigenen Produktionsweise, sondern im Gegenteil durch deren Entwicklungsfähigkeit, durch deren unaufhaltsame Expansion in die Gesellschaft, in die Welt, in die Natur, in das Leben der Menschen hinein, kommt die kapitalistische Gesellschaft ans Ende, das nicht einfach ihr Ende ist, sondern das Ende der Menschheit und der Natur zu werden droht. Das ist keine Übertreibung. Es ist eine nüchterne Beschreibung dessen, was zumindest real möglich ist, wenn wir nicht sogar schon jenen Punkt überschritten haben, hinter dem es keine Umkehr mehr gibt.

Wir verdrängen nicht den möglichen Realismus unbarmherzig negativer Visionen

Gibt es jemanden, der beweisen kann, daß die entsetzliche Überschwemmungskatastrophe in Bangladesh in diesem Frühjahr nur ein Naturereignis war, wie es seit Jahrhunderten dieses Land heimsucht, oder ein Menschenereignis, hervorgerufen oder zumindest zu diesem Ausmaß verschärft durch den seit Ende der 80er Jahre meßbar gewordenen Treibhauseffekt, die Erwärmung der Erde durch die Kohlendioxyd-, Methan- und FCKW-Anreicherung der Atmosphäre, genauer gesagt aber durch die Produktions- und Lebensweise des effektiven Westens und des uneffektiven Ostens? Mag sein, daß diese Fragestellung für viele Menschen noch zu spekulativ ist, daß ihnen Probleme und Tatsachen, die längst tief in ihre Lebensbedingungen eingreifen und vor allem die Existenzgrundlagen ihrer Kinder und Enkel elementar gefährden, nur abstrakt oder nur wenig durch die eigene Lebenssituation, eigenes Erleben, eigenen Alltag, unmittelbare Interessen und Bedürfnisse vermittelt werden. Wir kennen diese so verständliche Frage doch auch aus der eigenen Partei: Warum mit den globalen und Zukunftsfragen beschäftigen, wenn gerade in diesen Monaten die soziale Existenzgrundlage von Millionen Menschen in unserem unmittelbaren Umfeld zerstört wird? Und diese Frage ist nicht nur verständlich, sondern verweist auch auf die zentralen und kompliziertesten Probleme sozialistischer Politik in der Gegenwart.

Erstens haben die Menschen tatsächlich andere sehr ernste und sehr konkrete Sorgen.

Zweitens macht es ihnen diese Gesellschaft ungeheuer schwer, oft unmöglich, sich an Erfordernissen einer solidarischen und vernünftigen Zukunftsgestaltung zu orientieren.

Drittens lassen sich selbst existentielle Gefahren auf dieser Erde nur bannen, wenn Politik und Strategie die realen Erfahrungen und Interessen der Menschen berücksichtigen und es gelingt, einen Weg für das menschliche Überleben zu finden. Denn dieser leistungspressende, ausgrenzende Alltag und die globalen Probleme sind zwei Seiten einer Medaille.

Doch das alles können natürlich keine Gründe für uns sein, Realitäten zu verdrängen. Stimmt es denn nicht, daß die Hälfte der tropischen Wälder bereits für immer vernichtet ist und die andere Hälfte bis auf einige Reservate gegenwärtig mit dem Tempo von einhunderttausend Quadratkilometern pro Jahr abgeholzt, verbrannt und durch den Vormarsch von Wüsten und Steppen zerstört wird? Stimmt es nicht, daß die Regenwälder Lateinamerikas, Afrikas und Asiens sowohl für das Klima der Erde als auch als Lebensraum für die Hälfte aller auf der Erde vorkommenden Tier- und Pflanzenarten, für die Hälfte des genetischen

Potentials des Lebens auf diesem Planeten eine absolute Lebensbedingung von Mensch und Natur sind? Und doch bleiben sowohl der Aufschrei der Öffentlichkeit als auch das entschiedene Handeln der Regierungen aus. 250 000 Menschen erblinden jährlich weltweit durch den Mangel an Vitamin A, 50 Millionen in den sogenannten Entwicklungsländern verhungern jährlich in einem Weltwirtschaftssystem, das ihnen nicht einmal das physische Existenzminimum läßt, ganz zu schweigen von Möglichkeiten freier und solidarischer Individualitätsentwicklung und kulturellem Reichtum. Unverändert findet ein Ressourcentransfer von den ärmsten zu den reichsten Ländern statt, die ihren Wohlstand in nicht geringem Maße auf die Ausplünderung verhungernder und verdurstender Menschen in Asien, Afrika und Lateinamerika gründen. Vielleicht würde das alles anschaulicher werden, wenn wir uns vorstellten, daß jeder der 500 Millionen Menschen, die in den kapitalistischen Gesellschaften Westeuropas, Nordamerikas und Japans leben, alle zehn Jahre seine Art Wohlergehen auf den Tod eines verhungerten Menschen in Afrika, Asien oder Lateinamerika zurückführen muß und die Zeitspannen kürzer werden.

Vorangepeitscht von quantitativer und qualitativer Wachstumslogik der Kapitalverwertung und Profitrealisierung, der Markt- und Bedürfnisexpansion hat sich die kapitalistische Produktionsweise heute tatsächlich alle Märkte und Länder untergeordnet und dringt zugleich weiter in die Gesellschaften ein, in die Sphären der Information, Bildung, Wissenschaft, Kultur und Kunst und nicht zuletzt der Freizeit. Expandierende Vermarktung ist das Bewegungsgesetz der kapitalistischen Marktwirtschaft. Sie bedarf beständiger globaler und innergesellschaftlicher Expansion als Lebenselixier, als ihr Leben selbst. Nicht ihre Krisen, sondern ihre Triumphe sind zu fürchten: ihr Triumph über den solidarischen Anspruch menschlicher Gesellschaft, ihr Triumph in den sogenannten Entwicklungsländern mit heute fünf Milliarden und in 30 Jahren fast sieben Milliarden Einwohnern, ihr Triumph bei der Entwicklung und Verbreitung automatischer »Wunderwaffen« und unkontrollierter Gentechnik, ihr Triumph über die Urwälder, ihr Triumph über die menschliche

Kultur. Schon heute, da es nur ein Fünftel der Menschheit ist, das in vollem Umfang in diese Entwicklungslogik eingebunden ist, aber vier Fünftel der natürlichen Ressourcen verbraucht, sind wir in eine Krise der menschlichen Zivilisation geraten. Das Ende dieses Weges in einen Abgrund ist absehbar geworden. Das Verlassen dieses Weges durch eine alternative und solidarische Entwicklung von Mensch, Menschheit und Gesellschaft sowie ihres Verhältnisses zur Natur ist jedoch derzeit nicht in Sicht.

Die globale Zivilisationskrise und der Alltag der Menschen in den führenden Industriestaaten hängen untrennbar zusammen. Noch wird dieser Alltag, der diese Krise wesentlich verursacht, durch die wirtschaftliche, politische und militärische Macht der kapitalistischen Zentren vor vielen Folgen jener Probleme geschützt. Wenn diese selbst bedrohliche Schutzmauer durchbrochen wird, dann könnte es für globale Lösungen endgültig zu spät sein.

Aber wenn zwei Drittel der Menschen in den hochentwickelten Industriestaaten auch nicht unmittelbar durch die globale Verelendung und Umweltzerstörung betroffen sind, sie tragen dafür eine wesentliche Verantwortung. Und sie bezahlen einen hohen Preis. Gerade die ehemaligen DDR-Bürgerinnen und -Bürger erfahren sehr deutlich jene besonderen Nöte und Leiden, jene Zwänge zur Anpassung bis ins Detail der Kleidung und Sprache, jene versteckte Kinderfeindlichkeit, Leistungsdruck, Erfolgsorientierung, rüde zwischenmenschliche Konkurrenz und Ausgrenzung in letzter Zeit.

Der Kampf für einen humaneren Alltag kann auch zum Kampf für die Lösung der globalen Probleme werden und umgekehrt. Wir sollten alles dafür tun, diesen Zusammenhang in unserer Programmatik wie in der praktischen Politik ins Zentrum zu stellen.

Wir haben mit anderen die Vision eines Auswegs gemeinsam

Aus dieser Realität von globaler Krise und Inhumanität vieler Seiten unseres Alltags muß die PDS ihre alternativen Vorstellungen und ihre praktische Politik entwickeln. Die politische Alltagsarbeit für die sozialen, familiären, ökologischen und anderen

Interessen der Menschen im Wohngebiet und Betrieb, in der Kommune und dem Land ist einer der beiden Ausgangspunkte für eine historische Transformation dieser Gesellschaft. Der andere ist die Entwicklung eines Bewußtseins, daß die den Alltag erdrückenden Zwänge unserer Produktions- und Lebensweise zugleich auch zur Bedrohung für die Existenz der Menschheit und der irdischen Natur geworden sind.

Die kapitalistische, bürokratische, patriarchalische Rationalität ist zerstörerisch. Hemmungslos macht sie andere zum Mittel eigener Machtbefriedigung. Haltlos ist sie, und sie versucht, alles in ihr Ebenbild zu verwandeln.

Der amerikanische Soziologe John Elster setzt dieser Rationalität die des Odysseus gegenüber. Wissend um den verführerischen Gesang der Sirenen, einsichtig in seine eigene Ohnmacht, diesem Gesang zu widerstehen, neugierig, sie doch hören zu wollen, ließ er sich selbst fesseln. Nur durch diese Fesselung wurde er frei, sein eigenes Schicksal rational zu gestalten. Er vermochte die Sirenen zu hören und war doch fähig, der zerstörerischen Verlockung zu widerstehen. Beschränkung von eigener Macht als Weg zu wirklicher Stärke. Der vorläufig so totale Sieg der kapitalistischen Produktionsweise, die scheinbar fast unumschränkte Vorherrschaft der Zentren der westlichen Welt sind deshalb so gefährlich, weil keine Fesselung dieser Produktionsweise und dieser Vorherrschaft da ist, die sie rational zu zügeln vermochte. Emanzipation verlangt aber Unterordnung der selbstgeschaffenen Mächte des Weltmarktes und der Bürokratie unter die Interessen der Menschen und ihrer Familien, der Völker und der Naturerhaltung. Diese Unterordnung ist nicht durch einfache Beseitigung der entfremdeten Mächte möglich. Der Versuch, dies durch Schaffung eines allmächtigen sozialistischen Staates zu tun, hatte nur eine noch größere Entfremdung gebracht. Aus dieser Erfahrung heraus kämpfen wir für einen Wandel der genannten Mächte und vor allem für die Schaffung von demokratischen Gegenmächten. Mit ihrer Hilfe soll Macht begrenzt und kontrollierbar, soll rationale Gestaltung wieder möglich werden. Grundzüge einer derartigen Transformationskonzeption sind meiner Meinung nach in folgenden Richtungen zu entwickeln:

1. Wir bleiben beim Ziel aller Sozialistinnen und Sozialisten, eine Gesellschaft zu errichten, »worin die freie Entwicklung eines jeden die Bedingung der freien Entwicklung aller ist«. Dieses Ziel hat heute einen doppelten Inhalt. Zum einen geht es um eine emanzipatorische Bewegung, die die freie Individualität und unmittelbare solidarische Gemeinschaftlichkeit zum Gegenstand hat. Dies aber verlangt, die Mächte des Marktes, repräsentativer Demokratien, bürokratischer Institutionen und Apparate zu kontrollieren. Diese Mächte können wir bestenfalls ändern, aber nicht abschaffen. Deshalb – und dies macht die zweite Seite einer modernen sozialistischen Bewegung aus – müssen wir um die Herausbildung demokratischer Gegenmächte zur ökonomischen, politischen, geistigen und militärischen Macht von Kapital, Bürokratie und Patriarchat kämpfen.

2. Eine Transformation der kapitalistischen Gesellschaft muß sich konkret auf die Kristallisationspunkte der existentiellen Widersprüche dieser Gesellschaft richten, und das nicht erst in einer fernen Perspektive, sondern schon heute. Solche sind vor allem:

– die Erfordernisse einer radikalen Demokratisierung der Gesellschaft durch weitreichende Möglichkeiten direkter Demokratie, einschließlich plebiszitärer Elemente, die Demokratisierung der Parlamente und der Wirtschaft, einschließlich der Demokratisierung der Verfügung über das Eigentum an Produktionsmitteln, an Grund und Boden, an Profit oder Gewinn;

– eine neue und gerechte Verteilung von Arbeit;

– die ökologische Umgestaltung heutiger Wirtschafts- und Lebensweisen;

– die reale Gleichstellung von Frau und Mann und ihre gemeinsame Emanzipation, die Durchbrechung der unheiligen Allianz von Patriarchat, Kapitalismus und Militarismus, die eine Feminisierung der Gesellschaft voraussetzt;

– die Entmilitarisierung der Gesellschaft und der internationalen Beziehungen sowie die Beseitigung des Rüstungsmarktes;

– die Neugestaltung des Nord-Süd-Verhältnisses durch solidarische und kooperative Beziehungen, die sofortige Entschuldung der Entwicklungsländer, die Stabilisierung von Rohstoffpreisen, die Verwendung freiwerdender Rüstungsgelder für die Staaten

Afrikas, Asiens und Lateinamerikas sowie eine Demokratisierung der internationalen Organisationen, einschließlich der Weltbank und des internationalen Währungsfonds;

– die Zurückdrängung der Marktherrschaft und Profitdominanz in solchen gesellschaftlichen Bereichen wie dem Wohnen und dem Gesundheitswesen, der Kultur und Kunst, der Bildung, Wissenschaft und Information und vor allem der Rüstung;

– die Errichtung einer wirksamen gesellschaftlichen Kontrolle über jene wissenschaftlich-technischen Entwicklungsrichtungen, die zu Gefährdungen der Natur, der Menschheit und der Menschlichkeit führen können.

3. Die Umgestaltung der globalen kapitalistischen Produktionsweise mit dem Ziel, die Vorherrschaft des Kapitals und der Kapitalverwertung zu brechen, verlangt härtesten politischen Kampf. Im Zentrum dieses Kampfes steht die Institutionalisierung von demokratischen Gegenmächten: Belegschaften, Kommunen, die Natur, die sogenannte Dritte Welt, Kinder, Jugendliche und noch gar nicht existierende Generationen müssen eine Stimme und müssen Macht bekommen, damit ihre Interessen gegen die des Kapitals und des parasitären Konsums durchsetzbar sind. Dies wäre eine heute kaum vorstellbare radikale Veränderung der Machtstruktur der gegebenen Gesellschaft.

4. Durch diese Institutionalisierung von Gegenmächten würde das Eigentum an den großen Produktionseinheiten real vergesellschaftet. Es würde an die Befriedigung der mannigfaltigen Reproduktionsinteressen gebunden und dadurch effektiv sozialisiert. Nicht primär durch Verstaatlichung und Enteignung, sondern durch die Unterwerfung des Eigentums unter die Interessen der Reproduktion von Natur, von Solidarität mit der Dritten Welt, von Entwicklung inner- und außerhalb der Arbeit, von reichem kommunalen Leben wird Verfügung demokratisiert, pluralisiert und humanisiert.

Wie könnten nun die ersten Schritte einer solchen Transformation aussehen?

1. Die internationalen Beziehungen sind zu demokratisieren. Dazu würde z. B. gehören, daß den Ländern der sogenannten Drit-

ten Welt wesentlich mehr Entscheidungsbefugnisse im Rahmen der internationalen Politik und der Weltwirtschaftsordnung eingeräumt werden. Entscheidungen in der Weltbank müssen nach dem Stimmenverhältnis der Mitgliedsländer und nicht nach der Stärke der Kapitaleinlagen getroffen werden. In der UNO ist die Entscheidungsbefugnis vom Sicherheitsrat auf die Vollversammlung zu verlagern und eine von den Völkern gewählte parlamentarische Versammlung einzurichten. In der EG sind die Befugnisse des Europäischen Parlaments drastisch zu erweitern, während die Befugnisse der undemokratischen EG-Kommission eingeschränkt und demokratisch kontrolliert werden müssen.

2. Wir müssen begreifen, daß durch die Art des Wahlsystems zum Deutschen Bundestag in ihm weder Kompetenz noch Wahrnehmung von Zukunftsinteressen ausreichend gesichert sind. Die Interessenvertretung der meisten sozialen Gruppen ist enorm erschwert. Für eine künftige Gesellschaft könnte deshalb an Sozial- und Fachparlamente gedacht werden, die zunächst Beratungs-, dann aber auch Zustimmungsrechte haben müßten und dem Bundestag vorgeschaltet sind. Auch sie sollen aus Wahlen hervorgehen, aber spezifische Bevölkerungsgruppen oder gesellschaftliche Fragestellungen vertreten. So wäre z. B. an ein Parlament der Kinder, ein Jugendparlament, ein Frauenparlament, ein Parlament von Rentnerinnen und Rentnern, ein Parlament für ausländische Mitbürgerinnen und Mitbürger und ein Parlament für Menschen mit Behinderungen zu denken. Darüber hinaus könnte es Umweltparlamente, Kultur- und Wissenschaftsparlamente geben. Das sind keine Luftschlösser. Dahinter stecken durchaus die Erfahrungen, die in der früheren DDR mit Runden Tischen gesammelt wurden. Zu überlegen wäre auch, solche Institutionen zu einer Dritten Kammer zu entwickeln.

3. Die bestehenden Monopole in den Medien sind zu brechen und Informationszugang zu demokratisieren. Das stellt zugleich hohe Anforderungen an ein künftiges Bildungssystem, das frei von sozialen und politischen Privilegien sein muß.

4. In der Wirtschaft ist eine Demokratisierung z. B. dadurch denkbar, daß aus Aufsichtsräten Wirtschafts-, Sozial- und Umwelträte werden. Dies würde voraussetzen, daß nicht nur die Ka-

pitaleigner, die leitenden Angestellten und die Belegschaften vertreten sind. Auch die Kommunen und Parlamente, ökologische Initiativen, unabhängige Wissenschaftlergremien, Verbraucherschutzbewegungen und andere Bürgerinitiativen und Bürgerbewegungen müßten in die Gremien einbezogen werden.

Für viele mögen solche Forderungen nicht zu einem Revolutionsideal passen, wo mit wehenden Fahnen die Bastille oder das Winterpalais gestürmt wird. Das kann ich gut verstehen. Doch diese früheren Revolutionen haben oftmals neue allmächtige Staaten hervorgebracht. Sie haben Mächte wie die des Kapitals oder staatssozialistischer Systeme geschaffen, die sich verselbständigten und zur Herrschaft kamen. Ich bin der Meinung, daß der Versuch der Institutionalisierung von Gegenmächten und die Schaffung von freien Räumen der Emanzipation viel revolutionärer sind, als es die alten Revolutionen möglicherweise waren.

Wenn es gelänge, Alltag und globale Probleme als gemeinsamen Ausgangspunkt zu nehmen, um Not und Zerstörungen durch plurale demokratische Gegenmächte zu begegnen, dann wäre dies eine Radikalreform. Sie würde eine Gesellschaft neuer Machtstrukturen mit emanzipatorischen Potenzen freisetzen. Unsere Utopie besteht also möglicherweise gerade darin, nichts anderes zu tun, als darum zu kämpfen, den heute vorhandenen Problemen zu Stimme und Macht in der gegenwärtigen Gesellschaft zu verhelfen und diese genau dadurch radikal und mit ihren eigenen Mitteln zu verändern.

An drei Politikfeldern möchte ich die Möglichkeit darstellen, Alltagspolitik und Gestaltungswillen sowie weitreichende Zukunftsvorstellungen zu verbinden.

1. Für eine neue Verteilung der Arbeit und für eine soziale Grundsicherung

Die Hoffnung auf eine Gesellschaft, die ihren Mitgliedern gleiche Möglichkeiten freier Entwicklung eröffnet, ist mehr denn je gefährdet. Errungenschaften des bisherigen »sozialstaatlichen

Kompromisses« sind bedroht. Absehbar ist der neokonservative Versuch, die Gesellschaft zu spalten: Leistungseliten, relativ unsichere und weniger gut bezahlte Jobs im Dienstleistungsgewerbe und eine breite Schicht ausgestoßener Randgruppen stünden sich gegenüber.

Der französische Sozialist André Gorz, der diese Prognose aufstellte, fordert eine grundsätzliche Neuverteilung von Erwerbsarbeit und Lebenszeit außerhalb dieser Art Arbeit. Verkürzung der Arbeitszeit, mehr selbst gestaltbare Zeiten, über die jede und jeder mit dem Gefühl sozialer Sicherheit verfügen kann, ist gerade angesichts der massenhaften Dauerarbeitslosigkeit unerläßlich. Gerade aufgrund der Erfahrungen mit einer Gesellschaft, die jedem einen Arbeitsplatz gegeben hat, ist es unerträglich, zuzusehen, wie die Hälfte der erwerbstätigen Bevölkerung auf die Straße fliegt und gerade Frauen, Ältere und Menschen mit Behinderungen wenig Chancen zur Reintegration haben.

Es bedarf staatlicher, regionaler und kommunaler Programme der Schaffung von Arbeitsplätzen, die dem hohen Qualifikationsniveau entsprechen.

Es ist Solidarität zu üben zwischen denen, die Arbeit haben, und denen, die ausgeschlossen sind.

Wir setzen uns dafür ein, daß die Gewerkschaften die Interessen aller ausgewogen vertreten.

All dies ist Anliegen unseres Sofortprogramms.

Die PDS schließt sich gerade angesichts der Entwicklung in Ostdeutschland der Forderung nach einer sozialen Grundsicherung einschließlich der Forderung nach einer Mindestrente für das gesamte Deutschland an. Was soll werden, wenn viele fast unentrinnbar in der Dauerarbeitslosigkeit landen? Sollen sie die entwürdigenden Prozeduren über sich ergehen lassen, in denen sie ihre eigene Armut und die ihrer nächsten Verwandten nachweisen müssen, um Sozialhilfe zu empfangen? Trotz anhaltender Konjunktur hat sich der Anteil der Empfänger von Sozialhilfe in den alten Bundesländern zwischen 1980 und 1988 von 2,1 Prozent auf 4,1 Prozent nahezu verdoppelt. Es sind dies vor allem Dauerarbeitslose und ausländische Mitbürgerinnen und Mitbürger. Viele dazu Berechtigte nehmen diese Hilfe aus Scham oder aus Sorge nicht in Anspruch. Sie wollen nicht, daß ihre Familienangehörigen zu Ersatzleistungen herangezogen werden.

Schon die Verfassung vom 24. Juni 1793 der Großen Französischen Revolution hatte in ihrer Erklärung der Menschen- und Bürgerrechte folgenden Artikel: »Die öffentliche Unterstützung der Bedürftigen ist eine heilige Schuld. Die Gesellschaft übernimmt den Unterhalt der in Not geratenen Bürger, sei es, indem sie ihnen Arbeit gibt oder denjenigen, welche arbeitsunfähig sind, die Mittel für ihr Dasein sichert.« Mit der Forderung nach einer sozialen Grundsicherung, unabhängig vom konkreten Nachweis der eigenen Vermögenslage und ohne Beanspruchung von Verwandten, sollte endlich diese heilige Schuld eingelöst werden. Das würde auch die soziale Existenzerhaltung von den Zwängen des Arbeitsmarktes abkoppeln. Erst dadurch wird eine freie Wahl des Arbeitsplatzes – frei also auch von dem Zwang, sich zu fast jedem Preis zu verkaufen – wirklich möglich. Dadurch erst wird die Macht der Werktätigen auf dem Arbeitsmarkt so erhöht, daß ihre Bedürfnisse, ihre Entwicklungsmöglichkeiten, das von ihnen für ihr Leben geforderte Zeitregime in viel höherem Maße die Arbeitswelt bestimmen können. Diese soziale Grundsicherung ist mit einer aktiven Strukturpolitik und der Verwandlung der Verwaltung von Arbeitslosigkeit in die wirkliche individuelle Hilfe bei der Schaffung und Findung von Arbeitsplätzen zu verbinden.

Es gilt, um eine eigenständige regionale und zumindest teilweise binnenorientierte Entwicklung zu ringen. Sie widerspricht zweifelsohne der Kapitallogik und muß erkämpft werden durch die Kommunen, Gewerkschaften, Interessenverbände von Betroffenen, von Arbeitslosen und von Arbeitslosigkeit bedrohten Menschen.

Die elementaren Forderungen sind:
– Verbot jeglicher Vernichtung gesunder landwirtschaftlicher Produkte und Lebensmittel;
– Erhaltung von Produktionsstandorten in Ostdeutschland unter Berücksichtigung ökologischer Erfordernisse.

Ihre Durchsetzung ist ein Kampf um den Arbeitsplatz, um Demokratie und Einfluß auf das Finanzsystem und seine Kontrolle. Der Kampf um Arbeitsplätze ist ein Kampf um eine neue Leitidee für die Wirtschaftspolitik und ein Kampf gegen bestehende Machtstrukturen des internationalen Kapitals.

2. Für eine ökologische Produktions- und Lebensweise

Die jüngsten Pläne des heutigen CDU-Verkehrsministers, mit einem Beschleunigungsgesetz den Osten Deutschlands autogerecht zuzubetonieren, sind nur ein besonders augenfälliges Beispiel dafür, daß die Bonner Politik nicht beabsichtigt, die Umweltzerstörung der DDR durch eine wirklich ökologische Erneuerung beider Landesteile zu überwinden, sondern sie lediglich durch die nur scheinbar saubere Umweltzerstörung der Automobil-, Öl-, Zement- und Baukonzerne ersetzen will. Wie immer geht es um Marktanteile, Gewinn und Kapitalverwertung, nicht um vernünftige Sanierung und Entwicklung von Infrastruktur oder gar Ökologie. Zu beachten ist, daß die DDR über das weitverzweigteste Schienennetz Europas verfügte. Ich sage nichts über die Qualität. Statt es in seiner Qualität zu verbessern, erfolgen erste Streckenstillegungen. Schon fallen die ersten alten Alleen in den neuen Bundesländern den Erfordernissen eines von der Schiene auf die Straße verlagerten Güterverkehrs zum Opfer. Die Regierungspolitik ist zutiefst antiökologisch! Anders lassen sich das Festhalten an Militär und Rüstung, Tiefflügen und Großmanövern, die Förderung der Atom-, Chemie- und Autolobby, die Anbetung von Wachstum um jeden Preis nicht verstehen. Daran ändert auch nichts, daß der Umweltminister jede Woche neue Umweltaktionen verkünden darf. Die Zerschlagung des SERO-Systems der DDR spricht Bände. Töpfers jetzige Kampagne für ein modernes Recycling läuft erneut auf eine nachsorgende Reparatur von Schäden und Naturverbrauch hinaus, zumal es keinerlei Anstalten gibt, die Konzerne durch nationale und internationale Standards zum Aufbau eines umfassenden Recyclingsystems zu veranlassen. Solange jedes Konservenunternehmen eine eigene Glasform als Bestandteil der eigenen Markt- und Werbearbeit betrachtet, wird das auch unmöglich sein. Ein kleines Beispiel, das offenbart, wie sehr Alltagsfragen mit Grundproblemen der gesamten heutigen Produktions- und Lebensweise verbunden sind. Es wird Zeit, daß wir auf unseren eigenen Veranstaltungen und im eigenen Verhalten mit einem Boykott extremer Formen des Naturverbrauchs wie den Büchsengetränken beginnen. Veränderungen grundsätzlicher Natur sind gerade auf ökologischem Gebiet äußerst schwierig. Wer für bessere Luft und sauberes Wasser mit dem Arbeitsplatz bezahlen muß, wird nur schwerlich ein Umweltbewußtsein entwickeln. Hier sind konkrete staatliche Struktur- und Umweltprogramme unverzichtbar. Aktuelle Aufgaben sind für uns vor allem:

– Finanzierung von ökologischen Altlasten durch die Treuhandanstalt beziehungsweise durch die von der Verschleuderung des Eigentums der Bürgerinnen und Bürger der Ex-DDR profitierenden westdeutschen Konzerne und Banken;

– Konzipierung und Durchsetzung eines langfristig ökologisch orientierten Strukturprogramms durch die demokratische Diskussion und die Beteiligung von Bund, Ländern und Kommunen, das die Industriestandorte Ostdeutschlands erhält, sie in umweltreproduzierende Industrien verwandelt und gerade deshalb wettbewerbsfähig macht;

– gesamtdeutscher Ausstieg aus der Kernenergie, die energie-, arbeitsmarkt- und sicherheitspolitisch sowie ökologisch unverantwortlich ist, und Gewährleistung von Alternativen für die Beschäftigten der KKW-Standorte in Greifswald und Stendal;

– Neuverhandlung der Stromverträge zugunsten der Kommunen und einer Entmonopolisierung sowie Dezentralisierung der Energiewirtschaft; das wäre zugleich ein wesentlicher Beitrag zur Finanzierbarkeit einer echten kommunalen Selbstverwaltung;

– Durchsetzung umfassender Müllvermeidungskonzepte;

– Stopp der Pläne zur fünfzigprozentigen Stillegung des Reichsbahnschienennetzes;

– strikte Kontrolle von Rohstoffen, Ausgangsprodukten und anderen Materialien, die durch die Zerschlagungspolitik der Treuhandanstalt in stillgelegten Betrieben überflüssig geworden sind und vielfach ohne Aufsicht lagern oder heimlich verkippt werden.

Aus dem Engagement für Sauberkeit im eigenen Wohngebiet und Dorf, eigenem umweltbewußten Verhalten, der Beteiligung an öffentlicher Kontrolle der Regierenden und der Unternehmen und aus dem Mitwirken in Umweltgruppen wollen wir für eine Politik wirken, die dann tatsächlich von Mehrheiten getragen und durchgesetzt auf eine ökologische Produktions- und Lebensweise abzielt. Dazu gehört auch die grundlegende Reform der für Bäuerinnen und Bauern, globale Umwelt, Steuerzahlerinnen und Steuerzahler, Weltwirtschaft und landwirtschaftliche Produzentinnen und Produzenten in den Entwicklungsländern gleichermaßen katastrophalen Agrarpolitik der EG.

Um derart weitreichende und der Kapitallogik widersprechende Ziele durchzusetzen, sind tiefe Eingriffe in die heutigen Gesellschaften und Volkswirtschaften erforderlich. Es ist immerhin bemerkenswert, wenn selbst ein Großindustrieller wie der Schweizer Stephan Schmidheiny angesichts der unübersehbaren Umweltkrise kürzlich die Herstellung von wirtschaftlichen, steuerlichen und anderen Bedingungen forderte, die die Unternehmer mit einer »Generationen-Perspektive« und nicht nur kurzfristigen Gewinnerwartungen konfrontieren. Ich unterstütze seine Überlegung ausdrücklich, daß sich »die Kosten der Umweltbenutzung und der Umweltbelastung (...) in Kosten und Preisen der Rohstoffe, der Produkte und der Abfallbeseitigung niederschlagen (müssen)«. (*DER SPIEGEL*, 23/1991) Dabei muß es sich meiner Meinung nach nicht nur um die unmittelbaren Umweltkosten handeln, sondern auch um jene, die erst in den nachfolgenden Generationen eintreten. Wesentliche Effekte kämen dabei unmittelbar den Rohstoffexporteuren in der Dritten Welt zugute. Zugleich ist dieser Prozeß so zu gestalten, daß er sich vor allem in einer Besteuerung der Konzerne und Banken niederschlägt und ökologisch vorteilhafte Produkte und Technologien für die Verbraucherinnen und Verbraucher attraktiv macht. Das alles sind sicherlich ökonomisch und rechtlich keine einfachen Fragen. Dringend ist jedoch insbesondere die Forderung nach einer Kohlendioxyd-Abgabe, um die Gefahren des Treibhauseffekts zu verringern. Ich stelle mir vor, daß sie zunächst auf Industrie und Kraftfahrzeuge angewendet und später sozial verträglich auch auf private Haushalte ausgedehnt werden kann. Gesetzlich zu sichern sind die uneingeschränkte Verwendung der zusätzlichen Steuereinnahmen für den Schutz der Umwelt und umfassende ökologische Unterstützung der Entwicklungsländer. Überhaupt sollte in völkerrechtlich verbindlicher Form durchgesetzt werden, daß die Natur als gemeinsames Erbe der gesamten Menschheit behandelt wird. Ihre Nutzung wäre global zu besteuern, die Erlöse sollten vorrangig oder ausschließlich den armen Ländern zugute kommen. Weitere strategische Forderungen der PDS könnten in folgenden Richtungen entwickelt werden:

– Durchsetzung von Formen wirtschaftlicher Regionalisierung und Dezentralisierung unter den Gesichtspunkten der Ökologie, einschließlich der Transportminimierung und der Stärkung regionaler und kommunaler Selbstverwaltung;

– Veränderung des Bodenrechts der BRD in solcher Weise, daß eine reale Mitverfügung der Kommunen über Grund und Boden und damit ökologisch orientierte Stadt-, Regional- und Verkehrsplanung wirklich durchsetzbar werden;

– Schaffung eines gesamteuropäischen Bankwesens, das öffentlich, demokratisch institutionalisiert Ressourcenströme ökologisch und sozial lenkt;

– Einführung einer dritten Stimmen bei den Wahlen (neben der für eine Kandidatin bzw. einen Kandidaten und der für eine Partei), die für ein soziales, ökologisches oder anderes Thema gegeben wird; entsprechend den Abstimmungsergebnissen erhielten die Mehrheitsthemen dann unabhängig von parlamentarischer Parteienherrschaft einen bestimmten Prozentsatz aus dem Staatshaushalt, dessen Verfügung in die Hände von entsprechenden Bewegungen gegeben werden könnte;

– Aufnahme des Rechts auf Arbeit und selbstbestimmte Mutterschaft sowie von Staatszielen wie Abrüstung und Umweltsicherung in die Verfassung und Installierung von rechtlichen und anderen Mechanismen, die auch Staatsziele zu einem einklagbaren Politikauftrag machen, der von den jeweiligen Mehrheiten im Parlament nicht beliebig ignoriert werden kann;

– dabei sollte gesetzlich festgelegt werden, daß die durch Abrüstung freiwerdenden Gelder zu mindestens 25 Prozent den ärmsten Ländern der Erde zugute kommen.

3. Für Sicherheit und Entwicklung

Im Golfkrieg ging es, so wurde uns erzählt, um die Errichtung einer neuen Weltordnung. Die allerdings ist auch dringend notwendig, offensichtlich sogar überlebensnotwendig. Doch was da als neue Weltordnung praktiziert und angestrebt wurde, erweist sich als die älteste und anachronistischste Ordnung überhaupt. Die »Entwaffnung des Irak« – wie es hieß – ist ein Konzept, das sich mindestens dreieinhalbtausend Jahre zurückverfolgen läßt.

Sein heutiger Kern ist die Durchsetzung eines westlichen Gewaltmonopols in den internationalen Beziehungen. Ihre Grundlagen sind die militärische Vorherrschaft und die Hochtechnologierüstung der USA, ihr Ziel die Behauptung der parasitären Produktions- und Lebensweise des Nordens und die Ausplünderung der Völker Asiens, Afrikas und Lateinamerikas in einer Welt, in der Ressourcen- und Naturverbrauch an ihre Grenzen stoßen, in der es so wie bisher nicht weitergeht, aber die kapitalistische Weltwirtschaft alle Staaten mit noch größerer Gewalt gerade in diese bedrohliche Entwicklungsrichtung zwingt.

Eine deformierte und oft auf rückständigem technologischem Niveau gestaltete Industrialisierung bricht sich in den Entwicklungsländern Bahn. Sie hebt nicht das unvorstellbare soziale Elend in diesen Staaten auf, sondern motorisiert es allenfalls. Die aus sozialen Katastrophen – Ausbeutung und Abhängigkeit, kultureller Deformierung, neokolonialistischer Teile-und-herrsche-Politik – sich zuspitzenden ökologischen Krisen und Verteilungskämpfen gespeisten Konfliktspotentiale in diesen Regionen nehmen ein global gefährliches Niveau an. Der Logik westlicher Sicherheitspolitik fällt nichts anderes ein, als den eigenen Gewalten des kapitalistischen Marktes mit seinen weltweiten sozialen und ökologischen Katastrophen die militärische Gewalt des Westens entgegenzusetzen. Die gleiche Politik soll offensichtlich auch zur Eindämmung der ebenso vielfältigen wie bedrohlichen Konfliktspotentiale in Osteuropa herhalten.

Sicherlich ist deren Lösung durch eine gesamteuropäische kooperative Entwicklung schwierig, und viele Konflikte drohen lange vorher auszubrechen oder toben schon jetzt. Es wird für sie jedoch keine dauerhaft wirksame militärische oder polizeiliche Lösung geben. Keine Regierung in den westlichen Großmächten hat sich nach dem Ende der Ost-West-Konfrontation zu wirklicher Abrüstung entschlossen. Die Bedrohung aus dem Osten, die für vier Jahrzehnte Rüstungswettlauf herhalten mußte, besteht nicht mehr, aber die Hochrüstung hält an. Ihre tatsächlichen Ursachen und Ziele liegen offen:

Erstens geht es natürlich um gigantische Profite für die betreffenden Konzerne und Banken, oft sogar um ihre ökonomische Basis.

Zweitens soll eine Hochtechnologierüstung ungeahnten Ausmaßes eine uneingeschränkte militärische Vorherrschaft des Westens in dieser konfliktgeladenen Welt garantieren. Das schließt die periodische Entwaffnung der kontinuierlich vom Westen hochgerüsteten Entwicklungsländer durch Kriege bzw. ihre Kontrolle durch global operierende Eingreifstreitkräfte der USA und der NATO ein.

Drittens ist es speziell für die ökonomisch angeschlagenen USA eine Frage ihrer Rolle in der Welt überhaupt. Ein Zustand der internationalen Beziehungen, in dem der militärische Faktor das Hauptinstrument der Konfliktregulierung ist, eröffnet den USA die Möglichkeit, auch ihre wirtschaftlich, finanziell und wissenschaftlich-technisch immer mächtigeren Konkurrenten in Westeuropa und Japan unter Kontrolle zu halten.

Viertens ist der Westen offensichtlich unfähig, sich von anachronistischen Sicherheitskonzepten freizumachen.

Vorstellungen vollständiger nuklearer Abrüstung, radikaler Rüstungsreduzierung oder gar einer entmilitarisierten Weltordnung werden von konservativen ebenso wie von den meisten sozialdemokratischen Politikern als weltfremde Utopien denunziert. Die Vorstellung der Regierung und der sogenannte Blauhelm-Beschluß des jüngsten SPD-Parteitages sind für mich in dieser Hinsicht alarmierend. Jede Grundgesetzänderung, die die militärische Selbstbeschränkung der BRD lockern würde, kann nur als Weg zur Beseitigung dieser Selbstbeschränkung gesehen werden. Ich möchte daran erinnern, daß bereits zahlreiche ursprünglich vorhandene Rüstungsbegrenzungen der WEU für die BRD aufgehoben wurden: die Verbote zum Bau von U-Booten und Raketen zum Beispiel.

Wer die allgemeine nukleare Abrüstung ablehnt und blockiert, wird die unkontrollierbare Weiterverbreitung von Kernwaffen in Kauf nehmen müssen. Wer Konflikte militärisch oder polizeilich lösen will, deren Ursachen soziale und ökologische Katastrophen, ökonomische, politische und kulturelle Abhängigkeit und Deformierung sind, der wird die unaufhaltsame Zuspitzung dieser Ursachen akzeptieren müssen. Wer Sicherheit auf Hochtechnologie statt auf Zusammenarbeit und Entmilitarisierung gründet, der wird früher oder später den globalen sicherheitspolitischen GAU einkalkulieren müssen. Für uns ist das Ringen um eine Entmilitarisierung der Gesellschaften und der internationalen Beziehungen daher nicht utopisch, sondern die einzige realistische Möglichkeit sicherheitspolitischen Überlebens auf der Erde. Hier existieren ungeheure finanzielle und materielle Mittel, geistige und andere Ressourcen, die heute für destruktive Zwecke verschleudert werden und dadurch maßgeblich zur Verschärfung von sozialen Notständen und Umweltproblemen sowie zur Konfrontation in der Welt führen. Ihre Freisetzung für Hilfe an die Entwicklungsländer, für soziale, ökologische und kulturelle Entwicklung ist die wichtigste sofort zugängliche Quelle für die neue menschliche Entwicklungsrichtung. Im übrigen könnte ein beträchtlicher Teil der sich anbahnenden Krise der bundesdeutschen Staatsfinanzen durch substantielle Abrüstung abgefangen werden.

Natürlich muß dieser Weg der Entmilitarisierung schrittweise, realistisch, ökonomisch, ökologisch und sozial geplant gegangen werden. Dringende aktuelle Forderungen unserer Partei sind:
– keine Änderung des Grundgesetzes, die den Einsatz deutscher Soldaten, gleich in welcher Form, außerhalb des NATO-Gebietes erlauben würde;
– Abschaffung der Wehr- und Zwangsdienste, weitere radikale schrittweise Reduzierung der Bundeswehr;

– Durchsetzung einer strikten Defensivität der Streitkräfte und Verzicht auf die Entwicklung von Fähigkeiten für den Einsatz schneller Eingreifstreitkräfte;

– Errichtung eines internationalen Verifikationssystems im KSZE- oder UNO-Rahmen für die Kontrolle des kernwaffenfreien Status des ehemaligen DDR-Territoriums sowie Ausdehnung der Kernwaffenfreiheit auf ganz Deutschland.

Wir wollen eine PDS, die dazu beiträgt, solche Visionen lebbar zu machen

Als wir uns vor anderthalb Jahren auf den Weg aus der SED zu einer modernen und pluralistischen Partei demokratischer Sozialistinnen und Sozialisten machten, waren wohl niemandem von uns die Schwere der Aufgabe, ihre konkreten Inhalte oder gar die Bedingungen, unter denen wir diese Entwicklung zu vollziehen haben würden, vorstellbar. Heute hat unsere Partei knapp eine Viertel Million Mitglieder, von denen sich nach einer Untersuchung, die wir in Auftrag gegeben hatten, noch etwa 20 000 mit dem Gedanken eines Austritts tragen.

Die Analyse der Lage in unserer Partei muß die Ausgangsbedingungen berücksichtigen: Im Dezember 1989 wollten wir für demokratischen Sozialismus in der DDR kämpfen. Damit sind wir gescheitert. Danach stritten wir mit all unseren Kräften für einen neue historische Chancen eröffnenden Vereinigungsprozeß und gegen einen kolonialistischen Anschluß der DDR nach Artikel 23 des Grundgesetzes. Wir konnten letzteres nicht verhindern. Und auch unser Wunsch, schnell eine gesamtdeutsche sozialistische Partei zu installieren, hat sich noch nicht erfüllt. Das muß frustrieren, zu Enttäuschung und Verbitterung führen, zeigt aber vor allem das reale Kräfteverhältnis und die Notwendigkeit, das linke Kräftepotential zu stärken, statt es zerstören zu lassen oder auch nur zu schwächen.

Die Gründe dafür, die PDS in den vergangenen Monaten zu verlassen, sind sicherlich sehr unterschiedlich.

Menschen, die aus Karrierebewußtsein, kalter Berechnung oder Bequemlichkeit der SED beigetreten waren, haben in der

PDS natürlich keine Heimat gefunden. Für viele waren das Scheitern der DDR und die danach bekanntgewordenen Auswüchse politbürokratischen Machtmißbrauchs auch das Ende ihrer Hoffnungen in Möglichkeit und Sinn einer gesellschaftlichen Alternative. Wer die Schwierigkeiten bei der Selbstfindung unserer Partei kennt, wird durchaus Verständnis für einen solchen Sinneswandel empfinden, wenngleich ihn die eigenen Überzeugungen auf einen anderen Weg geführt haben. Geschichtliche Verantwortung für das Versagen der SED, die Last eines staatssozialistischen Versuchs, der vielfache Menschenrechtsverletzungen, Mangel an Demokratie und Rechtsstaatlichkeit, Raubbau an der Natur und eine verschwenderische, uneffektive Wirtschaft sowie politische Gängelung von Kultur, Wissenschaft, Bildung und Information einschloß, gehören zu unserem Erbe. Das hätte allerdings auch jeder ehrliche Neuanfang in einer anderen Partei annehmen müssen.

Der äußere Druck und die verlogenen Kampagnen von Boulevard-Politikern und -Blättern, soziale Unsicherheit, das Abschieben der gesamten Verantwortung für die Vergangenheit sowie deren völlige Entstellung sind weitere Ursachen für Austritte und Resignation. Die PDS ist nach der euch vorliegenden Analyse auch eine Partei von Menschen, die aus dem Berufsleben ausgegrenzt werden. Rund sechzig Prozent ihrer erwerbsfähigen Mitglieder sind von Arbeitslosigkeit, Kurzarbeit, Warteschleife oder Vorruhestand betroffen. Das liegt weit über dem Durchschnitt.

Nein, es ist nicht leicht, Mitglied dieser Partei zu sein, und wir machen es uns selbst auch noch viel schwerer. Um all das in Kauf zu nehmen, muß man schon wissen, wofür. Die Meldungen über Kultur und Ergebnisse von Vorstandssitzungen, quälende Geschäftsordnungsdebatten auf dem 1. Teil des 2. Parteitages, persönliche Diffamierungen statt eines zivilisierten Streits um Inhalte, die geringe Öffentlichkeit und wenig entwickelte Aktionsfähigkeit der PDS oder der Finanzskandal haben bei vielen die Zweifel verstärkt. Und sie sind berechtigt. Ich habe es bereits auf der Parteivorstandstagung vor zwei Wochen gesagt: Ich bin nur bereit, für eine sozialistische Partei zu streiten, die die weltanschaulichen, kulturellen und politischen Unterschiede ihrer

Mitglieder deutlich und offen formuliert, aber auch annimmt und für eine Politik nutzt, die sich wirksam den konkreten Problemen der Menschen in der gegenwärtigen sozialreaktionären Anschlußpolitik und dem Ringen um eine gesellschaftliche Alternative zur Zwei-Drittel-Gesellschaft in der Ein-Fünftel-Welt zuwendet. Ich habe das Miteinander in der Unterschiedlichkeit in den ersten Monaten der PDS nach zwei Jahrzehnten eigener SED-Mitgliedschaft zu sehr als Befreiung und geistige Bereicherung empfunden, um jemals wieder darauf verzichten zu können. (...)

Ein zweiter Punkt der Auseinandersetzungen hängt mit der Aufarbeitung der Geschichte zusammen. Da wird von einigen behauptet, daß die PDS sich zwar der Aufarbeitung der Geschichte verschrieben, sie dann aber nicht praktiziert habe. Sie hätte erklärt, Verantwortung zu übernehmen, sei aber in Wirklichkeit nicht dazu bereit. Diese Feststellung findet sich in zahlreichen Medien wieder und wird auch von einigen Sympathisantinnen und Sympathisanten sowie Mitgliedern der PDS kolportiert. Auch hier wird meines Erachtens Wahres und Unwahres vermischt.

Indem die PDS bestehen blieb, hat sie automatisch dafür gesorgt, daß sie die Adresse für Geschichte geworden ist. Kein Mitglied der PDS kommt in Gesprächen mit anderen Bürgerinnen und Bürgern um die Frage der Verantwortung für die Geschichte herum. Und als Vorsitzender der Partei, der oft mit Medien in Kontakt ist oder im Bundestag auftritt, kann ich bestätigen, daß uns niemand aus dieser Verantwortung entlassen wird. Der Verantwortung stellen wir uns also schon durch unsere Existenz.

Hinsichtlich der Aufarbeitung der Geschichte gab es mehrere Anläufe: auf dem außerordentlichen Parteitag im Dezember 1989, während der Klausurtagung im Mai 1990, auf der Erneuerungskonferenz im September 1990, durch einen Beschluß des Präsidiums des Parteivorstandes zur Frage der Mitgliedschaft von Angehörigen früherer bewaffneter Organe in der PDS vom Oktober 1990, auf der Stalinismus-Konferenz im November 1990, durch meine persönliche Erklärung zur Tätigkeit des früheren MfS vom April 1991 und durch andere Veranstaltungen. Sie führten jedoch nie zu einer kontinuierlichen Aufarbeitung der Geschichte in der Gesamtpartei. Zwischen ihnen lagen immer wieder Zeiten des Schweigens und der Stille. Man wurde das Gefühl nicht los, daß solche Veranstaltungen als notwendig erachtet, ihr Ende aber auch dringend herbeigesehnt wurde. Und hier scheint mir einfach der Umstand vorzuliegen, daß die Geschichte von vielen als unangenehm empfunden wird und man deshalb möglichst schnell damit abschließen will. Aber ich betone: Das ist ein Trugschluß. Hier haben wir auch ungenügende Konsequenz in der Leitungstätigkeit gezeigt, und das betrifft auch mich persönlich.

Wir müssen einfach begreifen, daß wir die Aufarbeitung der Vergangenheit nicht für die Medien oder für unsere politischen Gegner durchführen. Es geht uns vielmehr um drei Ziele: Wir stehen erstens gegenüber dieser Geschichte in Verantwortung. Wir dürfen nicht zulassen, daß sie allein von den politischen Gegnern und dann einseitig, undifferenziert und damit auch diffamierend dargestellt wird. Dies würde eine wirkliche Aufarbeitung der Geschichte verhindern. Wer sonst, wenn nicht wir, sollte sich um eine die historischen Zusammenhänge und Bedingungen nicht negierende Aufarbeitung der Geschichte bemühen. Wir werden unserer Verantwortung gegenüber unseren Eltern und Großeltern, uns selbst und vor allem unseren Kindern und Enkelkindern gegenüber nicht gerecht, wenn wir zulassen, daß die Geschichte der SED und der DDR sowie all dessen, was ihnen vorausging, allein durch die Zeitungen *Bild* und *Super*, gewertet wird.

Ein zweiter Zweck ist darin zu sehen, daß wir die Aufarbeitung der Geschichte benötigen, um die gegenwärtigen gesellschaftlichen Verhältnisse richtig analysieren und realistische Visionen für die Zukunft entwickeln zu können. Vor der Wiederholung von Fehlern werden nur die bewahrt, die bereit sind, aus früheren Fehlern die notwendigen Schlußfolgerungen zu ziehen. Um dies aber zu können, müssen diese Fehler in ihrer Gesamtheit erforscht, schonungslos aufgearbeitet und wieder bewertet werden.

Der dritte Zweck besteht schließlich darin, einen Beitrag zur

Selbstbefreiung zu leisten. Solange wir uns über die Geschichte nicht im klaren sind, werden wir unsere eigenen Biographien nicht einordnen und annehmen können. Für jede und jeden von uns bliebe unklar, daß es eigenes Versagen gab und worin es bestand.

Die eigentliche Schwierigkeit besteht in der unterschiedlichen Bewertung der Geschichte. Und hier gibt es einige Fragen, die nicht so leicht beantwortet werden können, bei denen möglicherweise auch etwas mehr historischer Abstand erforderlich ist. Wenn die Geschichte unterschiedlich durch uns bewertet wird, dann müssen die unterschiedlichen Bewertungen auch öffentlich und transparent gemacht werden. Auf jeden Fall sind wir verpflichtet, Schritt für Schritt eigene Maßstäbe zu entwickeln, die uns erst in die Lage versetzen, uns nicht ausschließlich nach äußeren Maßstäben richten zu müssen. Es ist nicht zu leugnen, daß wir in bestimmten Fragen völlig unsicher reagieren. Das wird besonders deutlich bei der Problematik des MfS. Hier könnten wir weiter sein, wenn wir mit größerer Konsequenz eigene Maßstäbe entwickelt hätten, die uns im eigenen Handeln sicherer machen würden. Die Auseinandersetzungen um den Landesvorsitzenden der PDS von Berlin und um bestimmte Abgeordnete oder andere Persönlichkeiten in der PDS zeigen, daß hier große Unsicherheit herrscht und von Parlament zu Parlament auch bei unseren Abgeordneten verschiedene Maßstäbe gelten; allerdings stets alle unsere Abgeordneten für Überprüfung eingetreten sind.

Ich verstehe auch, daß ehemalige Mitarbeiterinnen und Mitarbeiter des MfS, die unserer Partei angehören, sich irgendwie im Stich gelassen fühlen. Nun sind wir zwar nicht eine Gewerkschaft für sie und auch nicht ein Therapieverein. Zu leugnen ist allerdings nicht, daß generell eine gewisse therapeutische Funktion für viele in unserer Partei wahrzunehmen ist. Entscheidend bleibt jedoch, daß diese ehemaligen Mitarbeiterinnen und Mitarbeiter einen Anspruch haben, daß von uns klare Maßstäbe entwickelt werden, mit denen auch sie umgehen können. Hierzu gehört, daß wir Offenheit und Ehrlichkeit erwarten können und verlangen müssen. Allerdings keineswegs beschränkt auf MfS-Mitarbeiterinnen und -Mitarbeiter. Anderenfalls hieße es, die gewünschte Einseitigkeit und Sündenbockvariante mitzutragen, die durch die Medien geht. Deshalb stimme ich denen zu, die fordern, daß Mandatsträger der PDS in allen Volksvertretungen, Massenorganisationen und in unserer Partei selbst, die direkte Mitarbeiter des MfS waren oder für das MfS in irgendeiner Form bewußt tätig wurden, sich ihren Wählern oder den Volksvertretungen stellen, diese Tätigkeit offenlegen und neues Vertrauen zu erlangen suchen oder aber bald ihr Mandat niederlegen.

Angesichts der hemmungslosen Hetze und unglaublich kulturlosen Verteufelung bedarf es eines ungeheuren Mutes, über seine Kontakte zum MfS zu sprechen. Aber es ist dies ein Beitrag zum politischen Frieden und zur politischen Kultur in Deutschland. Mit unserer Person müssen wir dafür einstehen, daß die DDR und ihre Institutionen nicht global als Unrechtsregime und verbrecherisch abqualifiziert werden.

Und ich erwarte dies auch von jedem Mandatsträger einer anderen Partei. Zugleich fordere ich die Aufdeckung vorhandener nichtöffentlicher Kontakte westdeutscher Volksvertreter zu Geheimdienstorganisationen. Ich finde, das sollte man generell wissen oder erfahren, ob ein Abgeordneter für einen Geheimdienst tätig ist oder nicht.

Eine Tätigkeit im früheren MfS ist differenziert zu beurteilen. Eine kritische Aufarbeitung ist in jedem Falle erforderlich, aber nicht nur durch ehemalige Mitarbeiterinnen und Mitarbeiter des MfS. Wir erwarten uns aber gerade von ihnen Informationen, die für realistische Aufarbeitung der Geschichte der DDR und der SED unverzichtbar sind. Sie können uns argumentativ bei unserer generellen Ablehnung von Geheimdiensten unterstützen. Denn eine seriöse Diskussion wird zeigen, daß es Tätigkeitsbereiche im MfS gab, die atypisch sind für westliche Geheimdienste. Sie wird aber auch zeigen, daß es Ähnlichkeiten gibt, die zu der Einschätzung zwingen, daß beim gegenwärtigen Stand der internationalen Beziehungen und bei der von uns gewünschten Demokratisierung und Transparanz gesellschaftlicher Beziehungen Geheimdienste einfach nicht mehr zeitgemäß und stets ein repressives Instrument sind. Kein Geheimdienst ist wirklich öffentlich und demokratisch kontrollierbar. Dann wäre er nicht mehr geheim.

Eine weitere Diskussion zwischen den von mir genannten Gruppen in der Partei findet regelmäßig zu der Frage statt, wie die Strukturen der Partei beschaffen sein müßten, ob wir weniger Partei, mehr Bewegung werden sollten. Aber wer schon innerhalb einer Partei Toleranz nicht erträgt, wie will er sie in eine Bewegung einbringen? Und überhaupt: Hängt das einfach davon ab, was ein Vorstand, ein Präsidium oder eine einzelne Gruppe sich wünschen, oder sind nicht auch die Strukturen Angelegenheit der Gesamtpartei? Diesem Parteitag liegt nun der Entwurf eines Statuts vor, der die Partei weit öffnet. Dennoch wird auch der Parteicharakter erhalten. Wir könnten damit unserem eigentlichen Ziel näherkommen, die Vorteile einer Bewegung und einer Partei miteinander zu verbinden. Wichtig ist zudem, die Partei selbst als Bestandteil einer breiteren linken Bewegung zu entwickeln. Ihre organisatorische Stärke und Mobilisierungsfähigkeit dürfen dabei nicht verspielt werden. In unserer Partei soll es streitbar, aber kulturvoll zugehen. Wer allerdings die eigene Meinung zum allgemeingültigen Maßstab erhebt, kann – auch wenn diese fortschrittlich ist – kein Erneuerer sein. Er macht letztlich einen intoleranten und undemokratischen Führungsanspruch geltend.

Von großer Bedeutung ist also die Frage der Toleranz. Für Standpunkte muß auch in einer Partei gekämpft werden. Selbst Mehrheitsbeschlüsse werden nur im Kampf, in der politischen Praxis durchgesetzt. Mit Minderheitsmeinungen ist respektvoll umzugehen. Abfälligkeit, Ignoranz und deutliche Mißfallensbekundungen zeugen stets von Intoleranz. Nur: Minderheiten müssen akzeptieren, zumindest zunächst, solche zu sein. Die eigentliche politische Arbeit besteht eben darin, von einer als richtig empfundenen Meinung eine Mehrheit zu überzeugen. Es ist schon unerträglich genug, im Bundestag und in anderen Einrichtungen erleben zu müssen, daß Meinungen und Standpunkte eigentlich nicht gefragt sind, daß es kaum noch ein Zuhören gibt. Eine solche Atmosphäre dürfen wir in der Partei nicht bzw. nicht mehr zulassen. Und zwar weder gegenüber Minderheiten noch gegenüber Mehrheiten.

GREGOR GYSI, EIN »NICHT-JÜDISCHER JUDE«?

Aus: *Der dumme Fuß will mich nach Deutschand tragen.*
Eine Auseinandersetzung um Deutschland. Gespräche, Gedichte,
Briefe. Ausgewählt von Nea Weissberg-Bob. Samson Verlag,
Berlin 1991.

Nea: Mit einem symbolhaften Satz möchte ich beginnen: »Jeder
Spatz kann hinfliegen, wohin er möchte, oder jede Taube, wohin
sie möchte.« Warum gab es in der DDR keine Reisefreiheit?

Gregor: Das Schwierige an der Frage besteht darin, daß ich es
jetzt begründen soll, aus einer Sicht, die ich nie hatte, weil ich immer ein Gegner des nichtvorhandenen Reiserechts war. Aber ich
glaube, die Begründung ist ziemlich einfach: In den 50er Jahren
wechselten immer mehr Menschen aus der DDR in die Bundesrepublik, und es drohte eine existentielle Gefahr für die DDR.
Außerdem gab es den tobenden Kalten Krieg und durchaus das
Ziel, die DDR politisch und vor allem auch ökonomisch zu vernichten. Bei alledem spielten sicherlich die strategischen Fragen
eine große Rolle, so daß im Warschauer Vertrag, sicherlich unter
Führung der Sowjetunion, aber mit Druck oder zumindest großem Wohlwollen der SED-Führung, entschieden wurde, die
Mauer zu bauen und in Konsequenz dazu, das Einreisen in die
DDR erheblich zu erschweren und das Ausreisen erst recht.

Gab es aber für dich – du warst zwar dafür, daß Reisefreiheit für
alle gelte – trotzdem Argumente, die für die Einmauerung spra-
chen?

Also, ich fand es schon wichtig, daß es die DDR gab, und war sicherlich innerlich auch von notwendigen Kompromissen überzeugt. Was mich allerdings störte, und deshalb kann ich es nicht
klar mit ja oder nein beantworten, war das meines Erachtens falsche Herangehen. Wenn man schon am 13. August 1961 eine
Mauer baut, dann wäre es die Aufgabe gewesen, sich ab 14. August eine Konzeption für deren Öffnung zu erarbeiten. Also
wenn man das schon als vorübergehende Einschränkung meint,

in Kauf nehmen zu müssen, hätte ich ja das vielleicht noch akzeptiert. Dann wäre es aber dringend erforderlich gewesen, sich zu überlegen, daß natürlich dieser Mangel an Weltoffenheit nur eine ganz kurze vorübergehende Phase sein kann und daß es darauf ankommt, vom ersten Tag an die Bedingungen für die Wiedereröffnung der Mauer zu erarbeiten. Statt dessen zielte aber die ganze Politik darauf ab, die Abschottung immer stärker zu vollenden. Das änderte sich erst mit dem Helsinki-Prozeß, also aus außenpolitischen Gründen wurden dann Ausreisen – unter Schwierigkeiten, aber immerhin – möglich. Es gab Rentnerreisen und nach dem Grundlagenvertrag mit der Bundesrepublik Deutschland also die ersten Reisen in dringenden Familienangelegenheiten. Interessant für mich war, daß dies mit bestimmten objektiven Erfordernissen nicht in Übereinstimmung zu bringen war. Sport konnte man z. B. nur international treiben oder gar nicht. Da mußte also eine bestimmte Öffnung stattfinden. Wirkliche künstlerische Leistung kann man nicht in Provinzialität erbringen, also mußte dort eine gewisse Öffnung stattfinden. Und dasselbe galt natürlich für wissenschaftliche Leistungen ...

... wobei, wenn bestimmte Personen reisen durften, es unter besonderen Bedingungen war, sie konnten z. B. ihre Familie nicht mitnehmen ...

Es war immer mit erheblichen Einschränkungen verbunden und dennoch ein großes Privileg in der DDR, was ja mit dazu geführt hat, daß ein bestimmter Neid auf Spitzensportler da war und erst recht auf die betreffenden Künstler und Wissenschaftler, d. h., es wurde, wenn ich jetzt mal die Sportler herausnehme, damit bewußt oder unbewußt auch eine bestimmte Intelligenzfeindlichkeit unterstützt und ausgebaut. Das Verehrendste an diesem fehlenden Reiserecht waren meines Erachtens zwei Dinge. Das eine war tatsächlich ein um sich greifender Provinzialismus, der ja dann irgendwann zur Staatsdoktrin werden muß, wenn er eine solche Verbreitung erhält. Und das zweite war, daß keine wirkliche Erziehung zum Internationalismus möglich war. Denn Solidarität mit einer Welt zu üben, die man nicht kennt und die man nicht kennenlernen kann und von der man restlos abgeschottet ist, ist ja ein hoch intellektueller Vorgang, der sich weder emotional noch praktisch erschließt, daß er letztlich zum Etikett verkommt. Denn die Dritte Welt war den Menschen hier genauso verschlossen wie die zweite. Es gab auch keine Reisen nach Afrika oder nach Asien.

Konntest du eigentlich in den Westen reisen?

Nee, bis 1988 überhaupt nicht. Das erste Mal im Januar 1988; ich hatte eine Einladung vom Kulturzentrum der DDR in Paris, um dort über die Verwirklichung der Menschenrechte in der DDR zu sprechen. Daran bestand ein bestimmtes Interesse. Ich glaube, die sind durch meine Mutter auf mich gekommen. Der Antrag wurde ein Jahr bearbeitet. Das war von Januar 1987 bis Januar 1988 und war dann genehmigt. Und so fuhr ich dann im Januar 1988 das erste Mal in meinem Leben nach dem 13. August 1961 – als Kind war ich öfter mal in Westberlin bei meiner Großmutter – in den Westen, konkret nach Paris. Und eigentlich ist mir erst dort bewußt geworden, was man den Menschen hier in der DDR tatsächlich vorenthält und daß das nicht geht. Ab dann konnte ich öfter fahren. Das war hier so, wenn es einmal gelaufen war. Natürlich mußte es immer einen offiziellen Anlaß geben, und es stand stets die Frage nach den Devisen an.

Ich habe dazu noch eine Frage – deine Schwester war zu diesem Zeitpunkt längst aus der DDR ausgereist, lebte schon in Westberlin … Hattest du dadurch keine Schwierigkeiten?

Sicher. Unter anderem wird es deswegen wohl ein Jahr gedauert haben, bis meine Reise genehmigt wurde, nehme ich zumindest an. Das haben sie mir ja nun auch nicht erzählt, was sie ein Jahr lang geprüft haben.

Als deine Schwester die DDR verließ und ausreiste, wie fühltest du dich? Du bist ein bewußter DDR-Bürger gewesen …

Es fiel mir sehr schwer, aber ich habe sie ziemlich schnell verstanden, und ich habe es dann aufgegeben, dagegen zu argumentieren. Da hatte mein Vater wesentlich größere Schwierigkeiten.
Es bedeutete für ihn ja auch mehr in seiner Position.

*Ich habe noch eine Frage zu dem Stichwort Menschenrecht. Du hast
gesagt, du warst in Paris und hast dort einen Vortrag gehalten. Als
im Herbst '89 die Forderungen der Massendemonstrationen in
Richtung Demokratisierung der DDR gingen, da ging es um Reisefreiheit, Pressefreiheit, Wahlrecht, Menschen-, Bürgerrechte. Du
hast in deiner Tätigkeit als Anwalt früher eine Menge Einsicht gehabt und auch einiges gefordert. Offenbar gab es eine »nichtöffent-
liche Opposition« innerhalb der SED ...*

Ich will es nicht überbewerten, es hat in der SED seit vielen Jahren Gesprächsrunden gegeben. Man kannte sich, und in diesen
Gesprächsrunden wurde sehr offen diskutiert über die verschiedensten Fragen. Dennoch gab es kein funktionierendes Kommunikationssystem und keine organisierte Opposition in der SED.
Sie wäre sicherlich auch verhindert worden. Aber 1985 wurde die
Kritik immer deutlicher. Die Parteiorganisationen waren auch
ganz unterschiedlich. Zum Beispiel die Parteiorganisation der
Rechtsanwälte galt schon immer als kritisch, als aufmüpfig, da
wurde schon immer anders diskutiert als etwa in der Parteiorganisation der Staatsanwaltschaft. Ich bilde mir ein, bei uns wurden
Dinge gesagt, wenn die in einer anderen Parteiorganisation gesagt
worden wären, wäre dort die Parteiorganisation aufgelöst worden
oder weiß ich was. Also eine bestimmte Narrenfreiheit hatten wir
schon... Natürlich, bestimmte Grenzen durften nicht überschritten werden. Aber man hatte sich damit abgefunden, daß das so ein
komischer, besonderer Berufsstand ist, der nicht staatlich ist, der
aber doch eine Menge weiß, der eine Menge Einblick hatte.

Du warst nur kurz Richterassistent?

Richter selbst war ich nie, aber Assistent. Bei mir kamen da mehrere Glücksfälle zusammen. Ich war ja nicht bei der Armee, war
deshalb schon mit 22 Jahren fertig mit dem Studium.

Warum warst du nicht bei der Armee?

Das hatte sowohl gesundheitliche als auch andere Gründe. Also, einmal wurde ich immer wieder zurückgestellt, weil ich gerade in einer Qualifikation war, ganz zum Schluß wurde noch mal ein umfassendes ärztliches Gutachten eingeholt, das führte zwar nicht dazu, daß ich wehrdienstuntauglich wurde, aber doch dazu, daß die Manschetten bekamen, mich einzuziehen. Es war klar, daß ich in bestimmter Hinsicht nicht belastbar bin, und wer will gerne die Garantie dafür übernehmen, daß irgendein Feldwebel nicht mal durchdreht und einen 5000 Meter jagt mit allen Folgen, die das hätte haben können. Den Chef des Wehrkreiskommandos ärgerte, daß ich nicht vereidigt bin. Aber auf jeden Fall war ich noch sehr jung, und damals gab es eine gesetzliche Regelung, daß man erst ab fünfundzwanzig Jahre Richter werden durfte. Und drei Jahre Richter-Assistentenzeit, das war indiskutabel, denn die dauerte im Durchschnitt ein Jahr. Und Staatsanwalt lehnte ich ab, da hatte ich eine ganz gute Begründung, da bleibt nur noch Notar oder. (...)

Was war deine Begründung?

Daß ich eine Dissertation schreiben sollte, die rechtstheoretischer Natur war. Dafür hatte ich eine außerplanmäßige Aspirantur an der Humboldt-Universität, und dazu brauchte ich alle Rechtsgebiete. Und wenn ich mich allein auf das Strafrecht konzentrierte, dann könnte ich diese Dissertation nicht schreiben. Das war wahr und ein Vorwand, aber einer, den man mir nicht widerlegen konnte. Aber Staatsanwalt wäre ich auch nicht geworden, also wenn es sich zugespitzt hätte, hätte ich einfach nein gesagt. Ich kann nicht eine Strafe oder eine Verurteilung beantragen, von der ich nicht überzeugt bin. Zweitens bin ich nicht gern weisungsgebunden. Und irgendwie wußten, ahnten die zuständigen Mitarbeiter des Ministeriums der Justiz, die für die Lenkung der Studenten zuständig waren, auch, daß das nicht das Richtige wäre, wenn ich Staatsanwalt werden würde. Also, die waren nicht scharf darauf, mich als Staatsanwalt zu haben, so daß sie dann relativ rasch einlenkten, was damals eine große Ausnahme war, daß ich mich beim Rechtsanwaltskollegium bewerben durfte, allerdings nur, wenn ich wenigstens 8 Monate Assistentenzeit beim Gericht absolviere, das war ihre Bedingung. Und das habe ich auch gemacht, ich habe mich dann beworben. So bin ich Anwalt geworden. Das wollte ich seit dem ersten Tag des Studiums, und zwar, weil mir vom ersten Tag an klar war, wenn ich überhaupt was kann, ist es verteidigen. Ich kann weder anklagen noch verurteilen, was überhaupt kein Vorwurf an die anderen Berufsstände ist, sondern das ist eine, wie ich meine, völlig unterschiedliche Mentalität und auch eine völlig andere charakterliche Struktur. Ich hätte immer Hemmungen, jemanden zu verurteilen, weil ich nicht so recht weiß, woher ich die Überzeugtheit nehme, einen anderen zu verurteilen, in dessen Situation ich nicht gesteckt habe, und nicht weiß, wie ich mich verhalten hätte, wenn ich in seiner Situation gewesen wäre.

Für mich hat der Beruf des Richters – also des Strafrichters vor allem – in bestimmter Hinsicht immer etwas Anmaßendes, wobei ich weiß, daß es ihn geben muß, das ist nicht die Frage, aber das muß man können. Und außerdem entscheide ich mich gar nicht gerne, also das hätte auch noch dazu geführt, daß ich ewig die Urteile verzögert hätte, wenn ich mir nicht sicher gewesen wäre. In den 50er und 60er Jahren gab es – das galt im wesentlichen auch für die 70er Jahre und änderte sich erst in den letzten Jahren – keine Absolventen der Universität, die in die Rechtsanwaltschaft kamen, sondern die Zahl der Rechtsanwälte stagnierte fast permanent und wurde aufgefüllt hin und wieder durch Richter, Justitiare, auch Staatsanwälte, die aus irgendwelchen, meist politischen Gründen in ihrer bisherigen Tätigkeit nicht mehr tragbar waren. Wenn du nun viele Mandanten verteidigst oder in Scheidungs-, Zivil oder sonstigen Sachen vertrittst, bekommst du einen anderen Blick für die Probleme der Menschen, dem kannst du dich gar nicht verschließen. Du bekommst auch ein anderes Gefühl für Strafmaß und für Gerechtigkeit und für Ungerechtigkeit, für Oberflächlichkeit in der Justiz. Das alles prägt doch diesen Berufsstand, meine ich, prägte ihn auch in der DDR und ließ uns eben etwas anders denken, reden, handeln.

Und dann hatte man natürlich private Freunde. Man wußte schon – auch wenn man sich natürlich auch mal täuschen konnte –, mit wem man über was reden kann und mit wem nicht.

Auf dich werden häufig antisemitische Vorurteile angewandt; philosemitische Klischees ... Zuschreibungen wie Gewitztheit, Sprachgewandheit, intellektuelle Schärfe, Freundlichkeit, Durchtriebenheit, jüdischer Blick, Advokatenschläue, Trickser, rote Ratte, jüdisch versippt ... Es ist mir aufgefallen, daß du normalerweise – wenn die angesprochen wirst – dieses Thema umgehst, es aussparst oder ganz kurz antwortest. Ich möchte ich fragen: Wie lebt es sich als »nicht-jüdischer« Jude mit dieser Rollenzuschreibung? Laut Halacha (jüdischem Gesetz) bist du nicht jüdisch. Dennoch wirst du zum Juden gemacht. Welche Gefühle sind in dir?

Früher hätte ich mich immer als linken, kritischen Geist empfunden. Ich muß dazu noch etwas sagen, um das erklären zu können. Ich habe natürlich gemerkt, daß vieles in der DDR nicht stimmte, und natürlich habe ich gewußt, daß Menschenrechte verletzt werden, es fing beim Reiserecht schon an, das war ja nun gar nicht zu übersehen, oder Schüsse an der Mauer oder was auch immer. Trotzdem hatte ich das Grundgefühl, auf der richtigen Seite der Geschichte zu stehen. Also stand ich wie viele vor einer wirklichen Schwierigkeit, und ich habe immer überlegt, ob es Angst vor Gefängnis oder sonstwas war. Aber ich glaube, so einfach ist es nicht; das mag es auch gewesen sein, einfach Angst, aber es kam noch etwas anderes hinzu: Man war in der ungeheuren Schwierigkeit, etwas verändern zu wollen, etwas kritisieren zu wollen, wo man aber bestimmte Grundzüge nicht beseitigen wollte und wo immer die Gefahr bestand, von den »Eigenen« ebenso wie von den anderen mißbraucht zu werden. Es gab kaum eine Chance, sich mit den Verhältnissen in der DDR kritisch auseinanderzusetzen, ohne den Beifall der CSU und Löwenthals zu bekommen, den man nicht wollte. Und es gab andererseits kaum eine Chance, das zu tun, ohne von den sogenannten Eigenen als Verräter und Klassengegner hingestellt zu werden. Man hatte keine Chance auf eine differenzierte Beurteilung und Betrachtungsweise. Und das machte die Sache so wahnsinnig kompliziert. Jetzt ist es für mich in gewisser Hinsicht leichter. Ich kann mich mit den bestehenden gesellschaftlichen Verhältnissen kritisch auseinandersetzen, habe nicht mehr diese Grundsorge, daß da etwas aus mir gemacht wird, was ich eigentlich nicht sein will, zumindest nicht von denen, bei denen es mir darauf ankommt.

Das ist für mich auch ein Akt der Befreiung, der mir aber nicht sofort bewußt geworden ist. Das zweite ist nun so, daß ich behaupte, seit Dezember 1989 bin ich viel linker geworden, also die Verhältnisse haben sozusagen mein Nachdenken über linke Positionen, über sozialistische Ideale, über sozialistische Positionen ungeheuer geschärft. Ich habe mich damit abgefunden, irgendwann auch eins von mehreren Symbolen für Linke zu sein, mit allem, was das dann in Deutschland bedeutet. Völlig neu war für mich – damit habe ich auch gar nicht gerechnet, muß ich sagen –, daß dann ab Januar 1990, glaube ich, einleitend mit dem *SPIEGEL*-Artikel *Der Drahtzieher*, die antisemitische Komponente so stark gezogen wurde! Mit der antisozialistischen hatte ich gerechnet, aber mit der antisemitischen nicht! Und dagegen war ich auch ziemlich wehrlos, was vielleicht ein Grund war, es auszusparen. Hinzu kommt, daß man dann noch näher bestimmen müßte, was das in meinem Leben konkret bis dahin bedeutet hatte, und daß ich Antisemitismus in bezug auf meine Person in der DDR nie gespürt hatte! Was ich gespürt hatte – und was vielleicht eine Ersatzform dafür ist –, das war Intelligenzfeindlichkeit. Ich habe dann ab Januar 1990 gemerkt, daß ich Stück für Stück in diese Rolle als Jude gedrängt wurde. Das hat mir nicht gefallen, aber ich habe es irgendwann angenommen. Seitdem ich es angenommen habe, kann ich auch leichter damit umgehen. Gleichzeitig war ich nun eindeutig ein Roter. Ich habe dadurch auch irgendwie einen Platz gefunden und habe aus der Zeit der DDR dieses Einerseits und Andererseits und dieses Hin und Her und Nie-genau-Wissen, wo die Grenze ist und ist das jetzt falsch, wenn du sie überschreitest, oder ist es falsch, wenn du sie nicht überschreitest, also diese permanente Unsicherheit im eigenen Handeln, ja bis hin zur Unsicherheit im eigenen

Denken, die habe ich überwunden. Aber das bedeutet überhaupt nicht, daß mich Feindschaft, Haß und Antisemitismus nicht stören, und es bedeutet auch nicht, daß ich dagegen etwa Mittel gefunden hätte. Ich bin nicht gut in Selbstverteidigung. Ich bin besser in der Verteidigung anderer. Das ist meine starke Seite. Es ist auch eine ganz andere Fähigkeit, sich selbst überzeugend zu verteidigen. Und deshalb spare ich vielleicht auch bestimmte Dinge aus, wo ich dann auch gar nicht weiß, was ich dazu eigentlich sagen soll. Vieles stimmt ja auch an den Etiketten nicht. Es ist zum Teil eine Überschätzung, zum Teil eine Unterschätzung. Ich habe mich allerdings schon gewundert, wo dieser Haß bei bestimmten Politikern und Medien, der sich dann auch überträgt, herkommt, wieso er sich auf meine Person konzentriert.

Du hast als Anwalt Kontakt zu Regimekritikern gehabt, später auch zum Neuen Forum, hast einige vertreten, verteidigt. Hast du das Gefühl gehabt, daß du irgend etwas gegen Rechtsunsicherheit bewirken, verändern konntest – wenn es nur im kleinen war?

Zunächst einmal gab es natürlich weite Bereiche, in denen Rechtsprechung stattfand, wie sie auch in anderen Ländern üblich ist. Im Zivilrecht, wenn auch nicht in jedem Falle, im Arbeitsrecht waren die Chancen, wie es heute so schön heißt, Arbeitnehmerinnen und Arbeitnehmer zu vertreten, sogar wesentlich günstiger, im Familienrecht gab es im Prinzip auch eine Rechtsprechung, die man, von Ausnahmen abgesehen, durchaus als rechtsstaatlich bezeichnen kann. Und im Strafrecht war das natürlich auch der Fall, soweit es um Mord oder Diebstahl ging. Auch mit Einschränkungen übrigens, zu denen ich dann noch etwas sagen müßte. Im politischen Strafrecht und Verwaltungsrecht war es natürlich anders. Da konnte man am wenigsten bewirken. Das, was der Staat oder die Partei politisch wollten, haben sie auch juristisch durchgesetzt. Es war hoffnungslos zu glauben, über das Recht da eine andere Entscheidung herbeiführen zu können. Aber zwei Dinge konnte man machen. Man konnte Kompromisse in bestimmten Detailfragen erreichen, und man konnte es ihnen schwermachen. Wenigstens in der Begründung; denn natürlich legten die Gerichte auch hier Wert darauf, eine Begründung zu finden, die den Schein von Gesetzlichkeit usw. in sich trug. Da mußte man wenigstens versuchen, es ihnen schwer zu machen; damit konnte man das System nicht verändern, damit konnte man auch keine Rechtsstaatlichkeit durchsetzen, aber damit konnte man im Positiven wie im Negativen Veränderungen erzielen. Man konnte natürlich versuchen, was ein einzelnes Schicksal betraf, bestimmte Erleichterungen wenigstens zu sichern, denn das war auch nicht selbstverständlich. Und da hatte man dann schon kleine Erfolge. Das andere war, und das ist noch wichtig, daß man sich natürlich in dieser Situation auch bemühte, politisch wirksam zu werden, und dazu nutzte man dann auch die Verhältnisse in der DDR aus.

Inwiefern?

Naja, also z. B. wußte man ja, daß Honecker eitel ist und daß er vor allem gerne ein angesehener europäischer Staatsmann sein wollte. Und wenn man erfuhr, daß er nach Frankreich fuhr, dann hat man schon eine Liste mit Mandanten zusammengestellt und einen Brief an den Staatsratsvorsitzenden geschrieben und ein bißchen »geschwindelt« und gesagt: »Ich habe gehört, Sie sollen nach folgenden Personen befragt werden, und ich glaube, es würde dem Ansehen der DDR sehr schaden, wenn diese sich zu dieser Zeit noch in Haft befänden«, und so. Da konnte man Erfolg haben. Das war nun wieder gar nichts Juristisches, sondern hier hat man sich die Politik zu eigen gemacht für seine Mandanten.

Es gab ja eine Zeit, da mußten Künstler ausreisen. Von Freya Klier z. B. kam der Vorwurf, daß du es in der DDR aufgrund der Position deines Vaters leichter hattest. Wie siehst du das?

Erstens habe ich Frau Freya Klier und ihren Mann nicht vertreten, wir hatten als Mandanten und Anwälte nichts miteinander zu tun, zumindest nicht in dieser Sache, die ihre Ausreise betraf. Im übrigen, die Tätigkeit und die Funktion meines Vaters spielt

289

in meinem Leben eine Rolle, aber das ist viel tiefer gehend, als sich das Freya Klier vorstellt. Einerseits war es immer eine Belastung, weil einen bekannnten Vater zu haben, für ein Kind gar nicht so einfach ist. Man braucht sehr viel Kraft, um als Persönlichkeit wahrgenommen zu werden, aber das ist ein generelles Problem von Kindern prominenter Leute. Das zweite war, daß die Entwicklung meines Vaters ein Auf und Ab war, und das eine wirkte sich ebenso aus wie das andere. Er wurde als Kulturminister z. B. gerade abgesetzt, als ich in die Justiz kam. Das hatte dann auch wieder seine Auswirkungen. Oder 1968 wurde der Sohn seines Staatssekretärs verurteilt. Da veränderte sich in der Universität auch das ganze Verhalten mir gegenüber, plötzlich waren Söhne Prominenter nicht mehr Leute, die es besonders zu schonen galt, sondern die durchaus auch hinter Gittern landen konnten. Das war also sehr widersprüchlich. Aber das Entscheidende ist natürlich, daß die Ehe meiner Eltern geschieden wurde, als ich zehn Jahre alt war. Und seitdem lebte ich mit ihm nicht mehr zusammen, was ein Grund dafür war, daß ich in seine Privilegien, soweit er sie denn gehabt und genutzt hat, nie einbezogen wurde. Außerdem wurde er erst Minister, als ich bereits achtzehn war. Damit begann erst seine eigentliche Karriere. Ich will das allerdings auch alles nicht überbewerten, ich habe darunter auch nie so gelitten. Wichtig ist, daß er für mich einen begrenzten Schutz darstellte. Ich habe einiges in der Annahme gewagt, man werde mir auch seinetwegen so schnell nichts tun.

Hast du eine emotional sehr enge Bindung zu deinem Vater?

Ja, er bekam natürlich einen besonderen Stellenwert für mich als Kind gerade dadurch, daß er dann nur alle 14 Tage oder drei Wochen mal vorbeikam. Das war immer ein besonderes Erlebnis. Unter der Scheidung habe ich ziemlich gelitten.

Ist es eher so, daß du und deine Schwester, daß ihr euch euren eigenen Zusammenhalt gesucht habt?

Durch die Scheidung sind wir natürlich enger zusammengerückt und waren dann auch eine ziemliche Front. Unsere Mutter hatte es schon schwer, uns zu spalten, es war eigentlich kaum möglich. Und es ging meinem Vater nicht anders; wenn er sich dann mal eingemischt hat, waren wir eigentlich immer einer Meinung. Und dann gab es natürlich zwischen ihm und mir und natürlich auch zwischen ihm und Gabriele erhebliche politische Auseinandersetzungen, da wurde kräftig gestritten. Und wir ließen ihm dann auch vieles nicht mehr so einfach durchgehen, je älter wir wurden. Die Auseinandersetzungen nahmen dann auch an Härte zu, aber ich habe ihn immer gemocht ... Naja, wir waren, glaube ich, stehengeblieben, wie das mit den kritischen Gesprächen in der DDR war. Doch die Justiz war ja in mehrfacher Hinsicht ein ganz interessantes Spiegelbild. In den letzten Jahren wurde das Recht auf Verteidigung ernster genommen. In meinen ersten Jahren als Anwalt war z. B. ein Urteil, das vom Antrag des Staatsanwaltes abwich, eine Rarität. In den letzten Jahren wurde das in Berlin zur Regel. Wie es in den anderen Bezirken war, kann ich nicht sagen. Die Argumente der Verteidiger spielten eine größere Rolle. Man bekam auch mehr Freisprüche. Also so gesehen gab es eine gewisse positive Entwicklung. Als ich anfing, war es z. B. in der Haftanstalt des MfS so, daß ich nie vor Abschluß des Ermittlungsverfahrens eine Genehmigung bekam, mit meinem Mandanten allein zu sprechen, und in aller Regel durfte ich mit ihm auch nicht über die Sache sprechen, sondern nur zu seiner Person, also im Grunde genommen waren einem die Hände völlig gebunden. Das änderte sich immer erst mit dem Abschluß des Ermittlungsverfahrens, also mit dem Zeitpunkt der Anklageerhebung. Das war z. B. noch bei Rudolf Bahro so. Aber in den letzten Jahren war es nicht nur unüblich, sondern ich konnte sogar durchsetzen – daß im letzten Kommentar zur Strafprozeßordnung drinstand –, daß es unzulässig ist, das Gespräch über die Sache zu verbieten. Also bei gleichem Tatbestand: das Gesetz hatte sich nicht geändert, die Auffassung hatte sich geändert. Das war die eine Richtung, also das Recht auf Verteidigung gewann an Bedeutung, man bekam mehr Spielraum. Auf der anderen Seite erlebte ich dann 1979 die Strafverschärfung durch das dritte Strafrechtsänderungsgesetz in der DDR, das sowohl Strafen anhob, als auch neue Tatbestände enthielt, um Verhaltensweisen unter Strafe stellen zu können, die bis dahin entweder nicht bestraft werden konnten oder zumindest nur mit Schwierigkeiten. Das Interessante daran ist, daß dieses dritte Strafrechtsänderungsgesetz eigentlich nicht mehr wirklich griff. Die Vorstellung, über ein verschärftes Strafrecht die Verhältnisse besser in den Griff zu bekommen, ging nicht auf. Und deshalb wurde es eigentlich nie voll angewendet. In den letzten Jahren gab es z. B. in Berlin keine Verurteilungen mehr wegen »staatsfeindlicher Hetze«. Aber es wurde – um im Sinne der Führung zu sprechen – ja nicht etwa weniger »gehetzt«, sondern wenn, dann höchstens offener. Im Januar 1988 gab es noch bei der Liebknecht/Luxemburg-Demonstration zahlreiche Festnahmen. Dann passierte eben folgendes, innerhalb von 48 Stunden wurden die Leute nach dem Westen entlassen, die nach dem Westen wollten. Andere wurden in diese Richtung gedrängt. Diejenigen, die gar nicht wollten, blieben in Untersuchungshaft und wurden darum gebeten, nach Großbritannien zu gehen für eine bestimmte Zeit und erst später wieder in die DDR zurückzukehren...

War darunter Bärbel Bohley?

Ja. Und das war ein bemerkenswerter Vorgang. Der Staat schien nicht in der Lage, solche Verhaltensweisen zu tolerieren, aber er war auch nicht mehr in der Lage, sie strafrechtlich zu verfolgen. Und damit war er am Ende. Entweder muß er es erlauben und damit leben können, oder er muß es verhindern können im Sinne dann auch von strafrechtlicher Konsequenz. Aber wenn er beides nicht mehr kann oder glaubt, beides nicht mehr zu können, dann ist er eigentlich am Ende. Und wenn die Lösung für den Staat und die Parteiführung darin bestand, daß jene Personen, die ihn provozierten, vorübergehend nach Großbritannien reisen, dann hieß es ja auch, den Bürgerinnen und Bürgern der DDR zu sagen, was euer sehnlichster Wunschtraum ist, nämlich mal nach dem Westen zu reisen, das könnt ihr nur erreichen, wenn ihr euch so benehmt, daß wir euch eigentlich einsperren müßten. Das heißt, die Absurdität war hier so deutlich, daß ich damals zu Kollegen gesagt habe, »sie« sind fast am Ende. Ein solcher Zustand ist nicht mehr haltbar. Entweder müssen sie sich jetzt nach innen öffnen, oder das bricht irgendwann zusammen. Wobei ich immer noch die Hoffnung hatte, sie öffnen sich nach innen, denn in diesem Zusammenhang wurde ja auch die Schere zwischen der Außen- und Innenpolitik immer größer. Sie machten sozusagen im Rahmen der Helsinki-Konferenz immer mehr Zugeständnisse und hofften, das nach innen nicht durchsetzen zu müssen, was aber nicht aufging.

Das heißt, daß du dann aber im Herbst 1989 nicht allzusehr überrascht warst, daß so viele Menschen bereit waren zu demonstrieren. Du hast sicherlich unterschieden zwischen dem, was politisch erkennbar und machbar war, und dem, was den Ausschlag auf der Straße gab ...

Ja sicher, habe ich da noch unterschieden, und außerdem bin ich da immer noch davon ausgegangen, zumindest bis zum 9. November, daß wir hier eine Reformpolitik in der DDR einleiten können, die eine Selbständigkeit der DDR erhält, das Leben in der DDR wesentlich erträglicher gestaltet und zu einer wirklich positiven Alternative gegenüber den Verhältnissen in der Bundesrepublik Deutschland wird. Und die Hoffnung hatte man mit Gorbatschow ab 1985, seitdem wurden wir ja übrigens auch aufmüpfiger, das hing einfach damit zusammen, daß, mit dem »großen Bruder« im Rücken, man sich natürlich auch sicherer fühlte und außerdem vorher klar war – schon anhand der Ereignisse in der CSSR 1968 –, daß ein sozialistisches Land, das sich wirklich konträr zu den Verhältnissen in der Sowjetunion stellt, keine Chance hat.

Wie kam es, daß diese Männer an der Macht nicht flexibel waren, Glasnost nicht übernehmen konnten und auch nicht wollten ...

Na, erstens vertrat Gorbatschow eine andere Generation. Und dieser Generationswechsel hatte ja hier nie stattgefunden, das waren alles die Alten. Das zweite war natürlich, daß die DDR kein Nationalstaat war. Das heißt, sie waren sich offensichtlich oder instinktiv schon darüber im klaren, daß sie eine andere Ausgangsposition haben. Rumänien wird immer Rumänien bleiben und Bulgarien Bulgarien und Polen Polen und die Tschechoslowakei die Tschechoslowakei, aber das galt so nicht für die DDR. Deshalb sahen sie hier natürlich eine andere Gefahr für den Staat an sich. Sie glaubten also, sich das nicht leisten zu können. Das ist das eine, das zweite kann aber auch sein, und das wäre dann viel einfacher und gar nicht so kompliziert gedacht, daß sie sich darüber im klaren waren, daß mit einer Politik von Glasnost zumindest sie selbst weg mußten und andere Generationen auch in der SED eine Chance bekommen hätten, mit einer neuen Politik, daß es also ganz einfach um die eigene persönliche Macht ging. Denn sie waren ja schon innerhalb ihres Bereiches unheimlich mißtrauisch.

Aber die kritischen Ansichten nahmen zu ...

Die Führung beklagte sich über den »ideologischen Zersetzungsprozeß«, obwohl sie ihn auch selber organisierte, aber letztlich, weil sie keine andere Chance hatte. Dagegen hat sie dann keine Mittel gefunden, weil sie bei ihrer ursprünglichen Propaganda der Schwarzweißmalerei blieb, nur nicht außenpolitisch. Also, Honecker traf sich doch permanent mit Vogel, Lafontaine u.a., es wurde ein gemeinsames Papier SED/SPD erarbeitet. Es gab Gespräche mit Strauß – aber für alle anderen sollte Strauß nach wie vor sozusagen der Todfeind der Menschheit sein. Das ist auf Dauer nicht hinzukriegen. Von besonderer Bedeutung war das Papier zwischen SED und SPD; denn da wurden gemeinsam Verhaltensweisen gegenseitig gefordert, die in der SED nicht umgesetzt wurden, dann aber doch eingeklagt worden sind. Man hatte ja ein Papier, das von der SED selbst bestätigt worden ist. Das wurde immer bewußter genutzt. Viele ließen sich nicht mehr so einfach disziplinieren, es nahmen auch die Westkontakte beachtlich zu. D.h., insgesamt gesehen war das schon ein langwieriger Prozeß, der immer mehr kritische Überzeugungen weckte und auch dazu führte, daß sie immer deutlicher artikuliert worden sind. Ich galt nun im Rechtsanwaltskollegium sowieso als jemand, der versuchte, bis an die Grenze des Möglichen zu gehen, sie mal überschritt, dabei aber nicht zu weit ging, dennoch immer mal einen Dämpfer bekam, aber das brachte mir ja eher Respekt und Anerkennung ein, auch im Kollegium.

Vom Westen wurde oft ein Vergleich angestellt zwischen DDR-Diktatur und Hitler-Diktatur. Gab es bei dir als Anwalt Momente, wo du in Rechtsunsicherheiten unangenehme »Parallelen« entdeckt hast? Gab es Momente der Sorge, ob da nicht ein verhängnisvolles Erbe vorhanden ist?

Verglichen habe ich natürlich in anderer Hinsicht. Verglichen habe ich zunächst mal oder versucht rauszubekommen, welche Verhaltensmuster Faschismus ermöglichen und inwiefern die noch vorhanden sind. Ich war mir schon in meiner Umgebung darüber im klaren, daß nicht wenige von ihnen zwischen 1933 und 1945 auch funktioniert hätten und in einer entsprechenden Situation auch wieder funktionieren würden. Daran hat sich allerdings, nachdem wir angeschlossen worden sind an die Bundesrepublik Deutschland, nichts geändert. Das ist etwas, das mich schon immer irgendwie beschäftigt hat. Das hat mich natürlich auch in der Justiz beschäftigt. Ich habe mir schon vorgestellt, welcher Richter und welcher Staatsanwalt vielleicht zwischen 1933 und 1945, wenn er damals gelebt hätte, gewirkt hätte. – und das auch mit Leidenschaft und Inbrunst. Das ist insofern unzulässig, als ich es in keinem einzigen Falle beweisen könnte, aber natürlich sind mir solche Gedanken gekommen. Und das zweite, das Grundsätzlichere, das Politischere, ich lehne diese Vergleiche ab und habe dafür auch gute Gründe, wie ich meine; natürlich gibt es immer in der Form bestimmte Ähnlichkeiten, wenn es sich um eine Diktatur handelt, z. B. die entscheidendste Ähnlichkeit ist der Versuch, den Eindruck zu erwecken, daß die gesamte Bevölkerung hinter einer Ideologie, einer Führung steht. Man weiß immer, daß das nicht stimmt, aber es scheint eine existentielle Notwendigkeit zu sein, so zu tun, als ob dem so wäre.

Denn würde man einräumen, daß es Bevölkerungsschichten nennenswerten Umfangs gäbe, die nicht hinter der gleichen Ideologie und nicht hinter der Führung stehen, dann müßte man letztlich eine Opposition legalisieren oder offen erklären, daß dieser Teil der Bevölkerung von der Vertretung in Parlamenten etc. ausgeschlossen wird.

Insofern gibt es gewisse Ähnlichkeiten, allerdings auch gravierende Unterschiede, z. B. hat man in der DDR auf eine geschickte Agitation und Propaganda – auf wirkliche Massenpsychologie usw. – nie Wert gelegt. Vor allem waren die Unterschiede in anderer Hinsicht immens, deshalb lehne ich auch diese Vergleiche ab. Die DDR hat keinen Zweiten Weltkrieg begonnen, die DDR hat keine Vernichtungslager eingerichtet, sie hat vieles andere nicht gemacht, was auch nur irgendwie einen Vergleich rechtfertigen würde, sie war in gewisser Hinsicht konsequenter antifaschistisch als die Bundesrepublik Deutschland, und vieles, was es in der DDR gab, war ja auch von außen oktroyiert. Man darf nicht vergessen, daß wir hier eine Siegermacht hatten, die ihr gesellschaftliches System der DDR aufstülpte, so wie übrigens die drei anderen Siegermächte ihr System auf die Bundesrepublik übertrugen. Das wird heute nicht gesehen, wie überhaupt verkannt wird, daß die Bundesrepublik auch einen beachtlichen Kampf gegen die DDR geführt hat, was wiederum zu bestimmten Bedingungen in der DDR führte. Es ging in den 50er Jahren nicht um Aussöhnung, sondern es war kalter, existentieller Krieg. Das hat geprägt – z. B. auch kritischere Geister. Außerdem wird auch ein falsches Bild gezeichnet. 1954 war die Mitgliedschaft in der SED eher noch eine Seltenheit. In meiner Grundschulklasse gab es, soweit ich mich erinnere, nur meine Eltern und dann noch die Eltern eines anderen Jungen, die in der SED waren, und da waren wir als Kinder von »Roten« durchaus auch isoliert. Daß es dann Schulklassen gab mit 90 Prozent SED-Mitgliedschaft der Eltern, das kam erst sehr viel später und galt auch nur für bestimmte Gegenden.

Was natürlich auch gesehen werden muß, Widerstand in der DDR war nicht so gefährlich wie Widerstand unter Hitler ... Es sind

andere Konsequenzen erfolgt, wenn jemand in Opposition ging.
Von daher ist dieser Vergleich nicht haltbar. Aber ich denke, für
den einzelnen war die Auswirkung doch auch heftig.

Sicher. Was mich sehr beschäftigt, ist, daß mutige Menschen, die
es zwischen 1933 und 1945, wenn man so will, mit dem ganzen
Reich aufgenommen haben, die sich haben prügeln und einsperren lassen für ihre Überzeugung, fast nie den Mut fanden, sich in
der SED aufzulehnen. Einige schon, aber viele nicht, obwohl sie
wesentlich weniger zu befürchten hatten. Ich bin dann darauf gekommen, daß für solche Menschen z. B. die Partei einen ganz anderen Stellenwert hatte, als wir uns das in unserer Generation
überhaupt vorstellen können. Und daß z. B. die Angst davor, die
Partei zu verlieren, viel schlimmer war als die Vorstellung, ins
Zuchthaus zu kommen unter Hitler.

Ich würde gern auf deinen Vater zu sprechen kommen, denn er hat-
te in wichtigen politischen Positionen gewirkt. Als Staatssekretär
für Kirchenfragen ist er Mitte 1988 aus »gesundheitlichen« Grün-
den gegangen worden. Aus welchen politisch-moralischen Grün-
den mußte er gehen?

Soviel ich weiß, gab es zwischen ihm und Jarowinsky, dem zu
dieser Zeit zuständigen Politbüromitglied für Kirchenfragen, be-
trächtliche unterschiedliche Auffassungen. Mein Vater erregte
sich furchtbar, wenn er schon den Namen hörte. Und zwar vor
allem, weil er seiner Meinung nach so feige war, weil er nicht
wagte, irgendwas zu entscheiden. Andererseits war es so, daß er
doch versucht hatte, für die Kirchen einen bestimmten Spielraum zu erreichen, der auf immer mehr Kritik stieß. Der Staatssekretär für Kirchenfragen sollte ja zwischen Staat und Kirchen
vermitteln. Aber er sollte sozusagen der Vertreter der SED und
des Staates gegenüber den Kirchen sein. Es entstand wohl der
Eindruck, daß mein Vater immer mehr der Vertreter der Kirchen
gegenüber Staat und Partei wurde. Irgendwann hatten seine Gegner auch Honecker überzeugt, und dann war die Sache erledigt.
Ich weiß, daß er zum Beispiel Auseinandersetzungen mit Mittag

um Kirchenbauten und ähnliches hatte, dann gab es aber auch Auseinandersetzungen wegen Fragen der Volksbildung, da hatte er natürlich keine Chance gegen Margot Honecker. Und dann gab es vor allem Auseinandersetzungen um die Art der Kirchenpolitik im Bezirk Erfurt mit Herrn Müller als 1. Sekretär der Bezirksleitung. Der war ja nun auch im Politbüro, insofern wurden seine Chancen immer schlechter. Als sich dann z. B. im Januar 1988 die ganze Situation erheblich zuspitzte, brauchten sie jemanden, der daran schuld ist, um personelle Konsequenzen ziehen zu können. Da hatte man sich dann für ihn entschieden. Irgendwie, glaube ich, im Mai/Juni wurde ihm gesagt, daß er aus gesundheitlichen Gründen aufhören solle. Dann hatte er gefragt, ob er den 50. Jahrestag der Pogrom-Nacht, weil er da vieles vorbereitet hatte, noch als Staatssekretär erleben könne, danach würde er zurücktreten. Da sagte wohl Jarowinsky zuerst ja, einige Tage später nein, das ginge nicht, er müsse schon im Juli zurücktreten, und dann ging es ganz schnell. Damals hatte er sich darüber geärgert, inzwischen ist er, glaube ich, ganz froh. Auf diese Art und Weise ist er eineinhalb Jahre vor dem Ende aller anderen gegangen und kam nicht in diesen Sog hinein. Als Kulturminister wurde er durchaus auch mit Kritik abgesetzt und, wie er es damals empfand, abgeschoben nach Italien als Botschafter. Da allerdings wurden seine Leistungen sehr gewürdigt, er wurde dann ja auch Staatssekretär für Kirchenfragen. Das endete wieder mit Kritik an seiner Tätigkeit. Es ist schwer zu sagen, er hat natürlich vieles mitgemacht, er hat sich in beachtlichem Umfang in das System eingebunden, sonst hätte er all diese Funktionen gar nicht ausüben können, aber er war nie so ganz einfach einzuschachteln. Er hatte oft versucht, dem irgendwie einen anderen Anstrich zu geben, war zumeist seinen Vorgesetzten überlegen, was ihm natürlich nicht immer gut bekommen ist. Vielen war er zu intellektuell, sie mochten ihn nicht. Das war schon deutlich zu spüren. Einen Helden will ich in dieser Phase seines Lebens nicht aus ihm machen, dafür trug er zuviel Verantwortung, machte zuviel wider besseren Wissens mit. Die meisten Vertreter der Kirche, die ich kennenlernte, sprechen freundlich von ihm oder sogar mit einer gewissen Anerkennung. Und das ist in der gegenwärtigen Zeit keinesfalls selbstverständlich!

Soweit ich weiß, war dein Vater als Kommunist in der Illegalität in Deutschland tätig. Er war doppelt gefährdet, als Jude und als Kommunist. Vorher war er aber zusammen mit deiner Mutter und Großmutter in Frankreich ...

Meine Eltern wurden in Frankreich interniert und gingen dann illegal nach Deutschland zurück.

Hat deine Großmutter in Frankreich überlebt?

Ja, und ist dann dort geblieben. Sie lebte viele Jahre als Staatenlose, weil sie aus Solidarität mit ihrem Sohn nicht die westdeutsche Staatsbürgerschaft annehmen wollte, die französische Staatsbürgerschaft nicht bekam; die Nachteile waren erheblich. Ich glaube, ganz zum Schluß hat sie dann doch noch einen BRD-Paß angenommen, damit es etwas leichter wurde.

Inwieweit hat dich die jüdische Herkunft deiner Eltern geprägt?

Wenn ich es ehrlich beantworten will, muß ich sagen, daß ich es nicht weiß. Die multikulturelle Herkunft meiner Familie hatte natürlich insofern eine entscheidende Bedeutung, als es so verschiedene Zweige gab, von irgendwas gab es immer Reste in meiner Familie. Also auch kulturell, das hat mich natürlich schon geprägt. Ich bilde mir ein, ein wirklicher Internationalist zu sein. Die Frage der Nationalität eines Menschen, auch seiner Religion, interessiert mich vielleicht an vorletzter Stelle, um nicht zu sagen an letzter. Das, glaube ich, hängt damit zusammen, daß ich im Laufe meines Lebens, auch in meiner Kindheit, so viele interessante Menschen kennengelernt habe, aus Frankreich, aus England, der Sowjetunion, Polen, so daß mir klar wurde, daß es um die Nationalität nicht gehen kann, daß das nicht der Wert eines Menschen sein kann.

Trotz allem spricht alles Jüdische dein Interesse an?

Ja, natürlich. Ich kann auch erklären, wie das gekommen ist. Zunächst erinnere ich mich gar nicht, daß das in meinem Elternhaus überhaupt ein Thema war.

Dein Vater sagt heute von sich, er ist Heide.

Ja, das sagte er damals auch schon. Das ist ja auch eine besonders geschickte Variante, da ist er kein Atheist, sondern ein Mensch, der theoretisch noch für jede Religion offensteht. Davon mal abgesehen, spielte das schon eine Rolle in Gesprächen, nicht etwa in Sitten und Gebräuchen. Z. B. erzählte mein Vater Geschichten; wenn da Juden drin vorkamen, dann waren es immer Benachteiligte, Unterprivilegierte. Ich erinnere mich so an Worte wie:»Na, das war so ein armer kleiner Jude, der auch nicht wußte, wie er das oder jenes in den Griff bekommen sollte, und dann habe ich ihm gesagt …« Bei meiner Mutter wiederum war das ganz anders. Wenn sie von Juden sprach, dann waren das oft bekannte Persönlichkeiten. Dann gab es viele, die sie sehr mochte und schätzte. Das sagte sie genauso deutlich und offen. Das alles wäre mir vielleicht gar nicht aufgefallen, wenn nicht meine Großmutter gewesen wäre, väterlicherseits. Die kam ja, unter großen Schwierigkeiten, aber doch hin und wieder in die DDR, um uns zu besuchen. Die Wochen, die sie da war, war das das Thema. Sie unterschied überhaupt die Menschheit in Juden und Nichtjuden. Ich erinnere mich, daß ich eines Tages in innerer Auflehnung, weil eigentlich multikulturell denkend und deshalb auch nicht damit einverstanden, Leute danach zu beurteilen, gesagt habe:»Ich verstehe gar nicht, warum du immer die ganze Menschheit in Juden und Nichtjuden unterteilst, das ist doch egal, ob das ein Jude oder kein Jude ist. Entscheidend ist doch, ob er ein guter Komponist oder ein guter Geiger ist.« Da hat sie mich derart angezischt mit einem einzigen Satz:»Das war nun mal das entscheidende Element in meinem Leben. Davon hing mein ganzes Schicksal ab.« Punkt. Das hat sie so bestimmt gesagt, wie sie sonst überhaut nie mit mir sprach. Ich ahnte, daß ich etwas besonders Dämliches gesagt haben mußte und daß ich irgendwie lernen mußte, meine Großmutter zu verstehen. Seitdem habe ich mehr gefragt. Meine Mutter war schon stolz darauf, während mein Vater es eher herunterspielte. Seine Großmutter, die in Auschwitz vergast wurde, hat einen Mann geheiratet, von dem sie sagte, daß er Jude war, denn sie haben ungewöhnlicherweise bei diesem berühmten englischen Schmied in Gretna Green geheiratet. Und mein Vater bezweifelt, daß das überhaupt ein Jude war. Natürlich hatte ihn seine Mutter in besonderer Weise geprägt. Nun muß man wissen, daß seine Mutter Kommunistin war und sein Vater Sozialdemokrat. Ich bin gar nicht sicher, ob seine Mutter jemals in der Partei war, aber ich glaube, ja. Selbst wenn nicht, sie war auf jeden Fall ausgeprägt Kommunistin, und sein Vater als Arzt ebenso ausgeprägt Sozialdemokrat.

Zwischen den Fronten ist er aufgewachsen und hat sich dann entschieden, irgendwann Ende der zwanziger Jahre, Kommunist zu werden. Seine Gefährdung als Kommunist hat er stets stärker betont als die als Jude. Ich verstand es so, das eine war selbstbestimmt, das andere nicht. Außerdem glaube ich, daß er vor Antisemitismus Angst hatte, es sich nur nicht eingestand und dies seine innere Einstellung mitprägte.

Da gibt es diese berühmte Kennenlern-Geschichte der Eltern. Meine Eltern lernten sich als Studenten kennen, als sie beide an der Humboldt-Universität waren, das war schon die Zeit, als sie in ihren Studentenausweisen einen gelben Streifen hatten wegen jüdischer Vorfahren, womit bestimmte Rechte entzogen waren. Auf jeden Fall verabredeten sie sich in einem Café, und meine Mutter erzählte mir, daß sie eine Stunde lang herumdruckste, um ihn darauf hinzuweisen, daß sie so einen Streifen auf ihrem Studentenausweis hatte. Und er verstand sie scheinbar nicht. Als sie nach einer Stunde Rumdrucksen fertig war, zog er seinen und fragt: Meinst du so was hier? Sie meinte, damals hätte sie eigentlich schon gehen müssen, weil er sich sozusagen darin sonnte, wie sie sich abmühte mit der Erklärung. Meine Eltern gingen während der Nazizeit noch in den 30er Jahren nach Frankreich, nachdem sie die Mutter meines Vaters herausgebracht hatten. Na, und dann brach dort der Krieg aus, es kam zur Internierung und später der Auftrag der Partei, illegal nach Deutschland zurückzukehren. Das z. B. hat meine Mutter der Partei eigentlich nie verziehen. Und zwar, weil bekannt war, daß mein Vater doppelt gefährdet war.

Die jüdischen Fragen spielten also insbesondere für mich über meine Großmutter schon eine gewisse Rolle, es hat mich interessiert, war aber keinesfalls bestimmend für mein Leben. Ich habe dann versucht, mehr darüber zu lesen. Die Literatur in der DDR dazu war mager. Sie kam erst später. Das Problem der Juden wurde überhaupt nicht besonders behandelt. Natürlich kam es im Unterricht im Zusammenhang mit dem Holocaust vor, aber das Entscheidende in der Darstellung des Antifaschismus war der kommunistische Widerstand. Andererseits waren im Literaturunterricht so etwas wie *Professor Mamlock*, *Nackt unter Wölfen* Pflichtlektüre. Man kann die DDR nicht einseitig zeichnen. Einerseits hattest du tatsächlich diesen aufgesetzten Antifaschismus, der wenig Wirkung zeigte, andererseits über bestimmte Ähnlichkeiten haben wir schon gesprochen. Das habe ich auch versucht, in Israel zu erklären. Die DDR war z. B. in der Verfolgung von Nazi- und Kriegsverbrechern wesentlich konsequenter als die Bundesrepublik, was nicht heißt, daß es da nicht auch dunkle Punkte gegeben hat, aber im großen und ganzen schon wesentlich konsequenter. Wie alles war auch dieser Bereich in der DDR widersprüchlich.

Es ist so erschreckend, jetzt diese Rechtstendenzen, dieses neue Deutschtum in den neuen Bundesländern zu sehen. Das ist für dich sicher noch viel schockierender.

Ja, wobei viele Jugendliche eine Identitätskrise durchmachen. Sie sind keine DDR-Bürger mehr, fühlen sich aber noch nicht als Deutsche wirklich anerkannt. Und das versuchen sie mit einem übertriebenen Deutschtum so schnell wie möglich zu überwinden, sie suchen eigentlich eine neue Identität. Und da hilft ihnen eben kaum einer. Im Gegenteil, wenn dann noch soziale Probleme hinzukommen, haben eben die Rechtsradikalen immer die schnelleren Antworten.

Es lebten nur ein Prozent Ausländer in der DDR. Es gab sehr wenig Kontakte mit der Bevölkerung, die Stimmung war eher ausländerfeindlich. Das alles gab es vor der jetzigen Wiedervereinigung ...

Aber diejenigen, die das betrifft, haben sich früher einfach nicht getraut, diese Ausländerfeindlichkeit zu zeigen ...

Sie war dennoch vorhanden ...

Sicher, aber wie viele Juden gab es denn hier 1933? Ich will damit nur sagen, das hat mit der Zahl kaum etwas zu tun. Ich glaube, es waren unter ein Prozent der Bevölkerung. Offensichtlich wirkten da ja andere Dinge. Die Nazis brauchten Sündenböcke.

Wie kommt es, daß die Ausländerfeindlichkeit einiger DDR-Bürger sich besonders gegen Polen richtet? Woher kommt dieser besondere Polenhaß?

Die erste offene Grenze gab es zwischen der DDR und Polen, eine Zeitlang, bis Solidarnosc aufkam. Dann wurde sie wieder abgeschafft. Bis dahin konnten in jeder beliebigen Höhe Mark in Zloty und Zloty in Mark getauscht werden. Es gab praktisch keine Zollschranken. Da die Versorgungslage in der DDR besser war als in Polen, war das Ergebnis, daß sehr viele Polen die Waren hier einkauften und die eh schon schmale Warendecke dadurch weiter reduziert worden ist. Das stieß natürlich auf den Widerstand von DDR-Bürgerinnen und -Bürgern, so daß sich eine Antistimmung entwickelte.

Aber dahinter steckt eine teilweise Ablehnung des Slawischen überhaupt. Das darf man natürlich nicht vergessen. Denn es gab auch bei uns eine gewisse antirussische Grundstimmung. Das hing mit der Besatzungszeit zusammen, aber das Entscheidende war ein Grundbeleidigtsein, gerade von den Slawen besiegt worden zu sein im Zweiten Weltkrieg, obwohl die Deutschen doch das Gefühl hatten, eine höhere Kultur zu vertreten. Besiegt worden zu sein von den Amerikanern, Briten und Franzosen, das ging ja noch, das war die westliche Welt.

Besiegt worden zu sein – egal von wem – war für die Deutschen
eine Schmach ...

... überhaupt nicht so einfach, auch von den Russen, das war
schon der Gipfel für nicht wenige Menschen. Außerdem, da das
Land in gewisser Hinsicht besetzt war und alles Entscheidende
in Moskau entschieden wurde, wurde dadurch die Antistimmung unterstützt. Dann war die prosowjetische Propaganda in
der DDR so schlecht, aufdringlich und unerträglich, daß sie
noch ihren Beitrag zum Anti-Sowjetismus leistete. Das übertrug
sich dann auf andere slawische Völker. Es gab auch in der DDR
durchaus bei nicht wenigen ein nationalistisches Überlegenheits-
gefühl dergestalt, daß man zwar den Westdeutschen unterlegen
ist, aber innerhalb des Systems »wir« natürlich immer noch als
die Besten dastanden. Die DDR galt ja sozusagen als Spitzenland
in ökonomischer und auch kultureller Hinsicht, partiell sogar in
wissenschaftlicher. Dennoch kann man der Führung vieles nachsagen, aber nicht, daß sie das Deutschtum besonders entwickelt
hätte, das lag ihr eher fern. Und überhaupt sind die Tendenzen
nicht massenhaft vorhanden. Viele ehemalige DDR-Bürger sind
nicht ausländerfeindlich, haben Freunde und Bekannte in Osteuropa ...

Ich würde gern einen Riesensprung zum Nahen Osten machen.
Du hast erwähnt, daß du nach Israel gereist bist. Es gab in der
DDR bestimmte Informationen über Israel, die in Richtung Anti-
Zionismus gingen. Wie war dein Gefühl, als du das erste Mal in Is-
rael warst?

Ich muß vielleicht anders anfangen. Ich hatte ja nun das Privileg,
aus einer Familie zu kommen, die nicht nur eine antifaschistische Vergangenheit hatte, sondern die mir die Gewähr dafür bot,
daß, wenn ich zwischen 1933 und 1945 gelebt hätte, ich gar keine
Chance gehabt hätte, auf der falschen Seite zu stehen. Man darf
nicht unterschätzen, was das wert war. Dadurch stellte sich für
mich nicht die Frage: Wie hätte ich mich denn damals verhalten,
wenn ich gelebt hätte? Das war klar. Also hatte ich nie Schuldge-

fühle, nie Komplexe als Deutscher, ich hatte das Gefühl, dafür nicht zuständig zu sein. Dann gab es aber einen Bruch, als ich in Polen war und Auschwitz besuchte. Ich besuchte Auschwitz, nachdem ich schon drei Wochen in Polen war; nachdem ich also nur polnische Sprache, polnische Lieder gehört hatte, ging ich nach Auschwitz. Es war ein Nachmittag, es regnete. Ich war in diesem Nebenlager allein mit meiner damaligen Frau. Ich bin durch dieses Nebenlager gegangen, durch die Baracken, habe die Rampe gesehen, und dann habe ich plötzlich die deutschen Schilder gesehen am Zaun: »Vorsicht, Lebensgefahr«. Nachdem ich so lange nur Polnisch gehört hatte und plötzlich die deutsch-sprachigen Schilder las, bekam ich das erste Mal das Gefühl, als Deutscher daran beteiligt gewesen zu sein, mich dem nicht ent-ziehen zu können.

Plötzlich war ich mit drin im Täterkreis, meinem eigenen Ge-fühl nach. Ich habe es sofort bekämpft, aber es ist mir nie mehr ganz gelungen. Die Zeit des Faschismus hat mich in besonderer Weise interessiert, auch bzgl. der Fragen der Manipulation von Menschen. Mir fielen dann noch stärker die kleinen Rechtferti-gungen auf, die ich im Alltag erlebte. Eine ältere Sekretärin er-zählte, daß sie es falsch fand, daß die Juden vergast wurden, aber wahr sei, daß die Juden sich im Geschäft immer so vorgedrängelt hätten. Ich merkte also, wie viele Menschen dieser Generation versuchten, für sich eine kleine Rechtfertigung zu finden, wes-halb sie nichts gegen die Naziverbrechen getan, vielleicht sogar irgendwie mitgemacht hatten. Die Politik der DDR gegenüber Israel hielt ich seit langem für verfehlt. Und zwar deshalb, weil ich mir sagte, so einfach ist die Geschichte nicht, so einfach kann man es sich nicht machen. Und ich hätte mir in der DDR sehr viel mehr Aufklärung über Israel gewünscht, nicht einfach nur Solidarität mit den Palästinensern, wogegen ich überhaupt nichts habe, die übe ich selbst und die ist auch dringend notwen-dig. Das ist nicht die Frage, aber mit Israel kann man es sich nicht so leicht machen, fand ich immer. Deshalb war es kein Zufall, daß ich auf dem außerordentlichen Parteitag, als ich zum Partei-vorsitzenden gewählt worden bin, als erstes die Israel-Politik der SED kritisiert habe und hier eine neue Politik angekündigt habe mit dem Wunsch zur Aufnahme diplomatischer Beziehungen usw.

Die Forderungen standen auch im Zusammenhang mit »Wiedergutmachungszahlungen« an Israel und an Juden, die nicht in der DDR lebten ... die die DDR bisher verweigert hatte ...

Ja, das hatte man interessanterweise in Israel sehr wohl registriert, das wußte man alles. Ich war ein bißchen aufgeregt, als ich das erste Mal nach Israel fuhr, aufgeregter als bei Reisen in andere Länder. Einerseits war es mir besonders fremd, ich war noch nie in der Region, andererseits hat es mich besonders interessiert. Ich muß sagen, diese Reise hat mich enorm fasziniert, und es ist schon etwas, daß ich da mit André Brie war, dem stellvertretenden PDS-Vorsitzenden, der große Teile seiner Familie in Auschwitz verloren hat ...

Ihr habt die Namen der Ermordeten in Yad-Vashem, in dem Shoah-Museum, entdeckt ...

Ich habe z. B. meine Urgroßmutter gefunden, er hat seine Angehörigen gefunden, die standen alle drin. Eine israelische Zeitung registrierte, daß es immerhin die ersten beiden deutschen Politiker waren, die in Yad-Vashem in dem Buch Angehörige gefunden haben. Das ist vielleicht auch kein völliger Zufall, da kann man ja über die PDS denken, was man will, aber an der Spitze stehen wenigstens Leute, bei denen die antifaschistische Herkunft ihrer Familien völlig eindeutig ist. Es gab 3 Fragen, die mich besonders in Israel interessierten: Wie leben die Juden in Israel, wie ist das überhaupt, wenn man 2000 Jahre ohne eigenen Staat ist und plötzlich einen eigenen Staat hat? Wie geht man miteinander um, zumal ja die Juden, je nachdem, wo sie gelebt hatten, ganz verschieden assimiliert waren, also doch auch ganz verschiedene Kulturen mit einbrachten? Das zweite, was mich interessierte, war, wie werden wir akzeptiert und angenommen? Sind wir da permanenten Angriffen ausgesetzt oder nicht? Und das war nicht so.

Die israelische Bevölkerung war während des Golfkrieges durch Scud-Raketen aus dem Irak unmittelbar bedroht gewesen. In dieser Zeit der Bedrohung äußerte Ströbele, daß die Scud-Angriffe die »logische fast zwingende Konsequenz« der israelischen Politik gegenüber seiner arabischen Umwelt sei. Ihr wart nach Ströbele – mit seinen provokant antiisraelischen Äußerungen[1] – in Israel, war das nicht besonders schwierig?

Ich hatte mich dazu schon im Bundestag geäußert, auch das hatte man registriert. Man war sich absolut sicher, hoffe ich zumindest, daß mit uns so etwas nicht passieren kann. Da unterlagen wir auch keinen Gefährdungen. Vorausgesetzt, Ströbeles Äußerung ist richtig wiedergegeben, so halte ich sie für unvertretbar, weil hier ein Ursache-Wirkung-Mechanismus aufgestellt wurde, der weder in dieser Verkürzung noch überhaupt zutreffend ist.

Bei eurem Solidaritätsbesuch in Israel, gab es da Probleme, weil Kontakte zu Palästinensern ... zu Arafat bestehen?

Wir haben darüber sehr offen gestritten und diskutiert. Ich habe festgestellt, daß es auch viel differenziertere Positionen in Israel gibt, als ich es bis dahin für möglich gehalten hätte, denn das kommt hier in der Bundesrepublik Deutschland leider nicht rüber, du wirst ja fast nur über die Politik Shamirs informiert. Die 3. Frage war, welche verschiedenen Vorstellungen es zur Lösung des Nahost-Problems gibt. Interessant war das schon, da wir in die Tiefe gehen konnten. Ich erinnere mich an ein Gespräch, in dem ausgesagt wurde, eine Entscheidung muß ja irgendwann gefällt werden, ob Israel ein jüdischer Staat bleiben soll und ein demokratischer oder ob man sich von einem von beiden verab-

---

1 Ch. Ströbeles Reaktion auf den Vorwurf des Antisemitismus: »Die Reaktion auf den Vorwurf des Antisemitismus auf meine Kritik an der israelischen Regierungspolitik wäre nicht einmal verständlich, wenn die Kritik falsch wäre. Das gilt noch mehr, weil das von mir Geschriebene und Gesagte, wenn man es so verstehen will, wie es gemeint ist, zutrifft.« (aus: Grüner Basisdienst, Sondernummer: Grüne im Konflikt – Texte zum Vorwurf des Antisemitismus in der Golfdebatte, April 1991).

schieden will. Denn entweder werden die Gebiete okkupiert, vollständig. Dann müßten, wenn der Staat demokratisch bleiben will, die Palästinenser die gleichen Rechte bekommen. Wenn sie die gleichen Rechte bekommen, ergibt sich schon aus der Zusammensetzung der Bevölkerung, daß das Parlament etwa hälftig mit Palästinensern besetzt sein müßte, dann ist es kein jüdischer Staat mehr. Oder man erklärt die Palästinenser zu Bürgern zweiter oder dritter Klasse, dann ist es kein demokratischer Staat mehr.

Die Lösung darin zu sehen, die Palästinenser zu »deportieren«, bedeutet schon das Ende der Demokratie. Um diese Entscheidung kommt Israel nicht herum. Also brauchen wir dringend eine Lösung des Nahost-Problems. Diese Position fand ich beachtlich. Meine Meinung nach dem Besuch bei der PLO ist die: Der Frieden im Nahen Osten, gerade zwischen Israel und den Palästinensern, kann nicht allein zwischen den Außenministern ausgehandelt werden, er hätte keinen Bestand, er wäre instabil. Wir brauchen ein Aussöhnungswerk zwischen Palästinensern und Juden. Die Mehrheit der Palästinenser und die Mehrheit der Juden müssen diesen Frieden wirklich wollen, dann sind sie auch in der Lage, Extremisten in den eigenen Reihen so zu kontrollieren, daß sie nicht die Vorherrschaft bekommen. Wenn das ein aufgezwungener Frieden wird, den die Mehrheit der Juden oder die Mehrheit der Palästinenser nicht akzeptiert, wird er keinen Bestand haben. Er wird zumindest immer sehr instabil sein. Ein Palästinenser sagte zu mir: »Sagen Sie mal, die Verbrechen an den Juden wurden doch von den Deutschen begangen, nicht von den Palästinensern, können Sie mir mal erklären, warum wir das ausbaden müssen, was die da angerichtet haben?« Die Deutschen haben also nicht nur besondere Verpflichtungen gegenüber den Juden, sondern auch gegenüber den Palästinensern. Für einen Frieden im Nahen Osten können wir mehr tun, als in der Vergangenheit geschehen ist, durch die DDR, aber auch durch die Bundesrepublik ...

Hat dich noch etwas anderes beeindruckt von dem, was du in Israel gesehen hast?

Ja, z. B. die Kibbuzim, da funktioniert etwas Linkes, also nach meiner Ansicht etwas Linkes, wovon man gar nicht geglaubt hätte, daß das funktionieren kann. Das ist schon aufregend, wenn man die Art des Umgangs der Menschen miteinander in einem Kibbuz beobachtet und unmittelbar sieht. Dann sahen wir dieses hervorragende Diaspora-Museum, in dem der Weg der Juden durch die Diaspora nachgestellt ist. Das war ein enormes Erlebnis. Irgendwie fühlte ich mich in Israel nie und zu keinem Zeitpunkt nicht geborgen. Es gab sozusagen ein anderes Vorzeichen. Ich glaube nicht, daß sich Herr Kohl das erlauben könnte.

Auch wurde mir viel Kritisches gesagt, was ich nicht übel nahm. Es gab mit vielen ein Grundverstehen. Ich will es auch nicht überbewerten. Es ist nicht mein Land. Aber ich habe in dem Sinne sowieso kein Land mehr, mein Land war die DDR. Das heißt nicht, daß ich den Verhältnissen in der DDR etwa unkritisch gegenüberstehen würde, und ich neige auch nicht dazu, die Verhältnisse zu glorifizieren. Im Gegenteil, ich warne immer auch in unserer Partei davor, die Verhältnisse im nachhinein zu glorifizieren. Dennoch war es mein Land, ich kann es nicht leugnen. Da ist etwas verlorengegangen.

Das bedeutet nicht, daß ich besonders Schwierigkeiten in den alten Bundesländern hätte oder daß ich dort nicht hochinteressante Leute kennengelernt habe, das ist alles nicht der Punkt. Aber ein wirkliches Zugehörigkeitsgefühl ist schwer zu entwickeln. Für mich zumindest. Andererseits fühle ich mich aber in vielen Ländern wohl, in Frankreich, in Italien, auch in der Sowjetunion. In Israel schwang besonders viel Emotionales mit.

Übrigens bin ich deshalb besonders wütend darüber, wie einige Israelis zum Teil die Palästinenser behandeln. Ich habe festgestellt, die Palästinenser leben jetzt in der Diaspora. Mit dem Ergebnis, daß sie z. B. zu doppelten Leistungen gezwungen werden, um das Einfache zu erreichen. Es wäre eigentlich hochinteressant, wenn es gelänge, daß Palästinenser und Juden vieles gemeinsam machen. Ich glaube, daß da beachtliche Ergebnisse herauskämen. Eigentlich ist die Feindschaft zwischen ihnen künstlich erzeugt und deshalb abbaubar. Vielleicht täusche ich mich und vielleicht erlebe ich es nicht mehr, aber schön wäre es schon.

Ich wünsche es eigentlich aus tiefstem Herzen für beide Völker. Ich finde, sie haben es auch beide gründlich verdient. In Deutschland wird jetzt schon wieder versucht, sich aus der Geschichte zu mogeln, diesmal über den Umweg DDR. In der früheren DDR findet eine sagenhafte Geschichtsklitterei statt, indem sich alle auf einen Sündenbock verständigen. Den braucht man offensichtlich immer. Diesmal ist es das MfS, wer dort nicht war, glaubt, eine »weiße Weste« zu besitzen. Das ist so offensichtlich falsch, aber gegen diese Vereinfachung anzugehen, ist schwer. Wirkliche stalinistische Opfer neigen nach meiner Erfahrung kaum zu solchen Vereinfachungen. Es sind eher jene, die selber vieles gemacht haben. Ich versuche, dagegen anzugehen, über die Geschichte der DDR die Geschichte zwischen 1933 und 1945 für erledigt zu erklären. Das ist ja nun ganz offensichtlich, daß das bezweckt wird. Es herrscht eine beachtliche Verlogenheit, wenn man die Entwicklung nach 1945 in der BRD bedenkt. Ich habe mir eines vorgenommen, das resultiert auch aus den von mir in der DDR gemachten Kompromissen, ich will nie wieder aus opportunistischen Gründen zu etwas ja sagen. Wenn ich gegen den Strom schwimmen muß, dann schwimme ich eben gegen den Strom. Das ist weiß Gott nicht bequem, aber letztlich lebt man besser damit, stelle ich fest, zumindest innerlich. Und das ist ein ganz schöner Wert.

Ich hätte noch eine Frage an dich: Mittlerweile hast du, ob umstritten, ob positiv gesehen, eine große Bekanntheit hier, auch in dem vereinigten Deutschland. Du hättest es einfacher, als Anwalt tätig zu sein. Gibt es manchmal Momente, in denen du bereust, daß du den Parteivorsitz angenommen hast?

Solche Momente hat es schon gegeben. Es wäre unehrlich, wenn ich das bestreiten würde. Ich hab auch nicht vor, mein Lebtag lang Politiker zu bleiben. Ich finde, daß es eine meiner Stärken ist, in meinen Beruf zurück zu können und als Anwalt zu arbeiten. Ich bin nicht angewiesen darauf, Politiker zu sein. Das macht mich unabhängiger. Ich betrachte das als eine zeitlich befristete Phase meines Lebens. Ich will wieder zurück in den Anwaltsberuf, auch wenn ich heute noch nicht den Tag sagen kann. Das wird dann viele freuen und einige enttäuschen, aber es wird ganz bestimmt der Zeitpunkt kommen.

Wird die PDS eine Zukunft haben? Nach außen ist die PDS zur Zeit auf deine Person fixiert, zumindest hier ...

Naja, das stimmt auch nur zum Teil. Es wird öffentlich so dargestellt, in der öffentlichen Meinung ist es so, aber das täuscht auch über die realen Verhältnisse in der PDS hinweg. Die PDS gäbe es auch ohne mich, sicherlich ein bißchen anders, und sicherlich wäre das heute auch nicht so einfach zu verkraften für die Partei, das sage ich ohne Überbewertung meiner Person, sondern das hat sich einfach in der Phase um den Januar 1990 so herauskristallisiert. Als damals Berghofer ging und mit ihm viele, hätte ich auch zurücktreten können. Das habe ich nicht gemacht, und viele haben gewußt, daß ich damit etwas auf mich genommen habe, was nicht angenehm war. Da hätte ich es leichter haben können. Damit hängt eine bestimmte emotionale Beziehung zusammen, das darf man nicht unterschätzen, sie ist viel stärker als in anderen Parteien ausgeprägt. Daraus resultiert dann aber auch eine Verantwortung, der man sich nur schwer entziehen kann. Aber es gibt deutliche Stabilisierungstendenzen. Die Landes- und Kreisorganisationen in den neuen Bundesländern werden immer selbständiger. Übrigens, es ist ja nicht nur im Westen so, daß zwischen Person und Partei differenziert wird, wobei die Mitglieder der PDS nicht selten ungerecht beurteilt werden. Auf jeden Fall bekomme ich Schreiben dergestalt, ob nicht vielleicht alles ganz anders gekommen wäre, wenn ich 5 oder 10 Jahre früher die SED übernommen hätte. Das ist natürlich eine völlige Illusion, denn dann wäre sie nicht die SED gewesen, wenn es möglich gewesen wäre, daß ich dort an die Spitze gekommen wäre, das war ja völlig undenkbar. Also insofern ist das so eine Vorstellung von Geschichte, wie Geschichte ja nie läuft. Aber trotzdem ist es für mich schon ganz interessant, daß ich von nicht wenigen akzeptiert werde als jemand, der versucht, die Interessen der ehemaligen Bürgerinnen und Bürger der DDR zu vertreten. Nur, was ich da bewirken kann, ist natürlich sehr begrenzt, und gleichzeitig besteht die Aufgabe, über diesen deutschen Rahmen hinauszudenken, denn die Katastrophen warten ja in Osteuropa und in der Dritten Welt.

Dein Traum von einer Gesamtlinken ließ sich nicht verwirklichen...

Nein, das wird auch noch sehr, sehr lange dauern. Das muß vielleicht auch nicht sein. Es muß keine Gesamt-Linke geben, die Linke kann sehr differenziert sein. Sie müßte sich nur in den Punkten, in denen sie sich einig ist, auch finden können. Dann hätte sie einen gewissen Einfluß. Aber viele Linke legen einen besonderen Wert auf die Formulierung der Unterschiede zwischen Linken und weniger auf Wirkungsweisen gegenüber rechten Kräften. Das ist in Europa genauso.

Du bist 1948 in Berlin geboren ... Hast du eigentlich Heimatgefühle?

Ich bin natürlich kein ausgeprägter Heimat- und Vaterlandstyp, wie man sich leicht denken kann. Aber trotzdem, es gab mal so einen Moment, wo ich dafür Verständnis entwickelt habe. Ich bin mit einem Förster durch einen Wald gegangen. Der hat mir den Wald erklärt, und der liebte ihn richtig, diesen Wald. Da habe ich so ein bißchen verstanden, was damit gemeint sein könnte, in einem positiven Sinne ...

POLITISCHE UND MORALISCHE, NICHT JURISTISCHE AUFARBEITUNG DER GESCHICHTE
26. August 1991

Die Schüsse an der Mauer sind wohl der tragischste und zugleich markanteste Ausdruck sowohl der Spannungen zwischen Ost und West als auch der Gewaltherrschaft in der DDR. Ihre Bewertung muß komplex, das heißt historisch, politisch, moralisch und juristisch vorgenommen werden. Jede Einseitigkeit führt meines Erachtens zu Fehleinschätzungen.

In Jalta und Potsdam hatten die Siegermächte des Zweiten Weltkrieges ihre Einflußsphären in Europa abgesteckt. Deutschland bekam eine Chance – wenn auch mit kleinerem Territorium –, zu einem entmilitarisierten einheitlichen Staat zu werden. Diese Chance verspielten alle Beteiligten. Auch Adenauer und die hinter ihm stehenden politischen Kräfte sowie die westlichen Siegermächte leisteten einen aktiven Beitrag zur Spaltung. So setzte sich immer stärker im Osten Deutschlands das sowjetische und im anderen Teil Deutschlands das westliche System durch. Die Spaltung Deutschlands wurde hingenommen. Die Deutschen – beladen mit großer Schuld – konnten sich dagegen nicht wehren, und nach den Verbrechen der Deutschen an den anderen Völkern konnte dieses Schicksal noch als glimpfliche Folge betrachtet werden. Nun gab es zwei deutsche Staaten und dazu noch Westberlin, und die Großmächte zögerten als ehemalige Siegermächte keinen Moment, diese beiden Staaten sowie West- und Ostberlin voll in ihren Kalten Krieg einzubeziehen, sie sogar zur Speerspitze beiderseitiger Konfrontation zu machen. In beiden deutschen Staaten fanden sich genügend Kräfte, die dabei bereitwillig halfen. Aber die Grenze zwischen diesen Staaten war offen, Menschen konnten sich für eines der Systeme entscheiden und taten es. Auf die DDR wurde das stalinistische System der Sowjetunion übertragen. In der BRD herrschte ein deutliches Mehr an Freiheit und Demokratie. Die wirtschaftliche Entwicklung im Westen schritt voran, wesentlich schneller als in der DDR. Gründe dafür gab es genug.

Das Gebiet der DDR war traditionell das strukturell schwächer entwickelte und rohstoffärmere. Die USA halfen in der BRD mit dem Marshallplan, die Sowjetunion war selbst durch den Zweiten Weltkrieg fast völlig zerstört und deshalb auf Reparationsleistungen aus der DDR in enormem Umfang angewiesen. Im Zuge des Kalten Krieges gab es auch nicht wenige und zum Teil sehr wirksame Störmaßnahmen aus der BRD und aus Westberlin, die zur ökonomischen Schwächung in der DDR beitrugen. Vor allem aber bot das zentralistische Kommandosystem in der DDR selbst keine auch nur annähernd gleichen Möglichkeiten an Effektivität, Flexibilität und Wachstum im Vergleich zur BRD. So gingen Millionen Menschen von Ost nach West. Das Ende der DDR war abzusehen. Die erste große Niederlage des real exististierenden Sozialismus stand bevor. Das aber hätte nach Auffassung der sowjetischen Führung unter Chruschtschow die Stellung der UdSSR und ihres Bündnisses erheblich geschwächt und zu Unruhen in diesen Staaten führen können. Einen Krieg wollte damals wohl niemand. Und so beschlossen die Staaten des Warschauer Vertrages, die Mauer zu bauen. Die Führungen dieser Staaten hatten ein gemeinsames Interesse daran, besonders aber die Führungen in der DDR und in der UdSSR, wobei historische Dokumente eine eher aktive Haltung Chruschtschows als Ulbrichts zeigen. Damit war zugleich eine noch deutlichere Grenze zwischen Ost und West, zwischen Warschauer Vertrag und NATO gezogen, der Abschottungsprozeß im Osten konnte sich in völlig neuen Ausmaßen entwickeln.

Den Schießbefehl an der Grenze der DDR gab es schon vor der Mauer, wie an fast jeder anderen Grenze auch. Er erhielt jetzt aber eine andere Wirksamkeit, denn das Grenzregime wurde mit immer mehr Hindernissen (die Mauer war nur eines davon), später auch mit Minen und Selbstschußanlagen versehen, so daß die Grenze fast unüberwindbar wurde. An dieser Grenze gab es mehrere hundert Tote, vor allem DDR-Bürger, die in den Westen wollten, aber auch Grenzsoldaten, die von flüchtenden DDR-Bürgern oder vom Westen aus getötet wurden, und Menschen, die von West nach Ost gingen, ich erinnere mich zum Beispiel an die Meldungen über die »versehentliche« Erschießung eines italienischen Kommunisten.

Wie gesagt, es war eine Angelegenheit und Vereinbarung aller Länder des Warschauer Vertrages, denn DDR-Bürger konnten in diese Länder reisen. Die Mauer wäre sinnlos geworden, wenn sie dort die Grenzen in den Westen einfach hätten überschreiten dürfen. Deshalb zog der Beschluß der Staaten des Warschauer Vertrages für diese Länder nach sich, daß sie ebenso wie die DDR selbst DDR-Bürger an einem Grenzübertritt in Richtung Westen hinderten, mit und ohne Gewalt, notfalls auch mit Schüssen. Und so war es logisch, daß die Mauer bald fiel, nachdem Ungarn ausbrach und seine Grenze in Richtung Westen für DDR-Bürger öffnete.

Die SED-Führung räumte selbst den westlichen Medien eine faktische Rolle bei der Durchsetzung des Grenzregimes ein. Sie hatte ein Problem: Wichtig für sie war ja nicht, den einzelnen Grenzverletzer festnehmen oder auf ihn schießen zu lassen. Die betroffenen Menschen hätte sie auch ohne Schaden für sich selbst in Richtung Westen ziehen lassen können. Wichtig war die abschreckende Wirkung auf die anderen DDR-Bürger, einen solchen Versuch zu unternehmen. Wer aber eine abschreckende Wirkung erzielen will, muß seine Methoden und Mittel öffentlich machen. Über Schüsse an der Mauer zu berichten, paßte jedoch nicht in das Öffentlichkeitsbild, das die SED- und DDR-Führung für sich anstrebte. Hier halfen die westlichen Medien. Sie übernahmen es, die Öffentlichkeit über die Schüsse zu informieren und damit die erhoffte abschreckende Wirkung für DDR-Bürger herzustellen. Das ist beileibe kein Vorwurf, zeigt nur, wie das System funktionierte.

Die Mauer und die Schüsse an ihr beweisen am deutlichsten das Dilemma des real existierenden Sozialismus und der SED-Führung. Letztere war wirklich davon überzeugt, das bessere, historisch fortschrittlichere System zu vertreten, aber viele Menschen wollten nicht bleiben, wollten lieber in den »rückschrittlicheren« Westen. Eine öffentliche Auseinandersetzung zu diesen Fragen scheute die SED-Führung, denn Öffentlichkeit hätte stets Machtreduzierung, wenn nicht sogar Machtverlust bedeutet.

Heute die Schüsse moralisch zu verurteilen ist eine Selbstverständlichkeit, fast jeder würde es wohl tun.

Und die Schützen? Wer nicht zur Grenze wollte, kam zumeist auch nicht hin. Die Gefahr war für die Armeeführung zu groß, daß aus einem Grenzsoldaten ein Grenzverletzer und damit ein Fahnenflüchtiger wurde. Aber der Betroffene mußte dann den Mut aufbringen, klar zu sagen, daß er nicht bereit sei, an die Grenze zu gehen. Das konnte gravierende Nachteile bringen. Und an der Grenze selbst? Der Soldat konnte bewußt daneben oder gar nicht schießen. Im ersten Fall war es eine Beweisfrage, im zweiten eine eindeutige Befehlsverweigerung mit möglicherweise strafrechtlicher Verantwortung, aber ohne Gefahr für eigenes Leben oder eigene Gesundheit. Allerdings, manchmal waren auch Grenzverletzer bewaffnet, und dann konnte gegenseitig eine Notwehrsituation entstehen. Bei alledem bleibt unbestreitbar, daß das Handeln der Schützen moralisch verurteilt werden muß, aber eine Frage der Moral ist es auch, ob man die gesamte dargestellte historische und politische Entwicklung, die Folgen des Kalten Krieges und der Machtpolitik der Supermächte nun tatsächlich auf dem Rücken der Soldaten austragen darf, die zur Tatzeit 18, 19 oder 20 Jahre alt waren und zumindest glaubten, rechtmäßig zu handeln.

Ist die Geschichte der beiden deutschen Staaten überhaupt juristisch aufzuarbeiten? Formal ist die Frage hier, ob derjenige, der den Befehl ausführte, sich nach dem damals geltenden DDR-Strafrecht – und nur darum geht es jetzt, denn eine rückwirkende Anwendung von Strafrechtsnormen ist verboten – wirklich strafbar machte. An sich ist es unvorstellbar, daß der Gesetzgeber der DDR Rechtsnormen zuließ, nach denen seine Soldaten für befehlsgerechtes Verhalten strafrechtlich verfolgt werden können. Niemand in der DDR kam auch nur auf eine solche Idee. Die formal-juristische Antwort kann deshalb nur lauten, wer als Schütze in Übereinstimmung mit der Befehlslage handelte, ist strafrechtlich nicht verantwortlich. Wer dagegen in nicht verjährter Zeit schuldhaft die Befehlslage überschritt, ist es. Aber beginnt damit nicht die alte Diskussion über den Befehlsnotstand? Nach DDR-Strafrecht durfte zudem kein Befehl ausgeführt werden, der die Begehung einer Straftat enthielt. Damit befinden wir uns bei der Frage, ob der Schießbefehl selbst juristisch – nicht moralisch – ein Verbrechen war und ob dies für den einzelnen Soldaten auch erkennbar war. Leider gehört es zur völkerrechtlichen Souveränität von Staaten, über ihr Grenzregime zu befinden. Und in den meisten Staaten der Erde gibt es einen Schießbefehl, um notfalls einen illegalen Grenzübertritt zu verhindern. Der Unterschied zwischen der DDR und den meisten anderen Ländern bestand nicht darin, sondern im Recht bzw. im Mangel eines Rechts auf Freizügigkeit. Hätten die Bürgerinnen und Bürger der DDR reisen und auswandern können wie Bürgerinnen und Bürger der BRD, der Schießbefehl hätte nur wenige und zumindest andere treffen können (z. B. Schmuggler, Personen, denen im Rahmen eines Ermittlungsverfahrens der Reisepaß entzogen wurde usw.). Ich fände auch solche Tötungen schlimm, aber das Problem wäre ein anderes gewesen. Solche Schüsse gibt es auch an den Grenzen der BRD, und niemand würde sich heute mit der Frage einer strafrechtlichen Verantwortlichkeit von Soldaten beschäftigen. Strafrechtlich ist dieser Unterschied jedoch nicht zu fassen, denn Gegenstand der Strafverfahren ist der tötende Schuß und nicht der Mangel an Freizügigkeit. Franz Josef Strauß hat in seiner Tischrede anläßlich des Besuchs von Honecker in Bayern deshalb schon damals darauf hingewiesen, daß nicht der Schießbefehl, sondern der Paragraph 213 des Strafgesetzbuches der DDR, der den ungesetzlichen Grenzübertritt zum Verbrechen erklärt, das Problem ist. Selbst dieser Paragraph wäre jedoch – wie erwähnt – relativ bedeutungslos geblieben, wenn die Menschen hätten reisen und auswandern dürfen.

Bliebe noch die juristische Frage, ob die DDR zur Gewährung der Freizügigkeit verfassungsrechtlich oder völkerrechtlich verpflichtet war. Die Verfassung der DDR von 1968 sah im Unterschied zur Verfassung der DDR von 1949, die das Recht auf Auswanderung enthielt, Freizügigkeit nur innerhalb der DDR vor. Die allgemeine Erklärung der Menschenrechte der UNO war nie geltendes Recht in der DDR, und die Konvention über politische und zivile Rechte ließ leider im Rahmen der allgemeinen Ordnung und Sicherheit Einschränkungen beim Auswanderungsrecht zu. Kurzum: Auch darüber läßt sich der Verbrechenstatbestand nicht herstellen. Und selbst wenn man es anders sieht, die Grenzsoldaten konnten dies alles mit Sicherheit nicht überschauen. Für meine Sicht spricht im übrigen auch die Tatsache, daß in keinem anderen, jetzt demokratisch gewordenen Land des früheren Warschauer Vertrages Verfahren gegen Soldaten wegen Schüssen an der Grenze durchgeführt werden – weder wegen Schüssen gegen ehemalige DDR-Bürger noch wegen Schüssen gegen eigene Bürger. Gerade dieser Umstand sollte auch der deutschen Justiz, speziell Frau Limbach und der Berliner Staatsanwaltschaft, zu denken geben. Statt der notwendigen politischen, moralischen und historischen Auseinandersetzung kämpfen sie aber um eine juristische, die nicht aufgehen kann, soll sie nicht in Rechtsbeugung enden. Zudem verhindert die juristische Aufarbeitung sogar die notwendige politische Auseinandersetzung.

Diese ganzen Fragen werden noch dramatischer auf die Tagesordnung rücken, wenn Richter und Staatsanwälte im Zusammenhang mit der Anwendung des o.g. Paragraphen 213 des Strafgesetzbuches der DDR wegen Rechtsbeugung verurteilt werden sollen. Und nun überlegt die Berliner Justiz auch noch, ob nicht die früheren Volkskammerabgeordneten wegen Anstiftung zur Rechtsbeugung verfolgt werden können, denn diese haben den Paragraphen 213 des Strafgesetzbuches der DDR beschlossen. Mit Schuld, Verantwortung und differenzierter Aufarbeitung der Geschichte hat dies alles nichts zu tun, eher mit einer undemokratischen Siegermentalität. Exemplarisch wird das in den Verfahren gegen Ostspione gezeigt. Die Spione der einen Seite haben gesiegt und werden befördert, die der anderen eingesperrt. Glaubwürdig ist das nicht, gerade nicht bei einer Justiz, die die Nazis übernahm und keinen der damaligen Richter oder Staatsanwälte wegen Rechtsbeugung zur Verantwortung zog, weder wegen »Rasseschandeurteilen« noch wegen Todesurteilen, die sämtlichst offensichtlich und für jedermann erkennbar Unrecht waren.

Um nicht mißverstanden zu werden, ich unterstütze die Tätigkeit zur Verfolgung von sogenannter Regierungskriminalität in der ehemaligen DDR, soweit es um wirkliche Kriminalität geht, soweit früher in der DDR Verantwortliche Gesetze der DDR verletzten, um sich zu bereichern, oder andere Verbrechen begingen. Darauf haben die ehemaligen Bürgerinnen und Bürger der DDR sogar Anspruch. Aber bitte kein Kolonialrecht, keine Siegermentalität, keinen Rausch, in dem nun Recht gebeugt wird, nur um mit der DDR abrechnen zu können. Und bitte all das nicht auch noch auf Kosten der Soldaten.

DEBATTE IM DEUTSCHEN BUNDESTAG ÜBER AUSLÄNDERFEINDLICHE AUSSCHREITUNGEN AM 25. SEPTEMBER 1991

Dr. Gregor Gysi (PDS/Linke Liste): Frau Präsidentin! Meine Damen und Herren!
Was mich so besonders erschüttert, ist, wenn man die Zeitungen liest und auch wenn man einige Politiker hört: Es fehlt eigentlich die Scham, und es fehlt der Aufschrei:

(Ingrid Roitzsch, Quickborn, CDU/CSU: Schämen Sie sich denn für Ihre Leute? – Weiterer Zuruf von der CDU/CSU: Sie sollten sich schämen!)

– Es ist Ihnen wirklich unbenommen, mich als Inkarnation alles Bösen auf dieser Welt hinzustellen, aber Sie werden es nicht schaffen, mich zum Symbol der Ausländerfeindlichkeit zu machen. Das werden selbst Sie nicht hinbekommen.

(Ingrid Roitzsch, Quickborn, CDU/CSU: Ich habe Sie nur gefragt, ob Sie sich für Ihre Leute schämen! – Johannes Gerster, Mainz, CDU/CSU: Gysi als der Nachlaßverweser des Bösen!)

Ich will Ihnen sagen: Was hier in diesem Land fehlt, ist ein Aufschrei. In Frankreich wurden jüdische Friedhöfe geschändet, und anschließend gab es eine Demonstration Hunderttausender französischer Bürgerinnen und Bürger mit Präsident Mitterand an der Spitze.

(Beifall bei der PDS/Linke Liste sowie bei Abgeordneten der SPD und des Bündnisses 90/Grüne)

Ich frage mich: Weshalb ist es so unvorstellbar, daß hier nach einem solchen Ereignis eine Solidaritätsdemonstration für unsere ausländischen Mitbürgerinnen und Mitbürger, eine Demonstration gegen Fremdenfeindlichkeit und Rassismus und Neofaschismus, an der Spitze mit dem Herrn Bundespräsidenten, mit der

Frau Bundestagspräsidentin und mit dem Bundeskanzler statt-findet?

(Detlev von Larcher, SPD: Weil man damit keinen Wahlkampf machen kann!)

Das ist völlig undenkbar. Das sagt eine Menge aus über das Klima in diesem Land. Sie können das drehen und wenden, wie Sie wollen: Die Debatte und die Art der Debatte über das Asylrecht, über die Vorstellungen zur Änderung des Grundgesetzes, die Vokabeln von »Das Boot ist voll«, »Scheinasylanten«, »Wirtschaftsflüchtlinge« bis hin zur »vermischten und durchrassten Gesellschaft«, einer Vokabel von Herrn Stoiber, das alles nährt Ausländerfeindlichkeit, das alles verschlimmert diese Probleme enorm. Ich finde es ziemlich unerträglich, mit welch unterschiedlichem Maß gesprochen wird.

(Unverständlicher Zuruf des Abg. Johannes Gerster, Mainz, CDU/CSU)

– Hören Sie auf, dazwischenzurufen, dann lernen Sie auch, mal zuzuhören! – An der Ausländerpolitik der SED habe ich eine Menge auszusetzen und auch schon immer auszusetzen gehabt. Trotzdem kriegen Sie das so billig nicht hin. Sie lebten damals immerhin noch sicherer als heute.

(Lachen bei der CDU/CSU – Johannes Gerster, Mainz, CDU/CSU: Sicher und ruhig wie auf einem Friedhof!)

Das ist eine Tatsache. Ich füge hinzu: Sie können der SED ja viel vorwerfen, aber in Saarlouis und in Münster hat sie nun einmal nicht regiert. Das wäre mir völlig neu. Da haben Sie gleiche und ähnliche Ausschreitungen gegen Ausländer. So einfach werden Sie sich aus dieser Sache nicht herausreden können. Ich finde es auch einfach zu billig, weil es mit der Lösung der Probleme nichts zu tun hat.

Was mich noch mehr erschüttert, ist: Wenn es solche gewalttätigen Ausschreitungen gibt, dann wird die Lösung darin gesucht, daß man sagt: Ja, es sind wirklich zu viele, da muß endlich was weg, da muß man helfen. – Das ist eine Argumentationsschiene, die bei der CDU/CSU sonst nicht gilt. Ich kann mich an riesige Demonstrationen gegen Atomenergie und ähnliches erinnern. Ich habe nie gehört, daß gesagt worden ist: Dann müssen wir sie eben abschalten. Vielmehr wurde da gesagt: Wir werden die Gegner mit polizeilichen Mitteln schon zurückhalten.

(Beifall bei der PDS/Linke Liste sowie bei Abgeordneten der SPD und des Bündnisses 90/Gründe)

Und ich füge hinzu: Schon wenn man in dieser Frage auch nur die Andeutung des Nachgebens rüberbringt, wenn man anfängt, mit Kofferradios und ähnlichem zu entschuldigen, wenn man sagt, Ausländer hätten ein anderes Verhältnis zur Ordnung, schon wenn man das nur so ausspricht, leistet man jeder Fremdenfeindlichkeit Vorschub – bewußt oder unbewußt. Und das halte ich für kreuzgefährlich.

(Beifall bei der PDS/Linke Liste)

Ich will auch noch folgendes sagen: Es erschüttert mich tief, daß die ganze Diskussion auf einer falschen Schiene stattfindet. Sie ist nicht nur deshalb so falsch, weil sie Ausländerfeindlichkeit schürt; das ist schon ein großes Problem. Aber das andere große Problem ist – und das finde ich wirklich gefährlich –, daß sie Illusionen weckt. Sie führen hier eine Debatte, als ob Sie über Grundgesetzregelungen, über Visabestimmungen das Elend der Dritten Welt von dieser Welt fernhalten können.

(Johannes Gerster, Mainz, CDU/CSU: Das macht doch kein Mensch!)

Das ist eine Illusion. Wenn man der SED diesbezüglich etwas vorwerfen kann, dann dies: daß sie 40 Jahre Abschottungspolitik betrieben hat, die letztlich zu einer Katastrophe geführt hat. Ich warne Sie vor Ihren Vorstellungen von Abschottungspolitik. Es wird nicht aufgehen. Und wenn Sie den Bürgerinnen und Bürgern auch noch einreden, dann wären sie das Problem los, dann wecken Sie auch noch riesige Illusionen – neben dem Schüren von Ausländerfeindlichkeit.

(Beifall bei der PDS/Linke Liste, der SPD und dem Bündnis 90/Grüne sowie bei Abgeordneten der FDP)

Machen Sie sich doch bitte einmal folgenden Gedanken: Was passiert denn an dem Tage, an dem an unseren Grenzen 500 000 oder 600 000 Menschen stehen? Sagen Sie schon hier und heute, was Sie dann zu tun gedenken! Mit Visabestimmungen werden Sie dieses Problem dann mit Sicherheit nicht lösen. Ich glaube, die Menschen in diesem Land haben ein Recht auf Antwort darauf.

Vizepräsidentin Renate Schmidt: Herr Kollege, kommen Sie bitte zum Ende.

Dr. Gregor Gysi (PDS/Linke Liste): Ja, Frau Präsidentin.
Ich finde auch, daß eine Debatte von einer Stunde völlig unzureichend ist. Ich bin der Meinung, wir müßten uns hier im Bundestag einen ganzen Tag damit beschäftigen. Ich bin weiter der Meinung, wir brauchen jetzt eine Kampagne – von der Bundesregierung finanziert, ähnlich wie die Anti-Aids-Kampagne – gegen Rassismus, Neofaschismus und Ausländerfeindlichkeit. Wir haben einen entsprechenden Antrag eingebracht.
Ein Letztes: Ich finde, wir Politikerinnen und Politiker sollten hier mutig und nicht populistisch voranschreiten. Bilden wir doch einmal einen Schutzschild vor einem solchen Wohnheim und sagen den Bürgerinnen und Bürgern in diesem Land: Wir lassen es nicht zu, daß Gewalt gegen ausländische Mitbürgerinnen und Mitbürger angewandt wird – von wem auch immer!

(Beifall der PDS/Linke Liste, der SPD und dem Bündnis 90/Grüne)

ERSTE BERATUNG DER ENTWÜRFE VON GESETZEN ZUR LEGALISIERUNG DES SCHWANGERSCHAFTSABBRUCHES BZW. ZUM SCHUTZE DES LEBENS IM DEUTSCHEN BUNDESTAG AM 26. SEPTEMBER 1991

Dr. Gregor Gysi (PDS/Linke Liste): Frau Präsidentin! Meine Damen und Herren!

Bei einer Reihe von Argumenten, die heute hier schon ausgetauscht worden sind, muß ich mich doch sehr wundern.

(Zuruf von der CDU/CSU: Ich mich auch!)

Es ist ja wohl eindeutig, daß wir – um es vorsichtig zu formulieren – in einer männerdominierten Gesellschaft leben, und das seit vielen Jahrhunderten.

(Zuruf von der CDU/CSU: Wer ist denn bei Euch Vorsitzender? – Heiterkeit bei der CDU/CSU)

– Ja, Sie können es schon daran sehen. – Wer ist denn eigentlich bei Ihnen Vorsitzender? Da finde ich unseren immer noch besser. Aber das ist jetzt ein anderes Thema.

(Beifall bei Abgeordneten der PDS/Linke Liste)

Lassen Sie mich jetzt im Ernst etwas dazu sagen: Wir hatten und haben ein Patriarchat. Und jetzt stellen Sie sich einmal vor, in dieser Zeit hätten dennoch die Männer die Kinder bekommen. Sie glauben doch nicht im Ernst, daß es je einen Paragraph 218 gegeben hätte.

(Beifall bei der PDS/Linke Liste sowie bei Abgeordneten der SPD)

Er hätte überhaupt nie zur Diskussion gestanden. Andererseits vergessen Sie einen ganz wichtigen Zusammenhang, der hier überhaupt noch nicht ausgesprochen worden ist: Es gibt nämlich zwischen der Tatsache, daß die Frauen die Kinder bekommen, und der Tatsache, daß die Männer die Gesellschaft dominieren und regieren ...

(Claus Jäger, CDU/CSU: Primitiver geht es nicht!)

... einen ganz engen Zusammenhang. Deshalb ist jeder Wunsch, das Selbstbestimmungsrecht der Frau diesbezüglich zu beschneiden oder gar nicht erst zuzulassen, eben auch ein Wunsch, diese herrschenden gesellschaftlichen Strukturen zu erhalten. Sie verhindern damit, daß sich Frauen gleichberechtigt in das gesellschaftliche Leben einbringen können, weil Sie nämlich zum Ausdruck bringen, daß die Frau – im Unterschied zu den Männern – für die einfache und erweiterte Reproduktion der Bevölkerung zuständig ist, und da wollen Sie schon entscheiden, wie die läuft oder nicht läuft, und die Frauen aus der Entscheidung heraushalten.

Und dann will ich Ihnen noch etwas sagen: Ich kenne ja auch noch die Zeit in der DDR, bevor es die Fristenregelung gab. Sowohl für die ehemalige DDR als auch insbesondere für hier gilt natürlich eins: Nicht wenige von den Männern, die mit besonders erhobenem Zeigefinger für eine Regelung des Paragraphen 218 StGB sind, waren stets jene, die für ihre eigenen Frauen und Freundinnen noch immer Lösungen gefunden haben – mit und ohne Paragraph 218.

(Beifall bei der PDS/Linke Liste und dem Bündnis 90/GRÜNE sowie bei Abgeordneten der SPD und der CDU/CSU – Claus Jäger, CDU/CSU: Also, für das Argument gehört Ihnen eine runtergehauen!)

Das finde ich daran schon ziemlich heuchlerisch. Denn es geht in aller Regel zu Lasten gerade jener Frauen aus jenen sozialen Schichten, die am wenigsten Chancen haben, andere Lösungen zu finden, wenn man das Strafrecht umgehen will.

Lassen Sie mich noch zu einer anderen Frage Stellung nehmen:

Worum geht es denn eigentlich? – Die Diffamierung besteht doch z.B. darin, daß so getan wird, als ob jene Frauen und Männer, die für eine Legalisierung des Schwangerschaftsabbruchs sind, deshalb für Schwangerschaftsabbrüche sind. Das ist aber einfach unwahr. Sie sind nur dafür, daß die Frauen selbständig darüber entscheiden können, und treten dafür ein, daß möglichst solche Bedingungen gestaltet werden, daß sich sowenig Frauen wie möglich zu einem Schwangerschaftsabbruch entscheiden.

Das ist die Voraussetzung, die zu schaffen ist.

Das heißt, es geht eigentlich nicht darum, ob man für oder gegen einen Schwangerschaftsabbruch ist, sondern es geht darum, ob man für die Anwendung des Strafrechts ist oder nicht. Paragraph 218 ist eine Strafbestimmung. Die Formulierung »strafrechtlich begleiten« halte ich für eine Verharmlosung des Strafrechts. Was heißt hier denn »begleiten«? Es bedeutet einfach, ein bestimmtes Verhalten unter Strafe zu stellen und damit den Staatsanwalt und das Gericht bei einem Verhalten zu bemühen, bei dem das Strafrecht überhaupt nicht angebracht ist.

Sie wissen, auch in unserer Fraktion gibt es unterschiedliche Auffassungen, ob eine Regelung mit oder ohne Fristen die bessere sei.

(Maria Michalk, CDU/CSU: Die Verfassung ist auch ein Recht!)

Im Grunde genommen betrifft das die Frage, welche Bedeutung man dem Recht beimißt, ob man sagt, daß sich das Recht in diese Dinge positiv oder negativ gestaltend unbedingt einmischen muß, oder ob man sagt: Wir können uns da als Staat auch einmal heraushalten und davon ausgehen, daß die Frauen sehr selbstbewußt und verantwortungsbewußt ihre Entscheidungen treffen werden – wenn ein Schwangerschaftsabbruch überhaupt sein muß, natürlich so früh wie möglich und nicht so spät wie möglich –; mit den Mitteln des Rechts werden wir uns auch im Zusammenhang mit Fristen nicht einmischen.

(Zuruf von der CDU/CSU: Was verstehen Sie denn von Recht?)

Darin liegt der eigentliche Unterschied. Da ich gegen jeden Rechtsfetischismus bin, bin ich dafür, sowenig wie möglich, aber natürlich das Notwendige rechtlich zu regeln.

Im Zusammenhang mit dem Recht stellt sich auch noch folgende Frage. Sie sprechen vom ungeborenen Kind. Das machen Sie ja absichtlich, damit jene, die für die Legalisierung des Schwangerschaftsabbruchs eintreten, als solche dastehen, die praktisch ungeborene Kinder – aber immerhin Kinder – töten wollen.

(Dr. Friedrich-Adolf Jahn, Münster, CDU/CSU: So ist es ja auch! Wie sehen Sie es denn?)

Sie müssen auch einmal versuchen, konsequent zu sein. Dann machen Sie nämlich aus der Schwangeren und dem Embryo zwei verschiedene Rechtssubjekte.

(Herbert Werner, Ulm, CDU/CSU: Das ist auch so!)

– Lassen Sie mich doch einmal aussprechen! – Wenn dem so ist, brauchen Sie Ihren ganzen Paragraph 218 nicht, denn dann würden alle anderen Strafbestimmungen, bei denen es um den Schutz des Lebens geht, gelten. Dann ist Ihr ganzer Entwurf auch in sich inkonsequent. Sie können das doch gar nicht voneinander trennen. Auch das Strafprozeßrecht der Bundesrepublik sieht – selbstverständlich in Ausnahmefällen – vor, daß z.B. auch Schwangere in Haft genommen werden können. Wenn Sie die eben angeführte Meinung ernsthaft durchhalten, frage ich Sie: Wieso kann das Kind mit in Haft gehen? Es hat ja noch gar nichts gemacht.

(Heiterkeit und Beifall bei der PDS/Linke Liste sowie bei Abgeordneten der SPD – Herbert Werner, Ulm, CDU/CSU: Wie ist es denn mit dem Erbrecht?)

Was sind denn das für alberne Rechtskonstruktionen, die Sie hier bieten? Wenn es gegen die Schwangere geht, dann sind Sie für die

326

Einheit, aber wenn es um die Entscheidung der Schwangeren geht, dann machen Sie daraus plötzlich getrennte Rechtssubjekte. Was Sie da vorhaben, halten Sie rechtlich niemals durch, wenn Sie damit auch nur beginnen. Da kann ich Ihnen noch viele andere Beispiele nennen.

(Dr. Dietrich Mahlo, CDU/CSU: Reden Sie doch nicht von Sachen, von denen Sie nichts verstehen! – Herbert Werner, Ulm, CDU/CSU: Wie steht es denn mit dem Erbrecht?)

– Das ist die einzige Ausnahme. Ich bin auch dafür, daß man Ausnahmen regelt. Aber dann sollten Sie von der Ausnahme sprechen und nicht davon, daß es sich um ein ungeborenes Kind handelt. So wird es nämlich auch im BGB nicht genannt. Nach dem BGB beginnt die Rechtsfähigkeit normalerweise mit der Geburt, mit dieser einzigen Ausnahme.

(Herbert Werner, Ulm, CDU/CSU: Weil es nicht genannt wird, ist es doch nicht etwas Neutrales!)

– Nein. Wir haben jetzt beide versucht, juristisch zu argumentieren. Ich stelle fest: Es fällt Ihnen schwer. Wir können versuchen, das intern zu wiederholen.

Dann sage ich Ihnen noch etwas: Die Heuchelei in der Debatte ist das, was mich stört. Warum haben die Männer, die gegen den Abbruch sind, die sich also diesbezüglich gegen das Selbstbestimmungsrecht der Frauen aussprechen – das räumen Sie ja ein –, nicht ein Grundgefühl und sagen: Selbst wenn ich dagegen bin, vielleicht ist es doch ein Thema, bei dem ich mich einfach einmal zurückhalten muß, weil ich selbst nie in diese Situation kommen kann?

(Beifall bei der PDS/Linke Liste sowie bei Abgeordneten der SPD)

Das wäre doch wohl ein Minimum dessen, was man erwarten kann.

(Zuruf von der CDU/CSU: Warum reden Sie denn dann davon?
– Weiterer Zuruf von der CDU/CSU: Gehen Sie mit gutem Bei-
spiel voran!)

Ich bin ja für das Selbstbestimmungsrecht der Frauen.

Das nächste, was ich Ihnen sagen will – ich erinnere an die Debatte von gestern –:

(Claus Jäger, CDU/CSU: Sie widersprechen sich mit jedem Satz!)

Alles, was Sie gesagt haben, gilt weltweit. Sie haben keine Kriterien genannt, die etwa nur in der Bundesrepublik Deutschland
Anwendung finden würden. Sie haben vom Schutz des ungeborenen Kindes gesprochen, und alle Kriterien, die Sie dafür genannt haben, gelten in Brasilien oder in China gleichermaßen
wie in der Bundesrepublik Deutschland. Das scheint ja auch Ihre
Auffassung zu sein, daß Sie sich dafür weltweit einsetzen würden, soweit Ihr Einfluß eben reicht.

(Zuruf von der CDU/CSU: Dafür haben wir kein Mandat!)

– Das ist eine andere Frage. Aber Ihre Argumente sind so ausgerichtet, und da sage ich Ihnen: Da wird es eben heuchlerisch,
wenn Sie gestern hier eine Debatte führten, in der Sie gegen einen
angeblichen Mißbrauch des Asylrechts auftreten, in der Sie gegen
Wirtschaftsflüchtlinge sind, in der Sie bei der internationalen
Konvention für die Rechte der Kinder extra die ausländischen
Kinder ausnehmen und sagen: »Die können da in der Dritten
Welt elendiglich sterben; hier in die Bundesrepublik kommen sie
nicht herein!« und gleichzeitig erklären, Sie wollten sich um jeden bisher nicht geborenen Embryo kümmern. Das ist einfach
verlogen; es tut mir leid: Das ist verlogen!

(Beifall bei der PDS/Linke Liste, der SPD und dem Bündnis
90/GRÜNE)

Lassen Sie mich einen letzten Satz sagen: Wenn Sie das Selbstbestimmungsrecht der Frauen nicht verwirklichen, verwirklichen Sie letztlich auch nicht das Selbstbestimmungsrecht der Männer. Das heißt, Sie leisten damit einen Beitrag gegen die Emanzipation des Menschen überhaupt. Ich glaube, wir müssen uns in die Richtung entwickeln, mehr Emanzipation für die Menschen zu erreichen, und dazu gehört zunächst einmal, daß die Frauen selbstbestimmt und selbstverantwortlich über sich und damit auch über ihre Schwangerschaft entscheiden können.

(Claus Jäger, CDU/CSU: Das ist Inhumanität!)

– Das ist Humanismus und nicht Inhumanität!

(Claus Jäger, CDU/CSU: Inhumanismus!)

– Inhuman ist es, die Kinder im Stich zu lassen, nachdem sie geboren sind; das ist inhuman! –

(Beifall bei der PDS/Linke Liste und der SPD)

REDE AUF DER KUNDGEBUNG
UND DEM MULTIKULTURELLEN FEST IM
BERLINER LUSTGARTEN
3. Oktober 1991

Einen schönen guten Tag.

Ich gehe davon aus, daß das Wetter die Antwort höherer Kräfte nicht auf die deutsche Einheit, sondern auf unsere Kundgebung ist.

Ein Jahr danach müssen wir ein Fazit ziehen, das wohl damit beginnt, daß die Menschen in Ost und West sich vor einem Jahr schon einmal näher waren als heute. Sie sind sich fremder geworden. Und wenigstens das sollte Politikerinnen und Politiker veranlassen, über das, was sie so anrichten, einmal nachzudenken. Das Leben in den neuen Bundesländern ist gekennzeichnet durch Massenarbeitslosigkeit, durch Sozial- und Demokratieabbau, durch Rentenungerechtigkeit, durch Ausländerfeindlichkeit – und die Welt sieht auf diesen Teil Deutschlands mit Entsetzen. Aber sie sieht zu kurz, denn in den alten Bundesländern sieht es nicht viel anders aus. Wir brauchen die Solidarität der Menschen in beiden Teilen Deutschlands, denn die Massenarbeitslosigkeit hier wird auch dort zu großen sozialen Problemen führen. Und Ausländerfeindlichkeit ist kein spezifisches Problem im Osten Deutschlands, es ist ein gesamtdeutsches Problem.

Wenn man sieht, mit welch großem Erfolg eine Partei wie die Deutsche Volksunion in Bremen abschneidet, dann kann einem kalt werden in diesem Deutschland. Es sind wieder einmal die Schwächsten, auf die sich viele versuchen zu einigen in ihrer Aggression, in ihrer Unzufriedenheit. Aber hier dürfen wir nicht mit dem Strom schwimmen, hier müssen wir eindeutig gegen den Strom schwimmen. Die Damen und Herren im Deutschen Bundestag irren sich: Es gibt kein Asylproblem, es gibt auch kein Ausländerproblem, es gibt nur das Problem der Ausländerfeindlichkeit. Das ist die Wahrheit. Und was jetzt gefordert ist, gerade auch von jenen, denen es nicht gut geht, ist nicht Feindschaft gegen jene, denen es noch schlechter geht, sondern Solidarität mit diesen, und zwar gegen jene, denen es wirklich sehr gut geht – und zwar völlig ungerechtfertigt sehr gut geht –, auch in dieser Bundesrepublik Deutschland. Wir haben auch konkrete Forderungen, es ist ja nicht so, daß alles so bleiben muß, wie es ist. Es gibt auch keinen Grund, täglich in neue Lethargie, in Verzweiflung, in Depressionen oder in Hoffnungslosigkeit zu verfallen. Letztlich geschieht in diesem Land nur das, was die Menschen zulassen, daß es geschieht. Unsere Aufgabe ist es, diesen Menschen wieder mehr Selbstvertrauen, mehr Mut zu geben, den Widerstandsgeist bei ihnen zu wecken, damit wir diese Welt verändern. Das war schon immer das Ziel von Linken. Nicht Status quo, sondern Veränderung dieser Welt.

Wir wollen eine solidarische, eine gerechte Gesellschaft. Wir wollen, daß endlich die Gleichstellung der Geschlechter verwirklicht wird und der mittelalterliche Paragraph 218 für immer aus der Rechtsgeschichte verschwindet. Ich bin es satt, diese verlogenen Beiträge mittelälterer Herren zu hören, die für ihre Frauen und ihre Freundinnen noch immer eine Lösung gefunden haben, wenn es darauf ankam, und auch dieses sogenannte Rechtsproblem wieder vor allem auf dem Rücken jener Frauen austragen, die zu den unteren sozialen Schichten gehören. Deshalb ist das auch eine soziale Frage. Es ist aber natürlich auch eine Frage, ob das Patriarchat sich so fortsetzen soll, ob wir die Männerherrschaft fortsetzen sollen. Machen wir uns doch nichts vor: Wenn die Männer die Herrschaft ausgeübt und zugleich die Kinder bekommen hätten, hätte es nie einen Paragraphen 218 gegeben.

Wir fordern bei Wahlen künftig eine dritte Stimme. Mit der ersten Stimme soll man eine Person wählen, mit der zweiten Stimme soll man eine politische Entscheidung, eine Schwerpunktentscheidung treffen. An diese Entscheidung müssen dann die regierenden Parteien gebunden sein, unabhängig, von wem diese Stimme gegeben wurde. Hauptsache, sie hat eine Mehrheit gefunden. Die Menschen müssen sich in die Politik einmischen, nicht sich ausgrenzen lassen.

Wir fordern, daß statt Arbeitslosigkeit, statt Rüstung, statt Wehrpflicht endlich Arbeit finanziert wird. Wir fordern degressive Subventionen für sanierungsfähige Betriebe. Wir fordern die Förderung des Handels mit Osteuropa und mit der sogenannten Dritten Welt. Wir wollen Arbeitsplätze schaffen in allen Regionen Deutschlands, aber jetzt besonders in den neuen Bundesländern, wo die Massenarbeitslosigkeit um sich greift. Das ist nicht nur eine wirtschaftliche, das ist nicht nur eine soziale Frage, sondern das ist auch eine humane Frage. Es ist unerträglich, Millionen Menschen zu sagen, daß sie eigentlich nicht gebraucht werden, daß sie überflüssig sind, daß sie nur auf Kosten der anderen leben. Wer will denn so leben? Die Menschen in diesen neuen Bundesländern auf jeden Fall nicht. Sie sind es auch nicht gewohnt. Dazu ist auch eine andere Maßnahme erforderlich: Nämlich, die vorhandene Arbeit auf alle zu verteilen. Das bedeutet, wir fordern Arbeitszeitverkürzung. 35-Stundenwoche mit vollem Lohnausgleich. Eine alte Forderung, die jetzt durchzusetzen ist.

Wir fordern auch die Integration unserer ausländischen Mitbürgerinnen und Mitbürger. Und wir werden uns zum Schutz vor sie stellen. Wir werden nicht dulden, daß Ausländerfeindlichkeit, die ja eigentlich schon umgewandelt ist in Rassismus, wieder den Kopf hebt in dieser Bundesrepublik Deutschland. Es ist fatal, daß die etablierten Parteien mit den Rechtsradikalen in vielem übereinstimmen – nur nicht in der Methode. Wenn sie aber sagen: Wir und ihr, wir sind alle dafür, daß es weniger Ausländer werden, nur Gewalt lehnen wir ab, wenn man das Ziel der Rechtsradikalen legitimiert, dann legitimiert man auch schon fast ihre Methode. Hier muß man sich eindeutig dagegenstellen, und da bin ich bereit, mit dem Bundeskanzler und allen anderen Politikern, wenn sie es denn ernstlich wollen, zu demonstrieren, daß es auch eine Solidarität in Deutschland mit den ausländischen Mitbürgerinnen und Mitbürgern gibt. Aber sie wollen es nicht!

Dieses Land rühmt sich immer, das reichste der Welt zu sein. Der Außenminister fährt durch die Welt und verteilt in gönnerhafter Manier Schecks. Aber sie sind nicht einmal in der Lage, den sozial Schwächsten in diesem Land, den ausländischen Mitbürgerinnen und Mitbürgern, den Sozialhilfeempfängern, denen mit ganz niedrigen Renten oder den Menschen mit Behinderungen auch nur die notwendigsten Hilfestellungen zu geben, die dringend geboten sind. Wir fordern eine Mindestrente und eine Mindestsicherung. Wir fordern die Integration unserer ausländischen Mitbürgerinnen und Mitbürger. Und wir fordern, daß endlich auch soziale Gerechtigkeit gegenüber den Menschen mit Behinderungen geübt wird in einer solidarischen Gemeinschaft und Gesellschaft.

Wir dürfen auch nicht nur an uns denken. Deshalb fordern wir den sozialen und wirtschaftlichen Ausgleich mit Osteuropa. Keine EG der Reichen! Europäische Gemeinschaft aller europäischen Länder! Wir fordern eine neue Weltwirtschaftsordnung im Verhältnis zur Dritten Welt. Ich möchte nicht länger damit leben, daß auch mein Lebensstandard darauf beruht, daß ich auf Kosten dieser Dritten Welt lebe. Das muß einfach geändert werden.

Wer von massenhaftem Asylmißbrauch spricht und gleichzeitig für die massenhafte Ausbeutung der Dritten Welt sorgt, ist zumindest ein Heuchler. Noch ist es so, daß jede Mark, die aus Deutschland in die Dritte Welt geht, dreifach zurückkommt. Bei den USA ist das Verhältnis 1:7! Die führenden Industriestaaten leben auf Kosten der Dritten Welt und beschweren sich, wenn die Menschen dann zu ihnen kommen, weil sie wenigstens überleben wollen. Das ist Heuchelei.

Es gab in dieser DDR viel Schlimmes, das glücklicherweise beseitigt worden ist. Wir dürfen auch nicht im Rückschauen in den Fehler verfallen, uns alles schönzugucken, was nicht schön war. Aber das bedeutet überhaupt nicht, daß hier irgendwelche Leute aus Westberlin oder von sonstwo das Recht haben, abzuwickeln, was nur irgendwie abzuwickeln ist, obwohl es sich die Menschen hier erarbeitet und zum Teil auch erkämpft haben. Das Geld, das der Regierende Bürgermeister von Berlin in den Abriß dieses Gebäudes *(gemeint ist der Palast der Republik, d. Hrsg.)* stecken will, viele Millionen, sollte er in den sozialen Wohnungsbau stecken.

Wir dürfen auch nicht zulassen, daß ganze Berufsstände ausgegrenzt werden, daß Menschen politisch ausgegrenzt werden, unabhängig von individueller Schuld, einfach nach globalen Maßstäben, und nicht zulassen, daß wir schon wieder eine Ausgrenzungspolitik erleben. Nein, die Menschen in diesem Lande sollen gleichberechtigt sein, das heißt auch Chancengleichheit beim Zugang zu Berufen – auch in Verwaltungen und sonstwo. Wer heute zuläßt, daß eine Gruppe ausgegrenzt wird, und nichts dagegen tut, der darf sich morgen nicht beschweren, daß er selber ausgegrenzt wird – ein Schicksal, das Lothar de Maizière gerade erlebt hat. Wir sind bereit, selbst mit ihm Solidarität zu üben, weil wir die Streichung ostdeutscher Politiker aus der gesamtdeutschen Politik nicht zulassen können. Es kann ja nicht im Ernst so sein, daß nur noch der PDS-Vorsitzende übrigbleibt, weil sie bei uns so schlecht rankommen ...

Es ist ein Akt der Demütigung der Menschen in diesem Teil Deutschlands, daß man ihnen sagt: Nichts bringt ihr zustande, keine Häuser, keine Arbeit, keine sozialen Leistungen, nicht einmal Politikerinnen und Politiker, die man vorzeigen kann – und zum Teil stimmt das ja leider auch. Aber wir hätten sie schon, wenn man nur jene lassen würde, die mit Vernunft, Verstand, Begabung und mit Herz und Intelligenz diese Welt verändern wollen. Es ist sicherlich gefährlich, Herrn Kohl zu unterschätzen. Aber ich finde, er sollte sich auch nicht überschätzen. Es gibt hier noch genügend Menschen, die in der Lage sind, Widerstand zu zeigen, und die nicht alles mit sich machen lassen, wenngleich im Augenblick vieles für das Gegenteil spricht. Wir werden es in den nächsten Wochen und Monaten beweisen. Unsere Partei kann das selbst nicht leisten. Aber sie kann einen Beitrag leisten, diesen Widerstand zu organisieren, den Menschen Mut zu machen und zu zeigen: Wir sind auch noch da, und wir sind nicht reine Schachfiguren auf dem Brett der Bonner Politik.

Wenn hier im Osten etwas abgewickelt gehört, dann sind es nicht die Theater und Museen, dann sind es nicht die sanierungsfähigen Betriebe, nein, dann ist es diese Treuhandanstalt. Ich verstehe manche Kritik an den alten Seilschaften. Aber ich warne auch vor den neuen Seilschaften. Und ich warne davor, wenn sich die alten und die neuen miteinander verbünden, wie es in der Treuhandanstalt offensichtlich der Fall ist. Dann werden die Menschen fast chancenlos.

Wenn die Treuhand schon nicht abgewickelt wird, dann sollte sie wenigstens transparent sein und der öffentlichen Kontrolle unterliegen. Sie arbeitet ja wie eine Geheimbündelei. Das muß beendet werden!

Lassen Sie mich am Schluß einen Wunsch äußern: den Wunsch, daß in diesem Deutschland und in dieser Welt etwas zunimmt, worüber jetzt kaum noch gesprochen wird und das so wichtig ist für die Menschen – damit meine ich nicht nur Gefühle, nicht nur das Herz, auch nicht nur den Umgang von Mitgliedern, auch in meiner Partei, miteinander, wir müssen noch mehr Solidarität lernen, sondern damit meine ich etwas anderes: Wir brauchen wieder ein Mehr an Kultur. Es ist unerträglich, zu erleben, wie Kultur abgebaut wird und an deren Stelle Unkultur gesetzt wird. Dann werden wir in der Barbarei enden. Aber davor bewahre uns unter anderem auch die PDS!

AKTUELLE STUNDE BETR. PROTESTE
ÜBER MANGELNDE TRANSPARENZ UND
KONTROLLE DER TREUHANDANSTALT
IM DEUTSCHEN BUNDESTAG
AM 10. OKTOBER 1991

Vizepräsidentin Renate Schmidt: Das Wort hat der Abgeordnete
Dr. Gregor Gysi.

(Zuruf von der CDU/CSU: Jetzt kommt der Fachmann!)

Frau Präsidentin! Meine Damen und Herren!

Das erste Problem bei der Treuhandanstalt besteht schon einmal darin, daß sie einen einzigartigen Zentralismus verkörpert,
der sogar noch weit über den Zentralismus hinausgeht, den man
in der früheren DDR bereits gewöhnt war.

(Zuruf von der CDU/CSU: Davon kennen Sie doch was!)

Aber da gab es immerhin noch ungefähr fünfzehn Industriemi-
nisterien. Jetzt macht das alles eine Behörde.

Der zweite große Mangel besteht darin, daß in diesem Organ
keinerlei Transparenz herrscht. Ich habe vor kurzem an einer
Art Talk-Runde an der Humboldt-Universität teilgenommen.
Dort erklärte der Stellvertreter von Frau Breuel auf eine entsprechende Frage: Kein Eigentümer redet über Verkaufspreise und
gute Geschäfte.

Da liegt schon das Grundmißverständnis: Er ist nämlich nicht
Eigentümer, sondern er verwaltet das Eigentum der ehemaligen
DDR-Bürgerinnen und Bürger, d.h. der Bewohnerinnen und Bewohner der neuen Bundesländer, jetziges Bundeseigentum. Insofern hat die Öffentlichkeit sehr wohl einen Anspruch auf Information.

Das ist übrigens nicht nur unsere Forderung. Wenn Sie heute
in der *Frankfurter Rundschau* den Bericht des Deutschen Insti-
tuts für Wirtschaftsforschung lesen, werden Sie feststellen, daß
dieses Institut eine deutliche Kurskorrektur, Transparenz und

Kontrolle verlangt. Das sind alles Industrielle und Wissenschaftler, die bisher hier gearbeitet haben und die aus ihrer Sicht sagen, daß die Treuhandanstalt so nicht weiterarbeiten kann.

Es wird in allen Zeitungen immer wieder über alte Seilschaften berichtet. Ich meine, wie hier schon angeklungen, daß die neuen Seilschaften dort beachtlichen Umfang angenommen haben. Wenn sie sich dann noch mit alten verbinden, wird es natürlich eine völlige Katastrophe.

(Kurt J. Rossmanith, CDU/CSU: Sehr wahr!)

Ja. Ich nenne Ihnen zwei Beispiele: Der Vorsitzende des Verwaltungsrates, Dr. Jens Odewald, ist zugleich Vorsitzender des Vorstandes der Kaufhof Holding AG, Köln, die sich u.a. mit der Durchführung von Immobiliengeschäften aller Art, einschließlich Immobilienentwicklung und der Verwaltung von Vermögen und Erwerb, Verwaltung und Veräußerung von Beteiligungen an in- und ausländische Unternehmen, beschäftigt. Über Beteiligungen ist die Kaufhof AG an mehreren Grundstücksgesellschaften beteiligt. Dr. Odewald ist bei der Treuhandanstalt auch im Fachausschuß Immobilien tätig.

Zweites Beispiel: Das Verwaltungsratsmitglied Klaus Piltz ist Vorstandsvorsitzender der VEBA AG, Düsseldorf, und im Aufsichtsrat der VEBA Kraftwerke Ruhr AG sowie der VEBA Oel AG. Die VEBA AG , Düsseldorf, die in der Liste der 500 größten deutschen Unternehmen 1990 mit einem Umsatz von 49,2 Milliarden DM den vierten Platz belegte, hält z.B. 100 Prozent des Aktienkapitals der Preussen Elektra AG, die am Zustandekommen des sogenannten Stromvertrages wesentlich beteiligt war, gegen den über 140 Kommunen der neuen Bundesländer vor dem Bundesverfassungsgericht klagen. Da wird deutlich, worin diese Seilschaften bestehen.

Der Direktor des Unternehmensbereiches 4, Niederlassungen, Dr. Wolf R. Klinz und der inzwischen beurlaubte Leiter des Bereichs Elektrotechnik/Elektronik Harald Lang, kennen sich auf Grund ihrer gemeinsamen Arbeit für den schweizerischen Elektrokonzern Landis & Gyr. Klinz arbeitete dort im Vorstand,

Lang wurde Chef der deutschen Tochtergesellschaft. Gemeinsam verscherbelten beide nach Pressemitteilungen die Geräte- und Reglerwerke, GRW, in Teltow für 1 DM.

Da wird ersichtlich, wie ungeheuer kompliziert es ist, wenn man sozusagen Wirtschaftseigentümer und -manager von bestimmten Betrieben zu Beamten macht, die dann an sich selbst oder an die mit ihnen Verbündeten verkaufen.

Was brauchen wir? Wir brauchen als erstes eine öffentliche Bilanz des Vermögens der ehemaligen DDR per 3. Oktober 1990, die immer noch nicht vorliegt. Wir brauchen eine öffentliche Bekanntgabe der Einnahmen und Ausgaben, und zwar konkret nach Regionen und Betrieben. Wir brauchen eine Einbeziehung der Betriebsräte und der zuständigen Gewerkschaften. Wir brauchen eine Rechenschaftslegung vor Bundestag, Landesparlamenten und Kommunen.

Wir brauchen endlich den Erlaß der Altschulden bei sanierungsfähigen Betrieben, insbesondere bei Wohnungsgesellschaften. Ich sage, es kann doch nicht im Ernst so sein, daß Sie alles, was es in der DDR gab, vernichten, und nur die Schulden sollen bleiben und über Jahrzehnte hin abbezahlt werden.

Wir brauchen die Überführung von Betrieben in kommunales Eigentum, die nicht saniert und nur als Immobilien verkauft werden. Dann wäre dieses Interesse weg, und die Kommunen könnten sich damit materiell, finanziell stärken und gleichzeitig auf soziale und ökologische Lösungen hin orientieren.

Wir brauchen endlich auch die Bereitschaft, Betriebe dort, wo Belegschaften bereit sind, sie zu übernehmen, den Belegschaften zu übergeben und sie dabei zu unterstützen.

Als letztes und Wichtiges füge ich hinzu – das müßte man natürlich länger ausführen –: Wir brauchen statt Finanzpolitik Wirtschaftspolitik. Um hier ein Signal zu setzen, müßte die Treuhandanstalt endlich dem Wirtschaftsminister und nicht dem Finanzminister unterstellt werden.

(Zuruf von der F.D.P.: Da hat er recht!)

Wir brauchen eine degressive Subvention – DIW hat übrigens

genau das vorgeschlagen –: Lohnsubventionierung statt Bezahlung von Kurzarbeit und Arbeitslosigkeit, und das degressiv, so daß sich die Betriebe darauf einstellen können, in welcher Frist – drei, vier Jahre – sie saniert sein müssen und marktfähig sein müssen. Dann hätten sehr viele Betriebe eine Chance. Arbeitslosigkeit könnte abgebaut werden, statt alles rundweg zu verschleudern, zu verkaufen und den Leuten keine Chance zu geben. Danke.

EINVERSTANDEN, ABER ...
Gespräch mit Wolfgang Ullmann über den
Mauerschützenprozeß, Markus Wolf und ein DDR-Tribunal.
Erschienen am 1. November 1991 in *FREITAG*.

FREITAG: Soll Herr Honecker vor ein Gericht der Bundesrepublik Deutschland gestellt werden?

Ullmann: Ja. Nach dem Interview, das Herr Honecker dem Fernsehen gegeben hat, ist diese Antwort unvermeidlich.

Gysi: Nein, es wird eine Blamage für die Justiz. Es ist überhaupt kompliziert, Politik zu kriminalisieren. Da muß man immer befürchten, daß es zu Rechtsbeugungen führt.

Also bleibt sein Verhalten folgenlos?

Gysi: Nein, ich wünsche mir, auch in bezug auf Honecker, eine wirklich öffentliche Aufarbeitung der Geschichte. Die wird über die Justiz eher verhindert.

Nun gibt es ja zur Zeit schon Prozesse, etwa den Mauerschützen-Prozeß. Und wenn man jetzt Herrn Honecker nicht vor Gericht stellt, ist schnell der Eindruck da: Die Kleinen hängt man, die Großen läßt man laufen.

Gysi: Ich halte auch nichts von dem Mauerschützen-Prozeß. Es gab aber viel Kriminalität, um die sich keiner kümmert. Es gibt Berichte von Leuten, die in Bautzen geschlagen oder sogar gefoltert wurden, mit Namen und Adresse. Aber es passiert nichts. Bei solchen Verfahren hätte man natürlich nicht den Showeffekt. Und man bräuchte auch keine ausgefallenen Rechtskonstruktionen. Da geht es um Dinge, die auch in der DDR immer strafbar waren.

Schließt das eine das andere aus?

Gysi: Nein.

Ullmann: Die Grundfrage, Herr Gysi, ist die: Wie definiert man Kriminalität? Es handelt sich um eine Form von Kriminalität, die von unserem Strafrecht – ausgehend von individuellen Tätern und individuellen Handlungen – überhaupt nicht faßbar ist. Wir brauchen offenkundig eine ganz neue Art von Rechtsprechung gegenüber der Kriminalität, die sich anonym und strukturell vollzieht, mit sehr vielen Beteiligten, deren Verantwortlichkeit in einem Verfahren erst auszumachen wäre.

Das ist aber etwas anderes als ein normales Strafprozeßverfahren.

Ullmann: Es ist durch den Mauerschützen-Prozeß, den ich auch so kritisch sehe wie Herr Gysi, zutage getreten, daß ein ernstes Delikt, eine Tötung, vorliegt. Dieses Verfahren darf aber nicht auf vier Leute reduziert werden. Dieser Prozeß ist also genauso falsch angelegt wie die berühmten KZ-Prozesse, in denen ein individueller Häftling den Nachweis aufbringen soll, daß ein bestimmter KZ-Aufseher ganz bestimmte Straftaten vollbracht hat. Richtig wäre es, von der Tatsache auszugehen, das das Errichten von KZs ein Verbrechen und eine Straftat ist.

Die Parallele zwischen KZs und DDR erscheint uns etwas befremdlich.

Ullmann: Ich will nicht rot gleich braun setzen – da müssen die Unterschiede immer deutlich bleiben. Aber es muß doch ein Anliegen aller sein, daß die deutsche und europäische Öffentlichkeit Klarheit gewinnt, was eigentlich in der DDR passiert ist. Herr Honecker hat nicht das mindeste Unrechtsbewußtsein, er hat ein Maß von Entschlossenheit, das man wirklich respektabel finden kann. Er hat im Fernsehen ja ganz deutlich gesagt, daß er in uns seine Feinde sieht. Es gab Befehle von ihm, die darauf hinausgelaufen wären, daß unsereiner an die Wand gestellt worden wäre. Es geht nun nicht um drakonische Strafen, die gegen ihn entwürdigend zu verhängen wären. Mit ihm soll so lange verhandelt werden, bis er wenigstens ansatzweise erkennt, daß er für etwas verantwortlich ist, was ich ohne zu zögern ein Verbrechen nenne.

Gysi: Das kann die Justiz nicht leisten. Die würde gerade eine öffentliche Auseinandersetzung mit Honecker verhindern. Bei dem Mauerschützen-Prozeß passiert nämlich, was ich immer befürchtet habe. Wenn innerhalb der Befehlslage eine strafrechtliche Verantwortlichkeit nicht gegeben ist, versucht man den Angeklagten nachzuweisen, daß sie die Befehlslage überschritten haben. Angenommen, auf dieser Grundlage würden sie verurteilt werden, dann ist das ein Freispruch aller Befehlsgeber. Nur die Kleinen würden bestraft. Deshalb sollte eine andere Form gefunden werden, über die ich mir noch nicht sicher bin. Dazu kommt: Wenn man jetzt einen Justizprozeß gegen Honecker führt, liegt die Gefahr nahe, daß dies wie Siegerjustiz wirkt.

Ullmann: Ich habe nicht den Eindruck, daß in diesem Fall Siegermentalitäten vorherrschend sind. So mußte der Rechtsausschuß des Bundestages in dieser Sache die Regierung drängen. Offenkundig wünscht unsere Regierung diese Prozesse nicht. Und, Herr Gysi, wir beide sollten uns einig sein, daß der Begriff Siegerjustiz in einem ganz bestimmten geschichtlichen Kontext sehr verdächtig ist, nämlich als Anzweifelung der Berechtigung und Legitimität des Nürnberger Tribunals. Müßte es nicht auch in Ihrem Interesse sein, daß man über nichtssagende, billige Vokabeln wie Stalinismus hinauskommt?

Gysi: Ich sehe das auch so, daß die PDS in einer besonderen Verantwortung steht, wenn es um die politisch-moralische und auch die völkerrechtliche Aufarbeitung der Geschichte geht. Da müssen wir uns, wenn zum Beispiel Honecker käme, etwas einfallen lassen. Wenn Honecker wegen irgendwelcher unbezahlten Rechnungen verurteilt würde, das würden viele Menschen zu Recht unerträglich finden.

Ullmann: Damit wir auf einen gemeinsamen Diskussionsboden kommen: Wir sind uns einig, daß das Strafrecht an seine Grenzen stößt. Und daß es auch einen bestimmten deutschen Legalismus gibt. In Deutschland wird Rechtsstaatlichkeit in der Regel legalistisch mißverstanden. Rechtsstaatlich ist, wenn man ein Gesetz hat. Mag dieses Gesetz noch so inhuman sein, aber es ist eben Gesetz und ergo legal. Diese Rechnung stimmt doch nicht.

Gysi: Dem stimme ich zu.

Ullmann: Nun hatte Genscher in Moskau bei der KSZE-Konferenz darauf hingewiesen, die Frage der Menschenrechte endlich aus dem Nebel des bloßen Moralismus herauszuholen und juristisch faßbar zu machen. Das ist auch mein Anliegen in dieser Sache. Wir sind da natürlich weit entfernt vom Strafrecht, wir sind aber im Rahmen der Rechtspflege und ihrer Institutionen. In der Menschenrechtskonvention wird darauf aufmerksam gemacht, daß sie auch unter Umständen angewandt wird, wo sie zum Zeitpunkt der Verletzungen noch nicht in Kraft gesetzt ist. Darauf mußte man gefaßt sein, zumal in Deutschland.

Herr Gysi. Sind Sie einverstanden mit der Idee, ein Forum, ein Tribunal über die DDR zu veranstalten?

Gysi: Ja, und zwar auch, weil der Begriff Rechtsstaatlichkeit von unseren Politikern und Politikerinnen in den Medien fast nur negativ gebraucht wird, bewußt und unbewußt. Der Rechtsstaat, heißt es, behindert uns, leider sind uns die Hände gebunden. Das ist eine gefährliche Entwicklung. So entsteht der Eindruck, Gerechtigkeit könne es nur gegen den Rechtsstaat geben. Auch deshalb verspreche ich mir etwas von einer öffentlichen Aufarbeitung, die keinen engen juristischen Rahmen hat. Diese Aufarbeitung muß allerdings eingebettet sein in die historischen Zusammenhänge. Ich kann nicht so tun, als ob die Mauerentscheidung von 1961 eine Privatentscheidung von Ulbricht war. Ich muß den Kalten Krieg sehen, die damalige Situation und den Einfluß der Sowjetunion.

Ullmann: Einverstanden, aber beim Mauerbau war der Artikel 4 der Menschenrechtskonvention relevant. Die Errichtung der Mauer hatte schlicht und ergreifend die Folge, daß 16 Millionen als Leibeigene behandelt wurden. Sonst hätte man ja nicht das Delikt der Republikflucht haben können.

Herr Ullmann, warum reicht keine öffentliche Auseinandersetzung, die die Anatomie dieses DDR-Staates offengelegt plus die strafrechtliche Behandlung von Verbrechen? Warum die Forderung nach einem rechtsverbindlichen Tribunal?

Ullmann: Man kann sich nicht darauf beschränken, über die Grenzen des Strafrechts zu klagen und dann, was ich noch besorgniserregender finde, zu philosophieren über die Möglichkeit von Amnestie. Das soll einen schönen geraden Schlußstrich ziehen und bedeuten: So, dieses Kapitel ist beendet. Das wird ein sehr schnell durchlöcherter Schlußstrich werden. Irgendwelche Leute bringen dann irgendwelche Akten aus irgendwelchen Winkeln hervor. Und schon geht die schädliche Debatte weiter, und wir werden nach wie vor im unklaren bleiben über das, was ich als eine Konspiration gegen die Demokratie bezeichne. Alle Demokraten müßten ein gemeinsames Interesse haben, das mit rechtlicher Verbindlichkeit ans Tageslicht zu bringen und in ein Urteil zu fassen.

Gysi: Im Ergebnis könnte das stehen. Wenn daraus später ein Rechtssetzungsakt werden würde, dann hätte die Sache auch für die Zukunft etwas gebracht. Es hätte dann vielleicht sogar Bedeutung für unsere Verfassungsdiskussion, für die Frage einer Verfassung eines vereinigten Europas. Das wäre mir viel lieber als eine enge juristische Bearbeitung des Berliner Landgerichts.

Wie steht es mit dem Einwand, daß es schwer verständlich sei, über ein Land ein politisches Tribunal stattfinden zu lassen, das berüchtigt war für seine politische Justiz. Auch Herr Schäuble argumentiert so. Wird mit einem rechtsprechenden Tribunal nicht der Rechtsstaat ausgehebelt?

Ullmann: Ich habe Herrn Schäuble schon gesagt, daß dies derselbe Einwand ist, der gegen das Nürnberger Tribunal aufgebracht wurde. Was wäre passiert, wenn man mit diesen Prinzipien und mit dieser restriktiven Justizpolitik gegenüber der Nazi-Führung vorgegangen wäre? Es wäre so ausgegangen wie der Tisch-Prozeß über nicht bezahlte Rechnungen. Das eigentliche Vergehen, die Verschwörung gegen den Frieden und die Verbrechen gegen die Menschlichkeit, wäre nicht verhandelt worden.

Gysi: Ein problematischer Vergleich: Wir haben keine Siegermächte wie am Ende des Zweiten Weltkrieges, die wegen des Leids, der Zerstörung der Dörfer und Städte, der vielen Toten unter der Zivilbevölkerung jetzt auch das Recht haben zu sagen, daß Völkerrechtsnormen verletzt worden sind. Es ist also ein unzulässiger historischer Vergleich, weil er die Gefahr der Bagatellisierung der Verbrechen zwischen 33 und 45 ermöglicht. Bei einem Tribunal zur DDR müßte etwas anderes herauskommen, um wirklich in der Rechtsgeschichte einen Schritt weiterzukommen.

Sie meinen also eher eine Art Russel-Tribunal?

Gysi: Ja, eher.

Aber das hatte eine sehr beschränkte rechtspolitische Wirkung.

Ullmann: Das Russell-Tribunal hatte mehr moralische Funktionen und wollte motivieren zum gesellschaftlichen Widerstand.

Das ist sicherlich legitim, sollte jetzt aber nicht auf der Tagesordnung stehen. In gewissen Punkten – Stasi, Geheimdienste, Schalck-Golodkowski – muß tatsächlich etwas offengelegt werden. Das ist aber, was meine Intentionen anbelangt, nicht die Hauptsache. Ich denke in ähnlicher Richtung, wie das Herr Gysi gerade geschildert hat. Freilich füge ich eine Bemerkung dazu: Das Tribunal müßte Judikabilität und rechtliche Sanktionen einschließen.

Das Dauerthema Markus Wolf: Hier gibt es wichtige Abweichungen von anderen Verfahren. Wolf wird vorgeworfen, er hätte den verfassungsmäßigen Bestand der Bundesrepublik angegriffen. Ist dies nicht doch Siegerrecht?

Gysi: In jedem Staat ist die Spionagetätigkeit auch strafbar, wenn sie von außen begangen wird. Das ist zunächst nicht unüblich. Deshalb reisen die Verantwortlichen der Spionagedienste auch selten in die Länder, in denen sie Spionage organisieren. Damit ist natürlich nicht der Fall gemeint, daß der Staat aufgelöst wird und in irgendeiner Form Bestandteil des anderen Staates wird. Deswegen ist es problematisch und erweckt den Eindruck von Siegerjustiz, wenn Markus Wolf jetzt angeklagt werden soll, obwohl er sich nach DDR-Recht korrekt verhalten hat. Man kann das Kapitel »zwei deutsche Staaten« nicht mit dem Hinweis beschließen, daß die Spione der einen Seite befördert werden und die von der anderen Seite vor Gericht kommen.

Ullmann: Die ganze Art und Weise, wie wir jetzt diskutieren müssen, ist in meinen Augen katastrophal. Die Kategorien des Kalten Krieges erweisen sich im nachhinein doch alle als lächerlich. Wir müssen feststellen, in welchem Ausmaß die deutsche Einheit auf deutsch-deutschem Filz errichtet worden ist. Honecker redet in dem Interview von Franz Josef Strauß genauso ehrfurchtsvoll wie westdeutsche Politiker. Das finde ich unerträglich. Auf diesem Niveau möchte ich nicht bleiben. Deswegen müssen wir zu anderen Kategorien kommen. Natürlich ist es ganz mißlich, von der guten und von der schlechten Spionage zu reden. Das scheint mir sehr fern von jeder Form von Rechtsstaatlichkeit zu sein. Nur: jemand wie Markus Wolf ist doch nicht so ein James-Bond-Typ, der abenteuerliche Aktionen machte, sondern der mitverantwortlich ist für den Fall Guillaume und noch ganz andere Dinge. Da bin ich wieder bei dem Thema Konspiration gegen die Demokratie. Da scheint mir nun Markus Wolf eine Schlüsselfigur zu sein. Das muß aufgeklärt werden.

Gysi: Das kann ich so nicht akzeptieren. Zum Beispiel bin ich davon überzeugt, daß Markus Wolf am Anfang seiner Tätigkeit felsenfest davon überzeugt war, wirklich für den Frieden tätig zu sein. Sehen Sie seine Herkunft, seine Familie. Das Ergebnis Ihrer Überlegungen, Herr Ullmann, ist: Spionage der einen Seite diente der Demokratie, und mithin war sie in Ordnung, die der anderen schadete der Demokratie, mithin war sie nicht in Ordnung und wird strafrechtlich verfolgt. Wenn danach verfahren würde, müssen Sie jede Einzelmaßnahme auf dieses Kriterium hin überprüfen. Ein unmögliches Unterfangen.

Ullmann: Entweder wir haben einen Konsens aller Demokraten, daß man nicht ungestraft gegen Menschenrechte, Gewissensfreiheit und politische Freiheit konspirieren darf, oder wir sagen: Amnestie, das war Kalter Krieg, ist jetzt vorbei und war alles nicht so gemeint. So kann es doch nicht gehen.

Gysi: Es wird heute doch deutlich, wie sehr die Bundesregierung die DDR stabilisiert hat. Man hatte sich auf die Zweistaatlichkeit eingestellt, und so fingen auch die Oppositionellen in beiden Staaten an zu stören. Es ist ja kein Zufall, daß die Grünen in die DDR nicht einreisen durften und man gleichzeitig darüber nachdachte, wie man die Opposition in der DDR möglichst ruhig halten kann, während andere Beziehungen ungestort verlaufen können. Das gehört mit zur Wahrheit der Geschichte der Beziehungen der DDR zur Bundesrepublik Deutschland.

Ullmann: Ich bin nicht einverstanden, wenn man sich jetzt ins Philosophische erhebt und sagt, es waren die Umstände, es war kalter Krieg. Es ist Unrecht an Menschen gewesen.

Hilft die Feststellung, daß die DDR ein krimineller Staat war?

Gysi: Ich verstehe diese Bewertung, weil es soviel Kriminelles, soviel Unrecht in diesem Staat gab. Aber der Staat als Ganzes war nicht kriminell. Wenn Sie das als Grundlage nehmen würden, dann müßten Sie jede einzelne Maßnahme der Bundesrepublik danach überprüfen, ob sie zur Stabilisierung dieses Systems beigetragen hat oder nicht. Wenn ja, war sie ein Verbrechen, weil sie eine Unterstützung eines verbrecherischen Systems war.

Ullmann: Ich habe in bezug auf die DDR den Begriff Staatskriminalität verwendet, weil ich davon ausgehe, daß staatliches Handeln selbst dazu geführt hat, daß man nicht nur im Einzelfall, sondern strukturell zu unrechten Handlungen gekommen ist. Das ist das Problem. Das hängt natürlich mit der historischen Situation, mit der Zweiteilung Europas zusammen. Aber die DDR hat in ihren Verfassungen von 1949 und 1978 selbst die Prinzipien der Demokratie anerkannt. Das ist ein deutlicher Unterschied etwa gegenüber dem Nationalsozialismus, der zwar die Ruine der Weimarer Verfassung hat stehen lassen, aber skrupellos Menschenrechte außer Kraft setzte. Die DDR hat auch, zwar nach langem Zögern, die Menschenrechtskonvention unterschrieben, sie hat am Helsinki-Prozeß teilgenommen. Ich will diese Maßstäbe auf sie selbst anwenden. Dadurch komme ich zum Ergebnis, daß die Praxis des MfS, des Mauer- und Grenzregimes, die Zwangssozialisierungen und die ganze Wahlpraxis nicht rechtens waren.

Ich wollte Sie, Herr Gysi, fragen, wie Sie darüber denken. Die erste Verfassung von 1949 erzielt doch schon eine antidemokratische Praxis in der Installierung der prinzipiellen Allparteienregierung. Ist das nicht die Wurzel aller Übel, daß die SED immer zwei Sachen zugleich wollte? Einerseits nach außen hin das Prinzip der Demokratie und die Menschenrechte akzeptieren, auf der anderen Seite aber immer Praktiken verfolgen, die ihr von Anfang an in undemokratischer Weise die Macht sicherte? Hat das nicht schon 1953 zum Aufruhr geführt und im Endergebnis zu einem künstlichen Staatswesen, das nur mit Gewalt aufrechterhalten werden konnte?

Gysi: Die Verfassung von 1949 war, von Ausnahmen abgesehen, ziemlich demokratisch. Es gab bedenkliche Regelungen, das ist wahr. Ich überlege nur, ob die historische Aufarbeitung der Entstehung der DDR, daß die DDR 1953 letztlich durch sowjetische Panzer gehalten wurde, jetzt justiziabel ist. Für mich ist in diesem Zusammenhang interessant, ob das Angebot eines neutralen, entmilitarisierten, einheitlichen Deutschlands und die Antwort von Adenauer, der eine nach Westen integrierte Bundesrepublik vorzog, nicht eine andere Entwicklung verhinderte.

Ullmann: Das ist ein ganz neues Thema, diese Nachkriegsentwicklung zu beurteilen. Ich bin ja nie ein Anhänger der jetzt so hochgelobten Westintegrationspolitik von Adenauer gewesen. Aber muß man daraus schließen, daß die Politik des anderen deutschen Staates zwangsläufig so aussehen mußte, wie sie ausgesehen hat?

Gysi: Das wollte ich damit nicht sagen.

Ullmann: Es haben sich nach dem Tod Stalins, vor dem 17. Juni, ganz andere Perspektiven eröffnet. Ich denke auch an den Prager Frühling. Das alles ist nicht nur aus Moskau unterdrückt worden. Eine Aufarbeitung dieser in meinen Augen tragischen Geschichte könnte zu dem Ergebnis kommen: Es war nicht zwangsläufig, daß die Ideale der Arbeiterbewegung einer gerechteren Sozialordnung in einem Stasi-Regime endeten. Daß es dazu gekommen ist, ist auch ein Thema von benennbaren Verantwortlichkeiten. Auch im Interesse der Arbeiterbewegung und im Interesse des Widerstandes gegen Hitler.

Gysi: Ich gebe zu, daß gerade durch den real existierenden Sozialismus auch in der DDR die Ideale der sozialistisch geprägten Arbeiterbewegung zutiefst verletzt worden sind. Das Ziel des Kommunistischen Manifestes besteht ja nicht nur in einer höheren sozialen Gerechtigkeit, sondern auch darin, eine Gesellschaft zu errichten, in der die Freiheit des einzelnen die Voraussetzung der Freiheit aller ist, nicht umgekehrt.

Ullmann: Das Statut der Kommunistischen Partei sieht aber leider dafür eine konspirative Organisation vor.

Gysi: Der Versuch in der DDR, nicht mittels Offenheit, Demokratie und Bürgerbeteiligung, sondern mittels Repression Ziele durchzusetzen, ist diskreditiert. Soweit dabei justiziable Verbrechen begangen sind, sind sie auch so zu bearbeiten. Soweit dabei politisches und moralisches Versagen aufgetreten ist, das nicht justiziabel ist, müssen wir politische und moralische Formen finden, um es aufzuarbeiten. Wir dürfen beides nicht miteinander vermischen.

DIESE BRD BRAUCHT VIEL, VIEL MEHR PDS
Aus dem Referat auf der 3. Tagung des 2. Parteitages
am 14. Dezember 1991

(...)

Regionalpartei oder gesamtdeutsche Partei

Die Ausdehnung der PDS auf ganz Deutschland, also auf die alten Bundesländer, hat sich leider nicht so vollzogen, wie wir – West- und Ostlinke – es uns gewünscht hatten. Vielleicht war das in der kurzen Zeit auch gar nicht möglich. Denkbar ist auch, daß wir nicht alle Wege gegangen sind, die uns dem Ziel näher gebracht hätten. Die Frage ist nur, worin das Ziel bestand. Schon in dem Begriff »Westausdehnung der PDS«, der oft gebraucht wurde, liegt ein Fehler, weil darunter verstanden werden könnte, ostdeutsche Strukturen einfach im Westen anzusiedeln. Das wollten wir nicht. Doch unsere Vorstellungen, wie es denn gehen könnte, waren ziemlich vage. Wenn ich betone, daß wir nicht versuchen sollten, ostdeutsche Strukturen einfach im Westen anzusiedeln, so bedeutet dies andererseits, es auch zu unterlassen, aus der PDS im Osten eine Westpartei stricken zu wollen. Die unterschiedlichen Kulturen und Erfahrungen, aus denen wir kommen, sitzen viel zu tief, als daß sie einfach überwunden werden könnten. Und da sind dann auch Einschätzungen fehl am Platz, wonach uns Politikangebote von Westlinken gemacht worden wären, die wir unzureichend genutzt hätten. Hier liegt eben schon ein falscher Ansatz, weil er bedeutet, eine Partei nach eigenen Vorstellungen formen zu wollen und zu können. Meines Erachtens sollte es darum gehen, die Unterschiedlichkeit von Linken aus dem Osten und dem Westen produktiv zu machen und nicht länger als unüberwindbaren Gegensatz zu empfinden und zu artikulieren. Am aufgeschlossensten in den alten Bundesländern ist sicherlich die neue Generation. Die Schülerinnen und Schüler, die Studentinnen und die Studenten, die Lehrlinge. Wir sollten uns gerade an diese Generation wenden und benötigen dafür eine möglichst weit verzweigte und dezentrale Basisarbeit. Dabei müssen wir uns verstärkt auch an linke Gewerkschafter, linke Intellektuelle, an Menschen wenden, die in der Friedensbewegung, in der Frauenbewegung, in ökologischen Organisationen oder in anderen Bewegungen aktiv sind. (...)

PDS und Sozialdemokratie

Die SPD versteht sich als Opposition gegen die Regierung im Rahmen der bestehenden gesellschaftlichen Verhältnisse mit dem Ziel, möglichst bald wieder Regierungsverantwortung zu übernehmen, um Reformen zur Verbesserung und Stabilisierung der gegebenen gesellschaftlichen Verhältnisse durchzuführen.

Die PDS steht dagegen nicht nur in Opposition zur Regierungspolitik, sondern zu den kapitalistischen Verhältnissen überhaupt. Nicht sie zu erhalten, sondern sie zu verändern und schließlich zu überwinden ist unser Ziel. Trotz dieses prinzipiellen Unterschieds wird es in vielen Sachfragen auch Übereinstimmung mit der SPD geben. Wir sind an keinem neuen Feindbild in bezug auf die SPD interessiert, sondern zur Zusammenarbeit bereit. Dabei gilt es, die Realitäten zur Kenntnis zu nehmen. Ohne oder gegen die Sozialdemokratie werden Veränderungen gesellschaftlicher Strukturen in Richtung sozialer Gerechtigkeit, Abbau patriarchalischer Strukturen, ökologischer Umbau letztlich kaum durchsetzbar sein. Andererseits müssen wir es aber auch lernen, deutlicher unsere Kritik sozialdemokratischer Politik dort zu äußern, wo wir sie für kritikwürdig halten. Beispielhaft sei hier nur auf die sozialdemokratische Position in der Asylfrage oder hinsichtlich des Einsatzes deutscher Soldaten unter UNO-Herrschaft verwiesen. Und eines ist natürlich schon interessant, je sozialdemokratischer die Positionen der Grünen werden – in welcher Ampel auch immer –, desto weiter entfernen sie sich von dem, für das sie mal angetreten waren. Ich finde, wir werden wirklich immer wichtiger. Das merken auch andere. (...)

Ziel ist Abschaffung patriarchaler Strukturen

Wir haben diesbezüglich Schwierigkeiten im Umgang mit der DDR-Vergangenheit. Viele von uns glaubten, die Frage sei in ihrem vorigen Leben schon gelöst gewesen. Aber trotz juristischer Gleichstellung und ökonomischer Unabhängigkeit der Frauen in der DDR passierte in Wirklichkeit nichts weiter als nur die Linderung von Wirkungen des Patriarchats, seine Strukturen blieben unangetastet. Unter anderem deshalb ist es möglich, daß Frauen ohne wesentlichen Widerstand den Abbau ihrer Rechte hinnahmen und Männer so schnell wieder in die Rolle des »Haushaltsvorstandes« schlüpften. Erst die wirkliche Umverteilung der reproduktiven Arbeit, die Teilung von Verantwortung dafür sowie die gleichberechtigte Einbeziehung von Frauen in gesellschaftliche Entscheidungen hätten ein Aufbrechen patriarchalischer Strukturen bewirkt. Dies blieb den Männern jedoch erspart. Besser gesagt, sie wußten es zu verhindern. Vielleicht ist es sogar so, daß die Beibehaltung des Patriarchats im umfassenden Sinne eine der Ursachen für den Untergang der DDR war. Das soll aber keineswegs bedeuten, die in der DDR erreichten Fortschritte bei der ökonomischen Eingliederung und sozialen Unabhängigkeit von Frauen, hinsichtlich der Fristenlösung beim Schwangerschaftsabbruch, der Versorgung mit Kindertagesstättenplätzen etc. gering zu schätzen. Jetzt sollen den Frauen selbst diese schon erreichten Fortschritte genommen werden. Wir werden jede Maßnahme, jede Gesetzesinitiative unterstützen, die ein Stück Emanzipation für die Frauen nach sich zieht. Wir dürfen aber das Gesamtziel, die Abschaffung der patriarchalen Strukturen nicht aus dem Auge verlieren, weil anders eine Emanzipation des Menschen nicht zu erreichen ist. Unsere Utopie von einer Gesellschaft, in der die Freiheit des einzelnen Vorausetzung der Freiheit aller ist, kann nur dann verwirklicht werden, wenn sie die Freiheit des einzelnen eben auch auf die einzelne bezieht. Und anders ist letztlich auch eine Selbstverwirklichung des Mannes nicht möglich. Nicht nur die oder der Unterdrückte ist unfrei, sondern auch der Unterdrücker. Der Kampf um die Abschaffung des Paragraphen 218 des Strafgetzbuches ist also von ausschlaggebender Bedeutung. Geht es doch darum, daß hier die Weichen gestellt werden, ob es ein Mehr an Selbstbestimmungsrecht der Frauen oder eine Verfestigung patriarchalischer Strukturen geben wird. Realistisch müssen wir bekennen, daß auch in der PDS nach wie vor patriarchalische Strukturen herrschen. Die Quotierung ist ein Mittel dagegen, aber eben nur eines. Es wäre sicherlich eine Illusion, davon auszugehen, daß es real möglich ist, eine in jeder Hinsicht antipatriarchalische Struktur der PDS quasi als Oase, abgehoben von den ansonsten herrschenden gesellschaftlichen Verhältnissen, zu schaffen. Aber deutlich werden muß, daß wir wenigstens ernsthaft bemüht sind, uns unseren eigenen politischen Aussagen Schritt für Schritt zu nähern. (...)

Positionen weitgehender Übereinstimmung innerhalb der PDS

Erstens: Die kapitalistische Gesellschaft ist nicht das letzte Wort der Geschichte, es sei denn im Sinne des letzten Wortes vor dem Untergang der Menschheit.

Zweitens: Die kapitalistische Produktions- und Lebensweise, ihre Ausbeutungsverhältnisse und ihr Expansionismus sind die Hauptursachen für die gegenwärtige Existenzkrise der Menschheit.

Drittens: Die menschliche Zivilisation hat nur dann eine Überlebenschance, wenn schon in absehbarer Zeit radikale – und das heißt an die Wurzeln greifende – Wandlungen in der

Gesellschafts-, Wirtschafts-, Individualitäts- und Weltentwicklung durchgesetzt werden. Es geht also um sozialistische Ziele. Und wenn wir hinsichtlich dessen, was sozialistische Ziele sind, im Konkreten auch unterschiedliche Definitionen verwenden, so besteht meines Erachtens weitgehend Einigkeit bezüglich der Forderungen nach Sicherung des Friedens und radikaler Abrüstung, nach sozialer Gerechtigkeit, nach tiefgreifenden Vergesellschaftungsprozessen, nach einem neuen Verhältnis zur Natur, nach Abschaffung sämtlicher patriarchalischer Strukturen, nach einer solidarischen Weltwirtschaftsordnung und anderen radikalen Veränderungen mit dem Ziel, die Emanzipation des Menschen im Einklang mit der Natur zu verwirklichen, was voraussetzt, Herrschafts- und Unterdrückungsverhältnisse zu beseitigen und jegliche Diskriminierung von Menschen wegen ihres Geschlechts, ihrer Rasse, ihrer Nationalität, ihrer Weltanschauung, ihrer sexuellen Orientierung oder ihrer Behinderungen zu beseitigen.

Viertens: Meines Erachtens sind wir uns auch darin einig, daß wichtige Wege zur Erreichung dieses Ziels die permanente Demokratisierung und Erhöhung des Kulturniveaus in den gesellschaftlichen Verhältnissen sein sollte.

Fünftens: Politisch, ökonomisch, sozial, psychisch wird der Boden dafür bereitet, daß dieses größere Deutschland erneut zu einer schwer kalkulierbaren und damit nicht ungefährlichen Großmacht wird, der Boden für einen neuen deutschen Nationalismus. Diese Entwicklung kann und muß aufgehalten werden. Als Internationalisten tragen wir dafür große Mitverantwortung.

Meines Erachtens können wir vielleicht den Begriff des Grundkonsenses, den ich nicht so glücklich finde, in unserer Partei auf diese fünf sehr verkürzt formulierten Aussagen anwenden.

Die Folgerungen, die wir daraus ziehen, sind offenbar verschieden. Dennoch könnte ich mir denken, daß hinsichtlich folgender Feststellungen ein bestimmtes Maß an Einigkeit erzielt werden kann:

1. Linke in Deutschland sind gegenwärtig eine Minderheit. Das wird sich aus verschiedenen Gründen nicht sehr schnell ändern.

Eine Minderheit sind auch andere soziale, politische, kulturelle Kräfte, die in der einen oder anderen Frage im prinzipiellen Gegensatz zur heutigen Gesellschaft stehen.

2. Trotzdem muß in dieser Gesellschaft bereits heute wirksam eingegriffen werden, wenn die Selbstvernichtung der Menschheit und – ganz aktuell – der Kulturabbau verhindert – zumindest gebremst – werden sollen.

3. Eine linke, eine sozialistische Partei kann in dieser Gesellschaft nur konsequente gesellschaftliche Opposition sein. Das darf aber nicht heißen, daß sie unfähig wird, die ganze komplizierte Differenziertheit dieser kapitalistischen Gesellschaft zu sehen und zu analysieren, ihre Heterogenität, ihre Gestaltungsmöglichkeiten, ihre Freiräume zu verkennen und zu nutzen. Wir sollten uns für jede mögliche Veränderung gesellschaftlicher Strukturen einsetzen, die uns der Selbstverwirklichung der Menschen näher bringen.

4. Heute und nicht erst in einer anderen Gesellschaft müssen wir versuchen, zu neuen Mehrheiten beizutragen:

zu Mehrheiten, die radikale Abrüstung und ein entmilitarisiertes internationales Sicherheitssystem durchsetzen können, weil sonst Hochtechnologierüstung und militärische Konflikte diese Erde zerstören werden;

zu Mehrheiten, die das Recht auf Arbeit, Arbeitsförderung und soziale Grundsicherung durchsetzen;

zu Mehrheiten für den ökologischen Umbau der Gesellschaft, für eine wirklich alternative Verkehrspolitik, weil ansonsten Natur- und Kulturzerstörung ein Ausmaß annehmen werden, das jede sozialistische oder andere Alternative der Menschheit hinfällig macht;

zu Mehrheiten, die die patriarchalischen Strukturen überwinden und die Diskriminierung von Menschen aufgrund ihres Geschlechts oder aus anderen Gründen für immer beseitigen.

5. Außerparlamentarischer Kampf wird bei alledem Priorität für linke Politik haben, aber dennoch mit wirksamer Parlamentsarbeit verbunden werden müssen.

6. Zu hüten haben wir uns vor jeder Art linker Überheblichkeit. Bei aller Kritik an Spießertum und nationaler Borniertheit, an

ökologischer Kurzsichtigkeit und patriarchalem Konservatismus dürfen wir keine Arroganz gegenüber Menschen um uns herum aufkommen lassen. Jede Veränderung, die wir für notwendig halten, können wir nur mit ihnen gemeinsam erreichen, nicht für sie und schon gar nicht gegen sie.

7. Die Linke kann und darf ihre kulturellen Unterschiede nicht aufgeben. Pluralismus gehört zu ihrer Lebensfähigkeit. Weiterdenken, weiterdiskutieren ist selbstverständlich. Das darf uns aber nicht am gemeinsamen Handeln, an der gemeinsamen Aktion und an Entscheidungen hindern. Denn wir werden nicht in erster Linie daran gemessen, daß wir die Notwendigkeiten und Möglichkeiten der Veränderung dieser Gesellschaft so oder anders beurteilen, sondern daran, was wir für ihre Veränderung politisch wirksam unternehmen.

Zur politischen Situation in Deutschland

Der Kurs der Kohl-Regierung, im Eiltempo die DDR in die Alt-BRD einzuverleiben, stößt auf immer größere Schwierigkeiten. Die Sonntagsreden sind ebenso verhallt wie die Wahlversprechen. Die Sozialunion ist gescheitert. Ganze Regionen im Osten werden ihrer Industrie beraubt. Es ist keine Schwarzmalerei, wenn ich feststelle, daß in vielen Familien Unsicherheit und Perspektivlosigkeit beherrschende Momente des Lebens geworden sind.

Es gibt aber auch Anzeichen, daß sich Widerstand regt. Insgesamt gesehen deutet sich – wie schon oft in der Geschichte – als Reaktion auf das wirtschaftliche Chaos und die soziale Unsicherheit ein politischer Rechtstrend an, verbunden mit dem Versuch, die Linke als Sündenbock hinzustellen, etwa die PDS, deren Bereitschaft, sich nicht aus der Verantwortung für die Geschichte zu stehlen, von den Rechten mißbraucht wird. Wir nehmen die Signale von nationalistischen und Naziaktivitäten außerordentlich ernst. Es sind keine Einzelereignisse gewesen, die die Neonazis in Halbe veranstalteten. Die Waffen, die bei Neonazis in Chemnitz gefunden wurden, deuten auf die Gefahren hin. Die neu gegründete »Bundesdeutsche Volkspartei« erklärt offen, daß

Deutsche obdachlos würden, während in den Wohnungen Türken säßen. Geredet wird von »stolzen Deutschen« und »jüdischem Kapital«. Solche Töne sind dem Parteiprogramm der NSDAP entlehnt.

Wir rufen alle Demokraten in diesem Land auf, diesen Anfängen zu wehren. Trennendes beiseite zu lassen und diese nationalistischen und neonazistischen Kräfte nicht zum Zuge kommen zu lassen. Die jüngste Entwicklung hat dazu geführt, daß die deutsche Einheit über Anfänge nicht hinausgekommen ist. Dafür sind neue Mauern in den Köpfen entstanden. Das gegenseitige Unverständnis zwischen den Menschen in Ost und West ist größer geworden. Das halte ich für schlimm und gefährlich. Andererseits müssen wir feststellen, daß ein solcher Verlauf nahezu vorprogrammiert war. Wenn ständig neue Steuern, Gebührenerhöhungen etc. mit der deutschen Einheit begründet werden, die Ostdeutschen nur 60 Prozent der Löhne und Gehälter der Westdeutschen erhalten, Ostdeutsche auf den westdeutschen Arbeitsmarkt drängen, dann wird ein gegenseitiges Mißtrauen genährt.

Und schließlich: auch auf außenpolitischem Gebiet mehren sich negative Signale. Die Sorge, es könnte ein von Deutschland dominiertes Europa entstehen, das andere Länder an den Rand drückt, ist nicht unbegründet. Hinzu kommen die Versuche, sich militärisch auch außerhalb des NATO-Bereichs zu engagieren. Noch vor ein paar Jahren hätte Kanzler Kohl nach Maastricht gesagt, dort ist etwas Europäisches erreicht worden, und wir Deutsche hatten unseren Anteil. Heute sagt er, das alles trägt ganz deutlich deutsche Handschrift. Er macht gar keinen Hehl daraus, daß Europa für ihn deutsche Handschrift zu tragen hat, und ist auch noch stolz darauf. (...)

Treuhand enteignet Bevölkerung

Die Betriebe gehören nicht der Treuhandanstalt, sondern den ehemaligen Bürgerinnen und Bürgern der DDR, so daß sie eindeutig ein Recht auf Information und Mitentscheidung haben. Wir wenden uns entschieden gegen die Verschleuderungspolitik der Treuhandanstalt, die de facto eine Enteignung der Bevölkerung zugunsten des Kapitals bedeutet. Wie anders kann man es bewerten, wenn etwa ein Drittel des Volkseigentums, das der Treuhand untersteht, für nur 15 Mrd. DM veräußert wurde. Das sind nicht viel mehr als 10 Prozent des wirklichen Werts dieser Betriebe.

Würde die im Sachverständigengutachten vorausgesagte 10prozentige Steigerung des Bruttosozialprodukts 1992 in den neuen Bundesländern tatsächlich erreicht werden, müßte sich diese Zuwachsrate bis 1994/95 fortsetzen, damit das Niveau von 1989 wieder erreicht wird. Bei der Industrieproduktion würde es sogar bis zum Jahre 2003 dauern, und das Niveau der alten Bundesrepublik von 1991 würde bei einem solchen Zuwachs erst nach dem Jahre 2010 erreicht werden.

Viele junge, leistungsfähige, hochqualifizierte Facharbeiterinnen und Facharbeiter, Ingenieure und Wissenschaftlerinnen und Wissenschaftler verlassen auch weiterhin die neuen Bundesländer. Das für die Innovationsfähigkeit entscheidende Forschungs- und Entwicklungspotential ist in der Wirtschaft Ostdeutschlands auf etwa ein Drittel zurückgegangen. Leistungsfähige Forschungskapazitäten der Akademie der Wissenschaften, der Universitäten und Hochschulen vegetieren zum Teil ohne Perspektive dahin.

Es ist damit zu rechnen, daß sich die sozialen Folgen dieser Entwicklung weiter verschärfen. Die Massenarbeitslosigkeit im Osten Deutschlands wird 1992 bei 35-40 Prozent liegen. Damit wird sie höher sein als im Deutschland zur Zeit des Tiefpunkts der Weltwirtschaftskrise 1929/33 mit damals 30,5 Prozent. Der Anteil der Frauen an den Arbeitslosen nähert sich der Zweidrittelmarke.

Die Lebenslage vieler Menschen wird sich infolge starker Preissteigerungen, besonders wegen der Mieterhöhungen, verschlechtern. Das Wohnungsproblem wird sich in der gesamten Bundesrepublik und besonders in Berlin dramatisch verschärfen. Das gilt für die steigenden Mieten, aber auch für das steigende Wohnungsdefizit. Seit der Installierung der CDU/CSU-F.D.P.-Regierung in der alten Bundesrepublik ist der soziale Wohnungsbau dort praktisch eingestellt worden. Besonders skandalös ist, daß am 12. Dezember 1991 die Koalitionsmehrheit im Deutschen Bundestag einen Antrag abgelehnt hat, jährliche Mietsteigerungen in Berlin hinsichtlich der Altbauwohnungen auf maximal 10 Prozent zu beschränken. Armut und Obdachlosigkeit werden nicht nur in den neuen Bundesländern zu verbreiteten Erscheinungen werden. (…)

Gegen Diskriminierung und Rassismus

Dies ist eine Aufgabe, die unmittelbar unseren Alltag berührt. Internationalismus bewährt sich oder bewährt sich nicht in unserem Verhältnis zu unseren ausländischen Mitbürgerinnen und Mitbürgern in der eigenen Kommune, im Verhältnis zu den sowjetischen Soldaten auf unserem Territorium, Internationalismus ist etwas, das erlebt und vorgelebt wird – oder es bleibt eine abstrakte Formel. Die Welle des Rassismus und der Gewalt gegen Immigrantinnen und Immigranten, gegen Flüchtlinge in diesem Land fordert uns zum Handeln heraus. Deshalb haben wir uns entschlossen, auf diesem Parteitag über einen Leitantrag zu diesem Thema zu entscheiden. Es gab darüber in den vergangenen Wochen und Monaten zahlreiche Diskussionen, die sehr konstruktiv verliefen, und ich wünschte mir nur, daß wir auch auf anderen Gebieten zu einer so hohen Streitkultur fänden.

Wir haben als Partei in den letzten Monaten zu Fragen der Immigrantinnen und Immigranten, zur Flüchtlingspolitik ein eigenes Profil gewonnen, weil wir an langjährige Diskussionen in den alten Bundesländern anknüpfen konnten.

Noch wichtiger als die Diskussion sind jedoch praktische Schritte. Alle diesbezüglichen Initiativen müssen von uns unterstützt werden. Das gilt sowohl für den zivilen Schutz von Ausländer- und sogenannten Asylantenheimen als auch für Bemühungen um Integration ausländischer Mitbürgerinnen und Mitbürger oder für die bereits zur Tradition gewordenen Weihnachtseinladungen an sowjetische Soldaten. Überall, wo ausländische Mitbürgerinnen und Mitbürger beleidigt, diskriminiert oder mit Gewalt angegriffen werden, ist unser unmittelbares Eingreifen gefordert. Für das Demokratiedefizit in Deutschland ist es bemerkenswert, daß etwa 5 Millionen Menschen in diesem Lande elementare Grundrechte vorenthalten werden. Es geht nicht an, daß sich Tausende von Beamten allein damit beschäftigen, nun schon über 300 diskriminierende Gesetze und Verordnungen gegenüber Immigrantinnen und Immigranten durchzusetzen. Das undemokratische Ausländergesetz verfestigt die ungleiche Stellung einer großen Menschengruppe, die seit Jahren, zum Teil seit Jahrzehnten hier arbeitet, Steuern zahlt, den Mittelpunkt ihres Lebens in diesem Lande hat.

Dagegen fehlt ein Gesetz, das dringend nötig ist, ein Gesetz gegen Diskriminierung und Rassismus. Ich bin mir sicher, daß viele Politikerinnen und Politiker über Immigrantinnen und Immigranten anders sprechen würden, wenn sie sich auch ihnen zur Wahl stellen müßten. Wir werden daher die Forderung nach aktivem und paasivem Wahlrecht für Immigrantinnen und Immigranten auf allen Ebenen weiterhin erheben.

In Deutschland werden – wieder – Menschen überfallen, geschlagen, getötet, weil sie anders aussehen, weil sie keine Deutschen sind. Und es ist eine unerträgliche Heuchelei, wenn bestimmte Politikerinnen und Politiker im Bundestag sich darüber beklagen und zugleich Rassismus mit der scheinheiligen Asyldebatte schüren.

Liebe Genossinnen und Genossen, daß wir für ein uneingeschränktes Grundrecht auf Asyl eintreten, ist unter uns sicherlich unstrittig. Mit aller Entschiedenheit wenden wir uns gegen jede weitere Einschränkung dieses Grundrechts. Wir müssen aber über unsere Haltung zur Frage von Einwanderungsquotierungen diskutieren. Sicherlich ist es eine Realität, daß die Bundesrepublik Deutschland ein Einwanderungsland ist. Ich selbst wende mich gegen jede Einführung von Quotierungen. Es bedarf keiner prophetischen Gaben, um vorherzusagen, daß in den nächsten Jahren weltweit vielmehr Menschen zur Flucht gezwungen sein werden und sich auch die Zahl derer erhöhen wird, die in Deutschland Zuflucht suchen. Solange die Weltwirtschaftsordnung tagtäglich die Existenzgrundlagen von Millionen Menschen in der Welt vernichtet, werden Menschen aus Gründen der Sicherung ihres Überlebens ihre Heimatländer verlassen. Ein globales Problem kann nicht mit nationalstaatlichen Mitteln gelöst werden. Es müssen die Ursachen der Flucht beseitigt werden, alles andere läßt das Problem ungelöst.

Armut und Umweltzerstörung töten auch, treiben Menschen ebenso in die Flucht wie politische Verfolgung. Im übrigen wird mit den Zahlen der Asylbewerberinnen und Asylbewerber pure Angstmacherei betrieben. Es ist keinesfalls so, daß alle Flüchtlinge nach Deutschland kommen wollen. In diesem Jahr wird es in der Bundesrepublik Deutschland etwa 200.000 Asylanträge geben. Dem stehen 200.000 Umsiedlungen von Deutschen in die Bundesrepublik Deutschland und 300.000 angeworbene ausländische Arbeitskräfte gegenüber. Seit Jahrhunderten leben die führenden Industriestaaten auf Kosten der Dritten Welt. Noch heute ist es so, daß die dreifache Menge von Geld aus der sogenannten Dritten Welt in die Bundesrepublik fließt, wie wir als Entwicklungshilfe dorthin senden. Ich bin davon überzeugt, daß in dem Maße, in dem wir zulassen, daß das Elend und der Hunger der Dritten Welt auch unser Problem wird, die Bereitschaft wächst, radikale Veränderungen in den Austauschbeziehungen zu den armen und ärmsten Ländern dieser Welt herbeizuführen, d. h., eine neue Weltwirtschaftsordnung zu gestalten. Damit helfen wir uns letztlich selbst, weil dieses Problem ungelöst die gesamte Zivilisation gefährdet. Deshalb müssen wir meines Erachtens jedem Versuch, die Grenzen Deutschlands noch dichter zu machen, entschieden entgegentreten. Wer glaubt, in einer Festung Westeuropa leben zu können, während eine Milliarde Menschen in tiefster Armut lebt, während Millionen verhungern, der täuscht sich nicht nur, der verhält sich nicht nur inhuman, sondern der leistet eben auch einer unkalkulierbaren Entwicklung Vorschub. Abschottung ist noch keinem Staat gut bekommen, wie das Beispiel DDR beweist. Der Versuch, ein globales Problem gewissermaßen an der Grenze abweisen zu können, ist aussichtslos und gefährlich. Den Hungernden werden auch Visa-Bestimmungen nicht imponieren. Wir brauchen keine neuen Mauern. Wir brauchen die juristische und politische Anerkennung der Unteilbarkeit der Menschenrechte für alle.

Wir müssen lernen zu begreifen, daß die Menschheit ein einheitliches Ganzes bildet. Dafür sollte die PDS streiten, und ich hoffe, daß wir uns auf diese Grundsätze bei der Behandlung des diesbezüglichen Leitantrages verständigen können. (...)

Bemerkungen zu Honecker

Liebe Genossinnen und Genossen, ich will mich aus aktuellem Anlaß zu der Frage Erich Honecker ganz kurz äußern.

Erstens, ich bin wenig geeignet, dazu etwas zu sagen, weil ich sehr voreingenommen gegen ihn bin. Ich hatte mit einer Menge Schutt zu tun, bei dem ich der Meinung bin, daß er dafür in hohem Maße verantwortlich ist.

Zweitens bedeutet das aber nicht, daß ich mich an diesem unwürdigen Gesellschaftsspiel der gesamten Medien und der Bundesrepublik »Jagd nach Erich Honecker« auf irgendeine Art und Weise beteiligen werde. Ich würde die Verantwortlichen schon mal fragen, wie lange sie eigentlich glauben, damit Leute von ihren eigentlichen Problemen noch ablenken zu können. Wenn nun inzwischen in Berlin schon Figuren, die wie er aussehen, von einem angeblichen Künstler – für mich kann das keiner sein – aufgebaut werden mit dem Angebot, doch mit Eiern und allem möglichen nach ihm zu werfen, dann mache ich mir auch über Fragen des Humanismus inzwischen große Sorgen. Ich will das deutlich betonen.

Im übrigen bin ich dafür, Politik nicht zu kriminalisieren, sondern eben politisch-moralisch, historisch wirklich aufzuarbeiten. Dafür wäre es günstig, wenn er zur Verfügung stehen würde. Genau das wird aber verhindert, indem man meint, die juristische Variante beschreiten zu können. Ein Prozeß gegen Erich Honecker vor Gericht – das wird die größte Blamage für ihn, die Justiz und die Bundesrepublik Deutschland als Ganzes. Das kann ich als Anwalt versprechen. Und ich füge hinzu: Es ist nicht nur eine Frage der Würde, es ist auch eine Frage der Glaubwürdigkeit. Ich erkläre hier noch mal deutlich, ich habe in meinem ganzen Leben mit Herrn Honecker nie ein einziges Wort gewechselt. Ich habe mit ihm weder telephoniert noch gesprochen, noch Staatsbankette gegeben oder irgend etwas ähnliches. Dort sitzen überall noch die gleichen Leute. Und ich erinnere mich, wie Bundeskanzler Kohl von Erich Honecker bei der Tischrede beim Staatsempfang die Wiedervereinigung verlangt hat. Da frage ich mich, es hätte doch der Ehrlichkeit halber hinzugehört zu sagen: »Natürlich werden Sie anschließend samt Ihrer Grenzsoldaten sofort eingelocht.« Das ist das mindeste. Daran sieht man ganz deutlich, daß es keine Vereinigung, sondern ein Anschluß war. Und das soll nun auch justitiell hier zum Ausdruck gebracht werden.

Ich weiß, daß das alles nicht sonderlich populär ist und daß es viel populärer wäre, zu sagen: »Jagt ihn«. Aber auf diese Art von Populismus sollten wir uns nicht einlassen. Das haben wir nicht nötig. Bei aller scharfen Kritik, die wir an diesem Mann zu äußern haben, werden wir uns nicht zu inhumanen Äußerungen oder Handlungen hinreißen lassen. Das ist zumindest meine Position. Und für mich ist und bleibt auch wichtig, daß er jemand ist, der zehn Jahre während der Nazizeit gesessen hat. Im Unterschied zu anderen bin ich nicht bereit, das zu vergessen oder zu leugnen. (...)

NEHMEN WIR DIE OPPOSITIONSROLLE AN!
Aus dem Schlußwort auf der 3. Tagung des 2. Parteitages der PDS
am 14. Dezember 1991

(...) Ringen wir nicht um die Akzeptanz der Falschen, ringen wir um die Akzeptanz, die wir wirklich bei einer Vielzahl von Menschen erlangen können, indem wir zu unserem Standpunkt stehen. Also: Scheuen wir uns nicht davor, Opposition zu sein, sondern nehmen wir diese Rolle an, und zwar nicht nur als Opposition gegen die Regierung – wir gehen viel weiter –: als Opposition gegen diese gesellschaftlichen Verhältnisse, die hier herrschen und die dringend geändert werden müssen. Deshalb bleibe ich dabei: Wir haben kein Recht, mit dieser PDS zu spielen. Es gibt nicht soviel Besseres, das ist einfach das Problem. Ich kann mir ja auch viel, viel Besseres vorstellen, aber das ist einfach nicht da in dieser Bundesrepublik Deutschland. Und deshalb muß man mit dieser PDS etwas sorgfältiger umgehen, sie aber auch radikal entwickeln, damit sie eine nennenswerte politische Kraft bleibt. Entgegen allen Prognosen des Fernsehens, des Rundfunks und auch aus unseren eigenen Reihen: Ich behaupte immer noch – und ihr könnt mich dann gerne widerlegen, aber mal sehen, wer Recht hat –, 1994 sitzt diese PDS auch wieder im Deutschen Bundestag.

ERKLÄRUNG VOR DER UNABHÄNGIGEN KOMMISSION ZUR ÜBERPRÜFUNG DES VERMÖGENS DER PARTEIEN UND MASSENORGANISATIONEN DER DDR
Am 10. Januar 1992

Herr Vorsitzender, meine Damen und Herren!

Ich gebe ehrlich zu – offensichtlich einem Mißverständnis unterlegen –, mich nicht auf eine politische Stellungnahme vorbereitet zu haben. Dazu bin ich natürlich jederzeit in der Lage, weil ich mich in den letzten eineinhalb Jahren einigermaßen damit beschäftigt habe. Ich will Sie aber damit nicht aufhalten, denn das würde längere Zeit in Anspruch nehmen, da die Geschichte der PDS, der SED und der Vorgängerpartei der SED eine äußerst differenzierte und komplizierte ist. Sie ist eine Geschichte von unglaublichen Heldentaten und unglaublichen Verbrechen. Es ist eine Mischung, die in ihrer Differenziertheit so schwer zu erfassen ist, daß es wirklich ganz große Probleme mit sich bringt. Wenn ich die Leiden der beiden Vorgängerparteien, insbesondere auch der KPD in der Zeit zwischen 1933 und 1945 sehe, die zweifellos die größten Opfer gebracht hat, dann ist das die eine Seite der Geschichte. Aber es gibt auch die Geschichte der Diktatur, mit vielem groben Unrecht. Eine zusammenfassende moralische Bewertung vornehmen zu wollen ist bei Betrachtung der Gesamtgeschichte dieser Partei wirklich kompliziert und schwierig.

Das zweite, worauf ich in diesem Zusammenhang hinweisen will, denn das kommt häufig zu kurz, ist die Tatsache, daß die Opfer des Stalinismus überwiegend in den eigenen Reihen zu suchen sind. Das heißt, für die Geschichte der SED wie auch für die Geschichte der KPdSU u. a. entsprechende Parteien trifft zu, daß die Hauptauseinandersetzung immer in den Parteien stattfand. Die schlimmsten Prozesse fanden gegen Mitglieder der Partei statt, mit Todesurteilen und allem »Drum und Dran«. Das jetzt im einzelnen aufzuschlüsseln und auch moralisch zu bewerten, sehe ich mich außerstande.

Für mich ist deshalb ein anderes Thema ausschlaggebend. Der Gesetzgeber hatte beim Einigungsvertrag ausdrücklich nicht die Absicht, eine moralische Bewertung der Parteien vorzunehmen, sondern eine moralische oder eine rechtliche Bewertung des Erwerbs durch die Parteien vorzunehmen. Das sind zwei verschiedene Themen. Festzustellen ist aber, daß bei den Kriterien immer wieder der Versuch gemacht wird, über die moralische Bewertung einer Partei selbst auch die Frage des Erwerbs moralisch oder auch rechtlich zu bewerten. Das halte ich für falsch.

Des weiteren möchte ich sagen, daß es ein Ausgangspunkt der Überlegungen – dem ich auch zustimmen würde – war, eine Überprivilegierung bestimmter Parteien, so natürlich auch der PDS, im Rahmen der Vereinigung Deutschlands bei der politischen Willensbildung und Mitwirkung im Rahmen der neuen politischen Landschaft in der Bundesrepublik Deutschland zu verhindern. Damit verbunden war offensichtlich auch die Absicht, eine Unterprivilegierung auszuschließen, indem z. B. ausdrücklich festgelegt wurde, keine Einigung durchzuführen. Wenn man ja sagt zu einer politischen Partei, sie nicht verbietet und sagt, sie soll teilnehmen, sich demokratisch erneuern und auch bei der politischen Willensbildung eine Rolle spielen, das Recht haben, in Parlamenten zu sein, dann kann man nicht über die Finanz- und Eigentumsstrecke ihr Aus bestimmen. Das ist m. E. weder rechtlich noch moralisch gerechtfertigt. Hinzu kommt noch, daß wir keine West-PDS haben. Wir können somit nicht großzügig auf alles verzichten mit dem Hinweis, die Durststrecke macht in dieser Zeit unsere Westpartei schon wett. Wir haben sie einfach nicht. Es ist ein anderer Ausgangspunkt als bei anderen Parteien. Auf die Unterschiede zwischen den Parteien in der DDR will ich hier im einzelnen nicht eingehen. Das scheint mir auch nicht meine Aufgabe zu sein.

Lassen Sie mich jetzt zu den einzelnen Kriterien, die Sie erarbeitet haben, aus meiner Sicht Stellung nehmen. Natürlich ist auch das eine Mischung aus politischer, moralischer und rechtlicher Bewertung. Anders würde es letztlich gar nicht gehen.

Wenn ich Ihren Beschluß richtig verstanden habe, so haben Sie gesagt, daß Sie als materiell-rechtsstaatlichen Erwerb Enteignungen in der Zeit der Besatzungsmacht und Zuweisungen in dieser Zeit ansehen, die dazu führen, daß eine Partei etwas bekam, was ihr schon 1933 gehörte. Ich hoffe, daß ich das richtig verstanden habe. Dem würde ich zustimmen und wundere mich deshalb um so mehr, daß es nach wie vor Widerstand gibt, uns z. B. das Karl-Liebknecht-Haus endlich als materiell-rechtsstaatlich erworben zurückzugeben, obwohl der Beschluß des Oberverwaltungsgerichts sagt, daß es ein Zurückbehaltungsrecht nicht gibt. Dann haben Sie einen zweiten Fall angeführt und gesagt, wenn Enteignungen in dieser Zeit stattfanden und eine Partei etwas bekommen hat, was ihr vor 1933 nicht gehörte, dann ist das kein materiell-rechtsstaatlicher Erwerb. Um nun aus den Schwierigkeiten hinsichtlich des Briefwechsels beider deutscher Regierungen und der damit verbundenen Anlage zum Einigungsvertrag herauszukommen, sagen Sie, wir greifen ja nicht die Einigung an, sondern wir greifen damit nur die Zuweisungen im Rahmen der Enteignungen an, sozusagen den zweiten Teil des Rechtsaktes, nicht den ersten. Dazu würde ich gerne meine abweichende Meinung formulieren.

Zunächst einmal ist unter Juristen unstrittig, daß derjenige, der das Recht zur Enteignung hat, wenn man es ihm dann auch nachträglich zubilligt, selbstverständlich auch das Recht zur Zueignung hat. Es gibt kein Recht zur Enteignung ohne das Recht, daraus anderes Eigentum zu begründen. Ich glaube, daß das nicht nachvollziehbar ist. Derjenige, der das Recht zur Enteignung hat, kann ja sogar sich selbst zueignen. In diesem Fall wären das also die Besatzungsmächte. Wichtig ist, daß Grundlage der diesbezüglichen Befehle der sowjetischen Militäradministration in Deutschland das Potsdamer Abkommen und die Kontrollgesetze Nr. 2 und 10 waren, also die Kontrollgesetze aller vier Siegermächte. Im Kontrollratsgesetz Nr. 2 war durch die vier Siegermächte ausdrücklich geregelt, daß der jeweilige Oberbefehlshaber der Zone die Verteilung der enteigneten Güter vornimmt. So ist auch in allen vier Zonen verfahren worden. Auch nachdem das Grundgesetz für die Bundesrepublik Deutschland 1949 in Kraft trat, sind weder die Enteignungen der drei westlichen Besatzungsmächte noch ihre Zuweisungen jemals rückgängig gemacht worden. Daraus entnehme ich, daß die Bundesrepublik Deutschland mit den Enteignungen und Zuweisungen leben konnte – seit 1949.

Es scheint mir politisch unvertretbar zu sein, im Jahre 1991 oder 1992 oder 1993 hinsichtlich einer Besatzungszone die Zuweisungsentscheidungen aufzuheben, die 40 Jahre lang hinsichtlich der übrigen drei anderen Besatzungszonen nie angegriffen wurden. Ich will deutlich sagen, und davon bin ich überzeugt, daß die Kommission dazu nicht befugt ist, daß das auch den politischen Rahmen sprengt und daß das auch nicht Wille des Gesetzgebers war. Ich weise in diesem Zusammenhang darauf hin, daß der eine Befehl ausdrücklich lautet: »Zur Wiedergutmachung der Leiden und Opfer in der Zeit der nationalsozialistischen Herrschaft.« Sie müssen sich mal überlegen, daß Sie diesen Befehl praktisch aufheben und sagen, diese Wiedergutmachung streichen wir. Letztlich weise ich in diesem Zusammenhang noch darauf hin, daß zahlreiches Eigentum, sowohl der SPD als auch der KPD – ich muß mich hier zu beiden Parteien in diesem Zusammenhang einfach äußern, weil es historisch nun mal so ist –, das sie vor 1933 hatten, aus verschiedenen Gründen nicht zurückgegeben werden konnte. Zum einen, weil es zerstört war, zum anderen, weil es zweckentfremdet genutzt wurde, zum dritten, weil es durch die Besatzungsmacht genutzt wurde, und zum vierten, weil es zur Reparation verwandt wurde, z. B. wurden auch parteieigene KPD- und SPD-Druckereien abgebaut und in die Sowjetunion transportiert. Aus diesen Gründen erfolgte hier Substitutionsenteignung, d. h., daß zunächst KPD und SPD, später SED andere Objekte, Immobilien usw. bekamen. Das alles bitte ich Sie, im Zusammenhang zu sehen und dabei zu beachten, daß die PDS gegenwärtig noch über 13 oder 14 – das ist noch nicht ganz schlüssig – Immobilien verfügt, die durch direkten SMAD-Befehl auf der Grundlage der Kontrollgesetze 2 und 10 auf die damaligen beiden Vorgängerparteien bzw. die SED übertragen wurden. Das heißt, daß man sich auch des politischen Gewichts einer solchen Entscheidung der Rückgängigmachung bewußt sein muß. Letztlich geht es um 13 oder 14 Immobilien, nicht etwa um 100. Will man tatsächlich in dieses Besatzungsrecht mit allen politischen Konsequenzen, die das hat, eingreifen, auch wenn man den Umgang mit den besatzungshoheitsrechtlichen Entscheidungen vergleicht, die es damals in den drei anderen Zonen in Deutschland gab? Ich darf noch darauf hinweisen, daß es ja nicht nur die beiden Kontrollratsgesetze gab, sondern auf deren Grundlage auch mehrere Befehle. Ich hoffe, daß sie alle bekannt sind. Ich habe sie hier alle mit Nummern und Namen.

Schließlich gab es auch Verordnungen der Länder und der deutschen Wirtschaftskommission in dieser Zeit, die besatzungshoheitlich anzusehen sind, weil sie hier auf der Grundlage der Kontrollratsgesetze und der sowjetischen Befehle ergingen.

Diese Angelegenheit ist mir sehr wichtig. Ich habe deshalb etwas länger dazu gesprochen. Ich bitte Sie, sich auch die einzelnen Befehle anzusehen und wirklich zu überlegen, ob wir hier einen Rechtsstreit zu der Frage führen wollen – der letztlich gar nicht einmal in Deutschland enden würde –, ob diese besatzungsrechtlichen Zuweisungen tatsächlich wieder rückgängig gemacht werden können durch Ihre Kommission. Und wie gesagt, selbst vom materiellen Gehalt her lohnt es eigentlich auch nicht. Es ist nicht etwa der Großteil des Vermögens, sondern ein winziger Bestandteil, aber ein prinzipieller, ein politisch-moralisch prinzipieller.

Zweitens würde ich mich gerne zu den Mitgliedsbeiträgen äußern. Auch bei diesem Thema wird das Bild hinsichtlich der SED einseitig gezeichnet. Es gab keine Partei mit so viel Säuberungen, Sperrungen, Parteiüberprüfungen und Ausschlüssen wie etwa die SED – in den 50er Jahren geradezu kennzeichnend. In einem ganz bestimmten Rhythmus fanden Parteisäuberungen und Parteiüberprüfungen statt mit nach Zehntausenden zählenden Mitgliederverlusten, verbunden natürlich auch mit Beitragsverlusten. Vielleicht kann man sagen, obwohl auch das nicht so eindeutig ist, daß damals noch Wert darauf gelegt wurde, eine leninistische Kaderpartei zu sein. Sie wollten die Partei gar nicht unbedingt zu groß haben. Und dann gab es von Stalin und später auch von seinen Nachfolgern immer wieder angeordnete Parteisäuberungen, wo man sich insbesondere von Vertreterinnen und Vertretern der Intelligenz oder des Handwerks und was weiß ich zu trennen hatte, mit ganz umfassenden Ausschlüssen oder Rückstufungen in die Kandidatenzeit. Es gab bei der SED – und ich glaube, es war die einzige Partei – Beschränkungen auch dadurch, daß sie Kandidatenzeiten hatte, wo man also zunächst zwei Jahre, später ein Jahr warten mußte, um Mitglied zu werden. Also, so einfach ist das m. E. nicht hinzubekommen, von einer Zwangsmitgliedschaft zu sprechen. Das wird der Geschichte nicht gerecht. Richtig ist im Gegenteil, daß Mitgliederzahlen häufig künstlich gedrosselt wurden. Selbst in der Zeit, an die ich mich noch erinnere, war es z. B. so, daß man immer darauf Wert legte, den Arbeiteranteil nicht absinken zu lassen. Außerdem gab es immer sogenannte Intelligenzsperren, wo über Jahre nur Mitglieder aus der Arbeiterklasse aufgenommen wurden. Man muß eben die DDR kennen, um das zu verstehen.

So sah die Partei ja dann auch aus. Die Intelligenz nahm permanent ab, in jeder Hinsicht. Man muß sich die Mitgliederbewegung also genau ansehen. Der Eindruck, da sollten und mußten alle rein, ist einseitig. So war es nicht. Was die Karrieren über Parteimitgliedschaften betrifft, gilt für alle Parteien in der DDR, in erster Linie für die SED, daß die politischen Funktionen immer auch im Zusammenhang mit der Mitgliedschaft in bestimmten Parteien verteilt wurden. Wer heute in die F.D.P. geht, weiß, er wird nie Kanzler, aber z. B. Justizminister oder so etwas. Mit diesen Einschränkungen mußte man sich abfinden. Es gab z. B. Blockparteistellungen – Blockparteiarithmetik –, wonach soundso viel Richter im Obersten Gericht aus einer Blockpartei sein mußten. Schied einer aus, wurde ein neuer Blockfreund gesucht. Als Jurist hatte man in der Blockpartei, wenn man sich freundlich zur DDR verhielt, geradezu phantastische Chancen, weil die Zahl der Mitglieder, aber vor allem der Juristen, nicht so groß war. In der SED mußte man Riesenhürden überwinden, um einen anderen auszustechen. Meines Erachtens können wir hier nicht im nachhinein die Motivation des einzelnen zum Beitritt prüfen. Das ist auch gar nicht möglich. Wir haben die Mitgliederzahlen hinzunehmen, die es gab, und Beiträge, die gezahlt worden sind.

Ich darf auf einen beachtlichen rechtlichen Unterschied hinweisen. In der DDR gab es niemals eine Möglichkeit, Mitgliedsbeiträge gerichtlich einzutreiben im Unterschied zur Bundesrepublik. Wer nicht zahlte, konnte ausgeschlossen werden. Aber es konnte auf gar keinen Fall etwa das Geld eingetrieben werden. Das zu beachten, halte ich für wichtig. Absolut zutreffend ist, daß man beim MfS, bei der NVA oder sagen wir einmal auch bei der Staatsanwaltschaft nur als SED-Mitglied Karriere machen konnte. Aber unstrittig ist auch, daß derjenige, der dort hinging, zum Eintritt in die SED nicht mehr gezwungen zu werden brauchte. In der Justiz waren wie gesagt auch andere Parteien stark vertreten, sowohl als Justizminister wie auch als Präsident des Obersten Gerichts.

Wir hatten 1989 noch unter Honecker und der SED-Herrschaft z. B. Hunderttausende Austritte seit Januar. Es war also auch nicht so, daß man die Partei nicht verlassen konnte, wenn man das wollte. Natürlich konnte das zum Teil auch mit Nachteilen verbunden sein, in Abhängigkeit davon, was man gerade machte. Aber auch das hat es immer gegeben in der Geschichte dieser Partei.

Und dann würde ich gerne auf eine Frage in diesem Zusammenhang eingehen, die Sie selber aufgeworfen haben. Von welcher Mitgliederzahl wollen Sie denn beim Abschlag ausgehen? Da nehmen Sie jetzt ein Datum 1990. Das halte ich nun für überhaupt nicht gerechtfertigt, denn Sie können die Akzeptanz der PDS im Jahre 1990/1991 nach diesen Umbrüchen nicht mit der Akzeptanz der SED in den 60er, 70er oder gar 50er Jahren vergleichen. Nehmen wir doch mal den II. Parteitag 1947, als es noch gar keine DDR gab. Da hatte die SED 1,77 Millionen Mitglieder. Warum soll das nicht die Ausgangszahl sein? Warum könnte man nicht auch die Zahl von 1960 nehmen, da bis dahin jeder jeden Tag entscheiden konnte, ob er nach dem Westen geht und sich von diesem Regime und dieser Partei verabschiedet? Er konnte sich in die S-Bahn setzen und nach Westberlin fahren. Das war einschließlich 12. August 1961 möglich. Ich frage das nur, weil ich gerne wissen will, wie kommen Sie auf eine Zahl von 350 000? Wollte man jetzt die Geschichte des vereinigten Deutschlands rückproduzieren, dann müßte man meinetwegen 1947 oder 1948 nehmen. Aber da hatte die Partei schon an die 2 Millionen Mitglieder.

Ich glaube, daß man damit nicht hinkommt, und gehe deshalb davon aus, daß die Mitgliederbeiträge insgesamt materiell-rechtsstaatlich erworben worden sind. Wie gesagt, zumal sie auch nicht eingetrieben werden konnten, also zumindest nicht mit gerichtlichen Mitteln.

Zur Gewinnabführung der Betriebe:

Meines Erachtens ist hier seitens der F.D.P. das Stark-Gutachten nicht richtig wiedergegeben worden. Herr Stark sagte in seinem Gutachten – und da weicht genau die Kommission ab –, wenn der Betrieb nicht materiell-rechtsstaatlich erworben ist, stehen auch die Gewinne der Partei nicht zu. Es ist mir sogar aufgefallen, daß der einzige Punkt, wo Herr Stark der Partei etwas zubilligt, genau der Punkt ist, bei dem die Kommission abweicht von Herrn Stark, während im übrigen breite Zustimmung herrscht. Für mich ist die eine Logik völlig klar. Wenn der Betrieb nicht materiell-rechtsstaatlich erworben worden ist, kann auch die Fruchtziehung daraus nicht materiell-rechtsstaatlich sein. Wenn allerdings der Betrieb materiell-rechtsstaatlich erworben worden ist, dann bin ich der Meinung, ist selbstverständlich auch die Fruchtziehung daraus materiell rechtsstaatlich. Die Gegenargumente, die dazu aufgemacht sind, sind nicht überzeugend. Da wird als erstes darauf hingewiesen, daß es keinen Wettbewerb in der DDR gab. Das galt im weitesten Sinne des Wortes für jeden Betrieb, das galt sogar für jeden Handwerksbetrieb. Denn es gab ja oft nur einen Bäcker im Ort. Aber Sie wollen doch nicht im Ernst dessen Gewinne deshalb als nicht materiell-rechtsstaatlich bezeichnen, nur weil er keinen Konkurrenz-bäcker hatte. Also, der Wettbewerb war in der DDR überhaupt nicht sonderlich entwickelt, weder beim privaten Handwerk noch bei volkseigenen Betrieben, noch in anderen Bereichen. Das rechtfertigt m. E. keine Einziehung von Gewinn.

Zweitens ist in diesem Zusammenhang zu sehen, daß zahlreiche Betriebe der Zentrag reine Defizitbetriebe waren, d. h., die Monopolstellung wurde diesbezüglich nicht genutzt. Es gab keine Zeitung, die nicht ein Defizit verursachte, und sie lebten alle von Subventionen. Die hat die Zentrag selbst bezahlt, aus Gewinnen natürlich sowie aus anderen Betrieben. Sie hat aber nicht etwa die Monopolstellung genutzt, um die Produkte, insbesondere Bücher, Zeitungen so teuer zu machen, daß Subventionen hätten wegfallen können. Weiter wird darauf hingewiesen, daß keine Gewinne an den Staatshaushalt abgeführt worden sind. Das ist ein völlig falsches Argument, weil der Gewinn bei Parteibetrieben natürlich nicht an den Staat, sondern an die Partei gegangen ist. Das kann ich nicht nachvollziehen.

Und das dritte Argument ist, daß keine Steuern bezahlt worden sind. Da ist etwas dran. Das ist eine Frage der indirekten Parteienfinanzierung, die stattgefunden hat. Aber das allein kann kein Kriterium gegen materiell-rechtsstaatlichen Erwerb sein, denn auch die Geschichte der Bundesrepublik Deutschland ist eine Geschichte von Steuerbefreiung verschiedenster Natur, auch für Parteien. Das kann somit kein Argument für die Behauptung sein, Gewinne seien nicht materiell-rechtsstaatlich, weil es Steuerbefreiungen gab. Selbst wenn es so wäre, könnte man höchstens nachträglich prüfen, welche Steuern materiell-rechtsstaatlich erforderlich gewesen wären. Das würde einen Abzug nach sich ziehen, aber nicht den Schluß, die Gewinne insgesamt, soweit sie von den Betrieben materiell-rechtsstaatlich erworben wurden, seien nicht materiell-rechtsstaatlich.

Sie äußern sich dann auch zu den staatlichen Zuwendungen. Dazu muß ich auf einen Unterschied hinweisen zwischen SED und den anderen Blockparteien. Soweit die anderen Blockparteien staatliche Zuwendungen in dem Zeitraum erhielten, bekamen sie diese zur freien Verfügung. Die SED bekam aus einem nicht erklärlichen Grunde nur Erstattungen für festgelegte Ausgaben. Man kann sich darüber streiten, ob das gerechtfertigte Erstattungen waren. Es waren immer klare Ausgabenpositionen, die durch staatliche Zuwendungen erstattet wurden, bis diese Zuwendungen überhaupt aufhörten. Interessant ist, daß es sich zunächst um einen großen Posten handelte. Ab 1984 machte das etwa 4 Prozent der Einnahmen aus, ein ganz geringer Anteil. 1989 gab es das überhaupt nicht mehr. In den letzten Jahren gab es diese Zuwendungen nur noch für Stipendien. Davor waren es der Industrieausgleich, der Preisausgleich u. ä. Aber dazu muß man die Geschichte der DDR kennen. Es gab Industriereformen, wo der Aufkauf von Rohstoffen sehr viel teurer wurde, aber das Endprodukt nicht teurer werden durfte. In dieser Zeit bekamen alle Betriebe und Einrichtungen, Kirchen, jeder volkseigene Betrieb, so auch Parteien und Organisationen diese Differenz erstattet, weil sonst der Endverbraucherpreis nicht zu halten gewesen wäre. Mit den Jahren mußte das abgebaut werden, und es wurde auch abgebaut. Damit hörte diese Art von Zuwendungen auf. Da dies alles Erstattungen waren, ist es für mich eigentlich ohne Interesse, denn sie sind verbraucht. Das war immer eine klare Abrechnung: die Partei bekam die staatlichen Zuwendungen und tätigte entsprechende Ausgaben für die staatlichen Zuwendungen und tätigte entsprechende Ausgaben für die Lehrausbildung bei der Zentrag, für Industriepreisausgleiche. Alles war zweckgebunden und damit, zumindest bei der SED, verbraucht. Hinsichtlich der anderen Parteien kann ich dazu nichts sagen. Daraus ergibt sich m. E., daß hinsichtlich des vorhandenen Geldes überwiegend sogar vom materiell-rechtsstaatlichen Erwerb auszugehen ist, natürlich mit der Einschränkung bei Betrieben, soweit sie aus der Enteignung stammten. In der DDR-Zeit gehe auch ich davon aus, daß sie nicht materiell-rechtstaatlich erworben sind. Ich stimme auch den Kriterien dort zu, wo Kauf oder Tausch oder irgend etwas durch Nötigung erfolgt ist. Das ist völlig klar. Darüber braucht man nicht zu diskutieren. Aber ich stimme deshalb nicht auch der Aussage zu, daß jeder Kauf hinfällig sei, weil sowieso fast nie materiell-rechtsstaatlich erworbenes Geld vorhanden gewesen wäre. Das sehe ich anders.

Ich möchte mich deshalb noch zu der Frage der Tauschverträge bezüglich Grundstücken äußern und auf eine beachtliche Schwierigkeit hinweisen. Ich habe ja nichts dagegen, wenn Sie sagen, diese Tauschverträge sind alle ungültig. Aber ich möchte wenigstens auf die Kompliziertheit hinweisen. Der Großteil, z. B. der KPD-, aber auch einiger SPD-Grundstücke – wobei ich jetzt mal nur von den KPD-Grundstücken ausgehe –, die schon vor 1933 da waren, also Immobilien, sind in diesen Tauschverträgen Volkseigentum geworden. Wenn Sie die Tauschverträge als nichtig betrachten von vornherein, dann heißt das natürlich auch, daß die PDS wieder Eigentümer wird.

Ich will mich jetzt noch zu den Verrechnungen äußern, die Sie vorschlagen, und dazu meine Bedenken vorbringen. In Übereinstimmung mit der Kommission gehe ich davon aus, daß Zahlungen oder Rechtspflichten, die Zahlungen nach sich zogen, soweit sie vor dem 7. Oktober 1989 begründet wurden, aus dem ungeteilten Altvermögen zu erfolgen haben. Ebenso übereinstimmend gehe ich davon aus, daß für Zahlungen oder begründete Rechtspflichten bis 31. Mai 1990 ungeteiltes Altvermögen herhalten muß. Ich glaube, daß es da keinen Widerspruch gibt. Der Widerspruch beginnt mit dem 1. Juni 1990. Da gibt es zunächst einen formalen Dissenz, der bisher wenig beachtet worden ist, nämlich die Frage, wann überhaupt die treuhänderische Verwaltung begann. Alle gehen vom 1. Juni aus, weil das so im Gesetz steht. Aber auch in der DDR galt, daß ein Gesetz vor Verkündung nicht in Kraft treten kann, in der Regel 14 Tage nach Verkündung. Aber das Gesetz konnte auch anderes beschließen, z. B. ein späteres Inkrafttreten wie in der Bundesrepublik Deutschland. Das Gesetz ist am 12. Juni verkündet worden. Meines Erachtens ist es völlig undenkbar, ein Gesetz in Kraft treten zu lassen, solange es nicht im Gesetzblatt verkündet ist. Das gibt es eigentlich nicht; auch hier nicht. Das hat z. B. für die Marx-Engels-Gesamt-Ausgabe-Stiftung ausschlaggebende Bedeutung. Leider ist das von dieser bisher nie vorgetragen worden. Ich möchte aber die Kommission darauf hinweisen, daß es ein Punkt ist, woran sich die Juristen gerne festhalten. Es geht um diese zwölf Tage, und die sind zumindest für uns nicht ohne Bedeutung.

Weiter will ich darauf hinweisen, daß hier m. E. eine Rückprojizierung der Maßstäbe des 3. Oktober auf den 1. oder 12. Juni – wie nun auch immer – stattfindet, was einfach nicht geht. Das will ich Ihnen auch begründen. Es geht deshalb nicht, weil auch unsere Informationen und unser Wissensstand völlig andere waren. Die Volkskammer hat am 31. Mai erstens das Parteiengesetz geändert und nichts weiter entschieden, als daß das Altvermögen per 7. Oktober 1989 unter treuhänderische Verwaltung kommt und daß Vermögensänderungen hinsichtlich dieses Altvermögens ab jetzt der Genehmigung des Vorsitzenden der Kommission bedürfen. Das war die gesetzliche Regelung.

Und dazu wurde ein Beschluß gefaßt, der immer vergessen wird. Und in diesem Beschluß standen zwei entscheidende Dinge drin, nämlich:

1. diese treuhänderische Verwaltung und die Art der Erteilung von Genehmigungen darf die eigenständige politische Tätigkeit der Partei nicht behindern;

2. es ist ein Gesetz vorzubereiten, mit dem festgelegt wird, welche Vermögensteile des treuhänderisch verwalteten Vermögens für gemeinnützige Zwecke eingesetzt werden.

Daraus ergaben sich zwei Dinge. Wenn es wirklich so gewesen wäre, daß wir alle politische Tätigkeit nach dem 1. Juni allein aus dem Neuvermögen hätten bezahlen sollen, wäre der Beschluß, daß die Kommission durch die Verwaltung des Altvermögens uns an der eigenständigen politischen Tätigkeit nicht hindern darf, völlig überflüssig gewesen. Im Gegenteil, dieser Beschluß bedeutete ja gerade, daß auch zur Finanzierung der eigenständigen politischen Tätigkeiten der Parteien das Altvermögen genutzt werden darf, nur eben mit Genehmigung der Kommission, und diese war verpflichtet, die Parteien an dieser Tätigkeit nicht zu hindern. Zweitens bedeutete es, daß man sich in ein Gesetzgebungsverfahren begibt, wozu es aber durch die schnelle Einheit nicht mehr kam. Nun sagt man, von dem, was jetzt noch da ist, was nicht für politische Tätigkeit verbraucht worden ist, geht dies und das für gemeinnützige Zwecke weg, und jener Teil bleibt der Partei. Damit aber in dieser Zeit nicht übermäßig viel oder nicht ohne Kontrolle verbraucht wird, mußten die Eigentums- und Vermögensveränderungen durch den Vorsitzenden der Kommission genehmigt werden, um schließlich zu dem Zeitpunkt, wo das Gesetz kommt, nicht sagen zu können, es ist leider alles weg. Das war die Logik. Deshalb mußten wir im Juni, Juli und im August auch nicht davon ausgehen, daß uns jetzt das damals mit Genehmigung für die eigenständige politische Tätigkeit eingesetzte Alteigentum auf Neuvermögen oder auf andere Vermögenswerte angerechnet wird. Das war gar nicht die Zielstellung der damaligen Gesetzgebung und auch nicht des Beschlusses der Volkskammer. Das ist bisher wirklich unzureichend herausgearbeitet worden.

Die nächste Stufe ist dann der 3. Oktober, der Einigungsvertrag 1990. Da entsteht natürlich auch hinsichtlich der Berechnung eine andere Qualität, weil nun das erste Mal bestimmt wurde, was damit zu geschehen hat, nämlich materiell-rechtsstaatlicher Erwerb zurück an die Partei und das andere für gemeinnützige Zwecke bzw. es geht an den ursprünglich Berechtigten oder seinen Rechtsnachfolger. Damit entstand auch eine andere Situation. Aber auch jetzt lief alles mit der Treuhandanstalt, und ich halte es für problematisch.

Wenn im Oktober 1991 das erste Mal ein Vorbehalt gemacht wird, die Ausgabe X unter der Bedingung zu genehmigen, daß sie verrechnet werden kann mit dem, was die Partei materiell-rechtsstaatlich erworben hat, oder mit ihrem Neuvermögen, obwohl das ein ganzes Jahr lang nicht gemacht, aber immer schon gemeint gewesen wäre, so ist das kein Umgang miteinander. Unter diesen Umständen hätten wir den einen oder anderen Antrag hinsichtlich der einen oder anderen Ausgabe gar nicht erst gestellt, zumal nicht vergessen werden darf, daß Anträge von uns mit der Begründung abgelehnt worden sind, dafür stehe kein Altvermögen zur Verfügung. Wollte die Partei das tun, dann müsse sie es aus Neuvermögen bezahlen.

Wenn man im Januar 1991 mit dieser Begründung einen Antrag ablehnt, einen anderen aber genehmigt, um nun zu sagen, natürlich geht das auch aus dem Neuvermögen, dann ist das einfach nicht fair. Wir wußten ja nie, ob ein Antrag genehmigt wird oder nicht. Wenn er nicht genehmigt wurde, war uns klar, daß wir entweder aus Neuvermögen bezahlen oder es sein lassen müssen. Wurde er uns genehmigt, dann war es aber auch klar, daß dem nicht so ist. Das im nachhinein zu ändern, halte ich für äußerst problematisch. Das Wichtigste war für mich, Ihnen den großen Unterschied zwischen der Zeit nach dem 3. Oktober 1990 und der Zeit bis zum 3. Oktober 1990 nachzuweisen.

Es bleibt eben äußerst schwierig, im nachhinein zu sagen, die Genehmigungen bezogen sich nicht auf das per 7. Oktober 1989 bestehende Vermögen, für das die treuhänderische Verwaltung gilt, sondern auf Vermögen, das nie treuhänderisch verwaltet wurde. Im übrigen, die Argumentation mit der Trennung von Alt- und Neuvermögen scheint ja auch nicht zu greifen, die wurde so lange benutzt, bis wir nachweisen konnten, daß wir 14 Millionen DM völlig getrennt hatten, dann galt auch diese Argumentation nicht mehr, denn die 14 Millionen DM bekommen wir auch nicht zurück, obwohl sie einbezogen worden sind durch die Treuhandanstalt im August bzw. September 1991.

Ich möchte dann als letztes nur noch auf folgendes hinweisen. Ich glaube nicht, daß es diskutabel ist, daß die Kosten der treuhänderischen Verwaltung den Parteien auferlegt wurden, und zwar auch nicht hinsichtlich ihres Anteils, den sie zurückbekommen. Also entweder, es war nicht materiell-rechtsstaatlich und es wird für gemeinnützige Zwecke verwendet, oder es geht an ursprünglich Berechtigte zurück, dann war die treuhänderische Verwaltung in deren Interessen, und dann müssen aus diesem Eigentum auch die Kosten gedeckt werden. Oder es stellt sich heraus, es war materiell-rechtsstaatlich erworben, und es bekommt eine Partei zurück, dann war ja die treuhänderische Verwaltung eher eine unzulässige Einschränkung der Eigentümerbefugnis für einen bestimmten Zeitraum, zwar nicht unzulässig im gesetzlichen Sinne, aber auf jeden Fall eine Einschränkung, die normalerweise einem Eigentümer nicht widerfährt. Dann zu sagen, die Kosten unserer Verwaltung in dieser Zeit bürden wir euch auf, weil ihr es nicht zu verwalten braucht, halte ich für äußerst problematisch, zumal es gegen den Willen des Eigentümers erfolgte.

Außerdem erscheinen mir hier die Kosten sehr willkürlich festsetzbar. Dagegen würde ich mich wehren.

Ich bitte Sie, nur noch zwei Dinge zu berücksichtigen. Bei den Mitgliedsbeiträgen habe ich auf ein Argument nicht hingewiesen, weil ich es nicht gerne benutze. Aber ich bekomme täglich Anträge von ehemaligen SED-Mitgliedern auf Rückzahlung ihrer Beiträge. Es gibt eine Entscheidung des Landgerichts Berlin, wo ein solcher Antrag als offensichtlich unbegründet und unzulässig zurückgewiesen wurde, weil ein solcher Anspruch nicht besteht. Wenn Sie sagen, ein Teil der Mitgliedsbeiträge ist nicht materiell-rechtsstaatlich erworben, gibt es ursprünglich Berechtigte. Das ist kein Fall für gemeinnützige Zwecke. Denn dann sagen Sie Zwangsmitgliedschaft; gegen seinen Willen hat er Beitrag gezahlt, und er hat einen Anspruch. Und da wünsche ich viel Spaß beim Herausfinden, welche der ehemaligen SED-Mitglieder einen Rückgabeanspruch haben und welche nicht, zumal das Landgericht Berlin schon nein dazu gesagt hat. Wir können das natürlich gerne versuchen. Dann haben wir aber etwa 1 Million Prozesse. Ich weise nur darauf hin, daß es sich nicht um einen Gemeinnützigkeitsfall, sondern um einen Fall von ursprünglich Berechtigten handelt. Das war Privatgeld, welches da einbezahlt wurde.

Ich würde gerne in diesem Zusammenhang noch auf einen Umstand hinweisen, der in Ihrem Beschluß gar keine Rolle spielt, aber der entschieden werden muß. Nehmen wir das Geld, was vorhanden war am 7. Oktober 1989. Nehmen wir mal an, letztlich kommen Sie zu einer Feststellung, 60 Prozent waren materiell-rechtsstaatlich erworben und 40 Prozent nicht oder umgekehrt – ganz egal. Meines Erachtens geht es nicht, zu sagen, das Ausgegebene war bis dahin das materiell-rechtsstaatliche und nicht ausgegeben war das sozusagen nicht materiell-rechtsstaatlich Erworbene. Auf dieser Grundlage würde dann alles einbehalten.

Wenn man also eine solche prozentuale Festlegung irgendwann treffen kann, dann hat sie auch für das vorhandene Geld per 7. Oktober 1989 zu gelten. Dabei bitte ich ferner zu berücksichtigen, daß wir an den Staatshaushalt 3 Milliarden und 41 Millionen Mark abgeführt haben, einen Betrag, bei dem wir davon ausgehen, das er nicht rechtmäßig erworben wurde. Das geschah auch mit der Begründung, daß es eine Finanzreserve außerhalb der Bilanz war. Es war Geld aus Gewinnabführungen, und wir haben es im Januar 1990 abgeführt. Das kann man nicht unberücksichtigt lassen bei der Zuteilung.

Letzter Hinweis von mir – ich sage das nochmals –, in diesem Einigungsvertrag steht drin, daß keine Enteignung stattfinden soll. Sollten die Beschlüsse der Kommission, so wie sie jetzt vorliegen, verwirklicht werden, ist es natürlich eine glatte Enteignung, und nicht nur das, sondern es geht eigentlich in die Minuswerte hinein. Ich halte das für sehr problematisch. Ich weise Sie auch darauf hin, daß Sie hier beim letzten Mal gesagt haben, daß die Renten ganz klar aus den Altmitteln bezahlt werden. Die Treuhandanstalt teilt uns aber mit, daß der Vorbehalt noch nicht aufgehoben werden kann, weil die Entscheidung der Kommission nicht klar ist. Ich bitte also, daß da Klarheit geschaffen wird.

Ich weise in diesem Zusammenhang darauf hin, daß das, was hier vorgeschlagen worden ist, auch für mich eigentlich der Weg ist. Ich möchte nochmal betonen, daß ich jederzeit bereit bin, sowohl zu einzelnen Vermögensobjekten als auch zum Gesamtvermögen eine Einigung abzuschließen. Mein Ziel ist nicht, soviel wie möglich Vermögen bei der PDS zu behalten. Mein Ziel ist, die Politikfähigkeit in materieller Hinsicht zu erhalten, und zwar nicht unter- und nicht überprivilegiert. Und wir sind bereit, uns von viel Vermögen – das muß auch nicht an eine Prozentzahl gebunden sein – zu trennen, und zwar ohne jede gerichtliche Auseinandersetzung. Das ist für uns nicht die Frage.

Wenn der Kommission an einer Klärung gelegen ist, und das gilt auch für die Treuhandanstalt, sage ich, daß wir dazu immer zur Verfügung stehen, sobald wir den Eindruck haben, wir sollen auch politisch tätig bleiben können. Und die dafür dringend notwendigen finanziellen und materiellen Werte stehen uns zur Verfügung. Dann sind wir hinsichtlich der anderen Fragen auch ohne jede rechtliche Prüfung bereit, uns zu verständigen, auch mit Verzichts- oder sonstigen Erklärungen, die gewünscht sind. Das will ich ausdrücklich betonen, und ich glaube auch, wie es hier vom Vertreter der F.D.P. in diesem Zusammenhang gesagt worden ist, daß das der bessere Weg wäre als der Weg einer zehn- oder fünfzehnjährigen gerichtlichen Auseinandersetzung, wovon wir alle nicht wissen, wie das Endergebnis aussieht.

DIE RÄNDER SIND DIE HOFFNUNG
Aus einem Gespräch zwischen Gregor Gysi und Heiner Müller
– mit Zuhörern – am 5. Juni 1992 im Alexander Verlag Berlin

Die Leute konnten in der DDR alles lernen über den Kapitalismus, aber nur theoretisch. Und das haben sie nicht geglaubt. Und über Sozialismus konnten sie eigentlich nichts lernen. Jetzt können sie den Kapitalismus erfahren und können sich erinnern an das, was mal als Sozialismus, als Programm in der Luft war. Aber nie Realität.

So geht es nicht, das haben sie erfahren. Und jetzt merken sie: So geht es auch nicht. Und daraus kommt für dich die Schlußfolgerung, man muß jetzt eine Organisationsform finden, die diese Erfahrung aufnimmt, multipliziert usw. Verstehe ich das richtig?

Mein Problem dabei ist: Wenn ich an Parteien denke, fällt mir sofort ein, so geht es sowieso überhaupt nicht. Deswegen bin ich als Politiker eigentlich nicht brauchbar, das kann man Leuten nicht erzählen.

Gregor Gysi: Also dem würde ich zustimmen, daß du als Politiker nicht brauchbar bist. Ich ja wahrscheinlich auch nicht.

Heiner Müller: Aber im Moment bist du doch offenbar ganz brauchbar.

Gregor Gysi: Ich würde das anders sehen. Ich würde auch gar nicht zunächst die Frage nach einer Partei stellen. Sondern ich glaube eigentlich schon, daß die ehemaligen DDR-Bürgerinnen und DDR-Bürger eine besondere Chance haben, weil sie tatsächlich mehrere Erfahrungen verbinden. Zumindest die, die in einem bestimmten Alter sind. Ich denke, eine wirkliche DDR-Nostalgie in dem Sinne, daß man die DDR zurückhaben will, so, wie sie war, gibt es in irgendeinem nennenswerten Umfang nicht. Was da als DDR-Nostalgie unterstellt wird, ist ja eigentlich nur, daß die Leute nicht bereit sind, eine völlig einseitige Sicht auf die DDR zu akzeptieren. Und nun haben sie natürlich auch Illusionen über die Bundesrepublik Deutschland und den Kapitalismus verloren. Und da nehme ich mich nicht aus, ich hatte auch welche. Und ich war schon sehr skeptisch im Verhältnis zu anderen. Und trotzdem muß ich sagen, daß ich inzwischen einige Illusionen abbauen mußte.

Aber die entscheidende Erfahrung, glaube ich, die man versuchen müßte, aufklärerisch deutlich zu machen, ist die, daß immer dann, wenn die Menschen sich vertreten lassen – ob durch Parteien, Regierung oder was auch immer, also wenn sie eine bestimmte, ganz enge Herrschaftsform akzeptieren, immer etwas für sie Fremdes herauskommt und dazu etwas, dem sie ohnmächtig gegenüberstehen. Das war in der DDR so, und das ist jetzt in der BRD so, wenn auch anders. Und mit der Erfahrung, finde ich, müßte man irgend etwas anfangen können. Also mit der Erfahrung, daß es eine kurze Phase der Selbstbestimmtheit ja tatsächlich gab. Nach dem Herbst 1989.

Heiner Müller: Stimmt das? War das nicht vielleicht auch eine Illusion?

Gregor Gysi: Ja, vielleicht war es eine Illusion. Aber es gab einen Tag, den 4. November, als wir beide auf dem Alexanderplatz waren. Hattest du nicht das Gefühl, einfach vor dich hinreden zu können?

Heiner Müller: Nein, überhaupt nicht. Ich konnte mit der Situation in diesem Moment nichts anfangen, weil ich diese Situation für irreal hielt und für illusionär. Und deswegen war ich in einer großen Verlegenheit. Ich habe etwa zwölf Wodka getrunken in der sehr verlängerten Wartezeit. Weil: Ich wußte nicht, was ich diesen Leuten jetzt sagen soll, ohne eine blöde, falsche Rolle zu spielen.

Gregor Gysi: Aber noch nie vorher und danach war die Meinung des einzelnen in seiner Kommune, in seiner Schule, in seinem Betrieb so wichtig und gefragt. Und diese Zeit wird auch lange Zeit nicht mehr kommen.

Heiner Müller: Was mir damals auf Anhieb einfiel, war dieser schöne Marx-Satz: »Die Deutschen erleben die Freiheit immer nur am Tag ihrer Beerdigung.« Die Deutschen haben die Freiheit immer nur erlebt an einem Tag – am Tage der Beerdigung der Freiheit. Das war eigentlich dieser November, das war für mich ganz deutlich die Grundsituation.

Gregor Gysi: Für mich änderte sich das ja damals von Tag zu Tag. Ich bin auch ganz schwer in der Lage, meine Gefühle von damals zu rekonstruieren. Zunächst war schon eine beachtliche Aufbruchstimmung da. Ab dem 9. November ahnte ich natürlich, daß die DDR zu Ende geht. Dann ahnte ich allerdings noch nicht, daß sie derart vereinnahmt wird, das muß ich auch sagen. Das kam als Erkenntnis erst später. Und dann versucht man ja auch Sachen, die offensichtlich nicht gehen, aber die man eben so gerne möchte. Wenn du unglücklich verliebt bist, versuchst du es ja auch immer wieder, obwohl du eigentlich schon weißt, da ist wahrscheinlich nichts zu machen. Aber du willst es ja nicht so recht wahrhaben.

Und trotzdem denke ich, einfach dieses Gefühl, so wenig selbstbestimmt leben zu können, produzieren zu können, arbeiten zu können, daß das jetzt gerade eine Erfahrung von ehemaligen DDR-Bürgern ist, die sie viel entscheidender prägt als die Bürger der alten Bundesrepublik, weil die ja nun mit ihrer konkreten Herrschaftsform seit vierzig Jahren leben, sich daran gewöhnt haben, sich damit arrangiert haben und also viel weniger Dinge in Frage stellen. Nur daß die Menschen in den neuen Bundesländern psychisch so beeinträchtigt sind, so niedergedrückt sind, so depressiv sind, zum Teil auch devot, daß sie das alles kaum artikulieren können.

Heiner Müller: Natürlich ist das ja auch etwas, was produziert worden ist und was weiter produziert und benutzt wird. Und diese Produktion ist doch ganz simpel die Produktion von Schuldbewußtsein, Schuldgefühlen. Der Vorteil der DDR-Erfahrung oder überhaupt der osteuropäischen Erfahrung ist, daß da keiner die Illusion hat, daß er unschuldig ist. Zu dieser Erfahrung gehört das Gefühl von Komplizenschaft, von irgendeiner Schuld, von irgendeinem Anteil an dem, was in der Welt schiefläuft. Und das ist eigentlich ein großer moralischer Vorsprung. Der ist jetzt als Gefahr erkannt worden und wird massiv abgebaut durch die Diffamierung von allem, was da war und ist.

Gregor Gysi: Und ich behaupte ja, daß diese Art der Politik, die da gegenwärtig betrieben wird – von Bonner Politikern, auch von einem Teil der Bündnis-Leute, von einer Vielzahl von Medien –, der wirkliche Grund für Ansätze zur DDR-Nostalgie ist. Und zwar u. a. deshalb, weil bestimmte Seiten der DDR ja überhaupt nicht thematisiert werden. Und wenn sie nicht thematisiert werden, bleiben sie völlig unkritisch in Erinnerung. Also die geringen sozialen Unterschiede, zum Beispiel. Die kann man auch kritisch hinterfragen. Da sie aber überhaupt nicht thematisiert werden, werden sie auch nicht kritisch hinterfragt. Das Ergebnis ist Glorifizierung. D. h., sie haben sich nun darauf eingelassen, zu sagen, die DDR war Staatssicherheit; Staatssicherheit sei im wesentlichen ein Mordkomplott gewesen, oder sie habe in den Betten rumgewühlt oder sonstwas, sei also moralisch das Allerletzte. Mithin war die DDR moralisch das Allerletzte – und letztlich alle Leute, die sich irgendwie auf diese DDR eingelassen haben. Diese Art der Pauschalisierung führt natürlich dazu, daß viele DDR-Bürger jetzt plötzlich mit Dingen solidarisch sind, mit denen sie nie solidarisch sein wollten, weil sie einfach ins gleiche Boot gesetzt werden.

Das zweite ist aber, dadurch, daß nichts anderes thematisiert wird, zumindest mittelfristig, glaube ich, diese anderen Seiten der DDR können dann tatsächlich zu einem Nostalgie-Effekt führen, den ich zum Beispiel gar nicht will, weil ich alle diese Seiten viel kritischer befragen würde. Dazu bekomme ich aber kaum eine Chance, weil sie ja kein Thema sein dürfen. Es wird immer gesagt, die Arbeitsmoral in der DDR war so niedrig, und der Leistungsdruck war wesentlich geringer. Wobei ich glaube, daß das z. B. für die Textilfabriken, wo überwiegend Frauen gearbeitet haben, nicht stimmt.

Heiner Müller: Und selbst wenn es stimmt, finde ich's in Ordnung.

Gregor Gysi: Und wenn es stimmt, hängen ja zwei Fragen dran: Muß eine Arbeitskraft denn so ausgeschöpft werden, daß sie nachweislich nach 7-8 Stunden völlig ausgelaugt ist? Oder ist vielleicht ein ruhigeres Angehen und ein Verteilen auf viele Schultern nicht sogar die menschlichere und auch naturgemäßere Variante? Man kann auch dagegen sprechen. Aber der Punkt ist: Es wird nichts davon thematisiert. Höchstens kommt raus: Wer keine Arbeitslosigkeit haben will, muß sich mit dem MfS abfinden.

Ich behaupte, daß die Organisatoren einer nostalgischen Stimmung weiß Gott nicht in der PDS sitzen, also zumindest nicht vorwiegend, sondern ganz woanders. Die wollen das vielleicht nicht, aber auf jeden Fall erreichen sie es.

Heiner Müller: Der eigentliche Punkt ist doch wahrscheinlich, daß die Illusion auf beiden Seiten war, und der Westen braucht diese Illusion, daß das hier ein anderes System war. Es war aber nur der schwache und kranke Teil des gleichen Systems.

Gregor Gysi: Ja und nein ...

Heiner Müller: Wenn man es ökonomisch sieht.

Gregor Gysi: Ich will mein Nein begründen. Ja, insofern als es natürlich nur einen Weltmarkt gab, und der war heute wie damals kapitaldominiert und entschied im wesentlichen auch über ökonomische und damit auch über weitere Strukturen in anderen Ländern, so auch in der DDR. Nein, insofern als es eine andere Konstellation gab, z. B. für die sogenannte Dritte Welt, sie war geschützter. Und die staatssozialistischen Länder haben ja die Dritte Welt wirklich kaum ausgebeutet. Wobei ich behaupte, daß sie das nicht nur aus moralischen Gründen nicht getan haben, sondern dazu fehlte ihnen einfach die ökonomische Kraft. Auch zum Ausbeuten braucht man ja Kraft.

Heiner Müller: Und deswegen war es ein System der Selbstausbeutung. Weil es keine Peripherie gab, die man ausbeuten konnte, oder kein Potential, um die Peripherie auszubeuten. Es ist doch eine uralte Geschichte. Du kennst den Preobrashensky, der 1924, das Ding ist sogar gedruckt worden in der Sowjetunion, gesagt hat, dieses Stalin-Konzept bedeutet Kolonialisierung der eigenen Bevölkerung. Und das war der Vorgang: Aus Mangel an Kolonien mußte man die eigene Bevölkerung kolonisieren, abhängig vom Weltmarkt.

Gregor Gysi: Gut, es ist den Ländern des real existierenden Sozialismus nie gelungen, einen eigenen wirklichen Markt zu öffnen, der sie von irgendwas entlastet hätte. Wobei ich da die Situation, was Rußland 1917 betrifft, noch ein bißchen anders sehe. Meines Erachtens hatte ja der Zarismus seine historische Mission noch nicht erfüllt. D. h., die Industrialisierung war noch nicht auf einem Stand, wo ein Kapitalismus der freien Konkurrenz eine ernsthafte Chance gehabt hätte. Und wenn du zu diesem Zeitpunkt versuchst, eine sozialistische Gesellschaft aufzubauen, kamst du unter den damaligen ökonomischen und gesellschaftlichen Bedingungen um eine Industrialisierung gar nicht umhin. Da die Mechanismen dafür fehlten, auch die Anreize, die Konkurrenz – blieb dann bloß eine zentralistisch-diktatorische Variante, denn es gab ja keine andere Möglichkeit, zu industrialisieren. Und deshalb ähnelte dieser ganze Stalin-Staat in seiner Struktur und seinem Aufbau viel eher einem feudalistischen Staat als etwa einem kapitalistischen, geschweige denn einem sozialistischen. Da sie aber dachten, sie sind schon die nachfolgende Gesellschaftsordnung, haben sie natürlich auch lauter Sachen übernommen, von denen sie meinten, daß sie dazugehören müssen wie ein Parlament oder so. Das war natürlich ein völliger Witz. Wenn du Stalin hast und diese Struktur, dann brauchst du kein Parlament, das ist dann überflüssig.

Und erst in dem Moment, als es z. B. wirklich divergierende Interessen in der Wirtschaft gab, also ein Stand der Industrialisierung erreicht war, der das zuließ und erzwang, zur Zeit Gorbatschows, da bekam auch so ein Parlament wieder einen Sinn als Interessenausgleich. Und sofort änderten sich die Strukturen, und auch dieses gesamte Strukturgefüge war nicht mehr erhaltbar.

Heiner Müller: Es gibt eine These von Toynbee. Der sagte, die einzige Möglichkeit, Rußland, dieses unterentwickelte Territorium, diesen asiatischen Rücken von Rußland, auf den Weg des Kapitalismus zu bringen, also Industrialisierung, war eine westliche Ideologie. Anders ging das gar nicht. Das war die Funktion von Lenin.

Gregor Gysi: Das ist mir noch ein bißchen zu subjektiv. Ich meine, diese ganze Oktoberrevolution hat ja nun auch wieder nicht aus lauter Jux und Tollerei stattgefunden, sondern sie hatte schon ihre Ursachen in den konkreten Lebensbedingungen, die dort herrschten, auch sicherlich im Zusammenhang mit dem Krieg. Und natürlich ist ja Lenin damals auch davon ausgegangen, Deutschland und andere Länder werden folgen. Sie folgten nicht. Und dann ist guter Rat teuer – was nun machen? Glücklicherweise war ich nicht in der Situation, das mitentscheiden zu müssen.

Das Problem ist ja, daß nach dem Zweiten Weltkrieg der Sozialismus nach geostrategischen Gesichtspunkten der Sowjetunion eingeführt wurde und nicht danach, ob es irgendwelche Voraussetzungen dafür in den Ländern gab. Möglicherweise waren nach dem Zweiten Weltkrieg Voraussetzungen für eine sozialistische Gesellschaft in Frankreich und in Italien gegeben, vielleicht auch in Griechenland. Aber ganz bestimmt nicht in Ungarn und Bulgarien oder Rumänien. Da das aber in Jalta am grünen Tisch festgelegt wurde, nach den jeweiligen Einflußsphären, mußte das natürlich etwas Oktruiertes bekommen, damit etwas Lebensfremdes. Und damit konnte es dann wahrscheinlich nur in etwa so aussehen, wie es aussah, mit der Differenz, die man beschreiben kann als Differenz zwischen Kadar und Ceauçescu. Das war so die Spanne. Da war natürlich Kadar die wesentlich angenehmere Variante, aber strukturell wenig verschieden.

Heiner Müller: Du kennst diesen Satz von Churchill nach Jalta? Während der Verhandlungen gab es noch so eine offene Stelle – Bulgarien. Die bürgerliche Regierung in Bulgarien verhandelte mit den Engländern in Kairo. Und Churchill hat dann entschieden: Die einzige Möglichkeit, Bulgarien für den Westen zu gewinnen, ist, wenn wir es den Russen überlassen. Das war Weitblick.

Gregor Gysi: Da muß er über sein eigenes Lebensalter hinaus gedacht haben.

Heiner Müller: Ja, natürlich, als alter Kolonialpolitiker.
In der ganzen Propaganda spielt doch nie eine Rolle, was der Westen getan hat, um diese Wirtschaft zu ruinieren in der DDR und den anderen Ländern. Die haben ja einiges dafür getan. Aber dieser Anteil fällt jetzt aus allen Analysen völlig weg.

Gregor Gysi: Die massiven Störaktionen in den 50er Jahren, das permanente Ziel der ökonomischen Schwächung der DDR, sind human nur schwer zu begründen. Es war und ist alles eine Frage der Machtpolitik. Die Situation war jetzt reif, jetzt konnte man Osteuropa ohne jeden Soldaten gewinnen, jetzt ist das alles zu kaufen.

Heiner Müller: Zunächst habe ich auch gedacht und gesagt, die deutsche Wirtschaft und Industrie haben jetzt ihr Kriegsziel erreicht. Dafür haben sie den Hitler benutzt, und irgendwann funktionierte der nicht mehr. Aber jetzt haben sie es erreicht. Aber das stimmt schon nicht mehr. Sie haben das Maul aufgerissen, aber sie kriegen es nicht so weit auf. Ich glaube, jetzt beginnt einfach die Krise des Gesamtsystems. Und das implodiert jetzt auch langsam.

Gregor Gysi: Das deutsche Kapital siegt sich immer zu Tode. Es konnte noch nie Maß halten. Das ist eine Chance auf der einen Seite. Auf der anderen Seite ist es eine Katastrophe. Aber ich sehe die Konstellation ein bißchen anders. Sie sind gegenwärtig finanziell überfordert. Und sie wollen ja die Amerikaner dazu bringen, Rußland gemeinsam zu finanzieren. Da sagen die Amerikaner, daß sie eigentlich kein Interesse daran haben, ihnen reicht Rußland als sogenanntes Entwicklungsland. Wenn sie nämlich Rußland finanzieren, führt das nur dazu, daß die Deutschen einen wesentlich erweiterten Markt erhalten. Und sie verstehen eigentlich nicht, weshalb sie für Deutschland den Markt in Rußland finanzieren sollen. Da ist die eigentliche Differenz. Und dann jammert die Bundesregierung, daß sie in Osteuropa so im Stich gelassen wird und alles allein finanzieren muß ... Ich glaube, deshalb sind die Amerikaner im Augenblick auch dabei, eher China zu stabilisieren, und zwar so, wie es ist. Weil sie sich darüber im klaren sind, daß jetzt in China die Einführung der Marktwirtschaft dazu führt, daß von der einen Milliarde Chinesen 500 Millionen nicht mehr ernährt werden können. Und dann gibt es eine Völkerwanderung, die sie auch nicht verkraften.

Heiner Müller: Es gab da einen Dialog nach dem Massaker auf dem Tienanmen-Platz – zunächst eine moralische Attitüde der Amerikaner, dann gab es wieder Gespräche. Und dann haben die Chinesen einfach gefragt: Wollt ihr, daß 80 Millionen Chinesen nach Kalifornien kommen oder 200 Millionen?

Gregor Gysi: Das soll vorher gewesen sein. Carter soll mit Deng Xiao Ping gesprochen und seine Menschenrechtsfragen runtergefragt haben. U. a. wann die Chinesen endlich frei ausreisen dürften. Und da hätte Deng Xiao Ping einen Moment lang überlegt und gesagt: Wieviel wollen Sie denn – 200 Millionen oder 300 Millionen Chinesen? Dann hätte Carter einen Moment überlegt und gesagt: Ach wissen Sie, lassen Sie es doch, wie es ist.

Natürlich ist das zynisch. Aber die ganze Menschheit wird ja im Augenblick zynisch regiert.

Ich glaube, daß in Ostdeutschland jetzt etwas passiert. Was zunächst so aussah wie ein großer Vorteil – daß also die Bevölkerung in Ostdeutschland viel schneller zu beruhigen ist, weil ja das dicke Geld aus Westdeutschland da ist und die Polen, die Ungarn, die Rumänen, die Bulgaren und die Tschechen und Slowaken viel schlechtere Karten haben, von der ehemaligen Sowjetunion ganz zu schweigen –, weist aber auch eine Besonderheit auf, die sich umgekehrt auswirkt. Bei den anderen wird ja das neue System wirklich schrittweise eingeführt. Die Prozesse verlaufen relativ langsam, und die Nationen bleiben bestehen. Sie machen das über sich aus. Sie haben auch nicht die Möglichkeit der massenhaften Ausgrenzung, das ist einfach nicht praktikabel. Sie können nicht alle Lehrer rausschmeißen, dann haben sie keine mehr. Sie können nicht drei Viertel der Polizei entlassen, dann haben sie keine mehr. Sie können nicht die Verwaltung komplett auflösen, und sie können auch nicht ihre wissenschaftliche, künstlerische, technische und pädagogische Intelligenz einfach abschaffen. Das alles kann sich die Bundesrepublik leisten, weil sie in der Lage ist, das notfalls alles selbst zu bestücken. D. h., es geht weder nach moralischen Kriterien, sondern, wenn schon nach Kriterien, dann nach denen der Praktikabilität. Und durch dieses sofortige Überstülpen des westlichen Systems – weil eine Gesetzgebung da war, weil sofort Westrichter kommen konnten, weil auch Geld da war – ist etwas Merkwürdiges passiert: Dieses kapitalistische System der Bundesrepublik ist in einem solchen Schnellverfahren auf die Leute übergestülpt worden, daß die Fremdheit für die Ostdeutschen viel größer ist. Es ist nicht in ihnen selbst entstanden im Laufe von Diskussionen und Debatten, wieder mal einen Schritt zurück und einen Schritt so lang – es ist nichts ausprobiert worden, sondern eben einfach aufgesetzt worden.

Dadurch, glaube ich, wird die Entlarvung und die Desillusionierung noch viel schneller gehen als in den anderen osteuropäischen Ländern. Obwohl scheinbar die ökonomischen und sozialen Bedingungen hier viel gesicherter sind. Und das ist schon ein merkwürdiger Vorgang. Das hängt aber auch damit zusammen, daß die anderen Länder in einer anderen Situation sind. Wenn du eine Werft hast in Polen oder zwei, die kannst du einfach nicht so ohne weiteres schließen. Die Bundesrepublik Deutschland dagegen braucht keinen einzigen Betrieb aus der ehemaligen DDR tatsächlich zwingend. Sie braucht die ganze Landwirtschaft nicht, könnte die Bevölkerung der DDR sofort miternähren.

Heiner Müller: Etwas poetisch formuliert, kannst du sagen, sie braucht auch die Bevölkerung der DDR nicht.

Gregor Gysi: Das ist nicht poetisch, das ist eine Tatsache. Jetzt stellt sich folgender Widerspruch heraus...

Heiner Müller: Poetisch ist immer tatsächlich...

Gregor Gysi: Nein, das ist nicht wahr...

Heiner Müller: Die poetischen Entwürfe stellen sich zumeist später als Tatsachen heraus.

Gregor Gysi: Ich habe einmal gesagt, es ist ein bißchen grob, aber wahr: Sie dachten, sie kriegen viele Immobilien, haben aber 16 Millionen Leute dazu gekriegt, mit denen sie nichts anfangen können. Und an denen würgen sie jetzt schwer. Und die stören ungemein. Das gebe ich ja auch zu, daß wir stören.

Heiner Müller: Ich habe ganz konkret gehört von einem Staatssekretär aus dem Innenministerium, als es um die Akademie ging, der sagte ganz kühl und freundlich: Uns interessieren die Werte, nicht die Personen.

Gregor Gysi: Hattet ihr Werte?

Heiner Müller: Die Werte sind immer noch ein Streitpunkt, die Archive.

Gregor Gysi: Im wesentlichen ist das alles eher tragisch. Darum geht es jetzt in der Diskussion: Die Archive wollen sie, aber die Leute, die dort arbeiten, natürlich nicht. Diese Situation hast du überall. Wenn es um Betriebskäufe geht, geht's doch immer um die Frage: Kriegen wir die Immobilie? Und dann wird gefeilscht, ob man von den 4 000 Beschäftigten 200 übernimmt oder 250. Das spüren die Menschen in den neuen Bundesländern immer genauer. Und da sie das spüren, liegt es tatsächlich in der Luft, etwas zu finden, wo sie sich besser artikulieren, organisieren können, wo sie selbstbestimmter werden und wo sie ihre Anliegen vielleicht auch durchsetzen, vielleicht sogar wählbar machen können. Und da stellt sich schon die Frage, ob man nicht vielleicht enge Parteischranken verläßt, ohne sie aufzugeben, zumindest für mich kommt das für die PDS nicht in Frage, weil ich glaube, daß eine Partei, die sich dem demokratischen Sozialismus verschrieben hat, unbedingt existieren muß in dieser Bundesrepublik Deutschland. Aber wir sind ja in diesem Sinne nicht parteiegoistisch, oder wir versuchen zumindest, es nicht zu sein. Denn die Unzufriedenheit geht ja weit über die Unzufriedenheit derjenigen, die vielleicht an der PDS interessiert sind, hinaus. Und sie sind eigentlich noch hilfloser.

Und da kann man nicht nur zusehen, ich meine, auch als Schriftsteller nicht. Die Intellektuellen waren ja an den Veränderungen nicht ganz unbeteiligt. Und für mich haben die linken liberalen Intellektuellen des Westens in diesem deutschen Einigungsprozeß so versagt wie vielleicht schon lange nicht mehr. Und das ist für mich übrigens auch eine der großen Enttäuschungen. Ich bin ja nicht enttäuscht über die Bundesregierung. Von der habe ich nichts anderes erwartet. Aber z.B. die Art, wie die Ausgrenzung mitgespielt wird, die Art, wie man sich allen diesen Spielregeln unterwirft ... und hier bildet eure Akademie im Verbund mit der anderen ja eine angenehme Ausnahme. Aber wenn ich an die Debatten im PEN-Club und im Schriftstellerverband denke – da mag im Einzelfall auch immer was dran sein, da ist mein Problem, daß man die allgemeinen politischen gesellschaftlichen Spielregeln wirklich kritiklos übernimmt. Das finde ich schon enttäuschend, weil ich gerade in diesen Bereichen erwartet hätte, daß etwas stärker gegen den Strom geschwommen wird. Nun wirst du mir gleich wieder sagen, daß das auch eine meiner Illusionen ist. Okay, ich habe sie auch schon abgebaut. Aber ich hatte sie. Du nicht?

Heiner Müller: Ich glaube nicht. Es gibt einen Satz von Brecht in diesem Fatzer-Fragment – einem meiner Lieblingstexte –, dieser Johann Fatzer formuliert einmal seine Position ganz aktuell: Alles, was nach mir geschieht, ist, als geschähe es nicht. Das ist doch jetzt die Grundsituation für die linken und liberalen Intellektuellen. Wenn sie einigermaßen intelligent sind, wissen sie, zu ihren Lebzeiten ändert sich nichts wesentlich in Richtung ihrer Träume, die sie mal hatten oder vielleicht noch haben. Also schneidet man sich die ab und richtet sich ein. Das ist doch die Grundsituation. Und wie gehst du als Politiker damit um?

Gregor Gysi: Ich hatte ja die Frage jetzt an die Intellektuellen gestellt, nicht an die Politiker, denn intellektuelle Politiker sind ja eine Rarität.

Heiner Müller: Das ist vielleicht auch gut so.

Gregor Gysi: Ich weiß nicht, ob das so stimmt. In anderen Ländern ist das ja etwas anders verteilt, und zwar nicht immer zum Nachteil dieser Länder. Aber eine Gefahr besteht nicht, daß ein wirkliches Genie Politiker wird.

Heiner Müller: Nein, diese Gefahr ist ausgeräumt. Doch, es gab zwei Genies in diesem Jahrhundert, wenn du so willst: Hitler und Stalin.

Gregor Gysi: Das würde ich bestreiten. Sie waren machtbesessen, aber deswegen noch längst nicht genial.

Heiner Müller: Ich fürchte doch. Nun kann man sich streiten, was Genie heißt. Es ist überhaupt kein moralischer Wert, vielleicht auch nicht einmal ein intellektueller. Es ist die Fähigkeit, von Realität abzuheben.

Gregor Gysi: Das wäre dann aber ein Phantast.

Heiner Müller: Wenn sich das verbindet mit Macht, dann wird es kreuzgefährlich.

Gregor Gysi: Also was interessiert und bewegt in diesem Zusammenhang, ist die ganze Unzufriedenheit im Osten Deutschlands, die sich nicht schrittweise auf den Westen Deutschlands überträgt, sondern die dort gesondert entsteht. Inwiefern läßt sie sich irgendwann in die globaleren Probleme einordnen, oder bleibt sie in einem ganz engen regionalistischen und egoistischen Sinne stehen? Werden künftige Kämpfe um mehr soziale Gerechtigkeit die globalen Fragen verschärfen, oder werden sie zu ihrer Lösung beitragen?

Heiner Müller: Ich glaube, es hilft nichts, sie werden sie zunächst verschärfen. Ich rede da immer ganz von außen, außerhalb der Politik. Und da würde ich schon annehmen, wenn du ausgehst von dieser Fatzer-Grunderkenntnis: Alles, was nach mir geschieht, ist, als geschähe es nicht – also, es gibt nur mein Interesse. Das ist eine Erfahrung, die jetzt allgemein wird, auch im Osten. Im Westen ist das selbstverständlich gewesen, schon immer, sehr lange schon. Jetzt entsteht das auch im Osten. Das heißt ja eigentlich, daß die einzige Existenz im Widerstand oder in der Rebellion besteht. Und zunächst organisiert sich das regional. Die regionalen Kämpfe sind ein absolut notwendiger Übergang zum Blick auf globale Probleme, die natürlich dadurch erstmal verschärft werden, in Jugoslawien zum Beispiel.

Gregor Gysi: Und eine Verbindung regionaler Kämpfe mit globalen hälst du für ziemlich ausgeschlossen?

Heiner Müller: Das schließt sich für eine Weile aus, glaube ich. Es wäre vielleicht die eine Aufgabe von Politik, immer wieder auf dieser Verbindung zu insistieren. Aber es ist ein ziemlich schwieriges, fast hoffnungsloses Geschäft. Aber Politik hat ja nichts mit Hoffnung zu tun. Politik ist Verwaltung von Verzweiflung, vielleicht der Versuch, Verzweiflung zu Energien zu machen, die dann, wenn man Glück hat, Hoffnungen ermöglichen. Ich glaube schon, daß man erstmal auf dem Boden ankommen muß, um herauszufinden, ob es einen Weg aus dem Abgrund gibt. Das finde ich schon ganz positiv, das ist die positive Seite an dieser schlimmen Ost-Erfahrung, daß man auf dem Boden der Tatsachen ankommt, da sind Gefahren drin, Risiken, was auch immer, aber ohne die geht nichts weiter.

Ich glaube auch nicht an die Verzweiflung von Massen. Verzweifeln können nur einzelne oder Gruppen. Aber nicht Massen. Das ist vielleicht ein Biologismus, aber davon würde ich ausgehen.

Gregor Gysi: Das Problem ist, man ist erstmal von sich enttäuscht. Das ist ja das Hauptproblem. Und dann muß man ein Stück Alternative zu sich suchen. Das ist ein gewaltiger Vorgang, ein ganz schwieriger. Und da ist die Verführung groß, sich von jemandem führen zu lassen, damit man das nicht so merkt. Das kann dann gefährlich werden, wenn es nicht umschlägt in die Frage: Wie kann ich ab jetzt selbstbestimmter reagieren? Also wie kann ich eigentlich darum kämpfen, selbstbestimmter in Dinge einzugreifen, die mich etwas angehen, meinen Nachbarn etwas angehen, meine Kinder und meine Enkelkinder? Noch läuft alles in dem Alternativdenken: Wer kann es für mich besser machen? Das ist eigentlich das Gegenteil von einem politischen Bewußtsein.

Die Politik Bonns in bezug auf Ostdeutschland ist trotz massenhafter Ausgrenzung immer eine Politik des »Teile und herrsche«. Es gibt keinen Betrieb mit 10 000 Beschäftigten, der auf einmal geschlossen wird. Sondern da werden erst 3 000 entlassen und ein halbes Jahr später noch mal 3 000. Und dann noch mal 3 000. Und dann 500. Und irgendwann sind es 300. Und dann wird der Betrieb erst geschlossen. Die Erfahrung haben sie schon gemacht. Und solange sie das einhalten, passiert ja immer dasselbe – der Prozeß der Entsolidarisierung. Sie achten darauf, daß das Stück für Stück geschieht. Und sie achten auch darauf, daß das Ganze immer als Demütigungsakt erfolgt.

Die Kritik setzt noch bei etwas anderem an. Die Mitglieder der Bundesregierung sind ja im Durchschnitt nicht klüger als der Rest der Bevölkerung. Sie haben einen Vorzug: Herrschaftswissen. D. h., sie sind in der Lage, über bestimmte Informationen allein zu verfügen. Und dadurch können sie natürlich in bestimmten Situationen Erklärungen abgeben, die dann in einem engen Sinne möglicherweise tatsächlich gescheiter sind als andere, weil die anderen über dieses Herrschaftswissen nicht verfügen. Und sobald du eine Vielzahl von Volksentscheiden einführst, geht das nicht mehr. Dann muß ja jede politische Bewegung, die daran interessiert ist, daß eine Entscheidung in dem Sinne getroffen wird, wie sie sie sich vorstellt, ihr Herrschaftswissen an die gesamte Bevölkerung abgeben. Und damit gibt sie ihr eigentliches, entscheidendes Privileg auf: den Wissenszugang, den Informationszugang. Und wenn du das nicht aufbrichst, d. h., wenn du kein anderes Informations-, Bildungs- und Kommunikationssystem herstellst, wird Herrschaft zwingend. Herrschaft hängt immer mit Herrschaftswissen zusammen. Und deshalb auch die Abwehr genau in diesen Fragen. Da sind sie eher bereit, zur Not ihre Diäten zu verringern, wenn die Presse zu sehr drückt, aber nicht ihr Herrschaftswissen zu teilen. Deshalb keine öffentlichen Ausschußsitzungen. Deshalb keine öffentlichen Regierungssitzungen. Das scheint undenkbar. Deshalb als Schauvariante die Plenartagungen des Bundestages zu einem Zeitpunkt, an dem alles entschieden ist.

Heiner Müller: Das sind üble kommunistische Thesen, die du hier vorträgst.

Gregor Gysi: Wieso denn?

Heiner Muller: Ich sag's dir gleich. Es gab eine Geschichte aus der Geschichte der DDR-Zensur: *Die Tage der Commune* von Brecht. Das lag vor. Und der Druck wurde zunächst abgelehnt vom Amt für Literatur, also noch vor dem Kulturministerium. Es ging um zwei Sätze. Der eine Satz war: Die Commune hat nichts zu fürchten als sich selber. Der andere Satz war: Das Gehirn der Bevölkerung arbeitet in vollem Licht. Deswegen durfte das eineinhalb Jahre nicht gedruckt werden.

Gregor Gysi: Ach, du meinst, daß ... damit bin ich ja fast wieder rehabilitiert ... als Kommunardenthese ...

Heiner Müller: Das meine ich doch.

Gregor Gysi: Jede große soziale Bewegung, die nach 72 Tagen untergeht, schafft nur Helden. Was meinst du wohl, wenn die Oktoberrevolution Anfang 1918 gescheitert wäre?

Heiner Müller: Das habt ihr leider verpaßt jetzt.

Gregor Gysi: Dann hätte sie nur Helden geboren.

Heiner Müller: Jetzt müßt ihr arbeiten, Helden seid ihr nicht mehr.

Gregor Gysi: »Ihr« nicht mehr, also ... das möchte ich jetzt wirklich mal wissen ... Du machst das wie alle anderen auch. Inzwischen bin ich ja mitverantwortlich für jeden kritikwürdigen Beschluß der Mongolischen Revolutionären Volkspartei in ihrer langen Geschichte. Ich nehme das auch an, akzeptiere auch die Verantwortung dafür. Lehne nur die Verantwortung ab für das, was ausgetretene SED-Mitglieder machen. Darauf bestehe ich, daß ich damit nichts mehr zu tun habe. Aber auch das wird nicht akzeptiert. Eigentlich bin ich auch daran schuld.

Heiner Müller: Nein, ich meine die Politiker. Das ist völlig ohne Polemik. Bloß: ich bin kein Politiker, kann es auch nicht sein.

Gregor Gysi: Weißt du, daß man als Präsident einer Akademie ein Politiker ist?

Heiner Müller: Da hat man eine politische Funktion, deswegen muß man noch kein Politiker sein ...

Gregor Gysi: Das kann ich dann aber auch für mich in Anspruch nehmen. Dann sind wir beide raus. Du kannst dich doch hier nicht allein retten und mich hängenlassen. Das ist nicht fair.

Heiner Müller: ... es würde sich nicht für mich lohnen. Aber das ist nun wieder etwas ganz Egoistisches. Ich weiß und ich sage das auch. Oder mal anders herum, ich habe in dieser großen Wendezeit ... Ich muß vielleicht mehr dazu sagen: Ich habe so Anfang '89 ... Wann war die berühmte »Wende«?

Gregor Gysi: Ende '89.

Heiner Müller: Es ist ganz schwer zu benennen. Es war das Ende der DDR. Damals habe ich eines dieser vielen Interviews gegeben für das *Spandauer Volksblatt*. Irgendein tapferer SPD-Journalist fragte mich da. Und da ging es wie üblich um den Untergang des Sozialismus und so. Da mußte mir etwas einfallen, und ich habe gesagt: Die Chance der Situation sehe ich in der Trennung der Kommunisten von der Macht. Dadurch haben die Kommunisten die Möglichkeit, das Terrain der Utopie wieder zurückzugewinnen, das jetzt vom Terrorismus besetzt ist und gleichzeitig verheizt wird. Und am 4. November kam die Kulturverantwortliche der Berliner SED, Ellen Brombacher, auf mich zu beim Warten auf den Auftritt und sagt, sie hätte dieses Interview gelesen. Das findet sie alles ganz gut, aber eins würde sie nicht verstehen, das mit der Trennung der Kommunisten von der Macht. Eine Partei wie die PDS hat eine wirkliche Chance als eine Ideenfabrik, weil sie nicht die Möglichkeit hat, wirklich an der Macht teilzunehmen für längere Zeit. Und das ist eine Chance.

Gregor Gysi: Das ist richtig. Aber andererseits schreckt es viele Leute ab, weil Leute lieber Regierungen wählen als Opposition.

Heiner Müller: Aber, Gregor, es wird zunehmend Leute geben, die die Störung wählen, die Störung eines Mechanismus, den sie zunehmend durchschauen.

Gregor Gysi: Ich habe immer gesagt, daß sich SPD, FDP, CDU, bis hin zum Bündnis und auch AL einig waren in einer Frage, daß es eine einzige Stimme in Berlin gibt, die sie wirklich stört: die Stimme für die PDS. Das hat uns natürlich viele Wähler gebracht, und zwar bei all denen, die den Herrschenden sagen wollten, daß die Herrschenden sie stören. Nach dem Motto: Wenn es nunmal so ist, daß die PDS euch am meisten stört, dann müssen wir sie wählen. Insofern war ich für die Wahlkampfunterstützung dankbar und habe das auch sofort aufgegriffen und gesagt: Die Stimme, die die Regierenden am meisten ärgert, ist die für die PDS. Und selbst wenn ich nicht viel mehr Argumente für die PDS hätte, fände ich, die Regierenden haben es verdient, sich zu ärgern. Deshalb sollte man PDS wählen.

Die Ausgrenzung der PDS bietet wirklich die Chance zum Umdenken. Sie bietet die Chance, Ideen zu gebären. Sie birgt allerdings auch die Gefahr von Isolation, Frustration, alles klar. Und sie impliziert auch Enttäuschung. Ich denke, der schwierige Schritt ist der, wenn ein PDS-Mitglied in irgendeine Art von Verantwortung kommt, sich dann nicht in dieses System in der Form einzugliedern, wie das gewöhnlicherweise geschieht.

Es hat einen hochinteressanten Prozeß gegeben in der PDS. Man muß folgendes wissen: Uns wird immer vorgeworfen, daß die meisten PDS-Mitglieder aus der SED kommen. Das ist erstmal eine Tatsache. Zweite Tatsache ist, daß die meisten SED-Mitglieder nicht mehr in der PDS sind. Das wird meistens verschwiegen. Und du kannst ja auch dadurch, daß viele eine Partei verlassen, sie verändern – nicht nur dadurch, daß welche hinzukommen –, weil es auch die Strukturen kippt und verändert. Aber das für mich Spannende sind die Veränderungen im Denken und Fühlen der Mitglieder: Ich bilde mir ein – staatstragend wie die SED war und damit auch das Denken ihrer Mitglieder, zumindest zum Teil –, wenn ich im Juni 1990 mit den Besetzern eines Hauses irgendwo in Ostberlin meine Solidarität bekundet hätte, hätte mich die Mehrheit der Mitgliedschaft für verrückt erklärt und gesagt: Nun dreht der restlos durch. Als ich es im Oktober 1990 in bezug auf die Mainzer Straße getan habe, habe ich aus der Mitgliedschaft einen einzigen Protestbrief bekommen.

Was hat sich eigentlich in den Köpfen verändert? Scheinbar nur eines: nämlich, daß sie über lange Zeit so ausgegrenzt waren, daß sie plötzlich ein Verständnis für Ausgegrenzte hatten. Sie hatten plötzlich ein Gefühl dafür: Ich weiß nicht genau, warum sie das machen; ich kann das nicht ganz nachvollziehen; ich bin auch nicht in dem Alter; ich würde das auch nicht selber machen; aber irgendwie werden die auch beschissen behandelt, wie ich ja auch beschissen behandelt werde; und das nimmt mir das Recht, gegen sie zu sein; es verpflichtet mich zu einem Stück Solidarität. Hinzu kommt die inhaltliche Übereinstimmung in der Forderung, Wohnungen zu Sozial- und nicht zu Markt- oder gar Spekulationsobjekten zu machen

Bei der Bundestagswahl hatten wir, bei einem Durchschnitt von 11 Prozent im Osten, in Berlin-Hohenschönhausen 30 Prozent der Stimmen und im Westen, bei einem Durchschnitt von 0,3 Prozent, in St. Pauli in Hamburg 12 Prozent. Eigentlich hätte ich ein wichtiges Problem zumindest für die PDS gelöst, wenn ich wüßte, wie ich aus St. Pauli und Hohenschönhausen eine Partei mache. Aber das weiß ich eben noch nicht.

Aber so verschieden die Leute sind, so ähnlich ist ihre Situation.

Heiner Müller: Sie leben am Rand.

Gregor Gysi: Sie leben am Rand, sie sind ausgeschlossen. Die meisten wollen nichts mit ihnen zu tun haben. Wenn auch aus unterschiedlichen Gründen ...

Heiner Müller: Das ist doch ein Programm. Man darf es nur nicht als solches ausgeben. Das ist ein wirkliches Programm: die Ränder.

Gregor Gysi: Es ist ein wichtiger Ansatzpunkt des Nachdenkens. Wie geht eigentlich eine Gesellschaft mit Menschen um, die alternativ leben, die politisch nicht gelitten sind oder die moralisch nicht gelitten sind oder von denen man meint, daß sie halt eine Lebensweise haben, wie in St. Pauli, die den gesellschaftlichen Normen nicht entspricht. Und diese Gesellschaft in der Bundesrepublik genau wie die in der DDR hat sich in diesem Punkt immer nach dem Durchschnitt gerichtet. Das machen nicht nur die Deutschen, das machen die anderen auch, zum großen Teil zumindest. Und natürlich besteht der Grad der Humanität, der Grad der Integrationsfähigkeit, der Grad der Kultur einer Gesellschaft genau nicht darin, wie sie den Durchschnitt bedient, wenn es den denn überhaupt real gibt, sondern wie sie die Randgruppen und Minderheiten bedient.

Ich erinnere mich noch an einen Streit, als jemand zu DDR-Zeiten auf einer Veranstaltung sagte, auf der ich war: Das ist ja alles ganz schön und gut, aber wir müssen jetzt dafür sorgen, daß unsere fleißigen und – fügte er hinzu – gesunden Arbeiter Wohnungen bekommen. Und wir können jetzt nicht unser Geld dafür verwenden, daß auch Psychopathen und andere Lebensuntüchtige ihr Wohlbefinden haben. Da ist mir das aufgefallen, und ich habe gesagt: Der Ansatz des Denkens ist falsch. Das beweist im übrigen, daß wir in dem Sinne noch keine menschliche Gesellschaft sind ... Und das ist in der Bundesrepublik nicht anders. Aber eine Partei kann sich nicht ausschließlich auf Ausgegrenzte stützen, weder im Herangehen noch im Denken. Aber sie zu ignorieren oder sie mit gnadenhaften Gesten abzuspeisen, das kommt zumindest für mich nicht in Frage. Wie du das in ein breiteres Bewußtsein hineinbringst, das weiß ich nicht.

Heiner Müller: Das hat ja eine Geschichte, die Differenz von Marx und Bakunin. Für Bakunin gehörte das Lumpenproletariat zum Proletariat. Das Konzept von Marx war, die Arbeiter zu Aristokraten zu machen. Also Ausgrenzung der Asozialen, der Kriminellen: des Lumpenproletariats. Das war die Erbsünde von Lenin gerade in Rußland, diese preußische Variante. Hier gibt es diesen Dissens zwischen Thälmann und Lenin. Es gab einen Nuttenstreik in St. Pauli. Und Thälmann war sicherlich nicht intelligenter als Lenin, eher weniger. Aber weil die Genossen da alle ihre Verbindungen hatten, haben sie diesen Streik unterstützt, hat die Partei sich damit solidarisiert. Und als Lenin davon hörte, hat er sie ungeheuer zusammengeschissen. Das war die letzte Schweinerei, sich mit den Nutten …

Das ist ein ganz wichtiger Punkt. Ich weiß, wie schwer es ist, damit öffentlich umzugehen. Aber die Ränder sind die Hoffnung, und die Ränder bröckeln zuerst ab. Da ist die erste Chance.

Die Störung von den Rändern her. Meine einzige Hoffnung, wenn du mich fragst, ist die Störung. Und es gibt immer mehr Leute, die sich gestört fühlen. Und die sind ein Reservoir. Da würde mich interessieren, wieviel Christen in der PDS sind, und wie siehst du die Perspektive einer Allianz mit Christen in bezug auf den Umgang mit den Ausgegrenzten, mit den Rändern? Oder ist es für dich unzweckmäßig, darüber zu reden?

Gregor Gysi: In unserer Arbeitsgemeinschaft Christinnen und Christen in und bei der PDS sind etwa 200 Mitglieder organisiert. Wieviel Christinnen und Christen es darüber hinaus noch gibt, kann ich nicht einschätzen. Eine, Ingeborg Philipp, ist jetzt gerade in den Bundestag eingezogen für unsere Gruppe. Wir haben auch einige Pastoren, sogar aus Westberlin, vor allem aber aus den neuen Bundesländern. Aber es sind nur wenige. Aber wir sind ganz bewußt keine atheistische Partei, auch nicht darauf ausgerichtet. Ich glaube zwar, daß es gravierende Unterschiede zwischen dem christlichen und dem sozialistischen Menschenideal gibt, aber daß es trotzdem hinsichtlich der Ideale auch wichtige Übereinstimmungen gibt, und vor allen Dingen gibt es Parallelen in der Geschichte. Denn die Kirche als Institution hat ja das christliche Ideal mehrfach beachtlich mit Füßen getreten. Dennoch ist weder das Ideal untergegangen noch die Kirche. D. h., sie hat als Institution oft versagt, sich gespalten, aber letztlich auch immer wieder erneuert.

Heiner Müller: Die sind an ihrem »Stalinismus« jedenfalls nicht gestorben …

Gregor Gysi: Das war ja eine meiner Überlegungen vom Dezember 1989, daß ich mir gesagt habe, das sozialistische Ideal ist auch zu stark, als daß es untergehen dürfte oder könnte. Und ich glaube, das hat sich auch bewahrheitet. Und da gibt es Parallelen. Es gibt in der evangelischen Kirche auch eine beachtliche Toleranz uns gegenüber, in der katholischen Kirche eine beachtliche Abwehr. Nun sind die Katholiken in Westdeutschland viel stärker als in der früheren DDR, deshalb spüre ich es dort auch deutlicher. Aber ich würde sagen, auch länger- und mittelfristig gesehen werden die Berührungspunkte zunehmen. Globale Probleme sind nur zu lösen, wenn wir vor Ort anfangen. Es gibt keine andere Chance, die Probleme in Brasilien zu lösen. Aber sie müssen gelöst werden. Wir bekommen überhaupt nur einen Ansatz, wenn wir ernsthaft bei uns selbst beginnen und wenn wir versuchen, die großen Lügen des Lebens anzugreifen. Wobei häufig Antworten fehlen. Aber es besteht nicht nur das Problem, daß Antworten fehlen, es ist schon nicht ungefährlich, die Fragen zu stellen. Wir müssen uns darüber im klaren sein, wenn die gesamte Menschheit auf dem Niveau eines Facharbeiters der Bundesrepublik Deutschland lebt, ist dieser Planet am Ende.

Wenn du versuchst, soziale Gerechtigkeit, Gleichberechtigung und Chancengleichheit ernst zu nehmen, mußt du tatsächlich derart extrem umdenken hinsichtlich unserer Produktions-, Konsumtions- und Lebensweise, daß es wirklich ans Eingemachte geht, und zwar radikal. Deshalb ist ja klar, daß die gegenwärtige Politik der führenden Industriestaaten darauf hinausläuft, sich von der übrigen Welt abzuschotten. Deshalb auch diese permanente Ähnlichkeit mit der SED-Politik. Weil es insofern wirklich die gleiche Mentalität ist; denn auch die SED hat ja nicht nur ihre Leute eingesperrt, sondern sie hat auch vor allem darauf geachtet, daß von außen nichts reinkommt. Sie hat sich abgeschottet. Und das Verheerende an Abschottungsprozessen, abgesehen von der Inhumanität gegenüber Flüchtlingen, besteht darin, daß damit die Lösung von Problemen verhindert wird. Und eines Tages reißen diese Mauern ein, und dann sind die Probleme unlösbar geworden, dann stehen wir nur noch vor einem Fiasko. Das wirkliche Problem hinsichtlich der globalen Fragen der Menschheit besteht darin, daß sehr viele sie kennen, die ganze Wahrheit, aber nur wenige sich danach richten. Wenn die Afrikanerinnen und Afrikaner, die Chinesinnen und Chinesen so Auto fahren wie die Deutschen, ist dieser Planet am Ende, zumindest für die Menschen. Es gibt also nur zwei Möglichkeiten: Entweder wir sichern das Privileg, anders Auto fahren zu dürfen als sie, oder wir verändern unsere Verhaltensweisen. Genau das aber soll ja nicht passieren, deshalb diese Abschottungspolitik.

Nun gibt es für mich ein ziemlich unlösbares Problem in diesem Zusammenhang: Die großen sozialen Revolutionen und Auseinandersetzungen in diesem Jahrhundert und in den vergangenen Jahrhunderten kamen in aller Regel dadurch zustande, daß es im Alltagsbewußtsein dafür eine Erkenntnis gab, die dann noch der Organisierung bedurfte, der Formierung, auch des Hinlenkens auf irgendwas. Aber es war alles erlebbar, es war nachvollziehbar. Heute haben wir das Problem, daß die globalen, die Zivilisation ernsthaft gefährdenden, ihren Untergang bestimmenden Momente nicht Alltagsbewußtsein sind. Du kriegst das Ozonloch noch nicht ins Wohnzimmer. Du kriegst es nur über Aufklärung rein. Das ist aber etwas ganz anderes. Ich spreche nicht vom Wissen, ich spreche nicht davon, daß du um dieses Problem nicht wissen kannst, sondern daß es nicht unmittelbar erlebbar ist.

Heiner Müller: Man kann nicht seinen Lebensstandard halten ohne das Ozonloch. D. h., man kann nicht leben ohne das Ozonloch. Und deswegen darf man es nicht sehen.

Gregor Gysi: Das ist das eine. Das ist aber der Verdrängungsmechanismus, den du beschreibst. Ich beschreibe aber nicht den Verdrängungsmechanismus, sondern die Nichterlebbarkeit. Es ist nur geistig erfaßbar. Es ist ein Riesenunterschied, ob du deine soziale Not jeden Tag spürst, weil du dir kein warmes Mittagessen leisten kannst, oder ob du weißt, da oben ist ein Ozonloch, das dich möglicherweise gefährdet, das du aber nicht wahrnimmst. Es ist ein Riesenunterschied, ob du selber hungerst oder nur weißt, daß die Dritte Welt hungert.

Wenn das Ozonloch erlebbar wird, ist es zu spät ... Das ist mein Ansatz, zu sagen, frühere Revolutionen waren – so gesehen – leichter zu führen, weil ihre Notwendigkeit durch Alltagserfahrungen bestimmt wurden.

D. h., wir stehen das erste Mal vor der Frage, wie man über Aufklärung, über subjektives Wissen und weniger über eigenes, unmittelbares Erleben die Menschen dazu bringt, die Produktions- und Lebensweise gänzlich zu verändern. Ich sage nicht, daß es nicht geht. Ich sage nur, es ist erstmalig und wahnsinnig kompliziert. Es ist so schwierig, daß man daran verzweifeln könnte, wenn man es nur ausspricht, weil du schon weißt, daß es wahrscheinlich kaum machbar ist. Und damit kommen wir zu der Frage, daß eigentlich die Intelligenz neben den Politikern Verantwortung trägt wie noch nie. Immer stärker werden Wahlen und Demokratie in Frage gestellt, weil sie angeblich zu Populismus zwingen. Veränderte Produktions- und Konsumtionsweisen könnten nur mittels Diktatur erreicht werden. Und das ist genau nicht mein Ansatz. Mein Ansatz ist, wie verstärke ich die Demokratie so, daß auch von unten her die Erkenntnis permanent zunimmt und die Politiker nicht weiter falsches Bewußtsein erzeugen können, wonach Auto, Ozonloch, Reichtum, Verschwendung, Müllberge, soziale Ungerechtigkeit sein müssen, und die Unterdrückung der Frauen auch noch. Immerhin, dafür wurden sie seit vierzig Jahren wiedergewählt. Das ist nicht zu leugnen. Aber es ist eine riesige Lüge. Und das Interessante ist – alle wissen es. Es gibt kaum noch jemanden, der das heute nicht weiß. Und der sich nicht dennoch dem unterordnet, also sehenden Auges auf seinen Untergang zugeht. Und da sind wir bei deinem Egoisten Fatzer, der sagt: Was nach mir geschieht . . .

Heiner Müller: Deswegen frage ich ja so blöd nach dem Christentum. Ich frage eigentlich nach der Möglichkeit, durch eine religiöse Motivierung so was wie ein Gattungsbewußtsein zu erzwingen.

Gregor Gysi: Aber nicht übers Christentum.

Heiner Müller: Nein, es muß nicht immer das Christentum sein.

Gregor Gysi: Ich meine, ich habe ja schon alle meine Freundlichkeiten zum Christentum gesagt. Und da kann ich noch mehr bringen. Das ganze Problem ist, daß die herrschenden Weltreligionen – die jüdische, die moslemische und die christliche – zumindest in ihren Interpretationen letztlich den Menschen als Herr der Natur betrachten. Die einzigen Religionen, die den Menschen immer als Teil der Natur begriffen haben, sind die sogenannten Naturvölker, also z.B. die indianischen Religionen, die afrikanischen. Für die buddhistische Religion gilt das mit Einschränkungen auch.

Und das bedeutet ja, daß wir eigentlich einen anderen Ansatz brauchen. Wir brauchen zunächst ein Verständnis für diesen Planeten, bevor wir ein Verständnis für uns entwickeln. Es ist der einzige Planet, den wir haben oder der uns hat. Und wir müssen wieder eine Einheit herstellen, die ganz kompliziert ist: eine Einheit von Physik, Chemie, Biologie, Religion und Philosophie. Dieses ganzheitliche Denken ist ja abgeschafft worden. Wir haben eine Subspezialisierung erfunden, die das Wissen in den Einzelbereichen ungeheuer erhöht und die Gesamtzusammenhänge immer stärker vernebelt. Und jetzt passiert folgendes: In unserem Sonnensystem gibt es nur noch einen Planeten, und zwar nicht nur mit biologischen Prozessen – das wissen ja alle –, sondern was viel wichtiger ist, mit chemischen und physikalischen Prozessen. Alle anderen Planeten sind Asche, im Prinzip Asche. Da passiert nichts mehr. Auch keine chemischen Reaktionen. Und wir erzeugen inzwischen so viel Asche, daß immer weniger passiert, auch auf der Erde. Wir hatten einmal einen Bestandteil von dreißig Prozent Kohlendioxyd in der Atmosphäre. Wir sind jetzt bei 0,26 Prozent. Jetzt ist neues Kohlendioxyd aber eine riesige Gefahr. Man muß ja wissen, wieso der Kohlendioxydgehalt so abgebaut worden ist. Aus einem einzigen Grund: Die Sonnenstrahlung wird immer stärker. Und trotzdem sind auf der Erde seit Jahrtausenden ganz ähnliche Temperaturen. Und das konnte sie nur dadurch schaffen, daß der Kohlendioxydgehalt aus der Erdatmosphäre sich schrittweise abgebaut hat. Das hat die Strahlung zurückgehalten. Und aus diesem Kohlendioxyd ist über Jahrmillionen Erdöl usw. entstanden. Nun ist aber kein Kohlendioxyd mehr drin in der Atmosphäre. Und das bedeutet eben, daß die Sonneneinstrahlung stärker wird und damit die bisherigen Temperaturen nicht mehr gehalten werden können. Und damit hören irgendwann die chemischen und physikalischen Prozesse als Grundlage unseres Lebens auf. Was wenig bekannt ist, wir hatten ja schon einmal – zumindest höchstwahrscheinlich – ein Leben auf der Erde, das beendet worden ist. Das war ein »umgekehrtes Leben«. Es hatte Reduktionsprozesse, nicht Oxydationsprozesse zur Grundlage, d. h., nicht aus Eisen wurde Rost, sondern aus Rost Eisen. Und das Leben, das es gab, war ausgerichtet auf Reduktionsprozesse, nicht auf Oxydationsprozesse. Und da gibt es noch Restbestände, das sind unsere Darmbakterien und Bakterien in der Tiefe des Ozeans. Die leben von Reduktionsprozessen. Für die ist Sauerstoff tödlich. Das sollen die Reste der ersten Lebensstufe sein. Die war nicht hochentwickelt, ist über Bakterien wohl nicht wesentlich hinausgegangen. Aber dann ist etwas Interessantes passiert: Die Photosynthese ist irgendwie entstanden, wie, weiß man wohl nicht. Und plötzlich stützte sich das Leben auf Oxydationsprozesse und nicht mehr auf Reduktionsprozesse. Damit ging die erste Lebensform zu Ende, und es entstand die neue, in der wir heute leben. Das will ich ja nur als optimistischen Ausklang sagen: Also wenn wir so weitermachen, geht zwar diese Lebensform ein, aber es kommt vielleicht eine dritte. Und zumindest die Darmbakterien haben dann eine gute Chance, weil sie sich über Reduktionsprozesse erhalten können. Wenn auch der Mensch verstummt. Deshalb versucht die PDS als Bakterie dieser Gesellschaft Wirkung zu zeigen und sich jetzt schon auf Reduktionsprozesse statt auf Oxydationsprozesse einzustellen. Und ich finde, da haben wir eine Chance.

Heiner Müller: Das war doch mein geheimer Ehrgeiz, dich noch zum Religionsstifter zu machen.

Gregor Gysi: Aber das sage ich jetzt wieder im Ernst: Wenn wir die Biologie nur als Biologie begreifen und die chemischen und physikalischen Prozesse drumherum nicht einbeziehen, wird es die Biologie nicht geben. Es gibt eine Abhängigkeit der ganzen

Natur von den physikalischen und chemischen Prozessen. Und dazu brauchst du auch noch die passende Religion. Und die passende Philosophie. Und in diesem ganzheitlichen Sinne wird kaum gedacht. Wir brauchen eine Philosophie und eine Religion, die das Leben des Menschen als Teil der Natur darstellt und die Natur als Teil der chemischen und physikalischen Prozesse. Sonst ist dieser Planet nicht zu erhalten. Und das wird ja auch begriffen. Es ist doch so: Die Nationalstaaten, das ganze Völkerrecht, das auf die Souveränität der Staaten setzte, auf die Nichteinmischung in die inneren Angelegenheiten, sind über die Ökologie nicht mehr haltbar. Wenn du mit dem brasilianischen Urwald darüber entscheidest, wie die Menschen in Berlin leben, kannst du nicht mehr im Ernst den brasilianischen Urwald als innere Angelegenheit Brasiliens begreifen. Das kippt das ganze Völkerrecht, und zwar von seinem Ansatz her. Das ist auch klar, darüber sind sich eigentlich alle im klaren.

Und nun passiert folgendes, es gibt ja immer zwei Varianten – die demokratische und die despotische. Wir sind jetzt gerade dabei, uns auf die despotische einzustellen, und sagen: Also, wir brauchen eine Führungsmacht. Und die Führungsmacht sind die USA. Und die USA muß dann in Brasilien für Ordnung sorgen, gegebenenfalls militärisch. Der Punkt ist, daß in den führenden Industriestaaten gesagt wird: Damit wir so weiter Auto fahren können, müssen wir dafür sorgen, daß in China, in Afrika und in Lateinamerika die Wälder nicht abgeholzt werden und dort kaum Auto gefahren wird. Und die andere Variante wäre, nicht eigene Privilegien zu sichern, sondern durch Veränderungen in den führenden Industriestaaten die Umwelt zu retten – weltweite Demokratie und soziale Sicherheit, Überwindung nationalstaatlichen Denkens, nicht Weltherrschaft und Privilegiensicherung. (...)

Also machst du nun mit in einer ostdeutschen Sammlungsbewegung im Sinne einer Protestorganisation? Ich habe den Begriff Sammlungsbewegung abgelehnt wegen der historischen Belastung.

Heiner Müller: Sofort. Ich muß dazu sagen, wieder ein Zitat: In mir habt ihr einen, auf den könnt ihr nicht bauen.

Gregor Gysi: Das ist klar. Es geht ja zunächst darum, daß du bei dem ersten Aufruf dabeisitzt. Das ärgert viele andere.

Heiner Müller: Da kann ich dabeisitzen, das ist keine Frage.

Gregor Gysi: Im Grunde genommen hat Peter-Michael Diestel zwei Sachen erkannt: Ostdeutsche Interessen werden im Augenblick eigentlich nur noch von der PDS artikuliert. Dadurch aber, daß mit der PDS niemand will, folgt, daß sie kaum durchsetzbar sind. Dadurch entsteht eine ungeheure Frustration in der Bevölkerung. Und also kann man ostdeutsche Probleme nicht mehr gegen, sondern nur noch mit der PDS lösen. Das geht aber nicht innerhalb der CDU. Also muß jemand wie Diestel den Schritt gehen, weil ihn dann viele Menschen nachvollziehen können. Wenn Heiner Müller und Stefan Heym und wenn Heinrich Fink und wenn Dieter Hildebrandt nicht zusammen sagen: Bildet eine überparteiliche Organisation – das hat nichts mit dem Ende der PDS zu tun, das hat nichts damit zu tun, daß der andere nicht völlig unabhängiger Schriftsteller bleibt und mit Parteien eh nichts im Sinn hat –, also wenn wir das jetzt nicht artikulieren, organisieren und auch verschärft zum Ausdruck bringen, dann schaffen wir hier eine Armenregion, die zu Eruptionen führen wird, die nicht in eine fortschrittliche Richtung gehen, sondern höchstwahrscheinlich in eine faschistoide und damit in eine wirklich gefährliche.

Und deshalb sehen wir jetzt auch mal über das Trennende hinweg, was sonst alles zwischen uns existiert, und formulieren 10 Punkte und wissen dabei, es fehlen 150. Aber auf die 150 können wir uns sowieso nicht verständigen, auf die 10 schon. Und die sind im Augenblick das dringendste. Und dann rufen wir die Ostdeutschen auf, sich zu organisieren. Nicht mit dem Ziel einer Ost-West-Spaltung, weil für mich der Hauptunterschied immer noch der zwischen oben und unten ist, sondern meinetwegen mit einem Integrationsziel in dem Sinne, daß man sich selbständig und souverän einbringt und nicht geschluckt wird. Das müßte dann alles auch noch formuliert und vorher durchdacht und vor allem inhaltlich diskutiert werden. Dann wäre das ein Akt der Selbstbestimmung, wie er für die Bundesrepublik Deutschland völlig atypisch ist.

Und hier könnte etwas passieren, wovor sie wirklich Angst haben: Sie haben ihr Parteiensystem nach Ostdeutschland getragen. Sie haben ihr Gewerkschaftssystem nach Ostdeutschland getragen. Sie haben ihr Wissenschaftssystem nach Ostdeutschland getragen. Und dann sagen die Ostdeutschen plötzlich: Nein, das alles gefällt uns nicht. Wir machen jetzt etwas Eigenes. Und mit dem Eigenen werden wir euch zu schaffen machen. Und die Reaktion seit gestern in Bonn, seitdem das durch die Medien geht, ist so etwas von hektisch, wie ich dieses Bonn noch nicht erlebt habe. Die PDS ist auch in einer Bredouille; aber wenn es gut geht, ist es auch eine Chance für sie. Es gibt zur Zeit eine nicht hundertprozentige, aber zumindest achtzigprozentige Übereinstimmung zwischen links und ostdeutsch. Das haben leider viele linke Wessis nicht begriffen. Eine Übereinstimmung zwischen ostdeutschen Interessen und linken Interessen oder linkem Gedankengut. Das hängt damit zusammen, was ich am Anfang gesagt habe. Eine norditalienische Bewegung kann heute nur eine faschistoide sein. Eine süditalienische kann eigentlich nur eine linke sein ...

Heiner Müller: ... oder Mafia ...

Gregor Gysi: ... oder Mafia. Aber selbst die Mafia hatte immer auch einen sozialen Touch. Selbst im Verbrechertum des Südens sieht es eben anders aus als im Verbrechertum des Nordens.

Wenn es jetzt eine Regionalpartei des Westens gäbe nach dem Motto: Wir müssen uns vor dem Osten schützen – könnte es eigentlich nur eine faschistoide Partei sein. Und das ist eine Erkenntnis, die die PDS aufgreifen muß, gerade als konsequenteste linke Kraft.

Die PDS darf nicht parteiegoistisch sein. Wir stehen vor einem wirklichen Problem: Wir artikulieren die Probleme der Menschen im Osten wahrscheinlich tatsächlich am konsequentesten. Wir fordern sie auch am ehesten auf, selbstbestimmt ihre Interessen wahrzunehmen. Aber wir können einfach die Mehrheit nicht erreichen, auch nicht alle, die es betrifft. Das hängt mit unserer Geschichte zusammen. Und damit, daß wir uns zum Sozialismus bekennen. Der ist aber nun etwas, womit viele eine bestimmte Erfahrung verbinden, die sie ablehnen. Der Knackpunkt, weshalb wir im Westen noch so wenig Resonanz haben, ist der, daß es uns nicht gelingt, den Menschen in den alten Ländern klarzumachen, daß jedes nicht gelöste ostdeutsche Problem mit zeitlicher Verschiebung, dafür aber verschärft auf ihrem Rücken ausgetragen werden wird. D.h., wenn ich mich heute um ostdeutsche Probleme kümmere, kümmere ich mich auch darum, Probleme größeren Ausmaßes für die Bewohner des Westens zu verhindern. Demokratie-, Sozial-, Rechts- und Kulturabbau wird immer mit dem Osten begründet, findet aber auch im Westen statt. Die Linken müßten erkennen, daß, wenn sie wirklich linke Politik machen wollen, es im Augenblick – für eine bestimmte historische Phase, ich weiß nicht, wie lange sie anhält – auch ostdeutsche Politik ist. Wir haben jetzt in Ostdeutschland eine Kulturabschlachtung, die ich nicht für möglich gehalten hätte. Was man in so kurzer Zeit an Kultur zerstören kann, ist wirklich gewaltig. Und das macht auch krank. Und sie zerstören jede ostdeutsche Identifikationsfigur. Es darf wirklich nichts übrigbleiben, da sind sie konsequent.

Aber es ist ein so totaler Sieg, so hat das deutsche Kapital noch nie gesiegt. Und da können sie sich einfach nicht beherrschen. Denn das ist ja alles irrational.

Heiner Müller: So hat's auch noch nie verloren, wie es verlieren wird.

Gregor Gysi: Das ist wahr.

Heiner Müller: Das gehört dazu. Denn sie können nicht siegen. Sie können mit dem Sieg nicht umgehen.

Gregor Gysi: Völlig richtig. Das ist ein Pyrrhussieg. Sie können mit ihrem Sieg wirklich nicht umgehen. Es ist rational nicht erklärbar. Ich behaupte, von den ausgegrenzten NVA-Offizieren, Polizei-Offizieren, Stasi-Offizieren, Parteifunktionären aller Schattierungen wäre auf Anhieb, und das wußten sie, eine deutliche Mehrheit bereit gewesen, dem neuen System zu dienen. Die Masse der Beschäftigten im öffentlichen Dienst, auch die Mehrheit der Richter, die Mehrheit der Staatsanwälte usw., nicht alle, aber die Mehrheit wäre bereit gewesen zu sagen: Wir haben uns vielleicht früher geirrt, aber jetzt dienen wir einer demokratischen Ordnung.

Und jetzt kommt das Irrationale: Sie sagen, das wollen wir nicht, wir grenzen euch alle aus. Und aus ihrer Sicht irrational, erzeugen sie sich ein großes Potential von Leuten, die ihr System ablehnen müssen, weil sie denen innerhalb des Systems keine Chance geben.

Heiner Müller: Es ist noch irrationaler. Ich glaube, daß die eigentliche Energie des Nationalsozialismus eine Selbstmordenergie war. Und die ist auch im deutschen Kapital, diese suizidäre Energie.

Gregor Gysi: ... die ist überhaupt im Menschen, glaube ich ...

Heiner Müller: ... aber im deutschen Menschen besonders ... Wenn du von der Geburtenrate ausgehst, das ist ja ein ganz primitives Signal. Die Geburtenziffer ist in den letzten zwanzig oder dreißig Jahren in der Bundesrepublik rapide gesunken. D.h., es ist ein Volk, das seine Erfüllung eigentlich darin sieht, daß es stirbt. Das ist aber so irrational, daß es nie ins Bewußtsein kommt. Und oben finden die größten Siege statt, aber eigentlich will man aufhören.

Gregor Gysi: An diese Theorie glaube ich nicht. Das glaube ich aus folgendem Grunde nicht: Es reichen doch hundert RAF-Mitglieder aus, um alle Gesetze, die man ändern will, zu ändern. Sie reichen für ein komplettes Feindbild. Das ist ja nicht von der

Quantität abhängig, im Gegenteil. 1968 sitzt ihnen tief in den Knochen. Sie haben auch Ängste. Und sie organisieren sich eine Anzahl Feinde, die für solche Fälle immer zur Verfügung steht. Das ist rational nicht wirklich nachvollziehbar, zumindest nicht in den Quantitäten. Ich glaube, dahinter steckt dann letztlich etwas anderes. Sie wollen es einfach wissen. Der Antikommunismus sitzt so tief, daß sie irrational handeln, nur um zu verhindern, daß etwas Linkes kommt. Nur, der Antikommunismus richtet sich gegen Menschen, die im klassischen Sinne nie Kommunisten waren ...

Heiner Müller: ... das ist bedauerlich ...

Gregor Gysi: ... sie galten aber als solche. Und das reicht ja schon aus. Und dann führen sie einen vehementen Kampf. Es war schon vorher irrational, dieser Kampf gegen einen Postboten aus der DKP, der nie irgendwas ernsthaft gefährden konnte.

Aber sie sind auch viel ideologischer, als ich es z.B. dachte. Du kriegst eine rationale Entscheidung nicht rüber, wenn es ihrer Ideologie widerspricht. Allerdings gibt es weitere Faktoren, die wirken. Der eine ist, daß die CDU als konservative Partei in einer viel tieferen Krise steckt, als man denkt. Das liegt an folgendem: Ihre Werte stimmen mit ihrer Politik nicht mehr überein. Sie haben ein bestimmtes konservatives Weltbild: Familie, Tradition, Heimat, Religion. Das versuchen sie aufrechtzuerhalten. Und da kämpfen sie auch beim § 218 drum. Aber sie müssen eine Wirtschaftspolitik machen, die diesem konservativen Weltbild diametral ist. Denn das Kapital fordert Flexibilität. Eigentlich muß jeder in der Lage sein, heute in Paris und morgen in Rio de Janeiro und übermorgen wieder in Berlin zu arbeiten. Das ist gegen Familie, das ist gegen Heimat, das ist nicht mit Verantwortung in Schützenvereinen hinzukriegen. Die ganze konservative Werteskala ist mit ihrer Wirtschaftspolitik nicht in Übereinstimmung zu bringen. Dadurch entstehen dort auch wirkliche Konflikte. Die Wirtschaft ist, glaube ich, gar nicht so scharf auf den § 218. Es ist dann immer die Frage, was sich gerade bei der CDU durchsetzt – ihr konservatives Weltbild oder die Tatsache, daß sie die Interessen der Wirtschaft vertritt. Das paßt oft nicht mehr zusammen.

Heiner Müller: Gregor, hier gibt es einen Punkt, der mich interessiert. Das ist die Dynamik der ökonomischen Prozesse, die zunehmende Geschwindigkeit dieser Prozesse, die ist überhaupt nicht mehr nachvollziehbar von der Politik. Mit Denken nicht mehr nachvollziehbar. Also gibt es einen ständigen Analyseschwund oder -verlust, man kann gar nicht mehr analysieren, weil es so schnell geht. Und was du beschreibst, das Festhalten an den Werten – die Werte sind ja längst imaginär. Und die ökonomischen Prozesse laufen jetzt schon ziemlich unbeherrschbar von Politik.

Gregor Gysi: Unbeherrschbar. Und dann doch wieder letztlich nur durch die Politik oder gar nicht lösbar.

Heiner Müller: Es ist wahrscheinlich nicht mehr mit Politik lösbar, nicht mit diesen Strukturen von Politik.

Gregor Gysi: Sicher, ich will ein Beispiel nennen. Wir haben jetzt inzwischen auf der Welt ein fiktives Kapital, das eine Größenordnung erreicht hat, daß ich behaupte, daß – ich weiß noch nicht, aus welchem Anlaß, es kann ein ganz kleiner sein, ich habe keine Ahnung – wir irgendwann einen schwarzen Freitag erleben, wogegen der schwarze Freitag des Jahres 1929 ein harmloses Kinderspiel war. Wir haben z. B. in der Bundesrepublik ein brachliegendes Kapital von über einer Billion DM, das jährlich im Durchschnitt mit sieben bis acht Prozent verzinst wird. Je mehr Geld, desto höher die Zinssätze, bis zu fünfzehn Prozent. Dahinter stehen inzwischen beim größten Teil dieses Kapitals keine Werte mehr. Und trotzdem wird eine Politik fortgesetzt, die nach wie vor das Finanzkapital in jeder Hinsicht gegenüber dem produktiven Kapital begünstigt. Und das ist weltweit so. D. h., wenn durch irgendeinen Anlaß, durch welchen auch immer, dieses Kapital plötzlich auf den Markt strömt, in diesen Größenordnungen auf den Markt strömt, dann gibt es einen

Börsen- und einen Finanzkrach, der alles bisher Erlebte in den Schatten stellt.

Und die Finanzminister der entscheidenden Industriestaaten, der entscheidenden Geldstaaten, also USA, Japan, Bundesrepublik, Frankreich, Großbritannien, die wissen das alle. Aber sie stehen diesen Prozessen – und insofern wollte ich dir recht geben – völlig machtlos gegenüber. Sie haben kein wirksames Instrumentarium mehr dagegen. Das würde eigentlich die Verstaatlichung der wichtigsten Banken erfordern. Es gibt keine andere Chance. Und dabei habe ich noch gar nicht die sogenannte Dritte Welt einbezogen, die das ja letztlich überwiegend alles bezahlt – das kommt ja noch hinzu, daß damit das Elend permanent forciert wird. Als Sozialist könnte ich diesen Prozessen relativ gelassen entgegensehen, bloß das geht nicht, weil sie meistens in furchtbarem Blut und furchtbarer Asche enden, und das ist mir nun keineswegs gleichgültig. Aber auch das ist wieder so ein Fakt – es sehen alle auf sich zukommen, es macht keiner etwas dagegen. Immer nach dem Motto: Wahrscheinlich passiert es ja erst nach meinem Tode.

(...)

Heiner Müller: Eine ganz persönliche Frage. Ich habe neulich eine Sendung gesehen, Gespräche mit Max Frisch, die sind in den 70er Jahren gemacht worden. Max Frisch war ein sehr angenehmer Mensch, wenn er so sprach – man muß seine Texte nicht lesen –, aber wenn er sprach, war er sehr gut. Max Frisch wurde von einem Schweizer Franzosen befragt – das war ein schönes Gespräch. Und der fragte ihn nach dem Problem Israel. Und dann sprach Max Frisch von Kalifornien und den USA. Er sprach über den normalen Faschismus in Kalifornien, den amerikanischen Faschismus. Die Frage nach Israel – da wüßte er nicht sehr viel. Er kenne nur Geschichten aus Begegnungen mit Juden. Und eine Geschichte hat mich sehr verblüfft. Er war sieben Monate in New York und hatte Freunde, das waren oft jüdische Freunde, ein jüdischer Psychiater und seine Frau, eine Schriftstellerin. Die kannte er sehr gut und schon länger. Die waren in

Deutschland im Urlaub in Berlin und kamen zurück und sprachen mit ihm. Er hatte sich gerade scheiden lassen von Marianne Frisch.

Und die sagten ihm: Ja, wir haben da Marianne getroffen in Berlin. Und die Frau, die Schrifstellerin, sagte bei dieser Gelegenheit: We had an immense shock. Dann Max Frisch: Ja, wieso? Wir haben lange zusammen gelebt – er dachte, sie meinten die Scheidung –, aber das ging nicht mehr. Sie ist großartig, und ich bin auch großartig, aber es ging nicht mehr. No, that's not the problem. We had an immense shock. Dann er: Was war denn das für ein Schock?

Und da erzählte die Frau: Marianne sei eine intelligente Frau, eine sensible Frau, eine humane Frau und was auch immer. Sie sei beeindruckt. Er hat's immer noch nicht verstanden. But we had an immense shock. Was ist der Schock? She is German. Das ist die eine Geschichte.

Max Frisch erzählte die Geschichte der Helen Wolff, Witwe von Kurt Wolff, der in New York lebte. Er erzählte ihr die Geschichte, weil er schockiert war davon, und sie sagte dann: Sie hat einen Freund, den kennt sie seit zwanzig Jahren, einen alten Juden in New York. Irgendwann saß sie mit ihm in einer Bar, sie haben gegessen und getrunken. Zum ersten Mal hat sie von ihrer Kindheit erzählt. Sie ist in Österreich aufgewachsen, katholisch erzogen. Sie erzählte davon. Und plötzlich lehnt er sich zurück, der alte jüdische Freund, guckt sie ganz fremd an, erschreckt, fünf Minuten. Da sagt sie: Was ist los? Warum schweigst du? Er schweigt weiter. Nach zehn Minuten sagt er: I forgive you. – Er hatte nicht gewußt, daß sie keine Jüdin ist. –

Das ist gespenstisch.

Ich wollte dich fragen, was das für dich bedeutet.

Gregor Gysi: Das erinnert mich an eine Herausgeberin eines Buches, die mich zur jüdischen Familiengeschichte befragt hat[1]. Und die war so entsetzt, weil sie erlebt hatte, als ich im Dezember oder Januar 1989/90 an der Freien Universität war und dort

[1] Siehe Seite 280

erklärte, ich sei ein DDR-Deutscher. Soll ich gesagt haben. Das ist gut möglich. Und dann sagte sie: Daß dir das so über die Lippen ging, das habe ich nie verstanden. Ich habe dann versucht, ihr das zu erklären. Mal ganz abgesehen davon, daß mein Vater ein merkwürdiges Verhältnis dazu hatte und meine Mutter auch und meine Großmutter erst recht. Ich kann dir dazu eigentlich nur drei Geschichten erzählen. Meine Großmutter kam uns ab und zu aus Paris besuchen, was sehr schwierig war. Sie lebte dort, nachdem sie emigriert war und auch nicht wieder zurückkehrte. Und sie teilte immer die Welt in Juden und Nichtjuden ein. Sie sagte immer: Ja, das ist ein hervorragender Geiger, der ist übrigens auch Jude. Und der ist übrigens kein Jude. Ich war so zehn Jahre alt und hörte mir das an, und irgendwann rebellierte mein Gerechtigkeitssinn. Ich habe zu ihr gesagt: Also weißt du, ich finde es ziemlich bescheuert, daß du die ganze Welt in Juden und Nichtjuden einteilst. Mir genügt es völlig, wenn du sagst, das ist ein guter Geiger oder ein schlechter Geiger. Den Rest finde ich völlig nebensächlich und uninteressant. Und was sie sonst nie machte: Sie brüllte mich plötzlich an und sagte, das war nun mal mein Leben. Da habe ich irgendwie begriffen, daß es etwas gibt, was sich mir verschließt. Das hat mich dazu veranlaßt, genauer zu fragen.

Mir ist dann folgendes aufgefallen: In den Geschichten meines Vaters kamen Juden nur in der Variante des armen kleinen Juden vor. Also er sagte dann: Im Lager in Frankreich, da war so ein kleiner armer Teufel, der war Schuhmacher ... Bei einem Geiger hätte er das nie erwähnt, während in den Geschichten meiner Großmutter nur die Größen der Weltgeschichte in dieser Variante vorkamen. Ich kann das bis heute noch gar nicht so genau erklären. Letztlich hat er das immer in irgendeiner Form ausgeblendet, was wohl, glaube ich, damit zu tun hatte, daß sein Antifaschismus selbstbestimmt sein sollte. Es macht einen Unterschied, ob du »nur« als Jude antifaschistisch warst, denn dann konntest du gar nichts anderes sein, oder ob du als Kommunist antifaschistisch warst, denn dann war es eine bewußte Entscheidung. Und deshalb haben die jüdischen Kommunisten immer großen Wert darauf gelegt, Kommunisten gewesen zu sein, um zu sagen, völlig unabhängig davon, ob ich Jude war oder nicht, ich hätte immer gegen den Faschismus gekämpft, als selbstbewußte Entscheidung. Das hat aber alles eine Weile gedauert, bis ich das auch begriffen habe.

Dann hatte ich einen großen Vorteil, in meiner Generation nach dem Krieg bestand für mich eine Frage nicht, die für die anderen immer stand. Für mich stand nie die Frage, wie ich mich verhalten hätte zwischen 1933 und 1945. D. h., ich war durch die Frage nicht belastet, ob ich möglicherweise zur SS, zur NSDAP oder sonstwohin gegangen wäre, weil ich eh keine Chance gehabt hätte, hinzukommen. Das war schon eine gewisse Entlastung. In dem Sinne habe ich mich dann auch nie richtig deutsch gefühlt, was natürlich auch wieder eine Belastung war.

Aber dann passierte ein Bruch, den ich mir bis heute nicht erklären kann. Ich war für drei bis vier Wochen in Polen, so mit neunzehn, zwanzig Jahren. Und ich habe nicht gleich Auschwitz besucht, sondern am Ende dieser Reise, d.h., nachdem ich drei Wochen nur polnisch gehört hatte, nur polnische Schilder gelesen hatte, nur polnische Zeitungen gesehen hatte. Ich war richtig in Polen. Nach diesen drei Wochen besuchte ich Auschwitz und Birkenau. Und plötzlich sah ich nur deutsche Schilder. »Vorsicht! Lebensgefahr!« und so stand da drauf. Und da fühlte ich mich zum ersten Mal als Täter, als Deutscher. Und das hat mich wütend gemacht, aber ich bekam es nicht weg. Ich war da nicht einer, der das Gefühl hatte, da hättest du auch drin sein können, sondern plötzlich war ich einer, der irgendwie für dieses Lager mitverantwortlich war. Ich glaube, daß das über die Sprache gelaufen ist. Ich weiß nicht, wie anders in mir dieses Gefühl hätte entstehen können. Aber es war da, und ich bin es nie wieder ganz losgeworden. Und das ist eine Art von Schizophrenie, die in mir steckt, mit der ich nur schwer zurechtkomme. Aber sie ist einfach da.

Ich war jetzt zum ersten Mal in Israel. Und gerade dort haben sie, was noch in keinem anderen Land passiert ist, für unsere Delegation der Bundestagsgruppe PDS/Linke Liste vor unserem Hotel die deutsche Fahne gehißt. Das fand ich doch irgendwie deplaziert. Vor allem dort. Also in jeder Hinsicht. Ich war mit

André Brie dort. Und dann haben wir in Yad va-Shem in dem Buch mit den Namen der ermordeten Juden unsere Angehörigen gefunden. Und dann stand in einer israelischen Zeitung: Die ersten deutschen Politiker, die in Yad va-Shem Angehörige gefunden haben. Das erzeugte sofort ein anderes Klima, und da war ich wieder in dieser schizophrenen Situation, weil ich einerseits immer als Deutscher behandelt wurde, andererseits als »Mitglied der Familie«.

Es ist natürlich so: Bis Dezember 1989 spielte es eigentlich in meinem Leben, abgesehen von diesen Episoden, die ich berichtet habe ...

Heiner Müller: ... das ist ein Phänomen, in der DDR spielte es nie eine Rolle ...

Gregor Gysi: ... wirklich keine Rolle. Ich habe mich auch nie so gefühlt. Ich bin im Januar 1990 zum Juden erklärt worden, sage ich immer – und zwar durch den Westen. Und nun habe ich die Rolle auch angenommen, weil es keinen Sinn hat, sich dagegen zu wehren. Aber ich war es vorher wirklich nicht. Es ist interessant, wie das in der Bundesrepublik Deutschland funktioniert. Es funktioniert scheinbar völlig unmotiviert: Da gibt es einen Artikel, in dem stehen lauter negative Sachen über mich drin. Aber sie haben mit meiner Biographie nichts zu tun – z. B. der Finanzskandal. Und plötzlich kommt ein Einschub, mitten im Beitrag. Da steht dann: Gregor Gysi, übrigens Sohn jüdischer Vorfahren ...

Über Markus Wolf habe ich mal einen Artikel gelesen, einen finsteren Beitrag über ihn, was stimmt, weiß ich nicht, kann ich nicht beurteilen ... Mir fiel nur auf, daß mitten in dem Beitrag in der *Berliner Morgenpost* drin stand: der Sohn des jüdischen Schriftstellers Friedrich Wolf. Dabei ging es sonst nicht um seine Biographie. Da ist mir auch klar geworden, wie man latenten Antisemitismus züchten kann.

Heiner Müller: Ich habe z. B. nie gewußt in der DDR-Zeit, daß Friedrich Wolf jüdisch ist. Das spielte nie eine Rolle.

Gregor Gysi: Der Artikel »Der Drahtzieher« im *Spiegel* im Januar 1990 war in bezug auf mich die Eröffnung. Und er ist voller antiseminitischer Ressentiments, es ist alles drin, nur daß fast nichts davon stimmt. Und dann kamen die ersten Plakate in Leipzig, das hat es vorher nicht gegeben, mit »Jude raus«.

Es gab eine interessante Sache. Ich glaube, beim 6-Tage-Krieg Israels gab es eine Erklärung. Da stand drin: Jüdische Bürger der Deutschen Demokratischen Republik kritisieren den 6-Tage-Krieg. Dann kam eine Erklärung gegen Israel, und die war unterschrieben, und zwar nicht etwa von Gemeindemitgliedern, sondern von jüdischen intellektuellen Persönlichkeiten, acht bis zehn haben unterschrieben. Und dann ist mir erzählt worden, wer alles nicht unterschrieben hat. Wobei denen auch nichts passiert ist, das muß man hinzufügen. Das haben sie auch toleriert. Für mich war das eigentlich Interessante, wer im ZK wußte innerhalb von 24 Stunden, an wen er sich zu wenden hatte. Es gab ja keine Registrierung, und trotzdem wußte man es eben. Das war ein interessanter Vorgang. Aber es war der einzige, an den ich mich erinnere, wo ich mal stutzig wurde und sagte, das ist eigenartig, eben weil es keine Gemeindemitglieder waren.

Heiner Müller: Ich hatte z.B. vor ein paar Wochen einen kleinen Schock – von da kommt die Frage eigentlich: in so einer Fernsehsendung mit dem israelischen Journalisten Broder. Ich erzählte eine alte Geschichte, die mich immer sehr beschäftigt hat, diese Geschichte von einem jüdischen Jungen, der im Warschauer Ghetto tot aufgefunden wird, neben ihm ein Schulheft. Und der letzte Satz in diesem Schulheft ist: Ich will ein Deutscher sein. Der war zwölf Jahre alt. Das war für mich immer ein Schock. Für mich auch ein Schlüssel zu dem Problem Israel – ich will ein Deutscher sein. Ich erzählte das also, und dann sagte Broder, der ein intelligenter Antikommunist ist – was immer er ist, er ist nicht dumm –: Er wollte überleben. Ich war völlig schockiert und überrascht von dieser Antwort. Das hat etwas mit dem Problem zu tun.

Eine andere Geschichte. Das hat mir sehr imponiert, Wolfgang Heinz. Du kennst ihn? Ein Theaterdenkmal, ein Jude. Und der kam eines Tages ins Deutsche Theater, in eine Leitungssitzung, er kam zu spät. Er sagte: Genossen, entschuldigt, daß ich zu spät komme. Die Partei hat mich gebeten, *Die Ermittlung* von Peter Weiß zu inszenieren. Das ist ein Stück über Auschwitz. Und ich habe den Genossen gesagt, ich kann dieses Stück nicht inszenieren, weil ich bei der Lektüre sexuelle Vorstellungen gehabt habe. Wolfgang Heinz hat eine Familie, die zum großen Teil im KZ umgekommen ist. Das fand ich enorm.

Das eigentliche Problem, was ich jetzt damit meine, das Gesellschaftskonzept, das im Moment praktiziert wird, und es gibt kein Gegenkonzept bisher: Auschwitz war Selektion, ob das die Juden sind oder die Ränder. Und das ist die eigentliche Frage: Wie findet man ein Gegenkonzept zu Auschwitz?

Gregor Gysi: Ganz schwer, weil: Die große Gefahr heute besteht u.a. in einem Öko-Faschismus. Und der liegt auf der Hand, weil immer deutlicher die Frage in den Mittelpunkt rückt, die Menschheit zu reduzieren. Und dann würde es Kriterien und Leute geben, die das entscheiden.

Heiner Müller: Und dann bist du in Auschwitz.

Gregor Gysi: Ich würde es nicht so sagen. Weißt du, was mir daran immer Sorgen macht? Es gibt auch einmalige Vorgänge in der Geschichte, und ich bin immer dagegen, zu versuchen, ihnen das Einmalige zu nehmen. Es gibt natürlich immer Vergleichs- und Parallelmöglichkeiten. Ich würde gern Auschwitz als Unikat dastehen lassen. Ich will es den Deutschen auch nicht durchgehen lassen ...

Heiner Müller: Das kannst du doch kaum ...

Gregor Gysi: ... ich glaube aber, es ist schon deutlich, daß ich etwas anderes meine, was ich genau den Deutschen und der Aufarbeitung der Geschichte in Deutschland nicht durchgehen lassen will, eine Variante zu finden, um zu sagen: Überall ist Auschwitz. Natürlich gibt es überall Verbrechen. Aber es gibt auch

Verbrechen, die einzigartig sind und die man nicht relativieren kann. Ich verstehe, daß du das ganz anders meinst.

Heiner Müller: Was ich mit Auschwitz meine, ist ja Selektion.

Gregor Gysi: Selektion, ja ... Wobei das ja schon eine entscheidende Lüge war. Damals stand nicht die Frage einer Überlebensselektion. Das ist schon ein wichtiger Unterschied.

Heiner Müller: Nein, das war eher das Gegenteil.

Gregor Gysi: Was ich jetzt beschreibe, ist ja ein Öko-Faschismus, wo dann tatsächlich eine Selektion angestrebt würde unter dem scheinbaren Druck, anders nicht überleben zu können. Das ist ja wirklich eine andere Frage als bei den Nazis. Die Frage stand dort nie. Schon gar nicht in bezug auf die Juden.
   Das Problem ist nur, daß das natürlich genau für mich nicht die Lösung ist. Und deshalb müssen andere Ansätze gefunden werden. Eben auch alternative Produktions- und Lebensweisen, damit das Ganze nicht in einem ökologisch begründeten Faschismus endet oder zu einem solchen führt.

Heiner Müller: Ich glaube, du weichst jetzt aus vor der Frage. Ich verstehe, was du meinst und was du sagst. Auschwitz, einmal ganz zynisch betrachtet, war eigentlich ein Beitrag zum Selbstmord des Nationalsozialismus. Das ist ein Argument von Ernst Jünger. Für die Judentransporte wurden soviel Treibstoff und so viele Transportmittel gebraucht, die der Wehrmacht fehlten, um an den vielen Fronten zu siegen. Das klingt zynisch. Aber das war ein ganz irrationaler Punkt. Die brauchten das eigentlich gar nicht. Das war so etwas wie ein religiöser Wahn, den sie da realisieren wollten. Im Grunde war dieser Holocaust ...

Gregor Gysi: ... bloß daß sie vorher auch schon daran gearbeitet haben ...

Heiner Müller: ... ein Beitrag zum eigenen Selbstmord.

Gregor Gysi: ... daß sie vorher schon daran gearbeitet haben. Nun mach das mal nicht nur religiös.

Heiner Müller: Nein, ich meine das ja gar nicht religiös.

Gregor Gysi: Sie haben auch die Betriebe, das Gold, das Zahngold geraubt. Sie haben die Haare verarbeitet. Sie haben Zwangsarbeit verordnet.

Heiner Müller: Das hat ihnen nichts genutzt.

Gregor Gysi: Aber sie haben schon versucht, daraus durchaus auch einen materiellen Vorteil zu ziehen ...

Heiner Müller: ... aber sie haben sich verrechnet ...

Gregor Gysi: ... und die arbeitsfähigen Juden durften auch erst noch arbeiten, die Straßen bauen.

Heiner Müller: ... sie konnten nicht rechnen, sie haben falsch gerechnet ...

Gregor Gysi: ... also, laß es sich miteinander verbunden haben.

Heiner Müller: Sie haben falsch gerechnet. Und die heutige Situation ist ja anders.

Gregor Gysi: Ich will ja nur sagen, man darf nicht so tun, als ob es nur irrational war. Sie haben durchaus auch dabei gerechnet.

Heiner Müller: Sie haben gerechnet. Aber sie haben falsch gerechnet. Das stimmt, wenn man will, noch in einem anderen Punkt. Eine der ersten Maßnahmen, die Hitler angeordnet hat in Österreich nach dem Einmarsch, war die Evakuierung eines Dorfes in Oberösterreich. Das wurde planiert und wurde Truppenübungsplatz. Das ist es heute noch. Das war das Dorf, wo eine seiner Großmütter begraben war. Von der ging das Gerücht, daß sie mit einem Juden eine Liaison gehabt hat. Und Hitler hatte Angst vor dem jüdischen Blut in ihm.

Gregor Gysi: Ich will auf etwas anderes hinaus. Das muß man dann schon genauer machen. Zum Beispiel wurden die Juden zunächst u.a. ins Konzentrationslager Buchenwald gebracht. Wenn sie unterschrieben haben, daß sie auf ihr Vermögen verzichten, wurden sie aus Buchenwald wieder entlassen und konnten ausreisen. Die Frage der sogenannten »Endlösung«, die später auf der Wannsee-Konferenz entschieden wurde, hing ja auch damit zusammen, daß die Deutschen dann überall in Europa waren und es sozusagen die Möglichkeit, sie nur zu enteignen und davonzujagen, nicht mehr gab, zumindest nicht innerhalb Europas. Und wenn sie sie enteignen und ihnen dann das Geld geben müssen, damit sie nach Übersee reisen können, dann ist das auch wieder eine Verlustvariante. Ich will also nur meine Zweifel anmelden, ob das alles nur so irrational war. Irrational war, daß sie sie überhaupt loswerden wollten. Sie hätten ja auch bei ihnen versuchen können, sie zu gewinnen. Wer mitmacht bei den Nazis, macht mit, und wer nicht, wird als politischer Gegner verfolgt. Aber die Chance haben sie nicht gelassen. Aber sie haben das Ganze zunächst angefangen als eine riesige Enteignung, sie haben es als eine Vermögenseinziehung zu ihren Gunsten gestartet. Und sie haben auch die Betriebe an sich gerissen. Und selbst in dieser Phase der »Endlösung«, darauf wollte ich hinweisen – möglicherweise mag ja die Rechnung falsch gewesen sein –, haben sie auch noch versucht, Materielles herauszuschlagen, indem sie sie a) enteignet haben, b) ihre Leichen in jeder Hinsicht ausgeschlachtet haben und c) sie haben sie – soweit sie arbeitsfähig waren – arbeiten lassen, bevor sie sie ermordet haben.

Es hatte also nicht nur die eine Seite. Die hatte es sicherlich auch. Aber es hatte auch noch eine andere Seite. Deshalb meine ich, daß wir den Vergleich nicht brauchen. Du mußt nicht sagen: Da wird Auschwitz fortgesetzt. Sondern es hat eine andere Qualität, was dort als Gefahr auf uns zukommt oder was gegenwärtig schon läuft, allein mit den 50 Millionen Hungertoten im Jahr.

Eine Zahl, die z.B. im vorigen Jahrhundert unter viel primitiveren Bedingungen nie erreicht wurde.

Heiner Müller: Es gab auch weniger Leute ...

Gregor Gysi: Sicher, vor allem gab es ganz andere Produktionsweisen, selbst in den Kolonien sind wesentlich weniger gestorben in dieser Zeit. Der Kreislauf ist ja genau umgekehrt. Die Armut erzeugt ja das Wachstum der Weltbevölkerung. Durch die Verelendung wächst die Bevölkerung. Ich meine, das ist ja auch das Verlogene an der ganzen Paragraph-218-Diskussion hier in der Bundesrepublik Deutschland. Die gleichen, die für den § 218 sind, sind weltweit für eine Reduzierung der Weltbevölkerung. Da wären ihnen viele Methoden recht. Nur nicht in deutschen Landen ...

Heiner Müller: Das ist auch eine rassistische Geschichte. Jeder deutsche Embryo ist natürlich viel wertvoller als ...

DAS GIBT'S DOCH NICHT!
Rudolf Bahro und Gregor Gysi im Gespräch mit Max Thomas Mehr und Martin Fiedler, erschienen in der *Wochenpost* Nr. 26 vom 17. Juni 1992

Hat Gregor Gysi als Anwalt seinen Mandanten Rudolf Bahro verraten? Das ARD-Fernsehmagazin »Kontraste« behauptete das. Die Redakteure vom SFB stützten ihre Vorwürfe auf eine Dokumentation, die im Telegraph *veröffentlicht war. Der* Telegraph, *der von der Berliner Umwelt-Bibliothek herausgegeben wird, entstand 1989 aus den zu DDR-Zeiten im Untergrund verbreiteten Umweltblättern und dem* Grenzfall. *In einer 50seitigen Sonderausgabe des* Telegraph, *die sich nur mit Gregor Gysi beschäftigt, sind Tonbandabschriften der Stasi und Berichte über Gespräche mit Gregor Gysi dokumentiert, die nach Auffassung der Autoren Be weise für den Mandantenverrat liefern. (...) Die* Wochenpost *fragte Gregor Gysi und seinen damaligen Mandaten Rudolf Bahro.*

Wochenpost: Warum kam der Vorwurf des Mandantenverrats nicht von Ihnen, Herr Bahro, dem Mandanten, sondern von Journalisten?

Bahro: Ich habe Gregor Gysi als Anwalt nichts vorzuwerfen. Die Dokumentation der Umweltbibliothek, die die Vorwürfe enthält, ist ohne mich gemacht worden. Die SFB-Redakteure waren am Vormittag des Sendetages bei mir und fragten, ob ich mich äußern wolle. Ich habe ihnen gesagt, daß ich allerdings nichts gegen Gysi vorzubringen gedächte. Das hätte natürlich nicht in die Sendung gepaßt. Es wäre ja die Luft rausgewesen, wenn der Mandant selbst den Verrat dementierte.

Kannten Sie denn die Dokumente schon?

Bahro: Nein, aber jetzt kenne ich sie. Und nachdem ich diese Berichte gelesen habe, finde ich, daß Gregor Gysi seine Sache als mein Anwalt sogar noch besser gemacht hat, als ich dachte. Er hat sich für mich sehr intelligent und nützlich im Labyrinth der Macht bewegt. Ihm Verrat vorzuwerfen ist einfach Unsinn. Nach der Lektüre hätte ich es ebenso gut verstanden, wenn Gysi wirklich mit jenem Stasi-Offizier in seiner Wohnung verhandelt hätte. Und andererseits, wenn schon Mandantenverrat, dann hätten Gysis Gespräche mit der Parteiführung sehr viel schwerer gewogen, weil mein Fall am Politbüro angebunden war.

Gysi handelte in Ihrem Auftrag, wenn er mit diesen Leuten sprach?

Bahro: Selbstverständlich, ich wußte doch, daß ich mich nicht an den Gefängniswärter wenden mußte, um beispielsweise eine Verbesserung meiner Haftbedingungen zu erreichen. Das wurde an ganz anderer Stelle entschieden, und dort mußte doch jemand meine Interessen vertreten. Welche Aufgabe hat ein Anwalt sonst?

Wenn das alles so erklärbar ist, warum hat dann Gregor Gysi nicht längst erzählt, mit wem er alles verhandelt hat, um sich von seinen Mandanten öffentlich bestätigen zu lassen, daß das, was ihn vielleicht auf den ersten Blick belastet, notwendig und in ihrem Interesse war? Um beispielsweise auf diese Art zu erklären, welchen Spielraum ein Rechtsanwalt bei politischen Prozessen in der DDR überhaupt hatte.

Gysi: Es würde mich in große Schwierigkeiten bringen, wenn ich den Eindruck erwecken würde, ich könnte alles erklären oder entkräften, was von verschiedenen Seiten gegen mich vorgebracht wird. Es gibt ein sehr treffendes Sprichwort, das lautet: »Wer sich verteidigt, klagt sich an.« Natürlich kann ich mich hinstellen und sagen, mit wem ich geredet habe. Und ich habe beispielsweise von Anfang an erklärt, daß ich in politischen Fragen auch mit der Partei verhandelt habe. Aber irgendwann kommt der Punkt, an dem ich gar nicht mehr auskunftsfähig sein kann. Es kam zum Beispiel vor, daß ich mit einem Mandanten eine Verteidigungsstrategie festgelegt habe, um dann hinterher in seinem Auftrag im Zentralkomitee vorzusprechen und mit den Leuten von der Partei zu reden. Es sind nun Stasi-Berichte aufgetaucht über Gespräche, die ich im ZK geführt habe. Die habe ich nicht geliefert, sondern wahrscheinlich stammen sie von meinen Gesprächspartnern oder deren Vorgesetzten. Aus irgendwelchen Gründen kommen die Verfasser von der Partei aber nicht vor. Nun fragen Sie mich nicht, warum. Diese Berichte sind »umgeschrieben« und »verdichtet« – so heißt das, wie man mir inzwischen erklärt hat. Und nun soll ich auch die Arbeitsweise des MfS erklären, was ich aber gar nicht kann. Ich müßte tatsächlich dort gearbeitet haben, wenn ich mit Sicherheit erklären wollte, warum welches Dokument über welches Gespräch an welcher Stelle archiviert ist. In dieser Situation bin ich jedesmal, wenn wieder irgendwelche Dokumente auftauchen, die ich noch nicht kenne und von denen ich nicht weiß, wie sie entstanden sind.

Bahro: In den Dokumenten, auf die sich die Vorwürfe gründen, stehen viele Dinge, die man gar nicht verstehen kann, wenn sie nicht kommentiert werden. Ohne solche Kommentare ist es Quatsch, das Zeug zu veröffentlichen.

Gysi: Eigentlich könnte doch das Gesetz über die Öffnung der Stasi-Unterlagen politisch und historisch ein großer Gewinn sein, weil es erstmals einer Bevölkerung gestattet, in die Unterlagen ihres ehemaligen Geheimdienstes zu sehen. Nur nutzen wir diese Chance nicht, und vor allem bei westlichen Politikern gibt es auch eine Abwehrhaltung, begründet wahrscheinlich durch die Furcht, daraus könne allgemein die Forderung nach größerer Transparenz geheimdienstlicher Tätigkeit erwachsen. Und in den Medien wird gegenwärtig nur diese Alternative diskutiert: Entweder ist jedes Stasi-Dokument wahr, oder die Gauck-Behörde muß schließen. Was natürlich Unsinn ist, denn dann müßte jedes andere Archiv auch schließen. Schließlich wird kaum jemand behaupten wollen, daß in SED-Papieren nicht gelogen wurde, und niemand hat vor, das Parteiarchiv zu schließen. Die Frage ist also nicht, wie wahr das alles ist, was sich in Akten findet, sondern wie man damit umgeht.

Bahro: Die Art, wie das Stasi- und Vergangenheitsthema bearbeitet wird, hat zwei Haken. Der eine Punkt ist, daß man mit westlicher Welterfahrung einiges nicht begreifen kann, was hier passiert ist. Der wichtigere Punkt ist, daß sich Stasi und DDR noch einmal bewähren, einfach, weil die Leute nun das neue Gehorsamsspiel mitspielen. Man hat sich schon dem westlichen Urteil unterworfen, daß die DDR nichts war als ein Unrechtsstaat. Daß die Diskussion derart an dem vorbeiläuft, was in der DDR wirklich los war, hat neben der Wahrnehmungsschwäche der Westdeutschen auch ursächlich mit der Selbstbewußtseinsschwäche der Ostdeutschen zu tun.

Das kann man aber nicht nur mit Opportunismus bgründen, sondern die Öffnung der Stasi-Akten hat den Menschen gezeigt, daß Undenkbares möglich war, nun halten sie eben alles für möglich. Und gerade die Tätigkeit der Rechtsanwälte gibt doch genug Gelegenheit zur Mystifizierung. Man hört Namen wie Schnur, de Mai-

zière oder Gysi und weiß, daß die sehr viel Einblick und vielleicht auch Einfluß gehabt haben müssen. Schließlich wurden sie mit der Wende alle Parteivorsitzende.

Gysi: Also zur Rolle des Anwalts in der DDR: Von denen gab es ja im ganzen Land nur 600. Das war also in gewisser Hinsicht ein privilegierter Klub, denn hier war legale Opposition möglich, wenn auch in den Grenzen des herrschenden Rechtssystems. Dementsprechend war auch die Anwaltsfeindlichkeit enorm. Wenn ich während meines Studiums verkündet hätte, daß ich Anwalt werden möchte, hätte das ungefähr die Wirkung gehabt wie die öffentliche Verkündung eines Ausreiseantrags. Damals war der Weg zum Rechtsanwalt sehr steinig.

War es möglicherweise für den Sohn von Klaus Gysi nicht ganz so steinig?

Gysi: Mein Vater hätte keine besonders guten Argumente dafür gehabt, daß sein Sohn Rechtsanwalt werden will. Im Gegenteil, vermutlich hätte es geheißen: Gerade dein Sohn muß doch den Staat repräsentieren.

Ich hab' das Problem, wie ich fand, recht geschickt gelöst, indem ich den Weg über ein Forschungsstudium und ein Praktikum ging, um in die Anwaltschaft zu gelangen. Dort landete ich dann 1971. Ich gebe also gerne zu, da ein bißchen jongliert zu haben, ich habe eben die DDR genommen, wie sie war.

Und wann begannen Sie, sich mit politischen Fällen zu beschäftigen?

Gysi: Mein erster größerer politischer Fall war die Verteidigung von Rudolf Bahro. Und da habe ich gemerkt, daß der Spielraum sehr eng war. Grundsätzlich hatte nämlich überhaupt niemand ein Interesse, sich mit dem Anwalt des Angeklagten zu unterhalten. Also weder die Staatsanwaltschaft noch der Strafvollzug, noch das Untersuchungsorgan, geschweige denn die Partei. Die Macht war doch so eindeutig auf deren Seite ... Interesse ergab sich immer dann, wenn man auch etwas in der Hand hatte. Und das war bei Bahro erst nach dem Prozeß der Fall.

Bahro: Der ganze Verrat, den Gysi an mir begangen haben soll, fällt ohnehin in die Zeit nach der Verhandlung. Aus der Zeit vor dem Prozeß hat sich nichts gegen ihn Verwendbares gefunden, sondern das sind alles Sachen, die sich um meine Zeit in Bautzen drehen. Ich hatte Kassiber aus dem Gefängnis geschmuggelt, und der *Spiegel* druckte einen Brief von mir. Nun wurde es außenpolitisch unangenehm ...

Gysi: ... und einerseits bekamen sie jetzt auch ein Interesse an mir, andererseits hatten wir auch etwas in der Hand, um mit ihnen verhandeln zu können. Man wollte nämlich unbedingt den Eindruck vermeiden, in der Sache Bahro auf äußeren Druck zu reagieren. Nun hatten sie in dieser Situation keinen anderen Partner als mich. Ich war Parteimitglied und zugleich der Anwalt von Rudolf Bahro, den man ohne Gesichtsverlust loswerden wollte, ohne die abschreckende Beispielwirkung aufzugeben. Ich versuchte, den Leuten von der Partei klarzumachen: Harte Haftbedingungen für Rudolf Bahro helfen ihnen vielleicht momentan, weil er dann keine Kassiber mehr aus dem Gefängnis schmuggeln kann. Wenn er das aber freiwillig unterließe, wäre der Nutzen für sie viel größer. Denn Bahro hatte immer, auch in seinen Mitteilungen aus dem Gefängnis, erklärt, daß er korrekt behandelt wird. In dem Moment, in dem er erklärt hätte, er würde nicht korrekt behandelt, entstünde für sie unnützerweise Schaden, der noch über die Diskreditierung hinausginge, die mit dem Urteil an sich verbunden war.

Haben Sie denn nur mit Partei und Staatsanwaltschaft verhandelt oder auch mit der Stasi?

Gysi: Ich habe mir immer gesgt, das Formale machst du mit den Staatsanwälten – und da habe ich immer gewußt, daß auch das MfS dahintersteht –, und für den politischen Teil versuchst du eben, mit der Partei zu reden. Was das MfS betrifft: Wenn es selbst als Ermittlungsbehörde auftrat, wie sonst die Polizei, gab es die sonst zur Polizei üblichen Kontakte. Manchmal ließen sie auch die Maske fallen und machten klar, daß sie eigentlich immer sehr genau zuhörten. Als Rudolf Bahro aus dem Bautzener Strafvollzug nach Berlin kam, hatte er die Auflage bekommen, im Hinblick auf eine einvernehmliche Regelung seiner Ausreise zuvor nicht mit ausländischen Journalisten zu reden. Irgendwann rief er mich an und fragte, was er tun solle. Die Journalisten säßen schon in seiner Wohnung. Ich sagte ihm sinngemäß, er müsse das selbst entscheiden, wenn er nicht reden wolle, solle er sie doch nach Hause schicken. Für das nun folgende habe ich Zeugen: Keine zwei Minuten, nachdem ich aufgelegt hatte, klingelte mein Telefon erneut, und es war ein Staatsanwalt dran. Der sagte: »Herr Gysi, wir haben gehört, daß Herr Bahro Sie gefragt hat, wie er sich gegenüber ausländischen Journalisten verhalten soll.« – Da hab' ich gedacht: Das gibt's doch nicht!

Das haben Sie natürlich nicht gedacht.

Gysi: Doch, aber nicht wegen des Abhörens, sondern weil sie das so offen zugaben. Jedenfalls gab er mir einen schönen Tip: »Sie könnten Herrn Bahro ja auch raten, daß er durchaus die Volkspolizei informieren darf, wenn er die Journalisten nicht los wird.« Worauf ich ihm sagte, daß er das doch besser selbst tun solle.

Das Entscheidende für die Anwaltstätigkeit in diesen Fällen war allerdings: Ich mußte immer Argumente finden, die auch für sie etwas Gutes hatten. Also klarmachen, wieso es auch für sie günstig ist, wenn sie zum Beispiel Bahros Forderung nach einer Schreibmaschine erfüllen. Da begann die Grauzone.

Bahro: Ich habe mich übrigens jetzt beim Lesen der Dokumente gewundert, daß Gysi da überhaupt einen Spielraum hatte. Ich habe ihn damals nur gebraucht, um irgendwohin Informationen zu vermitteln, die nicht im Gefängnis hängen bleiben sollten. Und wenn Gysi jetzt angehängt wird, er hätte mit der Stasi zusammengearbeitet, weil er meine Forderung nach einer Schreibmaschine und Papier mit dem Argument unterstützt hat, es wäre doch dann möglich, mir die Blätter abzuzählen, um zu verhindern, daß draußen wieder Nachrichten von mir auftauchen, dann ist das sehr naiv. Nicht er kannte doch die wirklichen Kanäle, etwas aus dem Knast zu bringen, sondern ich. Das Hauptproblem der Stasi-Nachaufklärer ist, daß sie zu sehr aufs Unmittelbare ihrer Vergangenheitserfahrung fixiert sind. Ich bedauere immer, daß sich die ehemals Oppositionellen heute so kurzsichtig dem Spiel der politischen Mächte unterordnen lassen.

Das resultiert doch aber oft aus persönlicher Betroffenheit, der Erfahrung erlittenen Unrechts. Und zum Teil aus dem Versuch, nachzuvollziehen, was die Stasi, von der sich die Leute verfolgt fühlten, wirklich getan hat und was Einbildung war. Um selbst von der Geschichte loszukommen.

Bahro: Ja, und ich weiß auch, daß viele Oppositionelle mehr auszustehen hatten als ich. Aber in meinen Augen hat man wirklich nicht das Recht, die Not mit der eigenen Identität dafür herhalten zu lassen, daß umfassendere Wirklichkeitszusammenhänge vernebelt werden. Der Sieg des Westens war doch ein Sieg verheerender Produktivkräfte. Der Druck der materiellen, der technologischen Überlegenheit des Westens und der dadurch erzeugten Wünsche ist so überwältigend, daß sich jedes andere System nur mit Terror zu wehren weiß. Jede »Elite« in der Dritten Welt hält sich nur mit Terror an der Macht. Vor solchem Hintergrund betrachtet, ist es absolut pharisäisch, der DDR die Stasi vorzuwerfen. Und das Gewicht der Verbrechen, die hier begangen worden sind, verschwindet gegenüber dem, was die bloße Existenz des Westens an Tod und Zerstörung für die übrige Welt bringt.

Auf welche andere Art kann man denn zur Diskussion über die eigentlichen Zukunftsfragen kommen, als daß man sagt: Wir reden nicht mehr über die Vergangenheit?

Bahro: Man müßte die DDR-Geschichte in ihren Weltzusammenhang stellen. Die Ursachen für das Scheitern des Experi-

429

ments waren schließlich genauso übernationaler Art wie die Ursachen seines Zustandekommens. Was heute aber nicht mehr rauskommt, ist, daß es doch gute Gründe gab, für die DDR zu sein. Jetzt will keiner mehr dafür gewesen sein. Aber sollte eine Gesellschaft, die so von ihrer Wirtschaft besessen ist wie die westdeutsche, wirklich der Weisheit letzter Schluß sein? Das Problem ist vielleicht, daß es doch zuwenig positive DDR-Identität gab, daß zuviel davon nur Mitläufertum war. Deshalb wird die Debatte zunächst wohl so weiterlaufen wie bisher.

Gysi: Anderes wäre nur zu schaffen, wenn diejenigen, die die DDR wollten und akzeptiert haben – was nicht heißt, daß sie sie kritiklos akzeptiert haben –, wenn die eine Stimme bei der Aufarbeitung der Geschichte bekommen. Solange in der Öffentlichkeit nur die eine Stimme haben, die sagen, es war von Anfang an ein Fehlprozeß, und also nur tragbar ist, wer nachweisen kann, daß er gegen die Existenz der DDR gearbeitet hat, werden wir das mit Sicherheit nicht hinbekommen. Und dann werden auch die Zukunftsfragen gar nicht gestellt werden können. Fragen wie zum Beispiel: Lohnt es sich überhaupt nicht mehr, darüber zu diskutieren, ob eine Gesellschaft nicht auch mit geringeren sozialen Unterschieden leben kann? Und wenn ja, wie? Sollte nicht doch jeder Arbeit haben, der das will? Die Antworten für die Zukunft finden wir in der DDR gewiß nicht, aber einige Fragen schon.

WELCHES EUROPA WOLLEN WIR?
Antwort auf eine Umfrage der *ZEIT*, erschienen am 19. Juni 1992

1 Sind Sie für ein Europa der Vaterländer oder für ein Vaterland Europa – also für eine wirkliche politische Union oder für eine lose Zusammenarbeit?

Ich bin für ein Europa der Völker und nicht der Regierungen.

Wenn ein Europa der Völker gelingt, dann sollte es sich nicht auf eine lose Zusammenarbeit beschränken, sondern den Weg zu einer politischen Union – allerdings ohne ökonomischen Zentralismus – finden.

2. Sollen wir unsere D-Mark in die europäische Zukunft einbringen?

Die D-Mark ist kein Wert an sich. Eine stabile Währung kann auch einen anderen Namen tragen. Nationalismus in bezug auf Geld scheint mir eine seiner abenteuerlichen Varianten zu sein.

3. Wie groß soll die Europäische Gemeinschaft im Jahre 2000 sein?

Die Frage kann ich nicht exakt beantworten. Für mich ist entscheidend, ob endlich Ansätze gefunden werden, um alle europäischen Staaten in die Vereinigung Europas einzubeziehen, oder ob nach wie vor ein Weg der Abschottung der EG gegenüber den anderen europäischen Staaten mit dem Ziel verfolgt wird, ein wirtschaftliches und soziales Gefälle zu vertiefen.

APPELL ZUR GRÜNDUNG VON KOMITEES FÜR GERECHTIGKEIT VOM 11. JULI 1992
Aus: *Blätter für deutsche und Internationale Politik (8/92)*

Wir, Unterzeichnerinnen und Unterzeichner dieses Appells, haben verschiedene Biographien. Unterschiedlich sind unsere soziale Herkunft, unsere politische Haltung, unser Verhältnis zur Religion. Wir sind oder sind nicht an Parteien gebunden. Unterschiedlich war der Grad unserer Verantwortung für die Deutsche Demokratische Republik oder die Bundesrepublik Deutschland, vor allem aber für die deutsche Einheit. Von einigen von uns wurde sie verantwortlich mitgestaltet, von anderen skeptisch besonders hinsichtlich ihrer Folgen betrachtet.

Gerade weil wir uns selbst und einander durchaus kritisch sehen und uns nicht einbilden, auf alle Fragen eine Antwort und für alle Probleme eine Lösung zu haben, sind wir sicher, daß in der gegenwärtigen Situation im Osten und im Westen Deutschlands, die die Menschen so beunruhigt, von diesen selbst etwas getan werden kann und muß.

Viele Menschen in den neuen Bundesländern fühlen sich nach ihrer Hochstimmung im Jahr 1990 als Menschen zweiter Klasse, politisch, wirtschaftlich, sozial und kulturell ausgegrenzt.

Viele Menschen in den alten Bundesländern, die die deutsche Einheit ebenfalls begrüßt hatten, befürchten nun, daß sie diese zu teuer bezahlen müssen, daß der Druck auf ihre Arbeitsplätze zunimmt, daß Sozial- und Rechtsabbau wegen der Vereinigung stattfindet, und sie entwickeln deshalb immer stärkere Vorbehalte gegen die Ostdeutschen.

In der Bundesrepublik Deutschland und darüber hinaus in ganz Europa nehmen Ängste vor dem europäischen Einigungsprozeß zu, weil die deutsche Vereinigung als besorgniserregendes Beispiel angesehen wird.

Rechtsradikale und rassistische Stimmungen gewinnen in dieser Situation gefährlich an Boden.

De-Industrialisierung, Zerstörung der Landwirtschaft, Massenarbeitslosigkeit, sozial unverträgliche Mietsteigerungen, mindere und ungerechte Bezahlung, Schließung sozialer, wissenschaftlicher, kultureller und sportlicher Einrichtungen, Verschleuderung des ehemaligen »Volkseigentums«, Entzug von Rechten an Wohnungen, Häusern und Grundstücken, Benachteiligungen und Demütigungen der Menschen, besonders der Frauen, im Osten – geistige, moralische und wirtschaftliche Krisen im Westen – haben viele Hoffnungen zerstört, die mit der deutschen Einheit verknüpft waren, und zwingen zu neuen Überlegungen.

Die Ostdeutschen müssen ihre Interessen selber aussprechen und wahrnehmen. Dazu rufen wir auf, in den Gemeinden, Dörfern, Stadtbezirken und Städten »Komitees für Gerechtigkeit« zu bilden, die überparteilich sind und zu denen jede und jeder Zutritt hat. Diese Komitees vertreten die Interessen der Bürgerinnen und Bürger und üben Einfluß auf die Parlamentarier aus.

Es gibt einen Einigungsvertrag, aber es fehlt seit dem 3. Oktober 1990 ein Partner des Vertrages, der auf Einhaltung bestehen, Weitergehendes vereinbaren und sich gegen benachteiligende Interpretationen wenden könnte. Deshalb werden die Komitees auch die Aufgabe haben, dafür einzutreten, daß eine besondere Körperschaft für die neuen Bundesländer geschaffen wird, in welche einzelne Persönlichkeiten (nicht aber Parteien) gewählt werden und die die Befugnis eines Kontroll- und Initiativorgans erhält.

Die Komitees sollten – sobald sie gebildet sind – Delegierte zu Kongressen auf Stadt- und Landesebene und zu einem Kongreß für die neuen Bundesländer wählen. Auf diesem Kongreß wird über eine permanente Struktur der Komitees und deren weitere Funktion entschieden werden.

Mit diesem Anliegen stellen wir uns keinesfalls gegen die Menschen in den alten Bundesländern, weil auch ihre Zukunft nicht unwesentlich von der Lösung ostdeutscher Probleme abhängt. Wir hoffen, daß es auch in den alten Bundesländern zur Bildung solcher Komitees kommen wird. Dieses Anliegen bedeutet auch keine Unterschätzung der globalen Probleme, die immer drängender die Existenz der Menscheit überhaupt in Frage stellen. Aber die Bereitschaft der Menschen in den neuen Bundesländern, global zu denken und zu handeln, wird auch davon abhängen, ob und wie ihnen Gerechtigkeit in der Bundesrepublik Deutschland widerfährt.

Die Unterzeichnerinnen und Unterzeichner: Heinrich Albertz, ehem. Regierender Bürgermeister von Berlin, Pastor i.R.; Prof. Dr. Peter Althaus, Professor für Urologie am evangelischen Krankenhaus Königin Elisabeth, Berlin; Prof. Dr. Lothar Bisky, Medienwissenschaftler, Mitglied des Landtages Brandenburg; Frank Castorff, Intendant der Volksbühne Berlin; Tamara Danz, Rocksängerin; Franz-Josef Degenhardt, Liedermacher; Ina Deter, Musikerin; Dr. Peter-Michael Diestel, Rechtsanwalt, Mitglied des Landtages Brandenburg; Dr. Eugen Drewermann, Schriftsteller; Prof. Dr. Ernst Engelbert, Historiker, Berlin; Klaus Eschen, Rechtsanwalt und Notar, Berlin; Prof. Dr. Heinrich Fink, Theologe, ehem. Rektor der Humboldt-Universität zu Berlin; Dr. Erich Fischer, Sekretär der Gewerkschaft Handel, Banken und Versicherungen, Düsseldorf; Dr. Gottfried Forck, Altbischof der evangelischen Kirche in Berlin-Brandenburg; Thomas Freitag, Kabarettist; Bernd Fritz, Journalist; Dr. Klaus Grehn, Präsident des Arbeitslosenverbandes Deutschland e.V.; Prof. Dr. Norbert Greinacher, Professor für praktische Theologie an der katholisch-theolog. Fakultät der Universität Tübingen; Max von der Grün, Schriftsteller; Dr. Gregor Gysi, Rechtsanwalt, Mitglied des Bundestages; Dr. Heinrich Hannover, Rechtsanwalt, Bremen; Dr. Frigga Haug, Dozentin an der Hochschule für Wirtschaft und Politik, Hamburg; Prof. Dr. Wolfgang Fritz Haug, Professor für Philosophie an der Freien Universität Berlin; Elke Heidenreich, Journalistin und Fernsehmoderatorin; Stephan Hermlin, Schriftsteller; Stefan Heym, Schriftsteller; Dieter Hildebrandt, Kabarettist, Prof. Alfred Hrdlicka, Bildhauer und Maler; Evelin Jahl-Herberg, Doppelolympiasiegerin im Diskuswurf; Walter Janka, Schriftsteller; Lutz Kerschowski, Rocksänger; Dietrich Kittner, Kabarettist; Jens König, Chefredakteur *Junge Welt*; Prof. Dr. Walter Kreck, Theologe, Bonn; Prof. Dr. Horst Klinkmann, Nephrologe an der Universität Rostock, letzter Präs. der Akademie der Wissenschaften der DDR; Toni Krahl, Rockmusiker; Stefan Krawczyk, Liedermacher; Prof. Dr. Jürgen Kuczynski, Wirtschaftswissenschaftler, Berlin; Dieter Lattmann, Schriftsteller; Dr. Christa Lewek, Oberkirchenrätin i.R., Berlin; Dr. Günter Maleuda, ehem. Präsident der Volkskammer der DDR, letzter Vorsitzender der Bauernpartei der DDR; Prof. Dr. Hansjürgen Matthies, Hirnforscher an der medizinischen Akademie in Magdeburg; Prof. Dr. Hans Mottek, Wirtschaftswissenschaftler, Berlin; Heiner Müller, Schriftsteller und Präsident der Akademie der Künste der ehem. DDR; Manfred Müller, Vorsitzender des Landesverbandes Berlin der Gewerkschaft HBV; Heinrich Pachl, Kabarettist; Prof. Dr. Norman Paech, Professor für Öffentliches Recht an der Hochschule für Wirtschaft und Politik; Käthe Reichel, Schauspielerin; Rio Reiser, Rocksänger; Eckart Rottka, Richter, Berlin; Klaus Schlesinger, Schriftstller; Christina Schenk, Mitglied des Bundestages; Bernd Schröder, Drehbuchautor; Dr. Heinrich Senfft, Rechtsanwalt, Hamburg; Prof. Dr. Dorothee Sölle, Theologin und Schriftstellerin, Hamburg; Prof. Friedo Solter, Regisseur Deutsches Theater Berlin; Michael Sontheimer, Chefredakteur *Die Tageszeitung*; Steffi Spira, Schauspielerin; Barbara Thalheim, Liedermacherin; Prof. Dr. Werner van Treeck, Professor für Soziologie an der Universität Kassel; Prof. Dr. Marie Veit, Theologin, Gießen; Hannes Wader, Liedermacher; Stefan Wald, Kabarettist; Claus-Jürgen Warnick, Geschäftsführender Vorsitzender des Mieterbundes im Land Brandenburg; Bettina Wegener, Liedermacherin; Dr. Joachim Wegrad, Sekretär der Hauptverwaltung der Gewerkschaft HBV; Ulrich Wehling, dreifacher Olympiasieger und mehrfacher Weltmeister in der nordischen Kombination; Bernard Woschek, Maler und Autor; Gerhard Zwerenz, Schriftsteller.

Die Kontaktadresse lautet: Koordinierungsstelle des Komitees für Gerechtigkeit, Krausenstr. 9/10, O-1080 Berlin, Tel. 0 30/20 35 83 16, Fax: 20 35 83 17.

Zur erfolgreichen Fortsetzung dieser Initiative bitten wir um Spenden auf des Notar-Anderkonto der Berliner Volksbank, Filiale Mollstraße, Kontonummer 37 110 582 (BLZ 100 900 00). Kennwort: Komitee für Gerechtigkeit.

Gregor Gysi

geboren am 16. 1. 1948 in Berlin
- Grundschule bis 1962
- 1962–1966 Erweiterte Oberschule »Heinrich Hertz«
- Gleichzeitig Absolvierung einer Facharbeiterausbildung als Rinderzüchter (Abschluß 1966 – VEG Blankenfelde)
- Studium an der Humboldt-Universität, Juristische Fakultät 1966–1970
Abschluß als Diplomjurist
- 1970 bis April 1971 Richterassistent, dann Wechsel zum Kollegium der Rechtsanwälte als Assistent
- Rechtsanwalt seit 1. 11. 1971
- 1976 Dissertation zum Thema: *Zur Vervollkommnung des sozialistischen Rechts im Rechtsverwirklichungsprozeß*
- Vorsitzender des Kollegiums der Rechtsanwälte in Berlin seit 13. 4. 1988
- Vorsitzender des Rates der Vorsitzenden der Kollegien der Rechtsanwälte in der DDR seit Juni 1988
- geschieden, zwei Söhne; nach Scheidung Erziehungsrecht für einen Sohn
- Vorsitzender der SED/PDS seit Dezember 1989
- Vorsitzender der PDS seit Januar 1990
- Vorsitzender der PDS-Fraktion der Volkskammer seit März 1990
- Vorsitzender der Abgeordnetengruppe PDS/Linke Liste im 11. und 12. Deutschen Bundestag seit Oktober 1990 bzw. Dezember 1990

Zu den Herausgebern: Hanno Harnisch (geb. 1952), Philosoph; Pressesprecher der PDS.
Hannelore Heider (geb. 1952), freischaffende Journalistin.
Beide leben in Berlin.

Literatur

Jonathan Cott
Telefongespräche mit Glenn Gould

Erich Fried — Heiner Müller
Ein Gespräch

Max Jacob
Ratschläge für einen jungen Dichter

Michail Kusmin
Die Abenteuer des Aimé Lebœuf
und
Florus und der Räuber

Dacia Maraini
Der Junge Alberto Moravia

Yukio Mishima
Patriotismus

Robert Musil
Über die Dummheit

Heiner Müller
Gedichte
und
Den Pessimismus organisieren
Heiner Müller liest Walter Benjamin
Ton-Cassette, 52 Minuten

Amos Tutuola
Mein Leben im Busch der Geister
Mit einem Nachwort von Ulli Beier

ALEXANDER VERLAG BERLIN

Theater

Georges Banu
Der Schauspieler kehrt nicht wieder –
Japanisches Theater heute

Dietmar N. Schmidt (Hrsg.)
Regie. . . Luc Bondy

Peter Brook
Der leere Raum
und
Wanderjahre –
Schriften zu Theater, Film und Oper 1946–1987

Michael Haerdter und Sumie Kawai (Hrsg.)
Die Rebellion des Körpers – BUTOH – Ein Tanz aus Japan

Erland Josephson
Spielräume
Notizen währed einer Tournee mit Peter Brooks Inszenierung
des »Kirschgarten«

Fritz Kortner
Aller Tage Abend
Mit einem Nachwort von Klaus Völker

Jan Kott
Shakespeare heute
und
Das Gedächtnis des Körpers –
Essays zu Theater & Literatur
und
Gott-Essen –
Interpretationen griechischer Tragödien

Barbara Schwerin von Krosigk
Der nackte Schauspieler
Zur Entwicklung der Schauspieltheorie Jerzy Grotowskis

Lee Strasberg
 *Schauspielen & das Training des Schauspielers*
Herausgegeben von Wolfgang Wermelskirch

ALEXANDER VERLAG BERLIN

Kunst

Schriften zur Kunsttheorie
Herausgegeben von Hein Stünke

Bitte fordern Sie
das kostenlose Gesamtverzeichnis an!
ALEXANDER VERLAG BERLIN
Postfach 19 18 24 · D-1000 Berlin 19